2050 미중 패권전쟁과
세계경제 시나리오

2050 미중 패권전쟁과 세계경제 시나리오

1판 1쇄 발행 2023. 2. 1.
1판 2쇄 발행 2023. 2. 27.

지은이 최윤식

발행인 고세규
편집 심성미 디자인 윤석진 마케팅 백선미 홍보 이한솔
발행처 김영사
등록 1979년 5월 17일(제406-2003-036호)
주소 경기도 파주시 문발로 197(문발동) 우편번호 10881
전화 마케팅부 031)955-3100, 편집부 031)955-3200 | 팩스 031)955-3111

값은 뒤표지에 있습니다.
ISBN 978-89-349-4332-7 03220

홈페이지 www.gimmyoung.com   블로그 blog.naver.com/gybook
인스타그램 instagram.com/gimmyoung   이메일 bestbook@gimmyoung.com

좋은 독자가 좋은 책을 만듭니다.
김영사는 독자 여러분의 의견에 항상 귀 기울이고 있습니다.

2050

미중 패권전쟁과 세계경제 시나리오

러시아 전쟁으로 도래할 뜻밖의 미래와 한국의 생존 전략

| 최윤식 |

CHIMERICA AGAIN

중국의 공세와 미국의 수세, 러시아 참전으로 격화된 글로벌 패권전쟁, 누가 G1의 자리를 차지할 것인가

김영사

2050 CHIMERICA AGAIN

│ 머리말

한때 '차이메리카'라는 말이 유행했다. 10여 년 전의 일이
다. 그 당시 필자는 미국과 중국의 패권을 둘러싼 거대한
전쟁이 국제사회를 뒤흔들 것이라는 예측 시나리오를 발표했다.
많은 사람들이 시나리오 실현 가능성이 매우 희박하다고 말했다.
하지만 필자의 예측은 확고했다. "멀지 않은 미래에 미국과 중국
은 국운을 걸고 치열한 패권전쟁을 벌이게 될 것이다."

필자가 미·중 간 '경쟁'이 아니라 '전쟁'이라고 표현한 것은
패권을 둘러싼 국가 간의 대립은 한쪽이 확실히 무릎을 꿇을 때까
지 지속되는 것이 수천 년간 이어진 인류 전쟁사의 이치였기 때문
이다.

2008년 서브프라임 모기지 사태가 전 세계를 강타한 뒤로 미
국과 중국은 생존을 건 필사적인 패권전쟁에 들어갔다. 2018년에
트럼프 대통령이 중국 시진핑 주석과 말 폭탄, 관세 폭탄을 주고
받으며 경제적 전면전을 벌였다. 미·중 패권전쟁이 시작되자 여
론과 전문가 의견이 중국의 승리 쪽으로 기울었다. 그러나 필자의
분석과 예측은 달랐다. 마침 필자가 과거에 발표했던 미·중 패권
전쟁 시나리오를 다시 한 번 업그레이드하고 좀 더 정교하게 다듬

을 필요가 있었다. 그래서 2018년에《앞으로 5년 미중전쟁 시나리오》를 발표했다.

중국의 경제성장률이 2030년까지 연간 8~10%를 유지한다는 환상을 전제로 2016년 중국 GDP가 미국을 추월할 것이라는 IMF의 예측은 완전히 어긋났고, 가장 보수적으로 예측한 JP모건(2025년 추월)과 골드만삭스(2027년 추월)의 예측조차 틀릴 가능성이 매우 높다고 지적했다. 나아가서 제1기축통화를 가지고 있으며 세계 최고의 기술과 경제력을 보유하고 정치·군사적 패권을 장악한 미국을 넘어서서 중국이 G1(단일 패권, 세계주도국)에 등극하는 일은 2050년 이전에는 불가능하다는 예측도 발표했다. 왜 그렇게 예측했는가를 미국과 중국의 패권전쟁이 벌어질 7개의 영역(환율, 무역, 금융, 군사, 산업, 자원, 인재)으로 나누어 자세하게 설명했다.

《앞으로 5년 미중전쟁 시나리오》를 발표한 지 5년이 지났다. 필자가 그 책에서 예측했듯이 미·중 전쟁의 양상은 그 당시보다 한 단계 더 고조되었다. 그리고 중요한 변수가 하나 등장했다. 미·중 패권전쟁에 러시아가 공식적으로 참전한 것이다. 러시아는 우크라이나를 침공하기 전에도 2008년 조지아 침공과 2014년 크림반도 합병 등 유럽에서 전쟁을 일으켰던 전력이 있었다.

겉으로 보면 2022년 러시아의 우크라이나 무력 침공은 과거 전략의 연장선에 있다고 할 수 있다. 하지만 이번 침공은 의미와 파급력이 다르다. 오랫동안 감춰온 '러시아제국의 부흥'을 천명하는 사건이다. 유럽을 본격적으로 압박하고 휘저으며 미국의 패권에 공식적으로 도전하는 중요한 사건이다. 러시아가 미국과 중국이 벌이는 패권전쟁에 참전을 선언한 셈이다. 당분간 러시아는 중국과 손을 잡고 미국의 패권에 도전할 것이다. 하지만 절대패권, 제1인자의 자리, 최고 권력은 누구와 나누는 것이 불가능하다. 러시아는 중국이 차세대 패권국가로 우뚝 서는 것을 돕는 데 만족하지 않을 것이다. 러시아도 미국과 중국을 제치고 절대패권, 제1인자의 자리, 최고 권력의 위치에 오르는 것을 최종 목적으로 삼고 있다.

러시아가 끼어들었다면, 앞으로 글로벌 패권전쟁은 더 이상 미국과 중국의 양자게임이 아니다. 미국, 중국, 러시아가 벌이는 삼자게임이 되었다. 글로벌 패권전쟁 시나리오는 새로운 방향으로 전개될 가능성이 높아졌다. 복잡도도 2^2에서 2^3으로 높아졌다. "러시아가 패권전쟁의 양상을 어떻게 바꿀까?"부터 "미·중·러 패권전쟁의 최종 승자가 누가 될까?"에 이르기까지 새로운 질문들도 생겨났다. 당연히 기존 시나리오도 업데이트할 필요성이 생겼다.

이 책에서 필자는 크게 4가지 장면을 담았다.

첫째 장면은 미·중 패권전쟁에 러시아가 끼어들어 벌어진 지각 변동이다.

둘째 장면은 근래에 많은 독자들이 궁금해하는, 대만을 두고 벌어지는 미국과 중국의 군사전쟁 가능성이다. "만약 전쟁이 일어난다면 언제 일어날까? 어떻게 일어날까? 무슨 일이 벌어질까? 정말 전쟁을 할 수 있을까?" 등의 내용을 다루었다.

셋째 장면은 미국이 러시아와 중국을 공격하는 전략을 추론

했다. 둘째 장면이 중국이 먼저 공격하는 시나리오라면, 셋째 장면은 그러한 참사를 막으려고 미국이 선제공격하는 시나리오다.

마지막 넷째 장면은 미·중·러 패권전쟁의 거대한 역전, 극적 반전에 관한 내용이다. 언뜻 읽기에는 넷째 장면은 '뜻밖의 미래' '설마설마하는 미래'에 속한 듯 보인다. 하지만 일어날 가능성이 다분한 미래다.

끝으로, 필자의 미래 시나리오에 관심과 격려를 보내주는 독자들에게 안내할 사항이 있다. 필자의 미래 시나리오들은 매번 완전히 새롭지 않다. 그렇기 때문에 이 책에서 사용한 일부 자료는 이전 시나리오들에서 소개했던 것과 중복된다. 필자의 시나리오는 과거에 발표했던 시나리오를 기반으로 최신 정보와 새로운 변수를 빠르게 반영하여 '최적화'하는 데 중점을 두기 때문이다.

러시아라는 새로운 참여자가 등장하여 글로벌 패권전쟁의 판을 바꾸더라도, 이전에 진행되었던 미·중 간의 패권전쟁 위에서 진행되는 새로운 국면일 뿐이다. 그래서 새로운 방향을 예측하더라도 이전 판세에서부터 시작해야 한다. 미래 시나리오는 새로운 문학작품이나 과학적 발견을 기술하는 것이 아니다. 과거에 발표했던 시나리오 중에서 여전히 지금도 유효한 시나리오라면 그대로 사용된다. 그 대신 과거에 발표했던 시나리오는 새로운 시나리오의 배경이나 설명을 위한 자료로 사용된다. 필자가 최대한 표현 방식을 바꿔서 기술하더라도, 독자의 입장에서는 시나리오가 재사용되는 느낌을 받을 수 있다. 이 책에서 전개한 '미·중·러 패권전쟁 시나리오'도 마찬가지다. 아무쪼록 독자들이 이러한 미래 시나리오의 특성과 한계를 이해하고 봐주길 바란다.

필자는 세상 변화를 읽기 위해 매일 '정보 필터링, 정보 연관화, 정보 확장화, 정보 재구조화'로 이어지는 순환작업을 반복한다. 그 과정에서 유의미하고 중요한 변화, 혹은 미래신호를 감지하면 시나리오 수정과 업데이트를 주기적으로 한다. 쉽지 않은 작업이고 때로는 고통스러운 과정이다. 시간이 지나면, 어제와 다른 변화를 알려주는 미래신호들이 출현한다.

필자는 세상 모든 것을 한번에 꿰뚫어 보는 예언자가 아니다. 하나의 완벽한 시나리오를 제시할 수 있는 존재는 신이 유일하다. 필자와 같은 인간은 미래를 단박에 완벽하게 예측할 수 없다. 이런 한계 탓에 새로 출현하는 미래신호들을 반영하여, 과거에 작성했던 시나리오를 수정하고 업데이트하는 작업은 필수적이다. 아니, 그렇게 하는 것이 미래학자의 윤리다. 그 대신 가장 빠르게 미래변화를 업데이트하는 데 직무적 책임을 진다.

"시나리오를 바꿀 것이면, 예측이 무슨 소용이 있나?"라고 궁금해할 수 있다. 충분히 납득할 수 있는 지적이다. 하지만 우리가 미래를 예측하는 것은 용한 점쟁이가 되려고 하는 게 아니다. 인간이 할 수 있는 최고의 미래예측은 지금까지 나온 지식과 정보를 활용해서 가장 빠른 속도로, 논리적으로 확률적으로 다양한 미래들을 '미리' 생각해보는 것이다. 미미한 정보라도 아예 없는 것보다는 몇십 배, 몇백 배 유용하다. 완벽하지 않은 미래정보도 깜깜하고 짙은 안개가 자욱하게 낀 미래를 헤쳐 나가는 데는 매우 유용하다.

아무리 논리적으로 잘 짜인 미래 시나리오라도 무한하게 열린 미래에 비춰보면 미미한 정보다. 미미한 미래정보라도 누가, 어떻게 사용하는가에 따라서 강력한 무기가 될 수 있다. 새로운 미래 기회와 위험을 발견하고 찾을 수 있는 힘을 얻게 해준다. 필자는 과거 시나리오와 비교해서, 미묘한 변화처럼 보이지만 결과에 큰 영향을 미치는 것이 무엇인지에 집중해서 논리적이고 확률적인 예측을 하려고 애쓴다. 이 책을 읽는 독자들도 필자의 시나리오를 읽을 때는 이런 점에 각별히 유념해주길 부탁한다.

이 책이 나오기까지 많은 분들이 도움을 주었다. 필자가 첫 책을 낸 20대부터 50대 초반에 접어든 지금까지 60여 권 가까운 책을 낼 수 있었던 것은 그때마다 늘 도움과 지지를 보내준 분들이 있었기 때문이다. 먼저, 필자와 함께 미래를 고민하고 연구해준 아시아미래인재연구소의 최현식 부소장에 감사를 표한다. 부족한 필자를 스승으로 생각하고 따라준 30여 명의 연구원들에게도 감사를 보낸다. 집필하는 데 집중할 수 있도록 묵묵히 내조해준 사랑하는 아내와 4명의 아이들, 그리고 부모님들께 늘 감사한다. 한결같이 필자의 연구를 지지해주고, 출판을 기꺼이 결정해준 김영사 대표님과 편집팀에게도 감사를 전한다. 마지막으로, 필자를 사랑하는 수많은 독자들에게 감사 인사를 전한다.

필자를 예언가가 아닌 미래연구가로 보아주고, 시나리오가 발표될 때마다 귀를 기울이며 남다른 격려와 날카로운 조언을 해주는 독자분들 덕택에 필자의 미래연구가 지속될 수 있었다. 이 책에도 변함없는 관심, 격려, 지지와 조언을 부탁드린다.

더 나은 미래를 위해
미래학자 최윤식

차례

제 2 장 중국의 전쟁 시나리오

제 3 장　미국의 전쟁 시나리오

제 4 장 최후의 승자

CHIMERICA AGAIN

2050

미중 패권전쟁과
세계경제 시나리오

러시아 전쟁으로 도래할
뜻밖의 미래와
한국의 생존 전략

- 제 1 장 -

전쟁 전야

CHIMERICA AGAIN

글로벌 패권전쟁,
거대한 역전의 서막이 열렸다

2022년 2월 24일, 러시아가 우크라이나에 전격적인 무력 침공을 감행했다.

러시아는 사전에 주변국이나 서구 국가에 한마디 언질도 하지 않았다. 미국과 유럽을 비롯한 전 세계가 허를 찔렸다. 러시아의 블라디미르 푸틴 대통령은 러시아 내부를 향해서도 우크라이나와 전면전을 벌이는 것이 아니라 '특별 군사작전'이라고만 명령을 내렸다. 특별 군사작전의 명분은 2014년 봄부터 8년 동안 우크라이나 정부군에 맞서 독립을 위해 국지적 분쟁을 치르고 있던 '친러 분리주의 반군에 대한 군사적 지원'이었다. 러시아 군인들도 국경을 넘어 돈바스로 진격할 때만 해도 전면전이 될 것이라고는 꿈에도 몰랐다.

전조는 아예 없었을까? 러시아 군대의 침공 직전 모양새는 크림반도부터 러시아와 우크라이나 국경지대를 거쳐 벨라루스와 우크라이나 국경까지 아우르는 대규모 합동훈련에 불과했다. 보통보다 규모가 컸을 뿐, 늘 해오던 군사작전이나 훈련처럼 보였다.

서구의 몇몇 주요 연구소 및 언론이 러시아가 우크라이나를 전면 침공할 것이라는 전망을 내놓았지만, 대부분의 전문가와 국가 정보기관들은 무력시위에 불과할 것이라고 판단했다. 2021년 봄에도 러시아가 비슷한 규모의 대규모 무력시위를 했던 전례가 있었기 때문이었다.

득실 계산상으로도 맞지 않았다. 러시아가 우크라이나와 전면전을 치르는 것은 뚜렷한 명분도 없고, 침공을 하면 유럽과 미국, 유엔국의 큰 반발과 강력한 제재가 잇따를 것이기 때문이다. 러시아의 입장에서는 득보다 실이 클 것이라는 판단이 지배적이었다.

하지만 푸틴 대통령의 생각은 달랐다. 가용 병력의 95% 정도를 전격적으로 투입했고, 침공 첫날에 우크라이나 전역 주요 지역들을 동시에 공격했다. 돈바스 지역의 친러 반군을 군사적으로 지원하는 수준을 넘어, 전면전이 실보다 득이 더 클 수 있다고 판단했다. 우리와 완전히 다른 계산법이었다.

당장은 경제제재로 고통스러울 수 있다. 하지만 러시아 내에서 자신의 지지율을 끌어올리는 것부터 시작해서, 유럽에서는 NATO를 교란하고, OPEC 내에서 지위를 강화하고, 중국과 더불어 동아시아 지역에서 영향력을 확대하고, 바이든과 미국 경제를 흔드는 것까지 꽤 많은 이익을 얻을 수 있다는 계산을 했다. 그리고 가장 큰 이익은 차세대 글로벌 패권국의 지위를 두고 벌이는 경쟁이 미국과 중국으로 굳어지는 상황을 일시에 바꾸어놓았다. 거대한 역전의 시작이다.

2008년 이후로 필자는 꾸준하게 글로벌 패권전쟁 시나리오를 발표했다. 가장 최근 시나리오는 2018년에 발표한《앞으로 5년 미중전쟁 시나리오》였다. 필자가 그 시나리오를 발표한 지 5년이 지났다. 미국과 중국이 차세대 글로벌 패권국 지위를 놓고 벌이는 전쟁은 가속 페달을 밟고 있다. 필자의 예측대로다. 특히 대만 주위에서 벌어지는 충돌은 언제 전쟁으로 전환될지 모르는 일촉즉발의 위기가 계속되고 있다. 전 세계 모든 언론이 연일 미국과 중국의 대립, 경쟁, 충돌을 보도한다. 누가 보더라도 차기 글로벌 패권국은 미국의 수성이냐 중국의 정복이냐, 둘 중의 하나로 결정되는 분위기다.

하지만 2022년 2월 24일에 러시아가 우크라이나를 침공하면서 상황이 반전되었다. 앞으로 글로벌 패권전쟁은 이전과는 전혀 다른 양상으로 전개될 가능성이 높아졌다. 글로벌 패권전쟁의 거대한 변화의 서막이 열렸다.

미국과 중국 양국은 과감하게 전쟁을 단행한 전적이 있는 나라다. 중국은 한국전쟁에서 북한과 연합군을 이뤄 한반도에서 전쟁을 벌였다. 1956년부터는 베트남에 군사적 지원을 하여 항미투쟁을 도왔다. 1975년에 미국과의 전쟁에서 승리하고 남북통일을 이룬 베트남은 중국의 위성국가로 편입되는 것을 거부했다. 그 대신 당시 소련과 손을 잡고 동남아 지역의 맹주가 되려는 야심을 품고 1978년 12월 25일에 15만 명 규모의 군대로 캄보디아를 침공했다. 소련과 손을 잡은 베트남이 단 2주 만에 캄보디아 폴 포트 정권을 무너뜨리자 중국은 긴장했다.

1979년 2월 17일에 덩샤오핑은 중국을 배신한 베트남 정권에 따끔한 맛을 보여준다는 명분으로 정규군 30만 명을 파병하여 베트남 북부 3개 도청과 국경 주변 12개 도시를 순식간에 점령했다. 이것이 제3차 인도차이나반도 전쟁이다. 참고로, 미국은 중국의 베트남 전쟁을 묵인했다. 그 이유는 대략 3가지로 정리할 수 있다. 미군이 베트남 전쟁에서 패전하고 철군한 것에 대한 앙금도 있었고, 덩샤오핑이 개혁개방을 추진하던 상황이었고, 동아시아에서 소련의 세력 팽창을 막기 위해서였다.

미국 역시 베트남 전쟁, 아프간 전쟁, 이라크 전쟁 등 다양한 전쟁을 직접 수행한 전력이 있다. 과감하게 전쟁을 감행한 전력이 있는 양국의 정면충돌만으로도 전 세계는 공포에 떤다.

여기에 러시아가 가세했다. 20세기 후반 이후로 러시아는 중국과 미국보다 호전적인 태도를 취해왔다. 소련 붕괴 이후에 세워진 러시아는 꾸준하게 주변국을 무력으로 침공하고 영토를 확장했다. 2008년 조지아 무력 병합, 2014년에 크림반도 합병 등 유럽에서 대담하게 군사전쟁을 일으켰다.

겉으로 보면 2022년 2월 러시아의 우크라이나 무력 침공은 과거 전략의 연장선이다. 하지만 필자의 눈에는 다른 측면이 포착된다. 필자는 이번 침공으로 러시아가 국제사회에 던지는 의미와 파급력은 이전과 급이 다르다고 분석한다.

이번 전쟁은 오랫동안 감춰온 '러시아제국의 부흥'을 공식적으로 천명하는 사건이다. 러시아가 미국과 중국이 벌이는 패권전쟁에 참전을 선언한 셈이다. 유럽을 본격적으로 압박하고 휘저으며, 중국을 밟고 미국까지 넘어서는 진정한 패권국 등극을 노리는 거대한 전략의 서막이다.

당분간 러시아는 중국과 손을 잡고 미국의 패권에 도전할 것이다. 또한 미국에 도전하는 중국 패권전쟁을 지지하는 조력자인 양 연기할 것이다.

하지만 절대패권, 제1인자의 자리, 최고 권력은 누구와 나누는 것이 불가능하다. 러시아는 중국이 차세대 패권국가로 우뚝 서는 것을 돕는 데 만족하지 않을 것이다. 러시아도 미국과 중국을 제치고 절대패권, 제1인자의 자리, 최고 권력의 위치에 오르는 것을 최종 목적으로 삼고 있다. 2022년 8월 26일에 푸틴 대통령은 모스크바 국제안보회의 환영사에서 다음과 같이 언급했다.

"단극화 시대의 종말이 다가오고 있다."
"더 많은 나라가 독립적 행보를 택하면서 다극화 세계의 윤곽이 형성되고 있다."
"러시아는 동맹, 협력국, 우호국 국민과 함께 국제 안보 지형을 적극적으로 개선할 것이다."
"(러시아는) 국제법에 대한 존중을 회복하고 UN과 다른 대화 플랫폼의 지위를 강화하겠다."

모든 발언의 의미가 하나로 모아진다. 미국이 장악한 패권에 도전하겠다는 의지가 담긴 표현이다. 단극화의 종말 그리고 다극화의 시작은 미국의 영향력이 줄어들고 러시아와 중국으로 패권이 나뉘는 세상을 의미한다. 러시아의 대표적인 민족주의 성향 학자로 알려진 알렉산드르 두긴은 우크라이나 침공을 "다극화 질서를 만들기 위한 도전"이라고 규정했다.

러시아가 차기 패권을 두고 벌이는 전쟁에 공식적으로 참전을 선언했기 때문에, 앞으로 글로벌 패권전쟁은 미국과 중국의 양자게임으로 시나리오를 구상하면 안 된다. 심지어 미국과 중국의 무역전쟁 수준으로 향후 정세를 읽는 것은 심각한 오류를 낳을 수 있다. 미국·중국·러시아가 벌이는 삼자게임이 기본 시나리오다.

러시아 변수,
기업 경영의 우선순위를 바꾼다

기술은 기업의 미래를 바꾼다. 하지만 기술보다 더 큰 힘
이 있다. 세계정세의 변화다.

2022년 8월 〈뉴욕타임스〉는 미국과 전 세계를 강타한 인플레
이션 위기와 경기 불안을 '지정학적 공황'이라고 규정했다. 지난
수십 년 동안 전 세계 경제는 하나의 그물망으로 연결되었다. 만
약 글로벌 공급망 중 어느 한 곳이라도 전쟁, 정치적 갈등 및 충돌,
코로나19 팬데믹 같은 재앙으로 무너지거나 막히면 각종 원자재
부터 반도체 같은 첨단 부품과 농산물에 이르기까지 모든 재화의
안정적 수급이 불가능해지는 연쇄 붕괴가 일어난다. 물가는 치솟
고, 공급망이 정상화되기 전까지 기업이 투자를 보류하면서, 세계
경제 전체가 신음하게 된다. 〈뉴욕타임스〉는 앞으로는 경제를 설
명하는 데 지정학과 국제관계가 가장 결정적인 변수가 될 것이라
는 논평을 냈다.[1]

국제사회의 정치적 형세 변화는 산업과 시장의 방향을 바꾸
고, 기업의 글로벌 운신 폭을 좌우하는 힘이 있다. 러시아의 참전
으로 새롭게 변화되는 글로벌 패권전쟁의 서막이 열렸다. 한국 기
업은 복잡한 계산을 해야 한다. 이제부터 시작되는 '미·중·러 패

권전쟁'이 기업 경영의 우선순위를 바꿀 것이기 때문이다. 먼 미래가 아니다. 복잡한 계산은 이미 시작되었다.

한국 기업의 입장에서 계산의 키는 미국이다. 미국은 중국과 치열한 패권전쟁을 벌이고 있다. 핵심 전장은 미래기술과 미래시장 주도권 확보, 이를 위한 공급망 재편이다. 이것은 새삼스러운 일이 아니다. 러시아가 끼어들면서 바뀌는 것은 무엇일까? 간단하다. 글로벌 패권전쟁의 속도와 충돌이 더 빨라지고 강해진다는 것이다. 이에 따라 경제적 압박과 자국우선주의 정책이 더 강화된다는 것이다. 또한 공급망 재편 속도, 미래시장 확대가 더 빨라진다는 것이다.

미국의 입장에서 생각해보자. 러시아가 중국과 손을 잡고 유럽과 동아시아와 태평양에서 압박을 가하면 상당히 곤란해진다. 미국은 중국과 러시아 양국이 경제적·군사적으로 더 몸집을 키우기 전에 확실한 조치를 취해야 한다. 2022년 8월 2~3일 양일간 미국 하원의장 낸시 펠로시는 중국의 강한 반발에도 불구하고 대만 방문을 전격적으로 단행했다. 미국 의회와 백악관의 암묵적 동의와 지지 없이는 불가능한 행보였다.

그 즉시 양국의 충돌이 격화되었다. 중국은 대만 상공을 통과하는 탄도미사일 발사를 감행했다. 처음 있는 일이다. 중국공산당은 관영지 〈환구시보還球時報〉를 통해 대만을 포위하는 '대만 봉쇄' 군사훈련과 '대만 주변 해·공역 포위 실전화' 훈련을 '양안兩岸(중국과 대만) 관계' 문제가 근본적으로 해결되고 대만 통일이 현실화될 때까지 계속할 것이라고 응수했다.[2] 앞으로도 대만 방공식별구

역ADIZ 침범 수준을 넘어 대만의 해상영토를 직접 위협·침범하는 훈련을 계속하겠다는 의미다.

미국도 물러서지 않았다. 낸시 펠로시 의장은 중국의 시진핑 국가주석을 향해 "겁먹은 불량배처럼 행동한다"라고 맞받아쳤다.[3] 펠로시 의장의 대만 방문 11일 뒤, 미국 상·하원 의원 5명(민주당 4명, 공화당 1명)도 대만을 방문하고 "미국은 대만을 계속 지원한다"는 사실을 재확인했다. 백악관 국가안전보장회의NSC는 미국 의원들의 대만 방문은 연례적이고 앞으로도 계속될 것이라고 발표했다.

중국은 즉각 강력히 반발했고, 대만해협 북부·서부·서남부 지역 ADIZ에 전투기를 일곱 차례 진입시키는 등 무력시위를 했다.[4] 미국과 중국 모두 일시적이거나 충동적인 행동과 대응이 아니다. 국가의 미래와 자존심을 걸고 하는 고도로 계산된 행동이다.

악순환이 시작되었다. 중국은 미국의 압박 때문에 고민만 했던 대만 무력침공 및 통일전략을 구체화하기 시작했다. 전략도 분명하게 드러냈다. 대만의 모든 바닷길을 막아 수출입을 봉쇄하여 대만을 고사하겠다는 전략이다.

중국이 육군, 해군, 공군, 로켓군, 병참 및 군수 지원 부대 등 모든 주요 부대를 동원하고, 사상 처음으로 대만 상공을 넘겨 핵탄두를 실을 수 있는 둥펑東風/DF 미사일을 발사한 것은 미국과 군사적 전면전도 불사하겠다는 확고한 결의를 보인 것이다.

대만이 살아남으려면 미국이 해상 봉쇄를 뚫어줘야 한다. 우크라이나 전쟁처럼 미국이 뒤에서 지원하며 관망하는 전략이 불가능하다. 미국이 대만을 구하려면 미국과 중국 간의 군사적 정면

충돌이 불가피하다. 만약 미국이 대만 봉쇄선을 뚫으려고 하면, 러시아가 미국 해군의 후방을 공격할 수 있다.

2022년 8월 8일에 미국 〈월스트리트저널〉은 지난 4일 동안 중국이 대만 해상에서 보여준 훈련을 평가하는 기사를 발표했다. 기사의 요지는 간단하다. "중국이 대만뿐 아니라 다른 주요 전쟁에서 미국을 이길 수 있을 정도로 중국군이 발전했음을 보여준 사건이다."

만약 이것이 사실이라면 미국의 입장에서는 치명적인 미래다. 미국이 이런 참사를 막으려면 앞으로 중국과 러시아를 향한 압박 및 붕괴 전략을 현실화하는 방법밖에 없다. 그 과정에서 중국과 러시아가 가하는 압박의 강도와 속도 향상은 '이미 정해진 미래'가 되었다. 자칫하면 고래 싸움에 새우 등이 터진다. 한국 기업의 계산이 복잡해질 수밖에 없다.

예를 들어보자. 2022년 8월에 바이든 행정부와 민주당은 4,300억 달러 규모의 '인플레이션 감축법 IRA: Inflation Reduction Act'을 매우 신속하게 통과시켰다. 표면상으로는 기후변화 대응 등을 위한 투자, 법인세 인상, 의료보장 범위 확대를 골자로 한다. 하지만 속내는 다르다. '기후변화' 지원 예산을 무기 삼아 기업을 통제하여 중국에 연결된 밸류체인을 끊고 미국 중심의 공급망을 강화하겠다는 목적이다.

미국 정부가 노리는 가장 큰 영역은 전기차 시장이다. 현재 전기차 시장 세계 1위는 중국이다. 전기차 밸류체인도 중국을 중심으로 돌아간다. 전기차 생산에 필요한 광물(리튬, 니켈, 코발트 등)

은 미국, 호주, 남미, 중국, 아프리카 등에 산재해 있다. 하지만 중국이 북미를 제외한 세계 각지 광산의 실질적인 소유권을 확보했기 때문에 광물 제련의 70% 이상이 중국에서 이루어진다. 제련 이후 양·음극재 제조, 배터리셀 생산도 각각 66%와 73%가 중국에서 진행된다.[5]

　미국이 2023년부터 시행하는 '인플레이션 감축법'은 2030년까지 기후변화 대응을 명분으로 막대한 보조금(전기차 1대당 최대 7,500달러 지급, 업체별 연간 20만 대 제한 폐지)을 전기차 시장에 퍼부어 미국을 세계 최대 전기차 시장으로 만든다는 야심이 담겨 있다. 당연히 미국 내에서 판매되는 전기차 생산에 필요한 부품이나 원자재는 중국산을 최소화해야 한다. 전기차 보조금 7,500달러의 절반을 받으려면 리튬·니켈·코발트 등 배터리 핵심 원자재 40% 이상을 미국 또는 미국과 자유무역협정FTA을 맺은 국가에서 공급받아야 한다. 2026년에는 이 비율을 80%까지 늘려야 한다. 나머지 절반의 보조금도 추가로 받으려면 양극재·음극재·전해액·분리막 등의 부품 북미 제조 비율을 50% 이상으로 늘려야 한다. 2028년에는 이 비율을 100%까지 확대해야 한다.

　조건이 하나 더 있다. 2023년부터 북미에서 최종 조립된 전기차에만 보조금이 지급된다. 미국의 거대한 시장을 무기로 글로벌 전기차 공급망을 재편하겠다는 적극적인 행보다. 당장 전기차 생산 기업의 발등에 불이 떨어졌다. 테슬라조차도 중국 업체로부터 광물 공급을 받지 않으면 공장 생산을 멈춰야 한다. 포드를 비롯한 미국 기업도 이 정책에 즉각 반발했다. 하지만 미국 정부가 속도를 조금 늦출 수는 있어도 해당 법안을 폐기할 가능성은 매우 낮다.

미국이 전기차로의 전환을 앞당기고 중국 고립 정책을 강화할수록 전기차 배터리부터 각종 부품 조달 비용이 높아진다. 보조금을 받지 못하는 전기차 브랜드는 미국 내에서 경쟁력을 잃는다. 앞으로 최소 5~10년 동안 미국 내에서 판매할 전기차도 미국 내에서 조립 및 생산된 것이 우선시된다. 미국 정부가 2030년까지 신차 판매의 50%를 전기차로 채우겠다고 공표함에 따라 2025년이면 400여 종의 전기차가 쏟아질 것이라는 전망이 우세하다.[6]

한국 기업에는 시간이 별로 없다. 현대차그룹은 미국 앨라배마 공장에서 GV70 전기차 생산을 시작했고, 2023년부터 EV9를 미국에서 생산할 계획이지만, 연간 30만 대 규모의 조지아 전기차 전용 공장은 2025년에나 가동된다.[7]

2022년 9월에 바이든 행정부는 바이오 산업도 미국에서 연구 및 생산해야 한다는 행정명령을 발동했다. 일명 "지속 가능하고 안전하며 안심할 수 있는 미국 바이오 경제를 위해 생명공학, 바이오 제조 혁신을 증진하기 위한 행정명령"이다. 핵심 골자는 미국에서 개발한 생명과학 의약품과 식품은 제조과정에서 투입되는 바이오 연료와 제품과 물질 모두가 미국에서 제조 및 생산된 것이어야 한다는 것이다. 생명공학 분야의 공급망(원재료 수입과 생산)을 중국이나 인도에 지나치게 의존해왔다는 위기감이 반영된 조치다.[8]

한국 기업의 CDMO(의약품 위탁 개발·생산)와 바이오시밀러는 직접적인 영향을 받는다. 삼성바이오로직스는 미국 수출 비율이 전체 매출에서 2020년에 25%, 2021년에 29%, 2022년 상반기에 19%이고 매년 증가 추세였다.[9] 이제 국내 제약업계도 미국에 공장과 연구시설을 지어야 할 처지다.

이런 행보들로 미루어 볼 때, 미국은 미래산업과 관련된 모든 영역에서 비슷한 조치를 취할 가능성이 매우 높다.

이런 질문을 할 수 있다. "미국 시장을 포기하고, 중국 시장을 잡으면 되지 않을까?" 아니다. 중국 시장은 미국의 3~4배 규모이지만, (다른 산업이 그랬듯이) 한국 전기자동차도 언젠가는 '반드시' 중국산 저가 전기자동차에 '전부' 밀려날 것이다.

1992년 8월 24일에 한국과 중국은 수교를 맺었다. 2022년은 한·중 수교 30주년이 되는 해다. 지난 30년 동안 한국과 중국의 교역량은 47배가 증가했다. 양국 간 무역 규모는 64억 달러에서 3,015억 달러로 증가했다. 한국의 대중국 수출 비율은 수교 첫해(1992년) 4%에서 2022년 현재 25%에 이른다. 중국에 이어 한국의 2위 수출국인 미국보다 2배 높다.[10] 한국은 지난 26년간 대중국 교역에서 흑자를 유지했다. 앞으로 이런 흐름이 얼마나 갈까?

2022년 9월에 한국의 대중국 무역수지 적자가 5개월 연속으로 발생했다. 누적 규모도 28조 원을 넘었다. 1992년 한·중 수교 이후 처음 있는 일이다. 대중국 무역수지 적자가 시작된 초기 2~3개월은 중국의 봉쇄정책 탓으로 돌렸다. 하지만 적자 기간이 5개월 넘게 이어지며 일부 품목을 제외한 대부분에서 무역수지가 악화되고 적자품목 수도 늘어나자, 무역적자 흐름이 일시적 현상이 아닐 수 있다는 시각으로 바뀌었다.

필자는 몇 년 전부터 한국의 대중국 수출이 역전되는 미래 시나리오를 발표했다. "지난 30년 동안 중국 성장의 최대 수혜국은 한국이었지만, 앞으로 30년 동안 중국 성장의 최대 피해국은 한국이 될 가능성이 높다"고 경고했다.

중국이 지난 30년 동안 저렴한 조립·가공 인프라를 앞세워 세계 공장 역할을 하는 동안, 한국은 중국에 중간재 부품을 공급하는(한국 수출의 75%가 중간재) 최대 국가였다. 지난 30년 동안 중국의 입장에서 한국은 자국의 고속 성장을 위해 절실히 필요한 나라였다. 하지만 앞으로 30년은 중국의 성장을 위해 무너뜨려야 할 적대적인 나라로 상황이 바뀌었다.

최근 나타나는 대중국 무역수지 역전은 필자가 경고했던 시나리오가 현실이 되고 있다는 신호다. 대중국 무역 흐름을 조금만 깊이 들여다봐도, 곳곳에서 나오는 미래신호가 감지된다.

2022년 8월 발표된 산업연구원 자료에 따르면, 2000~2020년까지 한국의 대중국 중간재 수출 비율은 85.2%에서 79.9%로 5.3%p 감소한 반면 수입 비율은 51.0%에서 61.6%로 10.6%p 증가했다. 중국이 중간재 조달을 한국에 의존하는 비율을 점점 낮추고 있다. 반면 한국 기업이 중국에 중간재를 의존하는 비율은 계속 높아지고 있다.[11]

필자는 한국과 중국의 상호보완 관계가 거의 막바지에 이르렀다고 평가한다. 한·중 상호보완 관계가 끝나면, 대중국 무역수지 적자는 급격하게 늘어날 가능성이 높다.

지난 30년 동안 중국은 한국 기업이 만든 완제품을 판매하는 시장, 미국 소비시장을 뛰어넘는 거대 시장이 될 거라는 기대가 컸다. 일견 틀리지 않은 전망이다. 지난 30년 동안 중국의 경제 규모는 미국의 80% 수준까지 커졌다. 그 결과, 세계총생산GWP 대비 미국의 국내총생산GDP 비율이 15%로 떨어졌고 세계무역량 대비 미국의 무역량 비율은 10%까지 감소했다. 중국의 내수시장이 큰 것은 분명하나 현실은 그리 호락호락하지 않다.

중국 내수시장은 치열한 전쟁터다. 심지어 한쪽으로 기운 운동장이다. 중국 내수시장에서 살아남는 길은 단 2가지다. 하나는 중국 기업이 되는 것이고, 다른 하나는 (중국 부자들이 탐내는) 세계 최고의 브랜드가 되는 것이다.

현대자동차가 중국에 처음 세운 베이징 동북쪽 외곽 지역 순이구에 위치한 베이징현대차 1공장은 중국 전기차 신생 업체인 리샹에 매각되었다. 2021년 현대자동차의 중국 내 점유율은 1.8%까지 하락했다. 2020년보다 23%나 감소했다. 삼성전자 스마트폰의 중국 내 점유율은 최대 20%까지 올랐지만, 지금은 중국 기업에 밀려서 0%대로 곤두박질쳤다. 다른 업종들의 하락도 시작되었다. 무역협회에 따르면, 2013년부터 2019년까지 중국의 수입 규모에서 한국이 차지하는 비율은 1위였지만, 2020년부터 대만에 밀려 2위로 내려앉았다.[12] 2022년 현재 중국이 한국을 앞지르지 못한 분야는 반도체와 정밀 의료기기, 정밀 과학기기 정도다.[13]

미국 시장은 선진국 표준시장의 역할을 한다. 미국 시장의 포기는 선진국 시장과 프리미엄 전기차 시장을 포기하는 셈이다. 오히려 미래에 중국 시장에서 살아남으려면 (가성비를 따지는 전기차는 모두 철퇴를 맞기 때문에) 프리미엄 전기차 기술과 시장 점유율이 반드시 필요하다. 즉 미국에서 살아남아야 중국에서도 살아남을 발판이 마련된다. 나아가서 미국 내에서 전기차 시장을 포기하면 미국 내 자율주행자동차 시장도 함께 포기해야 한다. 이 때문에 한국 기업의 계산이 더 복잡해진다.

한국 기업에는 미국의 조급함이 큰 부담이다. 앞으로 안미경중中安美經中(안보는 미국, 경제는 중국) 자세를 취하면 미국의 지원을 받기 어려워진다. 미국 시장에서도 불이익을 받을 공산이 크다.

미국은 2022년 7월에 '반도체 지원법The CHIPS and Science Act'(반도체 지원·과학 법안 2022)도 통과시켰다. 미국의 반도체 산업 경쟁력 강화를 위해 생산·연구개발R&D에 총 520억 달러를 지원한다는 내용이다.

한국 기업에는 이 법이 양날의 검이다. 계산을 신중하게 해야 한다. 미국 정부는 앞으로 5년 동안 미국 현지 내에 반도체 공장을 짓는 기업에 반도체 설비 투자 세액 공제 규모를 25%까지 늘리는 것을 골자로 390억 달러를 지원한다. 한국 내 반도체 설비 투자 세액 공제(최대 12%)보다 2배 이상 많다. 이 밖에도 주정부들의 추가 세제 혜택까지 고려하면 한국·일본·대만 기업들은 미국에 공장을 지어야 살아남을 수 있다.

당장 국내 일자리 추가 증가분이 줄어든다. 장기적으로는 미국 제조업 부활을 유도한다. 바이든 행정부는 미국·한국·대만·일본을 묶는 '칩4chip4 반도체 동맹'도 서두른다. 반도체 생태계는 원천기술을 보유한 미국 기업(엔비디아, 퀄컴, 인텔 등), 소재와 부품을 장악한 일본 기업, 시스템반도체 위탁생산 분야를 주도하는 대만 기업(TSMC)과 메모리 분야 1위이며 파운드리 분야 2위인 한국 기업으로 구성된다.

'반도체 지원법'과 '칩4 반도체 동맹'이 중국을 타깃으로 한다거나 대중국 수출 통제를 목적으로 한다는 표면적으로 명시된 문구는 없다. 하지만 세계가 다 안다. 미국은 4개국 반도체 공급망 동맹을 굳건히 해서 중국 반도체 제조 능력 발전을 억제하고, 중국 미래첨단 산업의 발전을 방해하여 패권전쟁에서 유리한 고지를 장악하려고 한다. 우크라이나 전쟁 이후로는 러시아도 공격의 대상이 되었다. 한국 기업들이 '반도체 지원법'의 수혜를 받으려면 중국에 반도체 장비 수출 금지, 최소 10년간 28nm(나노미터, 10억분의 1m) 이하의 반도체를 중국에서 만들 수 없는 것 등의 부칙 준수가 필수다.

삼성전자나 SK하이닉스는 중국과 미국에 모두 공장이 있다. 미국 보조금을 받게 되면 당장 중국 현지 공장 설비 보수와 공정 향상에 제동이 걸린다. 삼성전자와 SK하이닉스는 중국에 각각 낸드 생산 능력의 38%, D램 생산 능력의 44%가 있다.[14] 중국 내 공장들이 제대로 가동되지 못하면 다른 곳에 중복투자를 해야 한다.

당장 매출 손실도 커진다. 중국은 반도체 최대 수입국이다. 2021년에 중국의 반도체 수입액은 3,500억 달러(약 458조 5,700억 원)였다. 중국 전체 수입액은 13%로 원유와 농산물 수입을 합친 액수보다 많다. 한국은 중국과 홍콩에 메모리 반도체의 71.3%, 시

스템반도체의 46.6%를 수출한다.[15]

중국은 한국산 반도체가 필요하다. 그래서 사드 보복 조치가 강하게 이루어졌을 때도 반도체만은 건들지 않았다. 이번에도 반도체 기업은 제재하지 않고 다른 산업에 보복을 가할 가능성이 높다. 수입 규제는 물론이고 한국에 중국산 중간재나 소재 수출을 금지할 수도 있다.

2022년 5월에 경제인연합회(전경련)가 발표한 〈한국 경제 산업 핵심물자 현황 및 시사점〉 보고서를 보자. 한국의 핵심 수입 품목 228개 중 172개(75.5%)가 중국산이다. 배터리의 경우에는 중국산 소재 의존도가 93%에 이른다. 철강과 석유화학, 자동차 등 핵심 제조업 분야는 80~90%, 의약품은 53%, 희토류 수입은 52%에 달한다. 양국 간 기업 거래가 많고 글로벌 공급망 안정성이 취약하다고 평가되는 133개 품목 중 중국산은 127개(95.4%)다.[16]

중국공산당이 반도체를 제외한 전 방위 분야에 제재를 가한다면 중국 내 시장 점유율 하락과 글로벌 경쟁력 약화 속도에 가속이 붙는다. 물론 전적으로 손해만 보는 것은 아니다. 중국의 반도체 기술 향상 속도가 느려지면 삼성전자와 SK하이닉스에 한동안 유리한 점도 있다. 중국의 추격을 따돌릴 수 있는 시간을 벌 수 있기 때문이다. 하지만 중국은 반도체를 비롯한 첨단기술 확보 계획을 절대 포기하지 않을 것이다.

미국의 압박은 중국의 자체 기술력 개발 의지를 강화할 여지가 있다. 중국은 유럽·미국·일본·한국·대만 등에서 반도체 관련 기술을 탈취해서라도 반도체 핵심기술을 확보할 가능성이 높다.

그러면 한국 기업들은 중국 시장과 중국이 영향력을 미치는 국가들에 대한 수출길이 통째로 막힐 수도 있다. 따라서 정교한 계산이 필요하다.

미국은 러시아를 향한 압박도 강화할 것이 분명하다. 2022년 8월에 영국 왕립합동군사연구소RUSI가 발표한 자료에 따르면, 러시아가 우크라이나 공격에 사용한 전술 라디오, 드론, 정밀 장거리 미사일 등 거의 모든 무기에 미국과 유럽, 일본과 한국 등에서 생산된 부품이 대거 장착되어 있다. 미국산 부품이 317개로 가장 많지만, 그 뒤로 일본산 부품 34개, 대만산 부품 30개, 한국산 부품이 6개 들어가 있다. 이런 부품들은 군사용도 있지만 전자레인지를 비롯한 일반 가전제품에 쓰이는 부품도 상당수다.[17]

미국은 러시아가 우크라이나를 상대로 전면전을 벌이자 반도체 칩 수출을 금지하는 제재를 단행했다. 만약 미국이 우크라이나 전쟁이 끝난 뒤에도 러시아의 군사기술 향상을 막는 전략적 선택을 한다면, 한국 기업이 생산하는 반도체부터 가전제품까지 러시아 수출길이 막힐 수 있다.

한국 기업의 입장에서 계산에 넣어야 할 것이 더 있다. 미국은 중국과 러시아의 경제가 안고 있는 심각한 약점을 간파하고 있다. 중국의 약점은 부동산 버블과 가계부채, 아직 끝내지 못한 기업 구조조정이다. 러시아의 약점은 우크라이나 전쟁으로 촉발된 경제 및 산업적 고립, 스위프트SWIFT 퇴출로 인한 국제금융 시스템 밖에 서 있어야 하는 금융 위험, 수입물자 부족으로 인한 국내 인플레이션 장기화 가능성 등이다. 만약 미국이 중국과 러시아 경제위기를 심화하는 전략을 구사하면, 그 파장을 한국 기업이 피하는 것은 쉽지 않아 보인다.

2022년 현재 러시아의 GDP는 1조 776억 달러로 한국(1조 7,990억 달러)의 GDP와 크게 차이가 없다. 중국은 17조 7,340억 달러로 세계 2위다. 중국의 GDP는 유로존 전체보다 크고, 미국과 유럽을 제외한 나머지 선진국과 개발도상국을 모두 합친 것보다 크다. 미국이 이런 두 나라의 경제위기를 심화하는 전략을 단행하면, 세계 경제의 불안이 커지면서 수출 의존도가 높은 한국과 한국 기업에도 직격탄이 될 수 있다.

패권전쟁의 파도를 넘지 못하면
한국은 외환위기에 다시 빠진다

한국 기업이 이 파도를 견디지 못하면 한국 경제 전반에 심각한 연쇄 충격이 일어날 수 있다. 가장 먼저 무역수지에 직접적인 타격이 온다. 〈그림1〉은 한국의 무역수지 장기 추세다. 한국의 무역수지는 대략 10년 주기로 계단형 상승을 보였다. 2015~2017년의 박스권 상승 이탈은 반도체 효과 덕분이다. 그 효과가 끝나자 무역수지는 기존 박스권으로 복귀했다. 그리고 코로나19 팬데믹 기간을 지나면서 기존 박스권에서 하향 이탈이 시작되었고, 글로벌 인플레이션 기간에 대중국 무역수지가 5개월 연속 적자에 빠지면서 무역수지 적자 규모가 역대 최고치를 기록했다.

만약 다가오는 파도를 넘지 못한다면, 한국 무역수지 장기 추세는 과연 어떻게 될까?

〈그림2〉를 보자. 미국의 무역수지 장기 추세다. 미국의 무역수지는 일본과 중국과의 경쟁에서 모두 패하면서 장기 적자 추세에 빠졌다. 미국형 무역수지 적자 패턴은 초반에는 무역수지 적자가 느리게 증가하다가 임계점을 통과하면서 적자 규모가 급격하게 증가한다.

〈그림3〉은 일본의 무역수지 장기 추세다. 일본의 무역수지는

그림1 | 한국 무역수지 변화

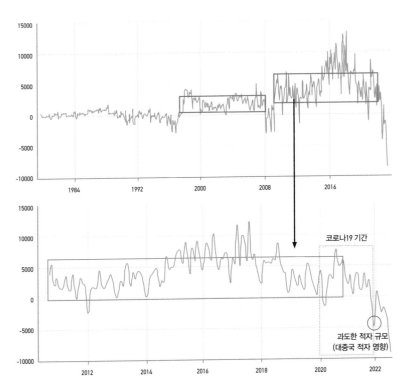

미국의 플라자합의 공격과 한국의 추격이라는 두 차례의 충격을 받으면서 무역수지 추가 상승에 제동이 걸렸다.

일본형 무역수지 패턴을 보면 무역경쟁력 하락기에 접어들면서 곧바로 장기 적자 추세에 빠지지 않았다. 20년 정도는 무역수지 흑자 박스권을 맴도는 추세를 반복했다. 일정 수준 제조업 경쟁력이 살아 있었고, 박스권을 벗어나 적자 추세에 빠지지 않도록

그림2 | 미국 무역수지 변화

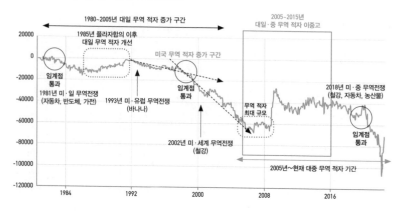

그림3 | 일본 무역수지 변화

하기 위해 인위적인 엔저 정책을 구사했기 때문이다. 그렇지만 장기간 제조업 경쟁력이 회복되지 못하자 흑자 박스권도 하향했다. 그리고 세계 경기 대침체기를 만나면 무역수지 적자 증가 속도가 급격하게 빨라지는 패턴이 반복되고 있다.

앞으로 한국 무역수지 장기 추세는 미국형을 따라갈까? 아니면 일본형을 따라갈까?

우선 필자의 예측으로는 한국의 무역수지는 앞으로 추가 상승할 가능성이 낮다. 과거에는 10년 주기로 무역수지 흑자 규모가 한 단계씩 증가했다. 글로벌 패권전쟁의 파도와 상관없이, 앞으로 이런 패턴은 지속되기 어렵다. 미국형으로 임계점을 통과하면서 급격하게 하락하거나, 아니면 일본형으로 박스권을 겨우 유지하는 장기 추세를 보일 것이다.

만약 다가오는 글로벌 패권전쟁의 파고를 넘지 못해 한국 기업들이 심각한 내상을 입으면, 미국처럼 무역수지가 붕괴하는 최악의 상황에 빠질 수 있다. 그럴 경우에는 자본이탈이 대규모로 발생하면서 외환위기가 재발한다.

미국은 현존하는 최대 소비국이다. 엄청난 소비시장을 유지하기 위해 값싼 중국산 제품을 수입하고, 제조업 경쟁력 하락 때문에 유럽과 한국 등의 제품 수입이 늘어나면서 무역수지 적자 규모가 급격히 증가했다. 하지만 제1기축통화의 이점을 살려 대규모 무역수지 적자에도 불구하고 경제성장을 유지하는 구조가 가능하다. 그렇기 때문에 무역수지 적자 급증 추세를 일부 용인한 측면도 있다.

하지만 한국은 상황이 다르다. 한국의 무역수지가 미국형을 따라가면 곧바로 외환위기에 직면한다. 〈그림3〉을 보자. 일본의 수출경쟁력이 약해진 이유는 1985년 플라자합의에 따른 엔고 현상으로 수출 단가가 올라가고 1990년대부터 한국의 추격을 받기 시작하면서다. 일본의 수출 경쟁력이 떨어지면서 무역수지 증가세가 멈추자 일본 정부의 재정도 적자 추세로 전환되었다.

한국도 무역수지가 하락 추세로 전환되면 정부재정수지도 장기 적자 추세로 전환될 가능성이 높다. 거기에다 한국도 일본처럼 초고령사회로 진입하면서 사회복지비용이 급격하게 증가할 것이다. 건강보험은 이미 적자 상태이고, 지금 추세라면 국민연금은 2050~2060년경에 고갈된다. 이런 미래가 이미 예정되어 있는 상황에서 무역수지 패턴이 미국형으로 전환되면, 한국 기업이 벌어들이는 달러가 고갈되고 투자시장에서 외국 자본이 대거 이탈하면서 외환위기를 피할 길이 없다.

미래 한국의 무역수지 패턴이 상승 추세에서 하락 추세로 전환된다면, 미국형보다는 일본형이 낫다. 이를 위해서는 다가오는 글로벌 패권전쟁의 파고를 넘어야 한다. 다행히 길이 전혀 없는 것은 아니다. 글로벌 무역전쟁기에는 정치적 충돌이 한순간에 급변할 수 있다. 하지만 기업 간의 반목은 아주 천천히 일어난다. 미국과 중국 정부가 패권전쟁을 치열하게 벌이고 있지만 양국 기업들 간의 교역과 투자는 최근까지도 별다른 변화가 없었다. 정부 간의 신경전과 법적 대응이 치열한 만큼, 기업들이 생존을 위해 정치적 반목과 법적 제재를 우회하려는 전략적 노력도 그만큼 더 적극적으로 하고 있기 때문이다.[18] 국가는 장기적 승리를 위해 단기적 혹은 중기적 피해를 감수할 수 있지만 기업은 당장 손해가 커지면 회사가 문을 닫을 수 있기 때문이다.

정부도 이런 기업의 상황을 마냥 무시할 수는 없다. 결국 뒷문과 우회로를 용인하게 마련이다. 미국 헤리티지재단 보고서에 따르면, 최근 중국이 미국 지식재산권 구매를 위해 지출한 금액이 10년 동안 3배 넘게 증가했다. 2020년 한 해 동안 중국이 미국산 소프트웨어·기술 구매를 위해 라이선스 신청을 한 횟수가 2020년에 3,747건에서 2021년에는 5,923건으로 증가했고, 금액도 같은 기간 1,060억 달러(약 140조 원)에서 5,450억 달러(약 722조 원)로 5배 넘게 늘었다. 라이선스 건당 지불 금액도 2020년 2,800만 달러(약 370억 원)에서 2021년 9,200만 달러(약 1,220억 원)로 늘었다.[19] 중국도 미국, 유럽, 일본, 한국 등이 보유한 선진 기술이 필요하고, 미국 정부가 중국 정부에 원하는 것도 그 속내를 들여다보면 "정당한 가격을 지불하고 미국 지식재산권을 구매하라. 그러면 막지 않겠다"라는 것이다.

한국 기업도 마찬가지다. 정치적 상황을 잘 읽고, 계산을 잘하고, 전략적 노력을 기울이면 소나기를 피하는 길을 충분히 찾을 수 있다.

예를 들어 매년 급성장 중인 글로벌 로봇시장 규모는 2020년 277억 달러에서 2026년 741억 달러가 될 것으로 전망된다. 중국은 상하이, 베이징, 선전, 둥관, 선양 등 10곳에 로봇산업 클러스터를 조성하고 각종 정부지원을 쏟아부으면서 저렴한 가격을 무기로 서빙로봇, 제조·물류로봇 분야의 국제시장을 장악했다. 현재 미국은 중국산 서빙로봇에 25%의 관세를 매기는 수준에 머문다.[20]

하지만 로봇시장에서도 중국을 견제하는 법안을 마련할 가능성이 높다. 인공지능과 연결된 로봇은 데이터 유출 위험도가 높다. 중국 기업들이 판매한 로봇들이 전 세계 곳곳에서 작동하면서 수집한 민감한 정보는 언제든지 중국 정부로 넘어갈 수 있다. 로봇산업은 청소기 로봇처럼 대량생산 영역도 있지만, 다품종 소량생산, 고품질·고급 로봇 제조 분야도 넓다. 같은 제조 로봇이라도 공장이나 생산하는 제품에 따라 그 모양과 기능이 다르기 때문이다. 이런 특성상 첨단 제조 역량을 갖춘 한국의 기술과 노동력은 강점을 갖는다. 중국 로봇은 25%의 관세를 물지만, 한국은 미국과 FTA를 맺고 있어서 무관세로 로봇 수출이 가능하다.

반도체나 전기차처럼 소품종 대량생산 제품은 법과 행정명령으로 미국에서 전량 생산이 가능하도록 만들 수 있지만, 로봇처럼 다품종 제품군을 가진 산업은 모든 제품을 미국에서 생산하는 것이 불가능하므로 동맹국과 생산 거점을 나눠야 한다.

다시 말하지만, 소나기를 피하고 적절한 환율정책과 제조업 경쟁력을 일정 수준으로 유지한다면, 미국형 무역수지 적자 패턴은 충분히 피할 수 있다.

군사전쟁으로 가는 문, 죄수의 딜레마

'죄수의 딜레마'는 전략적 의사결정에 관한 연구로 널리 알려진 '게임이론Game Theory'의 대표 모델 중 하나다. 1950년 미국 국방성 산하 랜드RAND: Research and Development 연구소의 경제학자 메릴 플로드와 멜빈 드레셔는 사람들의 협력과 갈등에 관한 연구를 수행했다. 서로 협력하는 것이 가장 좋은 상황에서 서로를 믿지 못해 협력하지 않는 현상이 반복되는 이유에 주목했다.

1992년에 프린스턴대학교 수학자 앨버트 터커는 메릴 플로드와 멜빈 드레셔의 연구를 유죄 인정을 두고 협상을 벌이는 죄수 2명의 상황에 적용하여 설명했다. 이후 이 모델은 '죄수의 딜레마'라고 불렸다.

이 모델은 (따로 떨어진 독방에 갇힌 죄수 2명이) '상대가 무슨 선택을 할지'에 대한 정보가 전혀 없는 상황에서 발생한다. 공범 2명을 기소하기 위한 증거가 부족한 상황에서, 경찰이 죄수 2명에게 동일한 제안을 한다. 상대방과 자신이 범죄에 공동으로 가담했다는 것을 시인하면, 상대방 죄수는 징역 3년을 받지만 자신은 석방될 수 있다. 만약 공범 2명이 모두 자백을 하면, 각각 징역 2년을 받는다. 둘 다 자백하지 않고 묵비권을 행사하면, 각각 징역 6개월을 받는다. 죄수 2명이 모두 최선의 결과를 얻으려면 서로 협력(둘 다 자백하지 않음)해야 한다. 하지만 (죄수 2명은 상대방에 대한 불신이 가득해서) 각각 자신의 이익만을 고려한 선택을 하는 탓에 결국 자신과 상대방 모두 최악의 상황(둘 다 징역 2년)을 맞이한다.

죄수의 딜레마에서 벗어나려면 해답은 간단하다. 자기 이익만 생각하지 않고 현재 위기를 상대방과 함께 극복할 방법을 선택(모두에게 유익한 선택)하는 것이다.

이론은 간단하지만 현실은 그렇지 않다. 죄수의 딜레마에서 빠져나오지 못하는 상황이 자주 발생한다. 왜 그럴까? '상대적 박탈감' 때문이다. 죄수의 딜레마는 비제로섬 게임non zero-sum game, 즉 비영합 게임에 속한다. 나만 신뢰를 지키면 내가 손해를 볼 수 있다. 혹은 모두에게 최선이 되는 선택을 할 경우, 한 사람이 다른 사람보다 매우 큰 이익을 얻고, 다른 사람은 큰 손해를 보지 않는 수준의 결과가 나타날 수 있다.

예를 들어 둘 다 징역 6개월을 받아도, 주범과 자신이 동일한 처벌을 받는다는 상대적 박탈감이 생기는 상황이다. 서로를 불신하는 상황에서 상대적 박탈감이 예상되면 모두에게 최선의 결과를 가져다줄 선택을 하지 않는다. 나에게만 최선의 결과를 가져다줄 선택을 할 가능성이 높아진다. 혹은 (내가 손해를 어느 정도 보더라도) 상대를 최악의 결과에 빠뜨리는 선택을 할 수 있다.

1984년 정치 과학자 로버트 액설로드는 《협력의 진화》라는 책에서 죄수의 딜레마 상황이 무수히 반복될 때 어떤 전략을 취해야 가장 효과적인지 분석했다.

가장 효과적인 전략은 '팃포탯tit-for-tat', 즉 '눈에는 눈, 이에는 이' 전략이다. 상대방이 배반하면 자기도 배반하고, 상대방이 협동 하면 자기도 협동하는 것이 가장 높은 점수를 얻었다. 단 이 전략 에는 전제가 하나 있다. 게임의 시작을 알리는 '첫 번째' 선택에서 는 '반드시' 서로 '협동'하는 선택을 해야 한다.

액설로드가 그다음으로 제안한 효과적인 전략은 상대방이 자 신을 배반하는 선택을 했더라도 지속적으로 배반하는 것이 아니 라면 상대방의 '실수'를 용서해주는 전략이다.[21]

죄수의 딜레마 게임에서 최악의 결과에 빠지지 않으려면 '상 호신뢰'가 전제되어야 한다. 상대적 박탈감을 극복하는 것도 상호 신뢰가 해답이다. 상대가 나보다 더 큰 이익을 얻을 것으로 예상 되지만, 상대도 자기 이익만 생각하지 않고 당면한 위기를 함께 극복할 방법을 찾으려고 노력한 결과였다는 믿음이 필수다. 상호 신뢰를 바탕으로 배신하지 않겠다는 약속이 지켜질 때, 모두에게 가장 좋은 결과를 만들어낼 수 있다.

죄수의 딜레마는 현재 벌어지는 글로벌 패권전쟁의 양상을 설명하는 데도 요긴하다. 미·중 양국 간 혹은 미·중·러 3국 간의 '협력적인 선택'만이 국제사회에 최선의 결과를 낼 수 있다.

하지만 미국·중국·러시아 3국 상호 간 불신이 극에 달해서 자국 이익 우선주의를 반복해서 선택하고 있다. 혹은 (내가 손해를 보더라도) 상대를 최악의 결과에 빠뜨리는 선택을 하고 있다. 이렇 게 계속 갈 경우 상황은 어떻게 될까? 미국·중국·러시아 3국은 물론이고 글로벌 사회 전체가 필자가 지금부터 전개하는 최악의 시나리오, 최악의 국면으로 치닫게 된다.

공멸의 시작, 불신의 급가속

최악의 시나리오는 미국과 중국, 미국과 사우디아라비아, 미국을 포함한 NATO와 러시아 간의 '상호불신'의 급가속에서 시작한다.

1950년대에 미국과 중국은 한반도에서 서로 총구를 겨누고 전쟁을 했다. 하지만 소련이라는 공동의 적이 부상하자 양국은 1979년 1월에 정식으로 수교하고 군사적 동반자 관계를 맺었다. 1979년 12월에 소련이 아프가니스탄을 침공하자 미국은 중국에 비살상무기를 수출할 정도로 급격히 가까워졌다. 1990년대에 미국은 중국의 과감한 개혁개방정책 추진을 적극 지지하면서 미국의 시장을 열어주었다. 중국도 미국 국채의 최대 고객이 되면서 양국의 밀월관계는 경제, 금융으로까지 범위가 확장되었다. 중국과 미국을 마치 한 몸처럼 부르는 '차이메리카'라는 용어까지 등장했다.

하지만 굳건하던 미국과 중국의 상호신뢰는 2008년 글로벌 금융위기 발발을 기점으로 순식간에 무너졌다.

21세기가 시작되면서, 미국의 위상에 균열이 가는 사건들이 연쇄적으로 발생했다. 2001년 9월 11일에 오사마 빈 라덴이 이끄는 이슬람 근본주의 무장단체가 미국의 경제·군사·정치의 심장인 뉴욕 맨해튼의 세계무역센터, 국방부, 백악관과 국회의사당을 겨냥한 비행기 테러를 감행했다. 일본의 진주만 습격과 맞먹는 충격적인 사건이었다. 세계 최강대국이라는 미국의 자존심은 땅에 떨어졌고 경제도 휘청거렸다.

테러 공포에 빠진 미국은 북한·이라크·이란을 '악의 축'으로 규정하고, 2003년 3월에는 이라크가 대량살상무기WMD를 제조하고, 알카에다를 지원한다는 명분으로 전쟁을 벌였다. 절대우세인 군사력을 앞세워 독재자 사담 후세인 대통령을 몰아내고 26일 만에 전쟁을 승리로 이끌었다.

하지만 미국의 이라크 침공은 UN의 지지를 받지 못했다. 국제사회 대부분이 미국의 이라크 공격을 무모한 전쟁으로 판단했다. 미국이 내세운 명분은 근거가 부족하고 확실한 증거도 없었기 때문이다. 전쟁이 끝난 뒤, 이라크에서 대량살상무기는 발견되지 않았다.

미국의 국제적 신뢰는 금이 갔고 중동에서 불신과 반대 목소리가 커졌다. 미국 내부에서도 문제가 일어났다. 베이비붐 세대의 은퇴와 고령사회라는 비수가 미국 경제의 폐부를 깊숙이 찌르고 있었다. 테러와의 전쟁을 수행하기 위해 막대한 달러를 찍어냈고, 침몰하는 미국 내수시장을 부양하기 위해서도 돈을 풀었다.

그 결과, 2008년에 미국 부동산 시장이 한순간에 붕괴했고 신용도가 하락했다. 고용시장은 충격에 빠졌고(실업률 10%), 미국 정부의 부채는 상한선을 넘기기를 반복했다. 이런 미국을 예전처럼 신뢰할 수는 없는 것은 당연해 보였다. 미국 역시 자신들의 제국이 이렇게 무너지는 것이 아니냐는 불안감을 갖기 시작했다.

이때 중국이 오랫동안 감춰온 야심을 드러내며 미국의 뒤통수를 후려쳤다. 2009년 1월에 있었던 다보스 포럼에서 당시 중국 총리였던 원자바오는 미국을 겨냥해 직격탄을 날렸다. 대략적인 내용은 이렇다.

글로벌 위기의 원인은 미국의 지속 불가능한 경제성장 모델에 있다. 미국 정부는 부적절한 거시경제 정책을 고수했고, 미국 중앙은행은 기준금리를 낮춰 돈을 뿌려댔고, 미국 가계는 낮은 저축률과 과소비에 빠졌다. 이런 수준의 미국을 어떻게 믿을 수 있겠는가? 더는 미국의 국채를 마음 놓고 사기 어렵다. IMF가 달러 발행국인 미국에 대한 감독을 더 강화해야 한다. 이 기회에 달러보다 좀 더 신뢰할 만한 제1기축통화를 만들어야 한다.

2009년 3월에 당시 중국인민은행 총재였던 저우샤오촨은 "특별인출권SDR: Special Drawing Rights(1969년에 IMF가 구축)이 초국가적 기축통화가 될 수 있다"라고 거들었다. 2010년 당시 중국의 국가주석이었던 후진타오는 '거침없이 상대를 압박한다'는 뜻의 '돌돌핍인咄咄逼人'을 외치며 미국에 전면적인 경제전쟁을 선포했다. 2010년에 서울에서 열린 G20 정상회의에서도 "(달러를 대체할) 글로벌 기축통화 메커니즘이 만들어져야 한다"라고 공공연하게 목소리를 높였다.

2011년 1월에는 〈월스트리트저널〉과의 인터뷰에서는 "달러 기축통화는 과거 유물"이라며 대놓고 공격의 수위를 높였다. 중국의 배신은 말로만 끝나지 않았다. 2008년 글로벌 위기 이후에 중국은 엄청난 규모의 금을 사들이기 시작했다. 금 보유량이 많을수록 미국과의 기축통화 전쟁에서 유리한 고지를 차지할 수 있었기 때문이다.

중국은 일대일로—带—路 전략에 박차를 가하면서 아프리카를 비롯한 개발도상국들과 경제협력과 지원을 넓혀갔고, 위안화로 국제 무역거래를 하는 나라들을 대놓고 늘려갔다. 미국 중심 금융 시스템을 대체하는 새로운 국제 금융질서를 구축해야 하고, 그 과정에서 개발도상국들의 발언권과 표결권도 확대하자고 주장했다.

오바마와 트럼프 행정부 기간에 미국은 중국을 향한 패권전쟁을 시작했다. 바이든 행정부는 중국에 대한 공격을 한 단계 격상했다. 중국이 가장 민감하게 여기는 인권과 노동 문제, 중국 내 소수민족과 대만 문제를 건드렸다.

바이든의 책사이며 '복심'으로 불리는 제이크 설리번 국가안전보장회의NSC 보좌관은 2019년에 〈포린폴리시〉라는 정치 전문 매체에 〈세계 패권으로 가는 중국의 2가지 길〉이라는 제목의 기고문을 통해 "중국은 미국을 대체하는 초강대국이 되려는 야심을 가진 나라다"라고 명확하게 규정했다. 이제 미국과 중국 양국 사이에는 과거의 신뢰가 거의 남아 있지 않다.

미국이 궁지에 빠지자 사납게 달려드는 나라가 또 있었다. 바로 러시아다. 20세기에 러시아는 미국의 경제공격을 받아 나라가 붕괴되는 경험을 했다. 미국은 소련을 해체한 이후에도 러시아가 유럽으로 동진하는 것을 계속 견제했다.

조국 소련의 몰락을 지켜본 푸틴은 미국에 대한 깊은 불신을 가지고 반격할 기회만을 엿보고 있었다. 2007년 뮌헨 안보회의 연설에서, 푸틴은 자신의 속내를 드러냈다. 전문가들은 이 연설을 러시아의 대외정책 대전환점이며 동시에 유럽과 미국을 향한 선전포고의 날이라고 평가한다. 연설의 내용은 이렇다.[22]

불과 20년 전만 해도 세계는 이념적으로 경제적으로 분리되어 있었다. 세계의 안전을 보장했던 것은 바로 (미·소) 양 초강대국의 엄청난 전략적 잠재력이었다. 미국은 곳곳에서 도를 넘는 행동을 하고 있다. 경제도 정치도 인도적인 사안도 한 나라가 마음대로 하고 있다. 매우 위험한 상황이다. 이대로라면 아무도 안전하다고 느끼지 못하는 상태에 이르게 될 것이다.

같은 연설에서, 푸틴은 소련의 영향력 아래 있었던 동유럽에서 미국과 NATO가 세력을 확장하는 상황에 대해서도 격앙된 어조로 불만을 드러냈다.

1990년 5월 17일, NATO 사무총장이 했던 발언을 인용하고 싶다. "NATO 군대를 독일 국경 너머에는 배치하지 않을 것이라는 사실이 소련에 확고한 안보를 보장할 것이다." 이 보장은 어디로 갔는가? (…) NATO의 팽창은 명백히 동맹의 현대화나 유럽 안보보장과는 아무런 상관이 없다. 그것은 심각한 도발이며 상호신뢰에 해를 끼치고 있다.

그 당시 미국 국방장관 로버트 게이츠는 푸틴의 연설을 듣고 냉전 시대로 되돌아가려는 망상을 가진 '늙은 스파이'라고 몰아붙였다. 푸틴의 눈에는 NATO도 믿을 수 없는 집단이었다. NATO의 뒤에는 소련의 붕괴에 앞장선 미국이 있었기 때문이다. 미국과 NATO에 대한 불신이 깊은 푸틴에게 동유럽에 배치된 NATO 미사일은 방어용 무기가 아니라, 러시아를 (소련처럼) 다시 무너뜨릴 기회를 엿보는 실제적 위협이었다.

미국의 지정학 전략가 피터 자이한은 푸틴의 목표는 동유럽 국경지대(에스토니아부터 우크라이나와 조지아에 이르는 지역)를 완전히 봉쇄하여 유럽의 침입을 철저히 막으려는 것이라고 분석했다.

푸틴의 이런 생각을 KBG 출신 늙은 스파이의 망상 정도로 취급하면 안 된다. 러시아는 유럽에 대한 불신의 뿌리가 깊다. 역사적으로 러시아는 동유럽 국경지대를 통해 유럽의 침입을 50여 차례 받아 수도 모스크바가 공포에 떨었던 경험이 있다. 과거에 소련이 1956년에 헝가리, 1968년에 체코슬로바키아를 침공한 이유도 유럽의 침공으로부터 동유럽 관문을 지키려는 목적이 컸다.

미국과 유럽은 이런 공포감에 사로잡혀 있는 러시아와 푸틴에게 "시대는 바뀌었고, 미국과 유럽은 러시아와 신뢰관계를 구축하기를 원한다"라는 뜻을 전하며 설득하는 데 힘을 쏟았어야 했다. 하지만 미국과 유럽은 푸틴과 러시아를 무시하고 조롱했다.

푸틴의 미국과 NATO에 대한 심각한 불신은 결국 거대한 재앙을 몰고 왔다. 뮌헨 연설 1년 뒤인 2008년 베이징 올림픽 기간에 푸틴은 자신을 조롱하던 부시 대통령에게 다가가서 귓속말로 "방금 조지아를 공격했다"라고 말했다. 부시 대통령은 충격에 빠졌다.

조지아는 러시아에 지정학적으로 중요한 의미가 있는 지역이다. 러시아어로 '그루지야'라고 불리는 조지아는 스탈린의 고향이다. 하지만 조지아인은 그들만의 고유한 역사를 주장했다. 조지아의 역사는 고대사까지 거슬러 올라간다. 현재 러시아와 튀르키예 등과 국경을 맞대고 있는 조지아는 교통·무역상의 요충지였고, 2만 6천여 개의 강과 850개의 호수, 43개의 저수지, 734개의 빙하와 습지가 있을 정도로 수자원이 풍부한 나라다.

이런 지정학적 위치 때문에 조지아는 건국 초기부터 로마나 이슬람과 몽골 등 여러 주변 세력의 지배를 반복해서 받으면서 통일 국가를 이루지 못하고 분립分立과 독립을 반복했다.

소련도 1921년에 조지아를 무력으로 병합했다. 소련이 무너지자 조지아는 독립을 선택했고, 안보와 경제발전을 위해 급속하게 친미 성향으로 기울면서 러시아와 거리를 두었다. 2005년에 조지아 정부는 자국명을 러시아식 표기로 '그루지야'라고 칭하는 나라들에게 영어식 표기인 '조지아'로 바꾸어 써달라고 요청했다.

2005년 5월에 조지 부시 대통령은 "소비에트 조지아는 없어지고, 독립국 조지아가 새로 태어났다"라는 연설을 했고, 조지아는 국제공항으로 가는 길에 '부시스트리트Bush Street'라는 이름을 붙이는 것으로 화답했다. 푸틴의 눈에는 일련의 행보가 미국의 공작으로 보였다. 심각한 불신은 오해를 낳고, 오해는 잘못된 선택을 낳는다.

러시아는 조지아를 무력으로 침공했고, 미국은 조지아에 무기를 지원했지만, 러시아를 막을 수 없었다. 단 5일 만에 조지아가 러시아의 손에 넘어갔다.

2008년에 미국이 금융위기를 맞고 허우적거리자 푸틴은 미국 경제를 공격하는 중국을 거들었다. 푸틴은 미국 정부와 월가 투자 은행들이 영광을 잃고 경제위기에 빠진 상황에서도 자기 이익을 차리는 데만 급급했다고 직격탄을 날렸다. 각국이 외화보유액을 달러에 지나치게 의존하는 것도 세계 경제의 위험요소라고 지적하며 미국을 공격했다.

러시아의 질주는 멈추지 않았다. 2014년 3월에 러시아는 소치 동계올림픽이 진행되는 도중에 우크라이나 크림반도를 무력으로 병합해서 미국을 또다시 당혹하게 만들었다. 오바마 행정부는 러시아에 즉각적인 경제제재를 가했지만, 중국과 손을 잡은 러시아는 국제무대에서 힘을 계속 키워갔다. 급기야 〈포브스〉는 2015년에 세계 권력자 순위 1위로 푸틴을 지목했고, 메르켈이 2위, 오바마가 3위로 밀려났다.

바이든 행정부는 출범 초기부터 러시아를 주적으로 규정하고 날을 세웠다. 2021년 12월 연말 기자회견에서 푸틴은 2007년 뮌헨 연설의 주장을 그대로 반복하면서 동유럽 5개국이 NATO에 가입한 것과 1991년에 미국과 유럽이 소련을 해체하고 소련 영토를 12조각으로 분리한 것에 대해 성토했다. 그리고 2022년 3월에 NATO 가입을 추진하는 우크라이나를 전격적으로 침공했다. 당연히 이 전쟁으로 미국과 러시아 양국 간의 불신이 급격히 악화되었다.

미국의 실수,
사우디아라비아와의 신뢰를 깨뜨리다

미국은 중국의 속내를 늦게 알아차리고 러시아의 야심과 도발을 얕잡아 본 실수를 저질렀다. 하지만 미국의 최악의 실수는 다른 데 있다. 사우디아라비아와 오랫동안 쌓은 신뢰를 무너뜨린 것이다.

신뢰 붕괴의 발단은 2008년 글로벌 금융위기였다. 건국 이래 최대 위기에 빠진 미국은 패권 회복과 자국 경제 재건을 위한 방편 중 하나로 에너지를 무기로 사용했다. 첫 시작은 오바마 대통령이 수십 년간 금지했던 원유 수출 금지령의 봉인 해제였다.

미국은 지난 수십 년간 자국 내 석유 수출을 금지하는 전략적 선택을 취해왔다. 이런 전략에 큰 변화를 이끈 것은 2010년대로 접어들면서 시작된 셰일가스 혁명이었다. 퇴적암의 하나인 셰일 지층에는 석유와 천연가스가 대규모로 매장되어 있다. 이런 셰일 지층이 가장 많이 분포한 나라가 미국이다. 2010년대 이전에는 셰일 지층에 있는 천연가스나 석유를 추출하는 기술이 떨어졌고 비용도 많이 들었다.

그러나 2010년대에 들면서 상황이 바뀌었다. 셰일산업에 획기적 기술이 개발되면서 추출비용이 배럴당 70달러까지 빠르게 하락했다. 때마침 전 세계 경제가 회복기에 접어들고 중국의 석유 수요도 폭발적으로 늘어나면서, 국제 유가도 120달러까지 치솟았다. 셰일업계에도 가속이 붙었다. 오바마 행정부는 미국의 재기를 위해 셰일 생산을 하루 200만 배럴로 늘렸다.

셰일 에너지 혁명은 침몰 직전의 미국에는 뜻하지 않은 행운이자 구세주였다. 강력한 구조조정에 내몰린 미국 내 제조업계에 생산비용을 절감할 수 있는 동력이 되었다. 셰일 에너지의 폭발적 증산으로 미국 내에서 원유와 천연가스 생산이 급증하자, 미국은 수십 년간 전략적으로 묶어둔 원유 수출 규제를 풀고 잉여 공급량을 아시아와 유럽에 팔았다.

미국은 1975년 제1차 석유 파동 이후 자국 내에서 생산한 원유의 수출을 금지했다. 원유 자원을 전략적으로 보호하고 국내 유가의 안정화를 도모하기 위해서였다. 그 뒤로도 미국 내 전체 생산량의 4%에 불과한 하루 40만 9천 배럴을 수출하는 수준이었다.

예전부터 미국 석유 업계와 공화당은 일자리 창출과 수출 증대를 명분으로 내세워 원유 수출을 허용하도록 민주당과 백악관을 압박했다. 민주당은 석유 수출로 인해 환경 문제가 악화된다는 명분을 내세우며 강하게 반대했다.

하지만 셰일산업의 승승장구에 자신감을 얻은 미국 의회는 2015년 12월에 세출 법안 협상 과정에서 재생에너지 세제 감면 혜택의 연장과 원유 수출을 주고받는 합의에 성공했다. 의회가 합의해도 거부권을 행사하겠다던 백악관도 한발 물러섰다.

대선을 앞둔 오바마 대통령은 원유 수출로 미국 셰일오일 생산업체의 살 길을 터주면 보수층의 표를 얻을 수 있었다. 반미전선을 주장하는 러시아, 베네수엘라, 남미와 중동 산유국을 길들이기도 쉬워지는 전략적 유익도 얻을 수 있다는 계산도 섰다. 원유를 수출하여 달러를 벌어들이면 강달러로 인해 수출이 위축되는 것을 약간은 상쇄할 수 있어서 무역수지와 재정수지도 동시에 호전시킬 수 있는 카드가 된다. 결국 오바마 행정부는 석유 수출을 승인했다.[23]

미국이 셰일 생산을 늘리고 원유 수출 규제를 풀어 잉여 공급량을 아시아와 유럽에 팔자 사우디아라비아를 비롯한 OPEC 진영은 당혹감을 감추지 못했다. 사우디아라비아 등 OPEC 회원국은 2014~2015년경에 채산성이 배럴당 70달러에 달했던 미국 셰일오일의 붕괴를 목적으로 원유 가격 하락을 용인했다.

2015년 12월에 국제 유가가 14년 만에 처음으로 2년 연속 하락하면서 배럴당 30달러 선이 붕괴되었다. 하지만 기술이 빠르게 발전하면서 채굴비용도 계속 내려갔다. 셰일 에너지 기업들은 채굴 생산성을 획기적으로 늘리는 수평시추horizontal drilling 기술과 모래와 화학첨가물을 섞은 물을 강한 압력으로 분사하여 천연가스와 원유를 분리하는 수압파쇄hydraulic fracturing 기술로 혁신을 거듭하며 채굴비용을 낮췄다. 전통 유전이 승인에서 시추까지 3~5년이 걸리는 데 반해, 셰일 유전은 승인에 6개월, 시추에서 생산까지는 1~2개월밖에 걸리지 않는다. 치밀한 분석을 통해 경제성이 높은 유전인 스윗 스폿sweet spot을 찾아내는 확률도 높았다.

유가가 하락하면 시추를 잠시 멈췄다가 유가가 반등하면 곧바로 시추할 수 있는 설비도 갖추었다. 이런 특성을 활용하여 미국 셰일업계는 텍사스주, 뉴멕시코주의 셰일 유전을 중심으로 배럴당 30달러 선에서도 투자 수익이 나는 수준으로 비용 절감에 성공했다.[24]

국제 원유 가격이 내려가도 미국의 석유 공급량이 줄지 않자, 사우디아라비아를 비롯한 OPEC도 시장 점유율이 떨어질 수 있다는 부담 때문에 공급량을 줄이지 못했다. 1980년대에 북해 유전이 발견되었을 때, 사우디아라비아는 석유 공급량이 늘어나면서 유가가 하락하자, 감산으로 가격 하락을 막으려다 재정 적자만 키웠던 뼈아픈 실패 경험이 있었다. 사우디아라비아가 적자를 회복하는 데 16년이 걸렸고 시장 점유율도 크게 떨어졌다.[25]

OPEC은 글로벌 석유시장의 40%를 점유하고 있으며 사우디아라비아가 OPEC 총생산량의 3분의 1을 차지한다. 사우디아라비아는 중동 국가들의 맹주라는 국제정치적 위상도 갖고 있다. 공급량을 줄이는 것은 최후의 카드일 뿐이다.

공급량은 계속 늘어나는데 국제 수요는 거꾸로 움직였다. 시간이 갈수록 연료 효율이 개선되고 유럽에서는 천연가스로 에너지 수요가 대체되면서 석유 자체 수요가 줄었다. 2016년에 정권을 잡은 트럼프 행정부는 기후협약 탈퇴나 석유산업 증진을 위한 각종 규제 철폐와 지원, 에너지 인프라 투자 계획 발표 등으로 미국과 OPEC 간의 에너지전쟁에 기름을 부었다.

국제 유가가 배럴당 20달러 부근까지 폭락하자 사우디아라비아를 비롯한 OPEC의 타격은 더욱 극심했다. 물론 미국 셰일 에너지 회사도 200개 넘게 파산했다. 하지만 미국은 다른 영역에서 만회할 수 있었다.

에너지 가격 하락은 미국 내 제조업의 생산 원가를 낮추어 경쟁력 회복 유지에 도움이 되었다. 에너지 가격이 안정되자 수입 물가 부담도 낮아지면서 미국의 소비도 탄탄하게 유지되었다. 셰일 회사들이 줄줄이 무너졌지만 미국의 세계 1위 석유 생산국 지위는 흔들리지 않았다.

반면 OPEC 회원국은 시장 점유율을 지키기 위해 출혈을 감수하면서 4천억 달러가 넘는 손실을 기록하며 재정 상태가 악화되었다. 2015년 현재 알제리, 바레인, 리비아, 예멘 등은 정부 예산 균형 유지에 필요한 유가가 배럴당 100~160달러였다. 이들에게 배럴당 30달러 유가는 재앙이었다. 이란, 이라크, 쿠웨이트, 오만, 사우디아라비아, 아랍에미리트, 러시아 등에서는 60~100달러가 정부 예산 균형에 필요한 유가였다.

제4차 석유전쟁이 시작되자 사우디아라비아 국가 부채가 전년 대비 4배나 급증했다. 세계 최대 산유국인 사우디아라비아의 부도위험지수인 신용부도스와프CDS 프리미엄도 높아졌다(부도 위험이 클수록 CDS 프리미엄이 높아진다). 2015년 12월 3일 현재 인도네시아는 226.29bp, 사우디아라비아는 158bp, 바레인은 350.80bp, 카타르는 85.86bp, 아부다비는 84.73bp로 사상 최고치를 경신했다. 베네수엘라는 4,132.42bp로 부도 1순위가 되었다.

하지만 미국은 석유 에너지 지배권을 유지하려는 야심을 멈추지 않았다. 트럼프 행정부는 중국과의 무역전쟁 승리만큼 미국의 에너지 시장 지배를 핵심 외교정책으로 삼았다. 트럼프는 미국 내 에너지 인프라 구축을 군사전략처럼 밀어붙였다. 트럼프는 독일과 러시아가 합작으로 '노르트스트림 2'라는 천연가스 파이프라인 구축 프로젝트를 진행하는 것을 눈엣가시로 여겼다. '노르트스트림 2'는 100억 유로가 넘는 자본을 투자하여 서부 시베리아에서 중부 유럽까지 총 길이 1,230km에 이르는 최장 천연가스 파이프라인을 구축하고, 매년 550억m^{3}의 가스를 공급하게 하는 대형 에너지 프로젝트였다. 트럼프와 미국의 입장에서 '노르트스트림 2'는 미국의 글로벌 에너지 주도권을 향한 정면 도전이었다.

트럼프는 4년 임기 내내 "에너지 공급 때문에 독일이 러시아에 예속되었다"라고 끊임없이 불만을 표출하면서, 독일의 앙겔라 메르켈 총리를 압박하여 미국 유정에서 에너지를 구매하도록 했다.[26] 여기까지는 사우디아라비아도 어쩔 수 없는 상황이었다. 하지만 그 뒤에 이어진 미국의 대처는 문제의 불씨를 키웠다.

한 가지 판단착오,
한 가지 경솔한 외교

미국과 사우디아라비아 간에 불신을 초래한 결정적 사건은 미국 정부의 판단착오와 경솔한 외교였다.

한 가지 판단착오는 중동에서 발을 뺀 것이다. 〈그림4〉를 보자. 지속적인 양적 완화 정책으로 미국 달러화 가치는 시간이 갈수록 하락했다. 특히 미국이 통화정책을 바꿀 때마다 달러 가치는 큰 폭으로 하락했다. 1970년대에 들어서는 달러 가치의 대위기라고 할 만큼 크게 폭락했다. 이런 상황에서 OPEC이 석유전쟁을 벌이자 전 세계에 오일쇼크가 발생했다. 미국의 경제와 금융이 절체절명의 위기에 빠졌다. 위기를 극복하지 못하면 달러의 시대도 끝장난다. 이 위기 속에서 미국을 구해준 나라가 사우디아라비아다.

미국이 중동에 깊은 관심을 갖기 시작한 것은 불과 반세기 전의 일이다. 1971년에 재정난을 이유로 중동에서 영국 군대가 완전히 철수하자 중동 지역에 힘의 공백이 발생했다. (영국은 20세기 초까지 G1 국가로서 명맥을 겨우 유지했지만 양차 세계대전을 계기로 경제적 영향력도 줄어들고 미국으로 G1 국가 지위가 넘어가면서, 중동을 비롯한 세계 곳곳에 주둔해 있던 자국 군대를 철수했다.)

중동에서 영국 군대가 철수하자, 닉슨 대통령은 중동을 중앙

그림4 | 달러 가치 변화

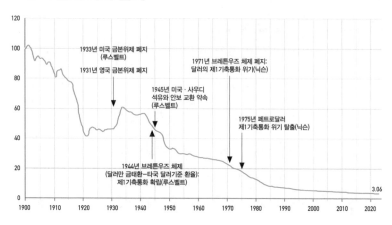

아시아, 아프리카, 유럽에 미국의 경제·군사·외교적 영향력을 확대하기 위한 교두보로 삼을 심산이었다. 1972년 5월에 닉슨 대통령은 중동에서 미국의 군사적 대리인으로 이란을 선택하고 첨단 무기를 제한 없이 판매했다. 하지만 1973년 10월에 제1차 오일쇼크가 발발하자 상황이 급변했다.

1975년 11월에 미국은 헨리 키신저 국무장관을 사우디아라비아로 보내서 '사우디·키신저 밀약'을 맺었다. 밀약의 골자는 이렇다. "미국은 사우디아라비아에 미국 자본의 정유회사 아람코 지분 소유를 허용하고, 중동 내에서 사우디아라비아의 안보를 약속하는 한편 종주국으로 인정한다. 사우디아라비아는 그 대가로 국제시장에서 원유 결제를 달러로만 한다." 이른바 페트로달러 시대의 시작이었다.

이 밀약 하나로 미국의 달러 가치는 생명을 연장할 수 있었다. 동시에 국제시장에서 미국은 사우디아라비아와 함께 석유 에너지 주도권을 장악했다. 필자는 20세기 내내 미국이 전 세계 1등 패권국가 지위를 유지하는 데 이 협약 하나가 결정적이었다고 평가한다. '사우디·키신저 밀약' 이후로 20세기 내내 미국의 대중동 정책은 '2개의 기둥Twin Pillars'이라고 불리는 '석유의 안정적 공급과 중동의 군사적 안정'이 중심이 되었다.[27]

21세기에 들어서면서 미국의 대중동 정책 변화에 계기가 되는 사건이 3건 일어났다. 첫 번째 사건은 '아프간 전쟁'이었다.

2001년 9월 11일 오전 8시 46분과 9시 3분에 오사마 빈 라덴이 이끄는 알카에다는 근무 인원 5만 명, 하루 유동인구 18만 명인 미국 뉴욕 세계무역센터 쌍둥이 빌딩과 버지니아주 앨링턴 펜타곤에 비행기 테러를 자행했다. 미국 역사상 최악의 테러 참사로 기록된 9·11테러로 미국 월가는 500억 달러 손실을 입었고, 사망자도 3천 명 가까이 발생했다.

9·11테러 사건을 계기로 부시 행정부는 오사마 빈 라덴을 숨겨주는 아프가니스탄의 탈레반 정부를 축출하기로 결정했다. 미국 의회와 국민도 9·11테러의 주범 오사마 빈 라덴 체포와 아프가니스탄의 탈레반 정부 축출에 절대적 지지를 보였다. UN은 물론이고 심지어 북한까지도 미국의 아프가니스탄 침공을 지지했다.

부시 행정부는 아프가니스탄 침공으로 2가지 목적을 달성하려 했다. 하나는 9·11테러에 대한 보복(오사마 빈 라덴 체포와 그를 숨겨주는 아프가니스탄의 탈레반 정부 축출)이다. 다른 하나는 아프가니스탄을 시작으로 이라크, 이란 등을 차례로 쓸어버리면서 중동과 중앙아시아에 친미, 미국식 자유민주주의의 이식을 목표로 삼았다. 부시 행정부는 아프가니스탄에 친미 정권을 수립하면 이란의 영향력 확대를 저지하고, 중앙아시아의 석유와 천연가스를 장악할 수 있다는 계산을 했다.

참고로, 아프가니스탄은 세계 최대 석유 매장량을 자랑하는 중동과 중앙아시아의 길목에 위치한 나라로 석유 확보전략에 꼭 필요한 요충지다. 이때까지만 해도 미국의 대중동 핵심전략인 '2개의 기둥'은 굳건했다. 하지만 아프간 전쟁이 길어지면서 '2개의 기둥' 전략에 대한 회의론이 일어나기 시작했다.

부시 대통령의 '테러와의 전쟁'으로 시작한 아프간 전쟁은 미국의 예상과는 다르게 20년 동안 지속되었다. 전쟁이 길어지자 미국의 피해와 부담은 눈덩이처럼 늘어났다. 2조 2,610억 달러가 전쟁 비용에 투입되었고, 미군 2,448명, 미군 군무원 3,846명, 동맹군 1,144명, 구호단체 직원 444명, 언론인 77명, 아프간 군인과 경찰 6만 6천명, 아프간 민간인 4만 7,245명, 탈레반 연관 무장조직원 5만 1,191명 등이 사망했고, 시간이 지날수록 국내외 여론이 나빠졌다. 이런 상황에서 미국의 대중동 정책을 반전시키는 두 번째와 세 번째 결정적 사건이 연이어 발생했다.

두 번째 사건은 2007년부터 미국에서 시작된 셰일 혁명이었다. 셰일 혁명은 석유와 천연가스의 중동 의존도를 낮추는 결정적 계기가 되었다. 2012년에 오바마 대통령은 연두교서에서 "미국은 100년간 쓸 수 있는 천연가스를 보유하고 있다"라고 자랑했다. 셰일 혁명 덕택에 미국은 중동 정세가 불안해져도 1970년대 '석유 파동' 같은 위기를 더 이상 겪지 않을 수 있다는 계산이 섰다. 미국인의 1인당 에너지 소비량이 감소하는 것과 탈탄소 에너지 정책도 부수적 이유였다. 곧 미국은 '에너지 자급자족'에 성공한다. 미국의 중동 전략인 '2개의 기둥' 중 석유의 안정적 공급이라는 한 축이 필요 없어진 셈이다.

미국은 셰일 혁명 이후 이라크와 시리아에서 발을 뺐다. 아프가니스탄도 전략적 가치가 떨어졌다. 미국 국익에 도움이 되지 않는 전쟁이라는 계산이 섰다. AP 여론조사를 보면, 미국 국민이나 참전용사의 60%가 아프간 전쟁을 "싸울 가치가 없는 전쟁"이라고 생각한다고 답변했다.[28] 2021년 8월 27~30일에 로이터와 입소스가 실시한 여론조사에서도 "오늘날 미국이 직면한 가장 큰 문제가 무엇이냐"는 질문에 10%만이 아프간 전쟁을 꼽았다.[29]

아프가니스탄 철군 결정은 트럼프 대통령이 내렸지만 바이든 대통령 역시 아프간 전쟁에 대해 회의적이었다. 오바마 행정부 시절에 바이든이 부통령으로 일했을 때부터 아프간 전쟁을 지속하는 것에 대해 종종 회의적인 입장을 피력했다. 바이든은 과거에 붙잡혀서 끌려가는 테러와의 전쟁을 끝내고, 극단적 테러 집단에 집중하거나 다른 나라의 체제 전환을 시도하는 군사 및 외교 정책에서 벗어나 미국의 힘과 이익을 회복하고 미래의 위협(중국과 러시아)에 집중하길 원했다. 일명 '바이든식 미국 우선주의 America First'다.

세 번째 사건은 미·중 패권전쟁의 시작이었다. 미국이 중국을 견제 최우선 국가로 보는 이유는 2가지다. 하나는 중국이 미국의 패권국 자리를 노리기 때문이다. 다른 하나는 미국 경제에서 유럽과 중동과 지중해의 가치는 하락하고, 아시아와 태평양의 가치는 상승하고 있기 때문이다.

결국 바이든 행정부는 미·중 패권전쟁에 대한 집중력을 높일 목적으로 '2개의 기둥'이라는 대중동 정책을 버리고 사우디아라비아와 거리를 두며, 아프가니스탄에서도 미군의 전면 철군을 완료했다.

아프가니스탄 주둔 미군의 철수를 완료한 다음 날, 조 바이든 대통령은 대국민 연설을 통해 아프간 전쟁 종료의 의미를 "다른 나라들을 재건하려는 중대한 군사작전 시대의 종료"라고 규정했다. 겉으로는 미국이 앞으로는 군사력으로 중동을 비롯한 타국에 미국식 자유민주주의를 이식하려는 노력을 하지 않겠다는 선언이었다. 하지만 속내는 사우디아라비아를 비롯하여 중동의 전략적 가치가 떨어졌다는 말이다. '국익 없는 지역, 국익 없는 전쟁'에서 발을 빼겠다는 속내다.

셰일 혁명 이후에 미국의 가스 생산은 8배, 원유 생산은 19배 증가했다. 셰일가스의 경우는 미국 전체가 최소 100년은 쓸 수 있는 양이 매장되어 있다. 과거에 미국은 중동 원유의 안정적 수급을 위해 2개의 항모전단을 운영했다. 미국이 중동 안보를 위해 매년 지출한 비용만 3천억 달러에 육박한다. 미국의 입장에서는 석유 가치가 다한 중동은 아프리카와 다름없었다. 에너지 자급 및 안보가 확보되자 미국은 중동에 퍼붓는 비용을 줄이고 대중국 견제에 힘을 쏟고 싶은 마음이 생겼다. 하지만 이것은 미국이 내린 최악의 판단착오였다.

미국과 사우디아라비아 간에 불신을 싹트게 만든 한 가지 경솔한 외교는 미국 행정부가 사우디아라비아의 실세인 빈 살만 왕세자를 공개적으로 망신 준 사건이다.

2018년 10월 2일, 사우디아라비아의 반정부 언론인으로 〈워싱턴포스트〉의 칼럼니스트인 자말 카슈끄지(1958~2018)가 튀르키예 주재 사우디아라비아 총영사관에서 암살된 사건이 발생했다. 자말 카슈끄지는 오랫동안 사우디아라비아의 실세인 빈 살만 왕세자를 비판하면서 주목을 받았다. 사우디 왕실의 눈엣가시였던 카슈끄지는 튀르키예 이스탄불 체류 중에 전 부인과 이혼하고자 자국 총영사관에 방문한 뒤 실종되었다.

튀르키예의 친정부 성향 일간지 〈사바흐〉에 의하면 사건의 전말은 이러하다. 2018년 10월 2일에 사우디 왕실이 자주 이용하는 걸프스트림 IV 전세기 2대가 요원 15명을 태우고 리야드공항을 떠나 당일 튀르키예 이스탄불에 도착했다. 그리고 카슈끄지가 총영사관에 들어간 지 2시간 30분 뒤에 외교관 번호판을 단 차량 6대가 사우디 요원 15명을 태우고 총영사관을 떠났다. 관사 직원은 갑자기 그날 하루 휴무하라는 지시를 받아 차량이 들어온 일을 알지 못한다는 입장을 견지했다.

튀르키예 경찰은 그동안의 정황과 동선을 종합할 때, 사우디 요원들이 총영사관과 영사 관저 사이를 이동하는 과정에서 범행을 저질렀다고 추정했다. 튀르키예 경찰은 암살단 용의자들을 발표했고, 10월 18일에 용의자 중 한 명이 의문스러운 교통사고로 사망했다. 튀르키예의 유력 일간지 〈예니샤파크〉는 사우디 왕실의 꼬리 자르기 가능성을 보도했다. 문제는 미국의 반응이었다. 미국의 트럼프 대통령은 발언 수위를 조절하기는 했지만, 이 사건에 사우디아라비아의 개입을 인정하는 듯한 말을 했다.

미국의 마이크 폼페이오 국무장관은 사건을 철저히 수사해야 한다는 성명을 냈다. 구글, 우버, 포드, JP모건 체이스 등 미국 기업들은 사우디 왕가가 언론의 자유와 인권에 위협을 가한다는 우려를 표하며, 빈 살만 왕세자가 주도하는 글로벌 프로젝트 '미래투자이니셔티브FII' 불참을 선언했다. 미국의 동맹인 영국도 이 사건을 둘러싼 언론 보도가 사실이라면 '매우 심각하게' 대처하겠다는 답변을 내놓았다. UN도 우려의 목소리를 냈다. 사우디아라비아의 입장에서는 미국의 셰일 에너지에 밀린 상황에서 사우디아라비아의 실제 왕세자마저 살인교사범으로 몰려서 체면이 크게 구겨졌다.

트럼프의 재선을 막고 정권을 탈환한 바이든과 민주당은 사우디아라비아를 대놓고 홀대했다. 바이든 대통령은 2019년 11월 대선 토론회에서 카슈끄지 사건을 꺼내 "사우디아라비아에 대가를 치르게 하겠다. 국제적으로 왕따pariah를 하겠다"는 강경 발언도 서슴지 않았다. 2021년 초에 바이든 행정부는 카슈끄지 살해 사건을 다시 들추면서, 앞으로 미국이 무조건적인 친사우디아라비아 정책을 구사하지 않을 것이라고 으름장을 놓았다. (미국이 인플레이션으로 다급해지기 전까지) 바이든 대통령은 살만 빈 압둘아지즈 알사우드 사우디 국왕과는 통화를 했지만 빈 살만 왕세자와는 전화 한 통 하지 않았다. 그 대신 격을 낮춰서 로이드 오스틴 국방 장관에게 왕세자의 상대 역할을 맡겼다. 왕세자 입장에서는 바이든 대통령이 '자신을 무시한다'고 생각해 굴욕감을 느꼈을 것이다.

바이든 행정부의 사우디아라비아 무시는 여기서 그치지 않았 다. 바이든 행정부는 사우디아라비아와 중동 패권을 겨루는 이란 과 핵합의를 복원하여 에너지 시장 안정과 중동 정세의 균형을 유 지시키려 했다. 이러한 목적을 달성하고자 친이란 관계에 있는 예 멘 후티 반군을 테러조직 명단에서 해제했다. 후티 반군은 사우디 아라비아 본토에 미사일과 드론 공격을 1,300회 넘게 벌인 단체 다. 인도주의적 명분을 내세웠지만, 사우디아라비아의 심기는 매 우 불편해졌고 미국을 향한 신뢰는 추락했다.

푸틴,
유럽을 흔들어 미국 고립을 피하다

불신이 급가속되면 '전쟁'이라는 공멸의 길이 열린다. 물론 곧장 전쟁으로 치닫지는 않는다. 전쟁을 일으키기 전에 해야 할 작업이 있다. 유럽을 흔들어 미국과 유럽의 동맹 고리를 약화하는 것이다. 그 첫발은 러시아가 뗀다. 무기는 '블러드 오일Blood Oil'이다.

2022년 5월 30일에 미국 정치매체 〈폴리티코〉는 EU가 대러 제재안의 최종 합의에 실패할 경우 유럽의 블러드 오일 의존을 확인한 크렘린의 승리가 될 것이라는 분석 기사를 발표했다. 전쟁을 일으켜 수많은 사상자를 내는 러시아를 향해 비난을 쏟아내는 유럽이 뒤로는 자국의 생존을 위해 피 묻은 러시아산 석유와 천연가스를 구매할 수밖에 없는 상황을 '블러드 오일'이란 용어로 비유한 것이다.

미국과 유럽은 대러시아 에너지 금수조치를 내리고 국제은행간통신협회 스위프트SWIFT에서도 러시아 퇴출을 단행했다. 러시아 중앙은행 자산도 동결했다. 바이든 대통령은 러시아에 "전례없는 제재"를 쏟아부으면 러시아 루블화 가치는 대폭락하고 경제는 곤두박질치고 국가 금융시스템은 완전히 붕괴할 것이라고 공언했다. 푸틴의 정치생명도 끝낼 수 있다고 전망했다.

그러나 예상은 완전히 빗나갔다. 푸틴의 준비는 철저했다. 러시아는 2014년에 우크라이나 크림반도를 강제 병합하면서 미국과 유럽의 경제제재를 받아 큰 타격을 입었다. 그 당시 러시아는 식량의 절반을 수입에 의존했다. 당장 먹을 것을 구하기 힘들어지자 러시아 국민의 고통과 불만의 목소리가 커졌다. 그 뒤로 푸틴은 기본 식량은 자급자족 단계까지 끌어올리고, 곡물과 밀 등은 주요 수출품목으로 성장시키는 등 농업 부문의 성장에 주력했다. 서구의 제재에 맞서 장기적으로 버틸 수 있는 기반을 마련한 셈이다.

러시아의 버티는 기세도 만만치 않았지만, 에너지 가격이 치솟자 러시아의 무역수지 흑자가 사상 최고치 경신을 거듭했다. 2022년 8월 16일에 러시아 경제개발부는 2022년 러시아의 국내총생산GDP 성장률을 -4.2%로 전망했다. 2022년 5월에 발표했던 성장률 전망치 -7.8%보다 완화된 수치다. 또한 2023년 GDP 성장률은 -2.7%, 2024년 GDP 성장률은 3.7%로 전망했다. 서구의 강력한 경제 및 금융 제재 조치를 고려하면 충격이 작은 편이다.

인플레이션 전망치도 수정했다. 2022년 말 인플레이션은 13.4%로 직전 전망치 17.6%보다 하향했다. 2023년 인플레이션율은 5.5%로 전망했다. 미국과 유럽의 전망치와 대동소이하고, 영국의 인플레이션이 2023년에 50년 만에 최대치로 치솟을 것이라는 전망과 대조된다. 2022년 8월 22일에 시티은행은 영국의 2023년 1분기 인플레이션이 브렉시트 충격파와 러시아의 에너지공격으로 18%를 넘을 수 있다고 경고했다.[30] 러시아 루블화 가치도 우크라이나 침공 이전 수준으로 빠르게 회복했다. 오히려 러시아산 에너지는 유럽을 공포에 떨게 하고 미국을 압박하는 강력한 무기로 돌변했다.

블러드 오일의 위력은 곳곳에서 나타났다. 가장 먼저 기업이 직격탄을 맞았다. 유럽의 천연가스 가격이 역대 최고 수준으로 치솟자, 유럽 주요국에서 높은 에너지 비용을 감당하지 못해 생산 라인을 줄이거나 도산하는 기업이 늘어났다.

예를 들어 프랑스 노르주 됭케르크에 위치한 유럽 최대 알루미늄 제련소 '알루미늄 됭케르크'는 생산 라인 일부를 폐쇄했다. 유럽 최대 아연 제련업체 '니르스타'도 프랑스 공장을 닫았다. 영국 7위 에너지 공급업체 '벌브'는 천연가스 가격이 4배 넘게 뛰자 아예 문을 닫았다. 2021년 한 해 동안 영국에서 운영 불가를 선언한 에너지 기업이 28개사에 달했다. 영국 정부가 2021년에만 천연가스 위기에 대응하기 위해 추가로 지출한 비용이 24억 1,300만 달러(약 2조 8,500억 원)였다. 해당 비용은 영국 소비자의 청구서에 포함되었다. 유럽의 유리·철강·시멘트 산업계를 대표하는 협회도 성명을 내고 "가격 상승을 더는 감당하기 어렵다"며 각국 정부 차원에서 타격 완화책을 마련하라고 촉구했다.[31]

유럽 각국을 비롯하여 미국과 전 세계가 블러드 오일의 공격으로 경제성장 둔화, 인플레이션 상승 등의 직격탄을 맞았다.

정치적으로 흔들린 것도 러시아가 아니라 미국과 유럽이었다. 우크라이나 전쟁이 시작되고 유가가 치솟자, 푸틴 대통령 지지율은 80%로 급등했다. 유가가 치솟을수록 바이든 대통령의 인기는 시들했다. 프랑스 대통령 에마뉘엘 마크롱이 이끄는 르네상스당은 20년 만에 처음으로 하원 선거에서 과반을 얻는 데 실패했다. 에너지 위기가 길어지거나 반복되면 마크롱의 정치생명도 끝장날 판이다. 이탈리아에서는 드라기 내각이 붕괴되었다. 불가리아에서는 정부 불신임안이 가결되었다. 영국과 독일도 여당이 지방선거에서 참패했다. 유럽 곳곳에서 러시아산 에너지 금수조치에 대한 국민 불만이 쌓이면서 정치인들의 입장이 곤란해지기 시작했다.

EU의 탈탄소 정책도 흔들렸다. EU는 2030년까지 재생에너지 사용 비율을 40%까지 높인다는 목표를 잡고 있다. EU는 탄소 배출이 상대적으로 적은 천연가스를 징검다리로 삼은 후 신재생에너지로 완전 전환을 꾀한다는 계획이었다.

우크라이나 전쟁이 시작되자 EU는 또 하나의 야심 찬 계획을 발표했다. 2030년까지 러시아산 가스 수입을 중단한다는 계획이다. 문제는 탈탄소 계획과 탈러시아 계획이 충돌한다는 것이다. 이번 기회에 신재생에너지로의 전환을 가속화하면 된다는 대안도 나왔다.

하지만 계획과 실현은 별개다. EU는 러시아를 대체하는 가스 공급원을 찾지 못해서 우왕좌왕했다. 천연가스와 석유 비축물량 확보는 원활하지 않았고, 에너지 절약과 효율성 향상에도 한계를 드러냈다. 오히려 중장기적으로 신재생에너지 전환 가속화 속도를 2배로 늘려야 하는 압박에 직면했다. EU는 3천억 유로(약 400조 원) 추가 예산 편성 계획을 발표했다. 그만큼 재정 부담이 커지고 국민

의 에너지 사용비용이 증가한다.[32]

결국 러시아산 천연가스의 55%를 러시아에서 수입하는 독일은 석탄 화력 발전소의 재가동을 시작하고, 원자력 발전소의 재가동도 고려하고 있다.[33] 석탄 발전소 가동을 100% 중단했던 오스트리아도 남부도시 멜라흐에 있는 석탄 발전소를 재가동한다고 발표했다. 석탄 발전을 35%까지 줄인 네덜란드도 2024년까지 석탄 발전소를 최대한 재가동한다는 입장을 내놓았다. 석탄 발전의 종언을 선고했던 영국도 옹색해졌다.[34]

러시아산 에너지 금수조치를 시행할수록 유럽의 에너지 자립 취약성만 극명하게 드러냈다. 단기간에 문제를 해결할 수 없다는 에너지 거시정책의 치명적 약점도 노출했다. 더 큰 문제가 있다. 생존의 위기가 닥치자 EU의 단일대오에 균열 조짐이 나타났다. 러시아산 에너지 금수조치를 두고 각자도생의 길을 선택하는 나라가 등장했고, 앞문으로 제재에 동참하고 뒷문으로 러시아산 에너지를 수입하는 나라도 생겼다.

푸틴이 노리는 대로 유럽이 흔들린다는 증거다. 에너지청정대기연구센터CREA에 따르면 러시아의 우크라이나 침공 이후 2개월간 EU가 러시아산 화석연료를 수입한 금액은 470억 달러(약 58조 7천억 원)로 전년 동기 대비 약 2배가 증가했다. 러시아는 더 대담해졌다. 러시아 루블화로 가스 대금 결제를 거부한 덴마크 에너지 회사 '오스테드'와 다국적 에너지 기업 '셸 에너지 유럽'과의 계약을 파기했다. 러시아가 자발적으로 가스 수출을 중단하여 에너지를 무기화했다.[35]

대러시아 제재 발효 이후에 중국과 인도는 러시아산 원유의 최대 구매자로 부상했다. 중국이 수입하는 러시아산 원유는 하루 평균 198만 배럴로 늘어났다. 전쟁 발발 직전에는 하루 평균 60만 배럴이었다. 인도도 전쟁 직전 하루 2만 5천 배럴 수입에서 100만 배럴까지 증가했다. 전쟁이 발발하고 4~5개월이 지난 뒤에도 유럽 국가들의 러시아산 원유 수입액이 줄어들지 않았다. 오히려 더 늘어났다.

어떻게 된 일일까? 지중해를 통한 유럽으로의 원유 유입이 상당량 증가했기 때문이다. 전쟁 직전 하루 평균 125만 배럴이었던 수입 규모가 표면적으로는 45만 배럴로 감소했다. 하지만 실제로는 하루 184만 배럴의 원유가 지중해를 통해 유럽 각지의 정유사들로 들어왔다. 러시아산 에너지 금수조치에 비협조적인 튀르키예나 불가리아 등의 나라에서 러시아산 원유를 정제해서 유럽 각지로 보내는 비율이 늘어났기 때문이다. 불가리아의 경우에는 러시아산 원유 수입량이 전쟁 직전보다 2.5배 증가했다.[36]

블러드 오일,
위기의 나비효과

2022년에 유럽은 러시아의 에너지공격뿐만 아니라 유럽 곳곳이 불타는 폭염에 휩싸였다.

프랑스 마르세유·몽펠리에 등 동남부 지역도 최고기온이 38도까지 올랐다. 영국 동부 코닝스비 지역의 낮 최고기온은 40.3도를 기록했다. 2019년 최고 기록인 38.7도를 훌쩍 넘었다. 독일 남부 바덴뷔르템베르크주 바트메르켄트하임 노이키르헨의 낮 기온은 40.3도까지 올랐다. 포르투갈은 최고기온이 47도를 기록했다. 불과 10일간의 여름 폭염으로 스페인과 포르투갈에서만 2천 명이 사망했다. 전봇대의 전선 케이블 외부 피복이 벗겨져 정전 사태가 벌어지고, 유럽 곳곳에서 대형 산불이 일어났다. 스페인에서는 산림 7만 헥타르가 불에 탔고, 프랑스는 파리 면적의 2배에 달하는 2만 9천 헥타르가 불에 탔다. 참고로, 2022년 여름 폭염은 미국과 중국도 강타했다. 미국에서는 40도가 넘는 지역이 속출했고, 중국도 중·남부 지역의 낮 기온이 최고 40도를 넘어갔다. 인도의 수도 델리도 최고기온 38도, 체감기온 56도를 기록했다.

폭염은 에너지 수요를 끌어올리지만 전례 없는 가뭄 위기를 만든다. 물이 부족하면 농사는 물론이고 수력발전 가동률이 떨어진다. 2020년 여름에 유럽 전역에서 수력 발전 생산량이 20% 감소했다. 이탈리아와 스페인은 각각 40%, 44%가 감소할 정도로 상황이 매우 심각했다. 가뭄은 태양광 발전과 원자력 발전에도 영향을 미친다. 태양광 패널은 기온이 25도를 넘어가면 효율이 떨어진다. 원자력 발전도 냉각수 부족으로 전력 생산에 차질이 커진다. 프랑스의 경우에는 전체 원전 56기 중 절반 정도가 물 부족 사태로 가동을 일시 중단했다. 이것은 프랑스의 문제로 끝나지 않는다.

EU는 전력망도 서로 연결되어 있다. 각국에 전기가 부족하면 주변국에서 전력을 빌려다 쓴다. 프랑스는 영국에서 에너지를 빌려 쓰고, 영국은 부족한 에너지를 노르웨이에서 수입한다. 노르웨이도 가뭄으로 저수지 물이 말라가고 있다. 이런 구조에서 한두 나라만 전력 수급에 심각한 문제가 생기면 EU 전체로 도미노 위기가 발생할 수 있다.[37]

2020년 유럽의 여름은 에너지 수요는 폭증하는데, 에너지 공급은 급락한 상태에서 러시아의 블러드 오일 공격이 지속된 상태였다. 유럽의 최대 약점이 노출된 이상, 러시아는 유럽을 길들이고 흔들어 미국의 전략에 혼선을 주기 위해 블러드 오일을 무기로 계속 사용할 가능성이 높다.

보통 극심한 폭염이 강타하면 그해 겨울은 반대로 혹독한 추위가 발생한다. 유럽에는 불리하고 러시아에는 유리한 조건이다. 벌써부터 유럽은 2022년 겨울부터 2023년 봄까지 겨울철 석유 공급량이 하루 200만 배럴 이상 부족해지면서 최악의 전력난이 일어날 것이라고 겁을 집어먹고 있다.[38]

2022년 6월 중순에 러시아는 국영 에너지 기업 가스프롬이 가스관 터빈 반환 지연을 핑계로 '노르트스트림 1'을 통해 유럽에 공급하는 천연가스 공급량을 40%까지 축소했다. 한 달 뒤에는 그 용량에서 다시 절반만 공급했다. 2022년 봄부터 여름까지 유럽에 공급되는 천연가스 가격은 1천㎥당 2,500달러까지 치솟았다. 네덜란드 TTF 천연가스 선물 가격으로 분석하면, 전쟁 전인 2월 초 MWh(메가와트시)당 70유로 안팎에서 전쟁 직후 3월 초에 역대 최고가격 335유로를 찍었다가(5배 상승), 에너지 가격이 하락하는 8월 중순에도 220유로(9월물 선물 가격이 220유로)에 달했다. 전쟁 직전 대비 3배가 넘고, 작년 같은 시기 대비(46유로)로는 5배가량 높다.

푸틴의 명령을 받은 가스프롬의 에너지 협박은 이것이 끝이 아니었다. 서구의 경제제재로 가스 생산·수출량이 감소한다면서 2022년 겨울에 유럽에 공급하는 천연가스 가격이 현재보다 60% 추가 상승(1천㎥당 4천 달러)할 수 있다고 엄포를 놓았다.[39]

푸틴의 압박은 여기서 끝나지 않았다. 유럽 전역에 천연가스 공급을 며칠 혹은 더 길게 완전 중단할 수 있다는 것도 보여주었다. 2022년 8월 30일에 가스프롬은 프랑스 최대 가스 공급업체 엔지에 천연가스 공급을 완전히 중단한다고 발표했다. 가스프롬은 하루 직전에는 "가스 공급을 줄인다"고만 말했는데, 다음 날 바로 3일 동안 공급을 완전히 끊는 고강도 조치를 취했다. 드미트리 페스코프 크렘린궁 대변인이 "서구의 제재 때문에 기술적인 문제가 발생했다"라는 말을 한 것을 보면, 푸틴의 명령에 따른 것이다.[40]

앞으로 몇 년 동안 유럽 전역에서 에너지 가격이 치솟는 일이 반복되면, 영국, 프랑스, 독일을 비롯한 대부분의 유럽 국가 정부의 국정 운영에 심각한 차질이 발생한다. 정치판도 요동친다.

첫 번째 블러드 오일 공격을 받은 2022년 여름에 이미 영국의 식당과 술집·호텔 등 서비스업계와 산업계에서 정부를 상대로 에너지 요금 지원을 촉구하는 목소리가 터져 나왔다. 2022년 8월 여론조사에 따르면, 영국의 자영업자 가운데 25%가 에너지 비용 급등 부담을 견디지 못해 폐업을 검토 중인 것으로 나타났다. 만약 러시아가 천연가스 가격을 추가로 인상하면, 2022년 겨울에는 영국의 에너지 요금의 평균 인상률이 300%에 달할 것이라는 전망이 나온다. 정부 지원 없이는 대부분의 업종이 문을 닫을 판이다.

독일의 사정도 별반 다르지 않다. 독일 연방네트워크청BNA의 클라우스 뮐러 국장은 연간 가스요금을 최소 전년보다 50% 이상 인상한다고 예고하면서 "가스 부족 사태를 막기 위해 기업과 가정에서 (가스) 사용량을 20% 줄여야 한다"라고 호소했다.[41] 독일 베를린시 당국은 전승기념탑, 베를린성당, 샤를로텐부르크궁전 등 1,400여 곳의 공공 명소에 있는 조명을 껐다. 스페인 정부는 공공기관, 쇼핑몰, 영화관, 공항 등에서 여름철 에어컨 온도를 27도 이하로 내리는 것을 금하고 겨울철 난방온도를 18도로 제한하는 법령을 통과시켰다. 독일은 '에너지안전법'을 발동하여 공공건물의 난방온도를 최고 19도로 제한하는 명령을 내렸다. 프랑스에서는 문을 열고 에어컨을 가동하는 상점에 범칙금을 부과했다. 이탈리아는 겨울철 공공건물 난방온도를 21도로 정했다. 네덜란드 정부는 샤워를 5분 내로 끝내는 캠페인을 진행했다.[42]

문제는 이것이 끝이 아니다. 유럽이 러시아의 블러드 오일 공격을 완벽하게 방어하려면 상당한 시간이 필요하다. 2022년 6월에 EU는 이스라엘에서 생산된 천연가스를 이집트에서 액화液化한 뒤 유럽에 공급하는 계약을 체결했다. 장기적으로는 이집트산 수소 연료를 수입하는 협력까지 염두에 두고 있다는 발표도 했다. 러시아산 천연가스에 대한 의존도를 낮추려는 눈물겨운 자구책이지만 언 발에 오줌 누기에 불과하다.[43]

문제를 해결하려면 근본적 대책을 마련해야 한다. 러시아 대신 다른 나라에서 에너지를 수입하기 위한 장거리 파이프라인 대공사를 해야 하고, 에너지 효율을 높이기 위해 노후 설비와 송전선 등을 전면 교체하는 현대화 작업도 해야 한다. 정치 및 지정학적 위험이 있는 카타르와 알제리, 리비아 등지에서 천연가스를 대량으로 수입하는 방안도 모색해야 한다. 예를 들어 EU는 서유럽을 통해 북아프리카 알제리의 천연가스를 유럽 중부까지 들여오는 방안을 논의 중이다. 2003년에 경제성과 탄소감축 문제로 포기했던 미드캣Midi-Catalonia 계획을 부활시키는 것이다. 알제리는 아프리카의 최대 가스 수출국이다. 1996년부터 알제리산 천연가스를 사용하는 스페인과 포르투갈은 러시아산 가스 의존도가 전체의 10%밖에 되지 않는다.[44]

유럽이 시행하는 근본적 대안들은 내일 당장 성과가 나는 일이 아니다. 비용과 시간이 많이 드는 초대형 프로젝트다. 어디서 새로운 장벽과 싸움이 나타날지 모른다. 유럽의 생존 행보가 아시아에는 부정적 나비효과를 불러일으킬 수도 있다. 예를 들어 독일에서는 야생동물 보호단체의 반발과 소송으로 풍력 발전 추가 설치 사업이 속도를 내지 못하고 있다. 이탈리아, 폴란드, 헝가리 등에서도 비슷한 일이 일어난다.

유럽은 2022년 겨울에 극심한 한파와 푸틴의 두 번째 블러드 오일 공격이 예고되어 있어서 급박해졌다. 전문가들은 유럽은 가스 공급이 10%만 차질을 빚어도 경제성장률이 0.7%p 위축되고, 40%가 줄어드는 충격을 받으면 경제성장률이 3%p 하락할 것으로 추정한다. 경제성장률 −3%는 경기 대침체를 의미한다.

결국 유럽은 아시아로 향하는 액화천연가스LNG를 중간에서 가로채기 시작했다. 2022년 5월 31일에 로이터 통신은 유럽의 자구책으로 호주의 LNG 수급에 불똥이 튀었다고 보도했다. 프랑스, 독일, 네덜란드 등이 육상 LNG 터미널보다 공사 기간이 짧은 해상 LNG 터미널을 통해 수입 LNG 인프라를 확대했다. 독일의 경우, 2022년 5월에만 4개의 LNG 해상 터미널 신규 건설 계약을 맺었다. 그러자 국제시장에서 '해상 LNG 터미널' 건설에 필요한 부유식 저장 재기화 설비FSRU: Floating Storage Regasification Unit가 품귀 현상을 빚었다. FSRU는 바다를 통해 LNG를 공급받을 때 가스를 저장·재기화·송출하는 설비다.

이 불똥이 호주로 튄 것이다. 호주는 세계 1위 LNG 수출국이지만 천연가스 매장량 편중이 지역별로 심해서 남동부 내수시장은 외국산 LNG를 수입해야 하는 독특한 시스템을 갖고 있다. 호주 정부는 이 지역에서 2024년에 예상되는 천연가스 부족분을 해결하려고 5개의 대규모 LNG 수입 터미널 건설 프로젝트를 진행

중이었다. 하지만 유럽이 남아 있던 FSRU를 중간에서 채가면서 호주 가스 수입 프로젝트에 쓸 물량이 턱없이 부족해졌다.[45]

한국도 예외가 아니다. 2022년 8월에 한국가스공사는 LNG 비축량이 올겨울 10일치 수요량(최고 수요 기준)에도 못 미치는 137만 톤까지 줄어들었다고 발표했다. 겨울철 블랙아웃(대정전) 위기를 막으려면 연말까지 천연가스 1천만 톤을 추가로 수입해야 한다.[46]

2022년 겨울부터 2023년 봄까지는 에너지 공포가 유럽을 넘어 아시아까지 번질 가능성이 매우 높다. 전 세계 각국에서 전기 요금 인상이 잇따르면 또 다른 나비효과가 발생한다. 소비가 줄어든다. 소비가 줄어들면 계절 특수가 사라진다. 다음은 국내 메모리 반도체 업계 관계자가 한 말이다.

(올겨울) 난방비 지출 확대 등으로 소비자 구매 여력이 급감할 수 있다. (…) 올해 초부터 물가 상승이 지속적으로 심화하고 있어서 올해 하반기에는 계절적 성수기가 없다고 봐야 하는 것이 아니냐는 분위기다.

개인 소비뿐만 아니라 기업의 투자나 지출도 축소된다. 예를 들어 전기료가 인상되고 개인 소비가 위축되자, 데이터센터 업계에서도 계획했던 투자를 미루거나 축소할 분위기다. 이들의 움직임은 다시 서버용 D램을 대량으로 생산하는 반도체 업계에 부담으로 되돌아간다.

2022년 9월에 영국 일간지 〈더 타임스〉는 국영 전력회사 얼그리드가 전력 공급 부족을 이유로 신규 데이터센터 건설 유예 조치를 단행했다고 보도했다. 얼그리드의 결정으로 마이크로소프트와 아마존이 아일랜드에 각각 2개와 1개의 데이터센터를 짓기로 한 계획에 차질이 생겼다.[47]

블러드 오일의 공격이 길어질수록, 이렇게 위기의 나비효과도 더 커지고 광범위하게 번질 수 있다.

EU는
정말 단단할까?

전대미문의 위기를 극복하려면 그 어느 때보다 연합의 결속력이 단단해야 한다. EU는 정말 결속력이 단단한 연합체일까? 회원국 간에 신뢰가 굳건할까? 유럽과 전 세계의 국제적 연합은 어떨까?

유럽 국가들이 EU를 만들어 연합한 것은 '실익'이 근본적 동기다. 실익 측정의 핵심은 경제와 안보다. 영국이 실익은 없고 손해만 생긴다고 판단하여 EU를 탈퇴한 것(브렉시트)이 단적인 실례다.

난민 문제도 있다. 2015년에 시리아 내전 발발을 계기로 중동과 아프리카에서 유럽으로의 대규모 난민이동 사태가 발생했다. 그해 8월경에 유럽으로 이동하는 난민의 규모가 수백만 명 단위로 커지면서 사망 사고도 급증했다. 난민 유입 추세가 언제 끝날지도 모르는 형국이 되자, 인도적 입장에서 난민의 입국을 찬성하는 진영과 EU의 정체성 유지를 명분으로 (실제로는 일자리, 세금 증가와 범죄 문제가 컸다) 입국을 반대하는 진영으로 나뉘면서 분쟁이 시작되었다.

유로존 국가들 사이에서도 자국 이익의 득실을 저울질하면서 태도가 갈렸다. 독일, 프랑스, 그리스, 이탈리아, 스페인 등은 찬성하는 쪽이었지만, 영국, 헝가리, 폴란드, 아일랜드, 체코, 핀란드, 스위스, 노르웨이 등에서는 반대 여론이 우세했다.

유럽 국가들이 생존과 번영을 위해서 연합하는 것이 이익이라는 교훈을 얻은 계기는 양차 세계대전이다. 전쟁 재발을 막고 빠른 경제 재건을 위해 연합해야만 했다.

연합의 신호탄은 1948년에 오른다. 네덜란드·벨기에·룩셈부르크 3국이 관세 동맹을 맺는다. 1951년 4월 18일에 관세 동맹은 유럽석탄철강공동체ECSC로 발전한다. 1957년 3월 25일에는 유럽경제공동체EEC, 1958년 1월에는 유럽원자력공동체EURATOM도 결성된다. 1967년 7월 1일에 벨기에, 프랑스, 서독, 이탈리아, 룩셈부르크, 네덜란드 7개국은 흩어져 있던 3개 기구의 집행부를 통합하여 유럽공동체EC: European Community를 설립한다. 본부는 벨기에 브뤼셀에 마련하고, 연합의 목적은 평화와 경제 번영을 위한 유럽 통합에 두고, 주 업무는 공동 통상 및 농업정책 시행, 관세 동맹, 유럽 통화제도 마련으로 삼았다.

1969년 3월에 헤이그에서 룩셈부르크 총리였던 피에르 베르너가 유럽 통합 화폐에 대한 구상을 최초로 제안한다. 이론적 토대는 〈유럽 화폐 개혁〉이라는 논문의 저자로 훗날 유로의 아버지라고 불리는 로버트 먼델 교수가 제안했다. 로버트 먼델 교수의 주장의 핵심은 의외로 간단하다. 한 여행자가 100프랑을 가지고 파리에서 출발해 유럽 각국을 여행한다고 가정해보자. 지나가는 나라마다 화폐를 교환하려면 불편할 뿐 아니라 환전에 드는 비용이 적어도 50프랑이 발생한다.[48] 이런 비용을 지불하는 이들이 연간 수천만 명을 넘는다고 생각하면 화폐 통일에 드는 비용을 상쇄하고도 남는다. 화폐를 단일화하면 매년 이만큼의 비용이 시장에 유통되어 경제성장에 기여한다. 쉬운 계산과 간단한 원리다.

때마침 1971년에 미국의 닉슨 대통령이 금태환제를 완전히 폐지했다. 유럽에서 환율이 크게 요동쳤다. 독일 등에서는 악성 인플레이션이 발생했다. 중동 지역에서 전쟁이 발발하고 오일쇼크가 덮치자, 유럽 국가들은 환율 방어에 골머리를 앓았다.

화폐 통합의 필요성이 갈수록 커졌다. 하지만 각국의 정치적 계산이 달라서 통합 화폐 실현은 예상보다 더디게 진행되며 오랫동안 표류했다. 하지만 관세 동맹은 달랐다. 즉각적인 이익이 발생했기 때문에 회원국이 빠르게 늘어났다. 회원국 간의 무역이 다각화되자, 관세 동맹을 넘어 완전한 시장 통합을 목표로 한 경제 동맹으로 발전했다.

유로존의 관세 동맹이나 화폐 단일화 이슈에서 드러났듯이, 유럽의 통합 혹은 연합은 정치·경제적 이익이 핵심 변수였다. 이익이 크고 합일이 신속히 이루어지면 통합이 빠르게 진행되었고, 반대로 이익이 적거나 이해관계가 복잡하여 합의가 지연되면 통합도 늦게 진행되었다.

1990년이 시작되자, 유럽 통합에 가속을 붙이는 사건 2건이 발생했다. 베를린 장벽이 무너지며 독일이 통일된 사건과 소련이 붕괴된 사건이다.

1990년 10월 3일에 독일이 통일되자, 유럽 내에서 '안보' 문제가 재부상했다. 양차 세계대전, 히틀러의 악몽을 경험한 유럽인들은 통일 독일의 존재가 위협으로 다가왔다. 유럽 전체에 전쟁 공포와 경제 붕괴에 다시 빠질 수 있다는 두려움이 엄습했다. 독일 역시 자국이 히틀러처럼 위협을 주는 나라가 더 이상 아니라는 것을 확실하게 보여주어야 할 필요가 있었다. 통일 후유증으로 경제가 추락한 위기를 극복하기 위해 다른 유럽 국가들과 경제 동맹을 맺는 것도 중요했다.

1991년 12월에 소련이 붕괴되자, 전 세계의 패권이 미국으로 급속히 쏠렸다. 명실상부하게 G1에 올라선 미국은 안정적인 경제 성장과 제1기축통화인 달러의 힘을 기반으로 전 세계 경제를 주도했다.

유럽과 미국의 공동의 적이었던 소련이 무너진 것은 반길 만한 일이었지만 패권이 미국으로 급속히 기울자 유럽 국가들은 또 다른 위기의식과 자존감 상실을 느꼈다. 경제적 힘을 하나로 뭉쳐 미국에 맞서야 한다는 명분에 힘이 실리기 시작했다.

1993년 1월에 단일 유럽 의정서에 따라 사람, 상품, 자본, 서비스의 역내 자유이동을 제약하는 기술적 (표준), 물질적·재정적 장벽을 제거하고 거대한 공동시장common market을 완성했다. 1993년 11월에는 경제 통합을 넘어 외교 안보정책과 사법에까지 협력 범위를 확대하고 1999년까지 3단계에 걸쳐 통화 동맹을 추진하는 것을 공식화한 마스트리흐트조약을 체결했다. 통화 및 정치 동맹monetary and political union으로 발전한 셈이다. 1994년 1월에는 유럽연합EU: European Union으로 공식명칭도 바꿨다.[49] 그리고 1999년 1월에 드디어 유로존 통화 단일화가 성사되었다. 1969년

그림5 | 유로 단일시장 통합 과정

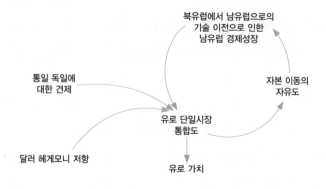

3월에 피에르 베르너 총리가 유로존의 화폐 단일화를 최초 제안한 지 30년 만이었다.

이처럼 유로존 통합의 역사는 길고 우여곡절이 많고 복잡했다. 하지만 연합의 핵심 동력은 '이익'이었다. 양차 세계대전이 유럽인들에게 연합이 생존과 번영을 위해서 '이익'이라는 교훈을 알게 한 출발 사건이었다면, '독일 통일' 그리고 '유럽 경제의 약화와 미국 경제의 부상'은 거대한 유로존 통합의 결정적 계기였고 연합의 속도를 높였다. (참고로, 그런 의미에서 중국의 부상은 EU의 명분을 강화해준다.)

그렇다면 반대도 충분히 가능하지 않을까? '이익'은 사라지고 '손해'가 커지면 언제든지 다시 갈라설 수 있다. 2012년에 그리스가 유로존 탈퇴를 처음으로 거론했고, 2020년 1월 31일에 영국이 유로존을 탈출하는 첫 번째 나라가 되었다. 또한 이탈리아는 탈퇴를 고민 중이다. 재정적으로 안정적인 독일과 북유럽 국가들은 막대한 국가부채를 짊어지고 있는 남유럽 국가들을 유로존에서 분리하고 싶어 한다.

러시아가 유럽을 블러드 오일로 공격한 후에 독일의 경제지 〈한델스블라트〉의 편집장을 지냈던 안드레아스 클루스는 이런 말을 했다. "EU의 가장 큰 문제는 위협, 책임과 희생은 공유하지 않는다는 것이다."[50]

필자는 유로존의 연합을 적벽대전에서의 조조군의 모습에 비유한다. 내적으로는 전쟁의 위협, 외적으로는 미국과 중국이라는 거대한 경쟁세력 앞에서 흔들리는 유럽을 하나로 묶기 위해 유럽이 선택한 것은 적벽에서 조조가 구사한 전략과 비슷하다. 각 나라를 튼튼한 경제적 고리로 종횡으로 연결하고, 흔들림을 최소화하기 위해 통일된 화폐라는 널빤지를 깔아 나라 간의 자본과 기술과 노동의 이동이 쉽도록 한 것이다.

이 전략은 세계 경제에 훈풍이 불 때는 유럽이 미국과 어깨를 나란히 하는 힘을 발휘하게 했다. 하지만 바람이 바뀌면 최악의 전략이 된다. 2008년 미국발 금융위기가 발발하면서 역풍이 시작되었다. 1999년 1월에 단일 화폐가 출범하며 유로존이 완전체가 된 지 불과 10년 만에 오는 첫 위기였다.

통합은 어렵지만 균열은 순식간이다. 2012년이 되자, 미국 금융위기의 불화살이 유럽까지 날아왔다. 단 한 번의 금융위기의 불길로 유로존 전체가 붕괴 직전의 상황에 몰렸다. 폭풍처럼 유로존 전체를 휩쓸아친 금융위기로 유로존 산업, 소비시장, 정치적 영향력 등까지 거의 모든 영역이 흔들렸다. 피그존PIIGS이라고 불린 포르투갈, 이탈리아, 아일랜드, 그리스, 스페인의 경제는 외환위기로 침몰하고 IMF 구제금융을 받는 상황에 처했다.

유로존 전체에 엄청난 전력 손실이 일어났다. 미국과 싸워보겠다는 경제전쟁의 전의는 완전히 상실되었고, EU 회원국들의 정치인과 국민의 마음도 이리저리 흩어졌다. 유로존 경제는 심각한 내상을 입고 '잃어버린 10년'에 빠졌다.

웅장한 연합이 단 한 차례의 위기로 도미노 붕괴를 맞는 것을 본 독일과 북유럽 국가들은 당황했다. 이들 국가는 탄탄한 제조업과 안정적인 국가 재정을 유지한 나라들이다. 이들은 유럽 통합으로 얻은 환율 효과와 풍부한 유동성에 기대어 방만한 재정 운영을 했던 남유럽 국가들의 경제 운영 방식에 깊은 회의를 느꼈다. 심지어 앞으로도 개선의 여지가 없다는 비관론도 고개를 들었다.

예를 들어 그리스는 EU 가입 전인 1996년만 해도 국가 재정과 내수경제가 안정적이었다. 하지만 2004년 올림픽 개최와 EU 가입이라는 2가지 호재를 만난 후부터 문제가 발생했다. 2006년에 그리스의 부동산 가격은 3배 넘게 폭등했다. 그리스 경제는 제조업 기반은 약하고 관광산업에 대한 의존도가 절대적이다.

이런 경제 구조에서 부동산 가격이 폭등하면 시중 자금이 부동산으로 몰리는 현상이 가팔라진다. 돈이 부동산과 주식 시장으로 몰리자 생산설비 투자는 더욱 줄었다. 물가는 폭등했고, 집과 주식이 없는 서민들은 경제적 파탄에 빠졌다. 그리스 국민들은 주택 구매와 엄청나게 치솟은 생활비를 감당하기 위해 빚을 냈다. 국가도 방만한 재정 운영을 했다. 2012년 당시 그리스 정부가 연금으로 지출한 재정 규모가 GDP의 13%였다. OECD 평균치 7.8%의 2배 가까운 규모였다. 가계부채와 국가부채는 한계치를 넘었다. 2008년 미국에서 부동산 버블 붕괴가 시작되자 그리스 부동산 시장도 함께 붕괴했다.

2012년에 국가는 채무위기에 빠졌다. 그리스발 금융위기의 화마火魔는 순식간에 유럽 전역으로 퍼져갔다. 유로존 전체에도 막대한 사회보장비용, 불완전한 EU 시스템, 부동산 버블, 고령화 등 위기의 단초가 이미 만들어져 있던 상황이었기 때문이다.

2012년 10월에 EU는 위기 국가들의 국채 상환 불능대란을 막고자 유럽중앙은행ECB이 무제한으로 이를 매입하는 비상대책을 발표했다. ECB가 부도 위험에 처한 국가의 국채를 무제한으로 사주자, 금융기관들도 이들 국가의 국채를 살 수 있는 심리적 조건이 마련되었다. 중앙은행과 금융기관들이 위험한 국채를 사들이자 가까스로 국가 부도위기를 넘길 수 있었다.

급한 불은 껐지만, 독일을 비롯한 북유럽 국가들의 불만이 높아졌다. 남유럽 국가들이 저지른 문제(부채, 물가상승, 경기침체 등)를 자국이 함께 떠안아야 한다는 불만이었다. 2012년 하반기에 ECB는 유동성 과잉으로 인한 인플레이션 위험을 걱정하는 독일의 반대를 무마하기 위해 장치를 하나 추가했다. 불태환 정책이었다.

불태환 정책이란 국채 매입에 쓴 금액만큼 다른 방법으로 시중의 유동성을 재흡수하여 물가 폭등(돈 가치 폭락)을 막는 정책이다. 독일은 내키지 않아 했지만 다른 방법이 없었던 터라 임시방

그림6 | 유럽 경제 연관 관계도

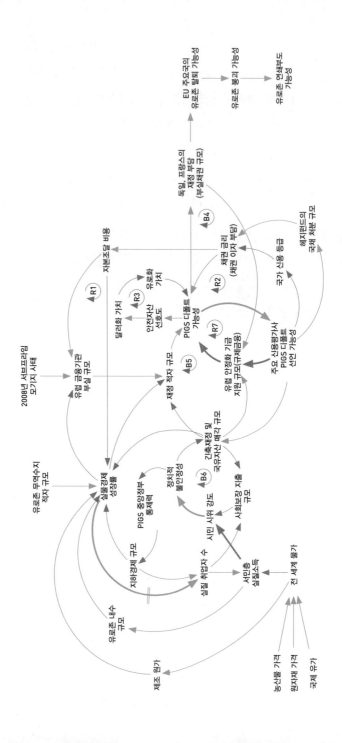

편으로 승인했다. 그러나 이런 조치로는 근본적인 문제를 해결하지 못한다. 긴급한 불을 끈 독일은 EU를 압박해서 남유럽 국가 측에 강력한 구조조정을 요구했다. 당연히 남유럽 국가들의 불만도 커졌다.

EU는
어떻게 깨질까?

지리 환경은 역사와 문화의 차이를 만든다. "민족마다 역사가 다르게 진행된 것은 각 민족의 생물학적 차이 때문이 아니라 환경적 차이 때문이다. 지리 환경은 분명히 역사에 영향을 미친다."[51] 저서 《총, 균, 쇠》로 퓰리처상을 받은 재레드 다이아몬드가 한 말이다. 재레드 다이아몬드는 지리 환경의 차이가 역사와 문화의 형성에 결정적 역할을 했던 몇몇 나라들을 열거했다. 폴리네시아, 뉴기니, 아마존, 아스텍, 잉카, 중국 등이다. 이런 나라들은 기후, 지질 유형, 해양 자원, 면적, 지형적 분열, 인구 밀도, 고립성의 정도 등이 주변 국가들과 달랐고, 그 결과 정치, 경제, 사회의 모습을 포함한 문명 전체의 형성과 발전에 큰 차이가 생겼다. 재레드 다이아몬드는 인류 문명 전체를 아울러서도 지정학적 차이, 환경적 차이 등이 군사기술의 발달, 전염병, 해상기술, 정치 조직, 문자 등의 발전의 차이에 핵심적 요인으로 작용했다고 주장했다.[52]

재레드 다이아몬드의 연구와 논리를 유럽에 적용해보자. 지정학적으로 유럽은 거대한 평원과 비옥한 강변 지역은 적다. 알프스, 피레네, 카르파티아, 노르웨이 국경 산맥 등 높은 산맥으로 조각조각 나뉘어 있다. 산맥과 산맥 사이에 인구가 분산되어 있다. 지형도 매우 울퉁불퉁하다. 지중해 연안은 굴곡진 만이 아주 복잡해서 해안선도 들쭉날쭉하고 반도도 많다. 지역에 따른 기후 편차도 크다. 이런 지정학적 형세는 서쪽 끝에 위치한 포르투갈부터 바다 건너 영국, 북쪽과 남쪽의 섬나라들, 그리고 동양이 시작되는 튀르키예와 인접한 지역까지 이어지는 광대한 유럽 대륙 전체를 통일하는 것을 어렵게 만들었다. 유럽 역사에서 광대한 유럽 대륙을 통일한 제국을 손꼽자면, 알렉산더 제국(그리스), 로마 제국, 나폴레옹 제국(프랑스) 정도다.

그러면 현재 27개국 연합체인 EU는 어느 규모일까? 유럽 대륙으로 국한할 때, EU는 역사상 가장 큰 통일제국이다. NATO는 EU보다 더 규모가 큰 군사연합체다. 이것이 러시아가 두려움을 느끼는 이유다. 또한 유럽을 흔들어 분열시켜야 할 이유다.

역사적 교훈이 있다. 거대한 제국은 반드시 깨진다. EU의 미래도 정해져 있다. '반드시' 분열된다. 문제는 시점이다. EU의 미래에 역사적 교훈을 적용해보자. 제국이 분열되거나 멸망하는 이유는 크게 2가지다. 하나는 외세의 침입이다. 다른 하나는 내부 분열이다. 보통 내부 분열이 주된 이유이고, 외세 침입은 부수적이지만 분열이나 멸망을 완성시키는 요인이다. 즉 내부 분열이 극대화될 때 외세의 침입이 일어나면 자중지란하며 분열 혹은 멸망한다. 알렉산더 제국, 로마 제국, 나폴레옹 제국이 그러했다. 페르시아 제국, 이슬람 제국, 몽골 제국도 그러했다.

EU는 어떻게 깨질 가능성이 높을까? 알렉산더 제국, 로마 제국, 나폴레옹 제국은 영토 정복으로 탄생했다. 군사 침공으로 형성되어서 강제적 연합이다. 한 나라(제국의 모체가 되는 나라), 한 명의 황제가 절대적인 지배를 하는 구조이기에 단단한 연합이다. 반면 EU는 철저히 경제와 완보의 '실익'을 기반으로 형성된 자발적 연합이다. 한 나라가 절대적인 지배를 하는 구조가 아니기 때문에 상대적으로 느슨한 통일제국의 형태를 띤다. 이런 구조 덕택에 몰락이나 완전한 붕괴보다는 '분열'로 갈 가능성이 더 높다.

필자는 EU가 생각보다 단단한 결속체가 아니라고 평가했다. 과거에 유럽을 지배했던 제국들보다 내부 분열이 빨리 일어날 가능성이 높다. 내부 분열은 '실익' 계산법이 달라질 때 시작된다. 실제로 실익 계산이 EU 가입 전과 후가 달라진 영국은 단기적 손해를 감수하고 탈퇴했다. EU가 창설된 지 단 10년 만에 일어난 첫 번째 내부 분열 혹은 반란이다.

유럽의 지정학적 조건은 나라별 산업의 선택과 발달에 영향을 준다. 어떤 나라는 수산업에 의존하고, 어떤 나라는 관광산업에 치우칠 수밖에 없다. 어떤 나라는 자원 수출에 국운을 걸어야 한다. 어떤 나라는 사방에서 침탈을 당하는 지정학적 위치 때문에 산업을 제대로 성장시킬 수 없다. 어떤 나라는 산맥이나 바다에 의해 고립되어 오랫동안 외부와의 교류가 힘들어 낙후된 상태로 있다. 경제적 격차는 필연적이다. 경제위기가 반복될 때마다 격차는 커지고 내부 분열은 심해질 것이다.

환경이 다르면 삶을 대하는 태도와 문화도 달라진다. 필자는 《유럽의 미래 The future of Europe》라는 책을 흥미롭게 읽은 적이 있다. 하버드대학교 석좌교수인 알베르트 알리시나 교수와 MIT의 방문교수인 프란체스코 지아바치 교수가 유럽인과 미국인의 차이를 분석한 내용이다. 미국인과 유럽인은 어떤 차이가 있을까? 두 교수는 이렇게 분석했다.

미국인은 직장을 여러 차례 바꾼다. 실업이나 파산, 일정 수준의 부의 불균형을 시장경제의 필수적인 부분으로 생각한다. 그래서 가난이나 개인의 미래에 대한 일차적 책임은 자신에게 있다고 여긴다. 미국인의 60%는 가난의 원인을 게으름에서 찾는다. 미국인에게는 서부 개척시대의 정신이 아직도 남아 있다. 그래서 노력하면 시장의 기회를 통해 빈곤을 벗어날 수 있다고 믿는다. 이런 생각들 때문에, 미국인은 일괄적으로 높은 세금을 거둬서 높은 수준의 보편적 복지를 시행하는 것을 반대한다.

유럽인은 정반대다. 유럽인은 직장의 안정성을 권리이자 행복권으로 여긴다. 국가와 사회가 개인의 가난 극복이나 행복 증진을 책임져야 한다고 생각한다. 그래서 유럽인의 26%만 가난과 게으름을 연결시킨다. 유럽인의 60%는 가난의 근본적 원인으로 경제 구조의 모순을 든다. 빈곤의 덫과 역동성을 상실한 사회적 장애가 가난의 원인이라고 믿는다. 이런 믿음 때문에 정부가 지출을 줄이는 것을 치명적인 죄악으로 여긴다.[53] 이것이 2012년에 유럽발 금융위기의 진원국이었던 남유럽 국가들이 국가재정 지출을 방만하게 운영한 이유다. 즉 앞으로 남유럽 국가들의 방만한 재정 운영은 쉽게 고쳐질 문제가 아니라는 의미다. 이런 국가들의 방만한 재정 운영과 금융위기 재현 위험성은 EU를 떠받들고 있는 '실익'이라는 계산기를 반복적으로 두드리고 '내부 분열'을 악화시킬 위험 요소다.

필자는 미국인의 생각이나 미국식의 경제 및 사회 모델이 유럽보다 우월하다고 말하려는 것이 아니다.[54] 둘 다 장점도 있고 치명적인 약점도 있다. 중요한 것은 누가 먼저, 더 폭넓게 치명적인 약점을 보완하려는 근본적인 노력을 하느냐다. 앞으로 10~20년 이내에 과감한 개혁을 시도하지 않으면 둘 다 치명적인 내상을 입을 수 있다. 내부 분열이 심해질 수 있다. 다만 지금대로라면 유럽이 더 심각한 위험에 빠질 수 있다.

현재 유럽의 최대 걸림돌은 인구다. 필자는 유럽의 인구 문제가 '실익'의 변화를 불러오면서 EU의 내부 분열을 촉진하는 숨은 원인이라고 분석한다. 미국의 경제사학자 킨들버거는 《경제 강대국 흥망사 1500-1990》에서 쇠퇴는 절대적인 것이 아니라 상대적이었다는 중요한 지적을 했다.[55]

유럽은 19세기까지 미국보다 부유했다. 그러나 양차 세계대전을 치르면서 유럽은 황폐화되었다. 제2차 세계대전 직후 미국에 패권을 빼앗기고 제1기축통화의 지위도 잃었다. 1인당 국민총생산GNP이 미국의 42%에 불과할 정도로 엉망이 되었다. 1980년대 말에는 미국의 80% 수준까지 쫓아갔지만 그것이 최대치였다. 1990년대로 접어들면서 유럽 국가들은 하나둘씩 저출산, 고령화, 생산가능인구 감소 문제에 빠졌다.

〈그림7〉을 보자. 유럽 주요국의 65세 이상 인구 증가 속도가 1990년대 전후로 빨라진다. 유럽은 1990년대부터는 1인당 GNP

그림7 | 인구 15~64세 인구 대비 65세 이상 비율

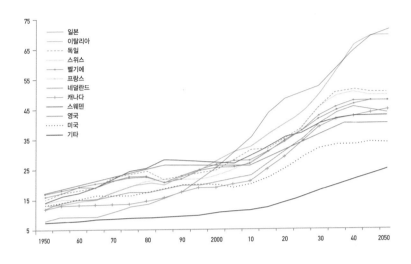

가 미국의 70%대로 다시 주저앉았다.[56] 인구구조 변화가 성장의 한계를 만들기 시작했기 때문이다. 1990년대 이후에도 유럽의 인구구조 문제는 개선의 여지가 보이지 않고 악화되었다. 2010년경부터는 독일, 스위스, 프랑스, 벨기에, 네덜란드, 스웨덴, 영국 등 유럽 국가 대부분이 미국보다 고령화 비율이 높아졌다. 유럽의 총 인구도 2020년부터 감소세로 전환되었다.

이탈리아의 경우는 지금 추세대로라면 2030년 이후에는 초고령사회의 대명사인 일본과 비슷한 수준의 고령화율에 올라선다. 저출산과 고령화 현상이 악화되면 노동의 질이 하락하고 내수시장이 위축될 것이다. 반면 복지비용은 계속 증가하기 때문에 앞으

그림8 | GDP 대비 정부부채 비중

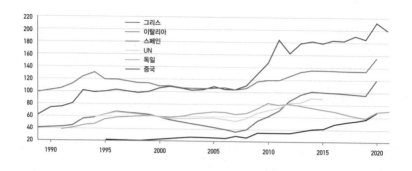

로도 남유럽 국가들은 국채를 발행해서 부족한 소비를 메워나가는 패턴에서 벗어나기 어렵다.

〈그림8〉은 1990년부터 최근까지 그리스, 이탈리아, 스페인, 독일, EU, 중국의 GDP 대비 정부부채 규모다. 그리스, 이탈리아, 스페인 등 남유럽 국가들의 정부부채는 2010년 이후로 증가하는 추세다. 그리스의 경우 GDP 대비 정부부채 규모가 200%를 넘나든다. 중국과 비교하면 3배에 달하는 규모다. 이탈리아의 정부부채도 EU 평균치의 2배다. 독일의 경우는 GDP 대비 정부부채 규모가 70%대다. 스웨덴은 35%, 덴마크는 33%, 네덜란드는 49% 정도다.

결국 남유럽 국가들이 EU의 정부부채 평균치를 끌어올리고 있는 셈이고, 그만큼 재정건전성이 좋은 회원국의 불만은 커질 수밖에 없다.

노쇠한 유럽은 성장이 멈춘 사회로 접어들고 있다. 추가 성장동력을 확보하지 못하면 쇠퇴 속도는 더 빨라진다. 4차 산업혁명기가 유럽을 저성장의 늪에서 빠져나오게 할 수는 없을까? 유럽 국가들은 사회민주주의적 시장경제를 선호한다. 상대적으로 정부의 시장 간섭과 규제의 벽이 높다.

이는 곧 혁신의 걸림돌 혹은 혁신 속도의 저하라는 부메랑이 되어 돌아올 것이다. 그렇기 때문에 4차 산업혁명기의 기회도 유럽의 노쇠를 늦추는 동력이 될 뿐 근본적인 해결책은 되지 못한다. EU가 저성장의 위기를 돌파할 해법은 젊은 나라들을 더 많이 끌어들여서 덩치를 키우는 것이다. 유럽은 지금도 여전히 아시아, 아프리카, 남미 지역에 있는 대부분의 나라들보다 부유하다.

유럽의 문제는 이것만이 아니다. 유럽계 은행들은 내수시장의 한계 때문에 중동, 아시아 신흥국, 동유럽, 중남미 지역의 나라들과 막대한 규모의 금융거래를 한다. 그런데 이런 나라들이 반복해서 금융위기를 맞으면 유럽계 은행도 타격을 입는다.

예를 들어 EU에 가입하지 않은 동유럽 국가들은 차입금의 90% 이상을 유럽계 은행에 의존한다. 중남미 국가와 신흥국들도 차입금의 60~70%를 유럽계 은행을 통해 조달한다. 유럽계 은행들은 이런 국가들이 경제위기에 빠질 때마다 자산상각을 반복한다. 2007~2010년 글로벌 금융위기 기간에 유럽계 은행들이 실시했던 자산상각 규모는 7천억 달러 정도였다.[57] 앞으로도 이런 패턴은 반복될 것이다.

필자가 앞으로도 유럽이 재정 적자와 고령화 문제로 저성장이나 제로성장에서 벗어날 가능성이 낮고, 경제위기가 발생하면 미국이나 아시아보다 충격을 더 크게 받을 가능성이 높다고 예측한 것도 바로 이런 이유 때문이다. 그때마다 내부에서 분열의 목소리는 커지고 실익에 근거한 결속에도 균열이 심해질 것이다.

유럽,
3개의 전쟁에 직면하다

EU의 분열을 가속화할 외세 침입 세력은 어디일까? 침략 전쟁을 일으킬 가능성이 있던 독일은 EU 회원국으로 '포섭'됐다. 남은 나라는 러시아뿐이다. 필자는 러시아-우크라이나 전쟁이 유럽을 '전쟁의 시대'로 몰아넣은 시발점이라고 평가한다. 러시아-우크라이나 전쟁을 기점으로 러시아와 NATO의 군사적 충돌이 본격화될 것이다. 이것은 유럽에 외세 침입이 본격적으로 시작되었음을 알리는 신호다.

유럽이 직면한 전쟁은 3가지다. 바로 에너지, 경제, 핵 전쟁이다. 에너지전쟁과 경제전쟁은 이미 시작되었고, 핵전쟁은 언제든지 발발 가능한 상태다. 앞으로 핵전쟁이 일어날 가능성이 가장 높은 지역은 NATO와 러시아가 충돌하는 유럽, 중국과 러시아와 미국이 충돌하는 남중국해다. (의외로 한반도에서 핵전쟁이 일어날 가능성은 상대적으로 낮다.)

핵전쟁은 2가지 국면으로 나눌 수 있다. 하나는 전술핵만 사용하는 핵전쟁이다. 이것은 전면적인 핵전쟁을 피하는 수준에서 일어날 수 있는 군사적 충돌의 최대치다. 전술핵만 사용할 경우, 어느 한쪽이 전술핵으로 맞받아치는 것을 피할 수도 있다. 잘못 맞받아치다가는 전면적인 핵전쟁으로 급속하게 전환될 수 있기 때문이다. 이런 이유로 전술핵을 사용하는 핵전쟁에서는 선제공격을 하는 쪽이 유리하다.

만약 러시아와 유럽(NATO)이 전술핵전쟁 국면에 들어가면 양쪽의 특성상 선제공격권은 러시아에 있을 확률이 높다. 그래서 전술핵을 사용한 핵전쟁이 일어날 가능성은 확률적으로 불가능하지 않다. 다른 하나는 전면적인 핵전쟁이다. 이것은 전쟁 당사자 모두는 물론이고 인류 문명 전체가 공멸할 참사다. 그래서 현실적으로 일어날 가능성은 매우 낮다.

러시아가 유럽을 침략하는 시나리오를 가정하더라도, 러시아 혹은 푸틴이 곧바로 유럽에 군사적 공격을 감행하지는 않는다. 명분을 쌓고 분위기를 조성하는 선제작업이 필요하다. 바로 에너지전쟁과 경제전쟁이다. 앞으로는 에너지와 경제를 무기로 전쟁이 벌어진다. 러시아가 유럽에 에너지공격을 가하면, 유럽의 경제에 타격을 주는 부수적 효과가 따라온다.

2022년 7월에 IMF는 러시아가 천연가스 공급을 1년간 중단할 경우 유럽 주요국들이 받을 GDP 충격을 추정했다. 가장 큰 타격을 입는 국가는 헝가리다. 최소 -1.1%에서 최대 -6.5%의 GDP 감소가 발생한다. 이 정도면 금융위기와 맞먹는다. 그다음으로는 이탈리아가 최소 -0.6%에서 최대 -5.7%, 슬로바키아가 최소 -0.8%에서 최대 -5.7%, 체코가 최소 -0.5%에서 최대 -5.4%다. 독일은 최소 -0.4%에서 최대 -2.8%, 폴란드는 최소 -0.5%에서 최대 -2.0%, 네덜란드는 최소 -0.8%에서 최대

−2.0%, 스페인은 최소 −0.3%에서 최대 −1.2%, 프랑스는 최소 −0.2%에서 최대 −1.1%의 감소가 발생할 것이라고 추정했다. EU 전체로는 최소 −0.4%에서 최대 −2.7%의 GDP 감소가 발생한다.[58]

추정치를 분석하면, 러시아산 천연가스를 대체할 능력이 떨어질수록, 경제 펀더멘털이 약할수록 충격이 커진다. 예를 들어 독일은 스페인이나 프랑스보다 대체 능력이 떨어진다. 스페인은 1996년부터 알제리산 천연가스를 사용하고 있어서 러시아산 가스 의존도가 전체 10%밖에 되지 않는다.[59] 프랑스는 원자력 발전 비율이 유럽 내에서 가장 높다. 총 56개 원자력 발전소를 보유하고 있다.[60] 참고로, 유럽에서 러시아산 천연가스 의존도가 높은 나라를 순서대로 살펴보면, 헝가리가 85%, 불가리아가 77%, 슬로바키아가 70%, 이탈리아가 46%, 폴란드가 40%, 프랑스가 24%이다.

러시아산 천연가스 의존도가 상대적으로 낮아도 안심할 수 없다. 자국 내의 에너지 소비구조에 따라서 충격의 강도가 달라진다.

예를 들어 2022년 5월 21일에 러시아는 NATO 가입 신청을 했고, 가스 대금을 루블화로 내는 것을 거부한 핀란드에 천연가스를 끊는 강수를 두었다. 같은 해 4월에는 불가리아와 폴란드도 같은 이유로 가스 공급을 중단했다.

핀란드는 천연가스 수입의 94%를 러시아에 의존하지만, 자국 내 전체 에너지 소비에서 천연가스가 차지하는 비율이 5%에 불과해서 러시아의 공격에서 피해를 최소화했다. 하지만 유럽 내 천연가스 가격 상승으로 인한 인플레이션 상승 피해는 피하지 못했다.

독일의 상황도 살펴보자. 독일은 자국에서 사용하는 천연가스 전체 규모에서 러시아산 천연가스 의존도가 35% 정도다. 유럽 전체에서는 폴란드보다 낮고, 프랑스보다 높다. 언뜻 보면 그다지 의존도 심각성이 높지 않은 것처럼 보인다. 하지만 실상은 다르다. 독일의 에너지 소비 구조를 보자. 2021년 현재 석유가 32.3%, 천연가스가 26.8%, 재생에너지가 15.9%, 갈탄이 9.2%, 석탄이 8.5%, 원자력이 6.1%, 기타가 1.1%를 차지한다.[61] 전체 에너지 소비에서 천연가스 비율이 26.8%이지만, 가스를 주로 소비하는 분야는 화학과 제조 분야를 포함한 산업 영역이 32.35%로 가장 높다. 그다음은 30.83%로 일반 가정에서 소비된다.

만약 독일에서 천연가스 부족이 일어나면 화학제품 제조가 가장 먼저 직격탄을 맞는다. 화학제품 제조에 문제가 생기면 전 산업으로 피해가 확산된다. 그다음은 제조업 공장이 멈춰 선다. 그다음은 서비스업과 가정에 공급되는 에너지비용의 상승으로 인플레이션이 촉진된다.

2022년 8월 27일 자 AFP 통신 보도에 따르면, 독일과 프랑스의 2023년 전기료가 2021년 대비 10배 넘게 상승할 것이라고 전망했다. 양국의 2021년 에너지 가격은 1MWh(메가와트시)당 85유로(11만 원)였다. 2023년이 되면 독일은 850유로(113만 원), 프랑스는 1천 유로(133만 원)로 최소 10배 넘게 오를 예정이다. 1년에 약 3.6MWh 전기를 사용하는 4인 가구를 기준으로 삼으면, 독일은

41만 원에서 409만 원, 프랑스는 482만 원의 요금폭탄이 발생한다.[62]

요금 상승의 원인은 분명하다. 러시아의 에너지공격 지속과 기후변화 때문이다. 공장이 멈추고 재료 공급이 줄어들면, 제품 생산이 줄어들어 인플레이션 상승을 가중한다. 그다음은 이로 인한 사회적 갈등의 폭발이다. 이런 이유로 러시아가 천연가스 밸브를 잠그면, 독일도 3개월을 버티기 힘들 수 있다는 분석까지 나온다.[63]

EU는 대응전략으로 러시아산 에너지에서 자립한다는 공동의 목표를 세웠다. 하지만 당장은 쉽지 않다. 각국이 처한 상황과 실행 방식에 차이가 크다. 서유럽과 북유럽 국가들은 러시아 에너지 의존도가 낮거나 대체공급원을 확보할 가능성이 상대적으로 높고 재생에너지 비율도 높다. 반면 러시아 파이프라인에 의존도가 높은 중부와 동쪽 내륙 국가는 대체공급원 확보가 쉽지 않고, 화석연료 사용 비율이 높다.[64]

러시아에는 다른 무기도 있다. 반도체 소재, 곡물 등 다양하다. 러시아는 네온 가스 등 희귀가스가 전 세계 수출의 30%를 담당한다.[65] 네온 가스는 반도체 핵심 소재 중 하나다. 러시아가 우크라이나 돈바스 지역을 영구적으로 합병하면 수십조 달러 가치의 에너지·광물·금속 자원을 손에 넣을 수 있다. 돈바스는 우크라이나 자원 전체의 3분의 2가 매장된 지역이다. 티타늄과 철광석 세계 최대 매장지다. 리튬과 석탄도 대규모로 매장되어 있다.[66]

이런 것까지 유럽을 흔드는 무기로 사용하면 경제전쟁의 범위는 확대된다. 푸틴의 눈에 EU는 얼마든지 흔들어 분열시킬 수 있는 '가짜 연대'에 불과하다. 유로존과 NATO로 멋지게 포장되어 있지만 에너지와 금융·경제라는 취약한 고리를 타격하면 파고들 여지가 얼마든지 있다는 계산이다.

2022년 7월 24일에 폴란드와 포르투갈, 스페인, 키프로스, 그리스는 2023년 3월까지 천연가스 수요를 15% 줄이자는 EU 집행위원회의 제안에 반대 의사를 밝혔다.[67] EU 내에서 상대적으로 경제력이 약하고 국가부채가 높은 나라들이다. 상대적으로 경제력이 강한 독일, 벨기에, 네덜란드, 덴마크 등 국가와 대비된다.

이런 국가들이 반대하면 EU 차원에서 가스 수요에 대한 강제 감축안 실행이 불가능하다. 2022년 6월에 EU 가입을 원했던 세르비아도 러시아와 천연가스 공급 계약을 3년 연장했다. 2022년 8월에 헝가리는 러시아와 천연가스 구매 계약을 체결했다. 서구의 러시아산 에너지 제재를 무색하게 하는 행보다.

2022년 8월 17일에 독일과 프랑스가 주도하는 EU의 운영 방식이 '과두체제' '제국주의'라며 정면으로 비판하는 발언이 나왔다. 사법부 독립 침해로 EU와 갈등을 빚어온 폴란드 총리 마테우시 모라비에츠키가 한 발언이다. 그는 EU 내부의 제국주의 행태를 러시아의 제국주의에 빗대면서까지 비난의 강도를 높였다. 폴란드는 극우 성향의 '법과 정의당PiS'이 집권하면서 EU와 대립각을 세우고 있다.[68] 유럽 내 극우파 정치인이나 지지층들은 EU에 대한 불만이 높다. 심지어 러시아에 대해 우호적이기까지 하다.

2022년 9월 25일에 실시된 이탈리아 총선 투표에서 멜로니의 이탈리아형제들FdI과 동맹Lega, 전진이탈리아FI 등 3개 정당으로 구성된 우파연합이 승리했다. 우파연합을 이끈 멜로니의 별명은 '여자 무솔리니'다. 미국 외교전문지 〈포린폴리시〉의 분석에 따르면, 이탈리아 극우파 정치집단인 '이탈리아형제들', 또 다른 극우당 '동맹'과 '전진이탈리아' 등은 국민의 지지율도 높고 푸틴 대통령에게 우호적이다.

특히 '동맹'을 이끄는 마테오 살비니 상원의원은 과거 러시아 방문 시 푸틴을 찬양하는 티셔츠를 입고 사진을 찍었고, '전진이탈리아'를 설립한 실비오 베를루스코니 전 총리는 2019년에 푸틴을 "현존하는 최고 정치인"이라고 치켜세울 정도로 친푸틴, 친러시아 인사로 분류된다. 러시아가 우크라이나를 침공한 이후에도 살비니와 베를루스코니는 러시아 제재를 공개적으로 비난했다. 이탈리아 국민의 3분의 2도 우크라이나에 무기 지원을 반대하고, 극우 성향으로 치우친 이탈리아 국민의 20%는 전쟁의 책임이 우크라이나와 NATO에 있다고 생각한다.[69]

참고로, 국제에너지기구IEA는 EU 회원국 중 천연가스 가격 폭등으로 가장 큰 타격을 입은 나라로 이탈리아를 지목했다. 2022년 7월 현재 이탈리아 가정의 평균 에너지 지출 비율은 2019년 3.5%에서 5%로 상승했다. 1995년 이후 가장 높은 수준이다.[70]

북유럽 국가이면서 사회복지 시스템이 탄탄한 스웨덴조차 푸틴을 지지하는 정치세력이 대중의 지지를 얻고 있다. 극우 성향의 스웨덴민주당SD이다. 스웨덴민주당은 2022년 9월에 열린 총선에서 중도우파 성향의 중도당(19.1%)을 제치고 원내 2위(20.6%)에 올랐다. 총선에서 1위(30.5%)를 차지한 사민당은 좌파연합에 대응하여 안정적 집권과 국정 운영을 위해 2위에 오른 스웨덴민주당과 손을 잡을 수밖에 없었다. 유럽 매체들조차 "북유럽 국가에서 이전에 보지 못한 상황"이라고 평가했다. 문제는 스웨덴민주당을 이끄는 43세의 젊은 당대표 오케손이 친푸틴 성향을 보이는 반이민·반유로의 주창자라는 점이다. 물론 러시아가 우크라이나를 침공하자 푸틴을 두둔하는 발언을 자제하며 스웨덴의 NATO 가입에 대해 반대에서 찬성하는 입장으로 돌아섰지만, EU에 대해서는 여전히 부정적이다.[71]

EU의 내부 갈등이 복잡한 것은 여기서도 발견된다. NATO 회원국이며 친푸틴 성향의 국가인 튀르키예는 스웨덴의 NATO 가입에 떨떠름한 입장이다. 스웨덴이 튀르키예의 에르도안 대통령의 정적인 쿠르드노동당PKK과 그 분파들을 지원했기 때문이다. 2022년 6월 28일에 유럽의 중재로 튀르키예는 핀란드와 스웨덴의 NATO 가입에 합의를 했지만, 갈등의 불씨는 여전히 남아 있다.

EU에서 친러시아 성향을 보이는 국가는 더 있다. 세르비아와 헝가리다. 2022년 4월에 세르비아에서는 친러 성향의 우파 집권 여당이 총선과 대선에서 모두 승리했다. 60%가 넘는 득표율로 당선된 헝가리 알렉산다르 부치치 대통령은 대러 제재에 동참을 촉구하는 EU의 요청에 "국익에 어긋난다"며 거부했다.

헝가리 오르반 총리는 우크라이나의 젤렌스키 대통령을 '적'이라고까지 칭했다. 2022년 2월 1일에 헝가리 오르반 총리는 푸틴 대통령과 회담을 가진 뒤, 러시아가 NATO의 위협에 대응하는 것은 합리적인 판단이라는 지지 발언을 했고, 미국과 영국과 EU가 우크라이나로 들여보내는 무기가 헝가리를 통과하는 것에 반대 의사를 표명하며 러시아 에너지 수입도 계속하겠다고 밝혔다.[72]

그러자 EU 예산 집행위원회는 헝가리 정부가 EU 지원 자금을 측근들이 가로채는 것을 방치했다고 비난하면서, 반부패 개혁 조치를 할 때까지 헝가리에 할당된 자금 75억 유로(약 10조 4천억 원)의 지원을 중단하겠다고 맞받아쳤다.[73]

유럽에서 인플레이션 상승률이 역대 최고치를 경신하면서 금융위기 우려까지 제기되는 영국의 민심도 심상치 않다. 2022년 9월 4일에 영국 록밴드 핑크플로이드 원년 멤버 로저 워터스는 자신의 SNS에 젤렌스키 우크라이나 대통령을 "극단적인 민족주의자"로 지칭하고 "(젤렌스키가) 국가를 참혹한 전쟁으로 이끌었다"며 비난의 목소리를 높였다. 그는 미국과 유럽은 우크라이나를 도우려면 무기 지원을 중단하고 우크라이나와 러시아가 빨리 평화협상을 해야 한다고 주장했다.[74]

이런 상황에서 영국, 프랑스, 독일이 유럽 내 주도권 싸움을 벌이고 있다. 2022년 6월에 영국 정부는 러시아의 지속적인 에너지공격에 대비해 영국에서 유럽 대륙으로 공급하는 천연가스 해저운송관을 잠그는 '비상 가스 계획Emergency Gas Plan'을 점검했다고 발표했다. 자국 내 천연가스 비축량 급감에 대한 대비훈련이다.

영국이 가스관을 막으면 EU는 이중고에 빠진다. 러시아가 에너지전쟁을 일으킨 이후로 영국은 벨기에와 네덜란드를 통해 유럽 대륙으로 매일 천연가스 7,500만m³를 수출하고 있다. 하루에 공급할 수 있는 최대치다. EU는 영국이 자국의 이익만 생각하는 선택을 하지 않기를 바란다고 경고했다. 영국도 여름에는 남는 가스를 유럽에 팔지만, 가스가 부족한 겨울에는 유럽에서 수입해야 하는 상황이다. 영국 정부 대변인도 "공급 비상사태가 발생할 가능성은 극히 낮다"라고 해명했지만 시점과 의도가 묘하다.[75]

2022년 8월 25일에 영국의 차기 총리 1순위였던 리즈 트러스 외교장관이 "프랑스가 친구인지 잘 모르겠다"라고 언급했다. 이 말을 들은 프랑스 마크롱 대통령은 "만약 프랑스와 영국 국민들 사이에서 우리가 친구인지 적인지 말할 수 없다면, 우리는 심각한 문제로 향하게 될 것"이라고 맞받아쳤다.[76] 당시 영국 총리였던 보리스 존슨이 '실언'이라고 말하며 황급히 수습에 나섰지만, 리즈 트러스 외교장관의 발언은 유럽 내에서 벌어지는 미묘한 갈등과 균열을 단적으로 드러낸 실례다.

푸틴이 쏘아올린 인플레이션 충격으로 유럽의 국민들 사이에서도 분열 조짐이 광범위하게 포착된다. 정부에 대한 신뢰 하락은 물론이고 곳곳에서 임금 인상을 요구하는 파업이 끊이지 않는다. 러시아의 블러드 오일 공격이 유럽 노동자들의 파업에 불을 붙인 꼴이다.

2023년 1분기 물가상승률이 15%까지 치솟을 것으로 전망되는 영국에서는 우체국 노조가 2009년 이후 최대 규모의 파업을 했고, 스코틀랜드 에든버러에서는 쓰레기 수거업체 노동자들이 파업하면서 거리가 쓰레기로 가득 차는 일이 벌어졌다. 스페인에서는 항공 노조가, 포르투갈에서 물류업 노동자가, 네덜란드에서는 철도 노조가 파업을 단행했다. 독일도 대표 항공사 '루프트한자'

소속 조종사들이 물가상승률에 인금상승률을 연동하라고 요구하며 파업을 했다.[77] 체코 프라하에서도 7만 명이 에너지 문제로 반정부 시위를 벌였다. 미국과 EU 간의 연대도 내부를 들여다보면, 균열이 일어날 지점이 많다.

2022년 상반기에 EU 기업들의 대중국 투자가 전년 동기보다 15%가량 증가했다. 유럽 기업들의 중국 철수도 거의 없다. 유럽 전체의 상반기 대중국 수출액도 전년과 비슷하다.[78] 이유는 단 하나다. 중국과 경제적으로 손을 잡는 것이 '실익'이 크기 때문이다. 기업만 그런 것이 아니다. 2022년 7월 20일에 있었던 제9차 중국-유럽 고위급 경제대화 자리에서 각국은 금융 분야 쌍방향 개방 진전과 글로벌 공급망 안정 및 보호 협력을 강화하기로 합의했다. 미국이 글로벌 공급망에서 중국을 밀어내려고 애쓰는 상황에서 나온 합의다.[79] 미국 입장에서는 맥이 빠지는 결과다.

전쟁의 시대, 유럽의 미래 시나리오

전쟁의 시대에 유럽의 미래 시나리오는 어떻게 전개될까? 당분간은 EU가 계속해서 유지되는 시나리오가 가장 가능성이 높다. 하지만 미래는 열려 있다. 필자가 지금까지 분석했듯, 영국이 이미 EU를 탈퇴했고, 유럽 내부에서 갈등과 균열의 조짐이 지속적으로 관찰된다. 푸틴은 앞으로 EU를 계속 흔들 것이다. EU가 완전히 붕괴되지는 않아도 둘로 쪼개지는 시나리오는 충분히 가능하다.

첫 번째 가능성은 독일과 프랑스처럼 상대적으로 재정건전성이 높은 1그룹과 재정건전성이 낮은 2그룹으로 쪼개지지만, 1그룹이 2그룹을 계속해서 경제적으로 지원하면서 끌고 가는 시나리오다. 완전한 탈퇴 혹은 완전한 유로존의 붕괴가 아니라 위기 국가들을 2그룹으로 내려보내는 것으로 상호 긴밀한 관계는 계속 유지된다. EU 집행부는 내부 분열이 심해지는 상황에서 이런 모양새라도 연합의 끈을 유지하려고 할 것이다.

이렇게까지 하는 이유는 분명하다. 유로존의 통화 단일화마저 붕괴되면 지역 내 시장에 미칠 부작용이 엄청나기 때문이다. 이런 상황이 되면 1그룹과 2그룹 모두 이익이 사라진다. 1그룹이

2그룹을 아무리 쫓아내고 싶어도, 2그룹이 주는 피해가 자국 이익이 완전히 사라지는 출혈을 감수할 정도는 아니다.

2그룹 역시 마찬가지다. 유로존 통화가 붕괴하고 국가별 개별 통화로 되돌아가면, 상대적으로 경제 기초체력이 약하고 정부부채 규모가 큰 2그룹은 국제적으로 활동하는 환투기 세력에게 먹잇감으로 집중 공격을 받을 가능성이 높다. 그렇게 되면 유럽 전역에서 금융위기가 발생하는 횟수가 늘어날 수 있다. 유럽 시장 안에서의 무역 교류도 제한되면서 경제금융, 산업기술, 정치 등 곳곳에서 긴장감과 적대감이 고조될 가능성도 높다.[80]

이 정도만 되어도, 푸틴의 입장에서는 만족할 만한 성과다. 이런 시나리오가 현실화되면, 러시아는 유럽의 미래를 좌우하는 중요한 주체player가 된다. 소련이 해체된 뒤 독립한 국가의 상당수가 유로존에 가입하거나 친유럽 노선으로 돌아섰다. 그러나 구소련 국가의 대부분이 재정건전성도 떨어지고 경제적 기반도 부실하다. 유로존이 둘로 분리되면 구소련 국가들은 2그룹에 속하게 될 가능성이 높다. 러시아가 비집고 들어갈 틈새가 넓어진다. EU가 둘로 쪼개지면, 일부 국가는 국가 안보를 보장받기 위해 NATO를 탈퇴하고 러시아와 손을 잡을 가능성도 있다. EU에 대한 신뢰도가 하락하기 때문이다.

두 번째 가능성은 1그룹과 2그룹이 완전히 쪼개져서 각자의 길을 가는 시나리오다. 이 시나리오는 첫 번째 시나리오에서 피하고 싶었던 위기들이 고스란히 발생한다. 결국 이 시나리오는 EU가 외부적으로는 경제 및 군사적 위협, 내부적으로는 회원국 간

이익 충돌이나 격차 갈등이 극대화되는 상황에서 발생할 수 있다.

이 시나리오는 푸틴이 원하는 최고의 미래다. 유로존이 붕괴하면, 제국의 영광을 되찾고 차세대 글로벌 패권국가로 도약을 바라는 러시아의 본격적인 움직임이 시작된다. 이 시나리오가 현실이 되면, 오히려 러시아가 군사적 행동을 자제하는 역설적인 상황이 일어난다. 러시아가 군사적 행동을 하지 않아도, 러시아와 동맹을 맺거나 1그룹과 거리 두기를 스스로 하는 국가가 나타나기 때문이다.

KGB 출신인 푸틴은 군사작전을 과감하게 수행하는 인물이다. 하지만 스탈린이나 소련의 지도자들과는 다른 점도 있다. 현재 세계를 이념이 아닌 지정학적 관점과 경제패권의 시각으로 본다.[81] 따라서 러시아는 해체된 소련의 회원국을 흡수하기 위해 자원의 지원과 경제적 지원 등을 전면에 내세워 접근할 가능성이 높다.

러시아는 미래 경제를 좌우할 핵심 자원인 에너지와 산업용 광물을 대량으로 보유하고 있다. 우크라이나 전쟁으로 군사적 전쟁이 푸틴의 유일한 전략이라고 오해되는 경향이 있다. 실상은 그렇지 않다. 2011년 10월에 푸틴은 유라시아 연합EAU: Eurasian Union을 주창하면서 유로존이 통합되기 전 단계처럼 러시아가 중심이 되는 단일경제공동체를 출범시켰고 소련에 속해 있던 지역 대부분을 가입시켰다. 경제판 소련의 부활이었다.[82]

푸틴의 단일경제공동체 전략은 지속적으로 발전하고 있다. 미국 견제라는 목표를 공유하는 중국으로 하여금 에너지 수출을 매개로 유럽에서 러시아의 행보와 영향력 확대를 지지하게 만들었다.

이 시나리오가 현실화되면, 유럽은 2개의 경제블록으로 재편된다. 독일을 중심으로 한 1그룹과 러시아와 유로존에서 내쳐진 2그룹이 러시아와 연대하는 경제블록이다. 1그룹 내에서의 역학 관계도 달라진다. 1그룹의 핵심 국가가 될 독일과 프랑스는 전통적으로 경쟁자 관계다. 유로존이 둘로 완전히 쪼개지고 2그룹이 러시아와 손을 잡고 새로운 경제공동체를 만들면, 프랑스가 상대적으로 독일보다 더 큰 경제적 손실을 보게 된다. 프랑스는 이탈리아와 스페인 등 2그룹에 막대한 부채를 빌려주었기 때문이다.

프랑스가 유럽 경제의 주도권을 독일에 빼앗기면, 영국과의 관계 개선에 들어갈 것이다. 독일을 견제하기 위해서다. 이 시나리오가 현실화될 경우, 유럽은 경제 분야에서 이념적 냉전 상태에 빠질 것이다.

러시아와 중국, 넓게는 독일까지를 포함한 '사회민주의적 자본주의'를 한 축으로 하고 다른 한 축은 미국과 영국, 넓게는 프랑스까지를 포함한 금융위기를 거친 뒤 개량되어 나온 '개량 자본주의'가 맞서는 대립 체계가 형성될 가능성이 높다. 노련한 국제정세 분석가이자 미래예측 전문가인 조지 프리드먼은 "앞으로 다가올 세계에서는 놀라운 동맹이 형성되고 예상치 못한 긴장이 전개되며 특정한 경제 조류가 융성하거나 쇠퇴할 것이다"라고 예견했다.[83]

자산시장 대학살, 미국·중국·유럽을 급하게 만든다

EU가 둘로 쪼개지는 시나리오는 당장 다가오는 미래는 아니다. 당분간 푸틴의 전략은 간단하다. '이익'을 기반으로 한 '이상한 유럽 연대'를 계속 흔들기만 하면 된다. 겉으로는 동맹을 유지하지만 속으로는 유럽에서 미국의 패권 강화를 꺼리는 독일, 프랑스 등을 이용해 심리전을 펼치면 된다.

푸틴은 앞으로 바이든 행정부의 남은 임기 2년 동안 '유럽 흔들기'를 반복할 것이다. 에너지를 무기로 삼아 유럽 각지를 전방위적으로 압박하고 반도체 소재, 곡물 등을 이용해 후방공격을 가할 것이다. 현재 상황에서는 러시아가 흔들기만 해도 열매가 떨어진다. 미국과 유럽의 공동전선이 약화되고, 워싱턴의 영향력이 줄어들고, 유럽 국가들 간에 내부 분열과 이해득실 차이가 커지고, 에너지 및 경제 충격 수습을 반복하는 등 유럽 각국이 스스로 지치기를 기다릴 가능성이 높다.

러시아-우크라이나 전쟁도 쉽게 끝날 기세가 아니다. 서구의 지원을 받아 전세 균형을 회복한 우크라이나는 크림반도까지 회복하는 것을 새로운 목표로 삼았다. 푸틴은 군병력을 증원했다. 전쟁이 길어지면 푸틴에게 불리하지 않다.

러시아-우크라이나 전쟁은 미국과 유럽의 인플레이션 문제가 장기화되는 데 영향을 미친다. 군사적 지원을 위한 비용 지출도 늘어난다. 경제적·군사적 피로감이 높아질 수밖에 없다. 그리고 결정적 순간이 찾아오면 그다음 행동을 개시할 것이다. 결정적 순간은 바로 곧 다가올 자산시장 대학살과 전 세계 경제 대침체다.

2020~2021년에 걸친 코로나19 팬데믹 기간에 전 세계 실물경제 시장이 멈춰 섰다. 반면 전 세계 투자시장은 불덩이처럼 달아올랐다. 주식과 암호화폐 가격은 마치 '파이어네이도firenado'를 연상시킬 정도로 솟구치며 맹렬하게 움직였다.

불fire과 토네이도tornado의 합성어인 '파이어네이도'는 산불 현장에서 발생하는 거대하고 새빨간 불기둥을 말한다. 지표면에서 뜨거워진 공기는 위로 올라가며 상층부 저기압과 만나는 과정에서 빠른 속도로 회전하는 회오리 모양으로 변한다. 여기에 불꽃이 맞물리면, 토네이도 불기둥처럼 보인다. 파이어네이도는 속도가 시속 100km에도 이른다. 이 속도로 산속 곳곳을 미친 듯 이동하며 주변을 불덩이로 만든다.

2020~2021년 주식과 암호화폐 시장에서 발생한 가격 상승 현상도 비슷했다. 미국의 밈주식과 암호화폐 시장은 17세기 네덜란드에서 벌어진 튤립 버블형을 연상시켰다. 무시무시한 상승장이었다. 투자시장에 파이어네이도를 일으킨 힘은 뜨거워진 탐욕과 엄청나게 쏟아진 돈이었다. 〈그림9〉는 연준의 2003~2022년 기간의 대차대조표 변화다. 코로나19 팬데믹 동안 연준의 대차대조표는 전체 총량 기준으로는 2배가 넘게 증가했다. 순증가 규모로

그림9 | 2003~2022년 연준 대차대조 변화

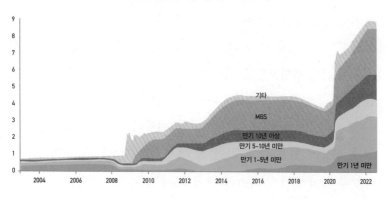

는 5조 달러에 가까운 금액이다. 이것은 2008년 서브프라임 모기지 사태부터 코로나19 발생 직전까지의 증가 규모인 3조 달러가 적게 보일 정도로 큰 금액이다.

　미국 중앙은행만 돈을 막대하게 풀어낸 것이 아니다. 같은 기간에 미국 정부가 시장에 푼 돈의 규모는 (현재 가치로 환산할 경우) 제2차 세계대전에서 미국이 치른 전쟁비용보다 더 많았다. 미국만이 아니라 주요 선진국 모두가 돈을 풀었다.

　〈블룸버그〉 집계에 따르면, 2020년 한 해에만 미국·중국·일본·유로존 등 12개 주요국의 시중 통화량M2 증가분은 24%로 2008년 금융위기 대응 규모(10% 증가)보다 2.4배가 늘었다.[84] 문제는 이런 돈들이 실물시장으로 흘러 들어가지 않고 상당액이 투자시장으로 흡수되었다는 것이다.

　2020년 미국의 화폐유통 속도를 분석해보자. 화폐유통 속도는 실물시장에서 상품이나 서비스를 생산하는 데 몇 번이나 사용되었는지 보여주는 지표다. 2019년에 1.4였던 화폐유통 속도는 2020년 2분기에 1.104로 사상 최저로 추락했다. 3분기에도 1.147에 그쳤다.[85] 경기 부양을 목적으로 뿌려진 돈들이 고용과 생산을 늘리는 데 투자되지 않고 대부분 자산시장으로 흘러 들어 갔다는 의미다.

여기에 기술과 산업에서 발생한 변혁이 투자시장을 흥분시키며 성장주와 관련된 자산들의 가격에서는 거대하고 새빨간 상승 불기둥을 만들었다.

비이성적 폭주는 반드시 '비극'을 만들어낸다. 필자는 2022년에 출간한 저서 《엔데믹 빅체인지 7》에서 다가오는 미래의 특징 중 하나로 '파에톤의 추락'을 들었다. 파에톤의 추락은 '자기과시의 비극'을 대표하는 말이다. 파에톤은 그리스로마 신화에 등장하는 인물이다. 태양신 헬리오스가 에티오피아 왕비 메로프스와 눈이 맞아 아들을 하나 낳았는데, 그가 파에톤이다. 인간 어머니를 둔 파에톤은 신들의 왕국 올림포스산에서 살 수 없어서, 인간의 땅에서 양아버지와 메로프스 밑에서 어린 시절을 보냈다.

파에톤이란 이름의 뜻은 '빛나는 자'다. 친구들은 이것을 가지고 "네가 태양신의 아들이냐?"며 놀려댔다. 친구들에게서 놀림을 받고 집에 돌아올 때마다 파에톤은 어머니에게 친아버지를 알려달라고 졸랐지만 어머니는 진실을 말해주지 않았다. 성인이 되어 친아버지가 태양신인 것을 알게 된 파에톤은 갖은 모험과 고난 끝에 아버지 헬리오스를 만났다. 친아들을 만난 태양신 헬리오스는 인간 세상에 친아들을 방치했다는 죄책감과 안쓰러움에 사로잡힌

나머지 파에톤에게 "네가 원하는 소원은 무엇이든 들어주겠다"고 맹세를 해버렸다. 그러자 파에톤은 헬리오스의 상징인 태양마차를 몰게 해달라고 주저 없이 요구했다. 깜짝 놀란 헬리오스는 그 소원은 들어줄 수 없다고 말했다. 태양마차는 제우스 자신도 다루기 힘들 정도로 매우 위험한 물건이었기 때문이다.

몇 번의 만류에도 파에톤은 "나도 충분히 태양마차를 잘 다룰 수 있다"면서 고집을 부렸다. 태양신 헬리오스는 스틱스강에 한 맹세를 취소할 수 없어서 주의사항을 잘 지키는 조건으로 승낙을 해주었다. 신이 난 파에톤은 태양마차에 자신 있게 올라탔다. 하지만 시간이 지나자 파에톤의 자신감은 두려움과 공포로 바뀌었다. 태양신 헬리오스보다 가벼운 파에톤이 마차를 몰자, 말들은 평소보다 가벼워진 무게에 신이 나서 마구 날뛰며 하늘로 높이 솟구쳐 올랐다. 마차의 속도가 빨라지고 하늘과 땅을 마구 휘젓고 다니자, 파에톤은 고삐까지 놓쳤고 말들이 길길이 날뛰는 대로 이리저리 끌려다녔다. 헬리오스의 마차가 하늘로 솟구쳐 오를 때는 하늘이 말라버렸고, 땅으로 내려가면 온 땅이 불바다로 변하고 사람들의 피부와 머리칼이 까맣게 타버렸다. (신화에서는 이때 태양이 제멋대로 움직이면서 아프리카 사막이 생겨났고, 에티오피아인의 피부도 이때부터 까맣게 되었다고 전한다.)

신들의 왕국 올림포스산마저도 잿더미로 변할 위험에 처하자, 제우스는 파에톤이 타고 있는 마차를 향해 번개를 집어던졌다. 제우스의 번개를 맞은 파에톤과 마차는 공중에서 산산조각이 났고, 불덩이가 된 채로 에리다누스강에 떨어져 파에톤은 결국 목숨을 잃고 말았다. 파에톤의 시체는 강의 요정들이 거두어 무덤을 만들어주었고, 동생을 잃고 통곡하던 누나 헬리아데스는 포플러(미루나무)가 되었다. 파에톤의 절친이며 외가 친척인 퀴크노스도 파에톤의 죽음을 슬퍼하다가 백조가 되었다. 이 모든 비극은 파에톤의 '자기 과신'에서 시작된 일이었다.

자기과신은 비극을 부른다. "솟구쳐 오르면, 반드시 추락한다"라는 사실도 자연의 이치다. 2020~2021년에 만들어진 거대한 버블과 투자시장의 자신감은 공포와 자산시장의 대학살로 돌변할 것이다. 2022~2023년에 연준을 비롯한 각국의 중앙은행들은 불꽃처럼 치솟는 인플레이션과의 치열한 싸움을 벌인다. 중앙은행들이 인플레이션과 싸우는 동안 자산시장은 공포가 부풀어 오르고 가격이 심하게 요동치는 '스탠딩 웨이브standing wave' 상황에 빠진다.

스탠딩 웨이브는 고속 주행 시 타이어 접지부에 열이 축적되어 접지부 뒤쪽이 부풀어 물결처럼 주름이 접히는 현상(파상波狀)을 가리킨다. 그 물결 모양이 수직으로 서 있는 것처럼 보인다고 해서 스탠딩 웨이브라고 부른다.[86] 2023년에 연준을 비롯한 각국의 중앙은행들이 40년 만에 가장 강력하게 치솟은 인플레이션과의 싸움에서 패하면 자산시장은 곧바로 대학살 국면으로 전환된다.

만약 인플레이션과의 싸움에서 가까스로 승리하면, 자산시장 대학살은 조금 연기될 수 있다. 다시 말하지만, 얼마간 늦출 수 있을 뿐이다. 타이어 온도가 급속히 증가하면서 발생하는 스탠딩 웨이브 상황에 빠지면, 주행을 멈추지 않는 한 타이어는 결국 터진다. 연준이 인플레이션과의 싸움에서 승리하면 자산시장은 스스로 버블을 누그러뜨리는 현명한 선택을 하지 않을 것이다. 파에톤처럼 질주를 다시 시작할 것이다. 그리고 얼마 가지 않아 터져버릴 것이다.

이쯤에서 독자들은 이런 질문을 할 것이다. "자산시장 대학살이 미·중·러 전쟁과 무슨 상관이 있을까?" 분명한 상관이 있다.

2022년에 미국, 중국, 러시아, 유럽 경제가 바닥으로 곤두박질쳤다. 러시아-우크라이나 전쟁, 코로나19 봉쇄, 전력난, 높은 인플레이션, 미국의 강력한 긴축 등이 겹치면서 일어난 상황이다. 2022년 중국의 GDP 성장률 전망치는 정부의 기존 목표치인 5.5%에 훨씬 못 미치는 3% 아래로 떨어질 가능성이 커졌다. IMF의 전망치는 3.3%, 골드만삭스의 전망치는 3%, 일본 노무라증권의 전망치는 2.8%다.[87]

중국의 부동산 경기도 사상 최악으로 치닫고 있다. 우리가 잘 아는 대로, 중국 최대 부동산개발회사 헝다가 파산 위기에 몰렸다. 2022년 7월에 발표된 〈뱅크오브아메리카BoA 보고서〉를 보면, 중국에서 2020~2021년에 사전 판매된 주택 면적의 약 9%(240만 가구)가 완공 예정일을 넘길 것으로 추정했다. 노무라증권에 따르면, 중국 내에서 2013~2020년에 사전 판매한 주택의 약 60%만 집주인에게 양도되었다. 최근 신규 주택 판매량도 30% 감소했다. 〈월스트리트저널〉은 중국에서 부동산 거품이 붕괴되면 수년간 경기 침체가 지속될 가능성이 높다고 진단했다.[88]

중국의 부동산산업이 무너지면 자산운용사, 투자은행, 건설회사, 엔지니어링 기업, 철강사가 직격탄을 맞는다. 그 충격은 다시 소비시장을 강타한다. 중국 정부도 급하다. 미국과 전 세계가 강도 높은 긴축을 실시할 때도 (외국 자본의 이탈을 감수하고서라도) 은행의 지급준비율을 낮추고, 기준금리를 인하하는 역행을 하고 있다.[89]

중국 정부의 이런 노력에도 불구하고 시장은 계속 침체되고 있다. 2022년 8월 14일 현재 중국의 평균 광의 통화량M2은 257조 위안(약 4경 9,796조 원)으로 전년 동월 대비 12%가 늘었다. 하지만 동월 신규사회융자 금액은 7,561억 위안으로 28.6%가 감소했다. 무슨 의미일까? (참고로, 사회융자는 중국 정부가 관리하는 대표 유동성 지표다.)

중국 정부의 노력으로 시중 통화량이 늘어났지만, 신규 대출은 오히려 감소하는 '유동성 함정' 현상 조짐이다. 이유는 간단하다. 부동산 침체, 코로나19 봉쇄, 인플레이션, 전 세계 경제침체 등의 우려도 기업들이 현금 보유를 늘린다는 말이다.[90] 2022년 7월 현재 중국의 청년 실업률은 19.9%로 사상 최고치를 기록했다.

당연히 소비 심리도 위축되고 있다. 2022년 8월 30일에 중국의 리커창 총리는 "올해 중국 정부의 경제 지원 규모가 2020년 위기 때 수준을 넘어섰다"라고 언급했다. 그만큼 중국 경제의 위기가 커졌고, 중국 정부도 바짝 긴장하고 있다는 반증이다.

미국 경제도 폭풍이 일기 직전이다. 2022년 8월 14일에 JP모건 최고경영자 제이미 다이먼 회장은 미국 경제에 '폭풍우storm cloud'가 찾아오고 있다고 경고했다. 다이먼 회장은 미국 경제의 연착륙 가능성은 10%, 경착륙 가능성은 20~30%, 강한 경기침체

가능성은 20~30%, 강한 경기침체보다 더 심각한 최악의 상황도 20~30%의 가능성이 있다고 진단했다.[91]

유럽의 경제 상황은 이미 필자가 위에서 자세하게 분석했고, 러시아는 두말할 나위가 없다. 이런 상황에서 금융 및 경제에 역대급 충격을 줄 정도의 자산시장 대학살이 발생한다면 어떻게 될까?

필자의 예측으로는 다가오는 자산시장 대학살은 주식, 채권, 부동산, 암호화폐 시장이 일시에 무너지는 사건일 가능성이 높아서 자산 손실의 영향이 경제활동을 하는 전 세대에 미칠 것이다.

자산별 붕괴 수준을 세부적으로 예측해보면, 채권시장은 예전과 대동소이할 것이고, 주식시장은 나스닥이 가장 큰 붕괴(닷컴버블형)를 맞을 것이다. 암호화폐 시장은 자산들 중에서 낙폭이 가장 클 것이다.

미국 주식시장을 기준으로 설명하면, 2022년 최고점 대비 다우지수는 40~50%, 나스닥은 50~70%, 암호화폐 시장은 최소 90%에서 최대 99%까지 폭락할 것이다. 자산별로 붕괴 정도가 다르기 때문에 실물경기 침체 영역과 대상도 각기 다를 것이다.

나스닥과 암호화폐의 붕괴 정도가 가장 큼에 따라 비교적 젊은 세대의 자산 손실이 심할 것이다. 채권시장에서는 좀비기업과 스타트업이 가장 큰 타격을 받기 때문에 정크본드가 말 그대로 휴지 조각이 될 것이다. 하지만 실업률 상승은 과거 경제위기보다 상대적으로 낮을 것이다. 미국 부동산 시장의 충격은 2008년보다는 약할 것으로 전망되는바 소비침체는 닷컴버블과 서브프라임 사태의 중간 정도로 발생할 가능성이 높다.

하지만 미국 이외의 나라에서는 부동산 가격 하락률이 30~50%에 이를 것으로 보인다. 실물경기 대침체 기간은 최소 2~3년은 갈 것이다. 이 정도 충격은 미국 투자시장을 기준으로 보면 50년 만에 한 번 정도 오는 역대급 자산시장 대학살과 경제 충격이다. 참고로, '다가오는 자산시장 대학살'에 대한 자세한 시나리오는 필자의 다른 저서《한국, 위대한 반격의 시간》을 참고하라.

미국 시장은 물론이고 중국, 러시아, 유럽, 한국 시장 등 전 세계 시장 대부분이 이 위기를 피할 수 없다. 곳곳에서 기업과 국민들의 통곡과 한탄의 소리가 날 것이다. 금융투자 시장과 실물경제가 한순간에 와르르 무너지면, 패권전쟁의 한복판으로 휩쓸려 들어가는 미국, 중국, 유럽, 러시아 정부 모두를 급하게 만들 것이다. 급해질수록 당황하고, 당황할수록 잘못된 상황 판단과 중대한 실수를 할 가능성이 높아진다. 필자가 가장 우려하는 중대 실수는 '전쟁'이다.

2050
미중 패권전쟁과
세계경제 시나리오

러시아 전쟁으로 도래할
뜻밖의 미래와
한국의 생존 전략

- 제 2장 -

중국의 전쟁 시나리오

CHIMERICA AGAIN

시진핑 3기,
대만 통일 전쟁이 시작되다

필자가 예측하는 전쟁 시나리오는 다음과 같다. 시진핑 3기에 중국이 대만 통일 전쟁을 단행한다. 시진핑이 3기에 대만 통일을 감행할 이유는 3가지다. 첫째는 시진핑 주석의 종신집권 야망 때문이며, 둘째는 중국 정치세력의 미국에 대한 좌절감 때문이다. 셋째는 자산시장 대학살기의 경제 대충격으로 심하게 흔들리는 민심을 전환할 이슈가 필요하기 때문이다.

펠로시 의장이 대만을 떠난 직후, 중국군은 공격용 무인기를 진먼섬 상공으로 지나가게 해 대만 국민들에게 과거에 있었던 포격의 악몽을 떠올리게 만들었다. 이에 대만군도 사상 첫 실탄 사격을 하며 대응했다. 곧바로 대만해협에 전운이 감돌기 시작했다. 만약 미래에 중국이 대만을 무력으로 침공한다면, 첫 번째 목표 지점은 이곳일 것이다.

중국은 대만을 무력으로 침공한 전력이 이미 있다. 한국전쟁이 끝난 뒤 중국의 마오쩌둥은 대만 점령 계획을 세웠다. 첫 번째 목표가 진먼섬이었다. 진먼섬은 동서 길이가 20km, 남북 길이는 5~10km 정도 되는 섬으로 주위에 9개의 크고 작은 섬들이 있으며, 대만해협에서 대만 최전방 지역에 해당된다. 진먼섬과 부속도

서로 구성된 진마지구金馬地區는 대만이 대륙 반공 기지로 요새화한 곳이다.[1] 이 지역은 대만과는 210km 떨어져 있지만, 중국 대륙과는 불과 1.8km 거리에 있어서 중국의 군사적 위협에 가장 먼저 노출된다.

1954년 8월 11일에 중국은 진먼섬과 마주섬을 포격하고 저우언라이 중국 총리는 대만 통일을 외쳤다. 전면전이라는 위협 상황으로 판단한 미국은 3척의 항공모함 전단을 대만해협에 파견하여 중국의 포격을 중지시켰다. 1958년 8월 23일에 중국은 진먼섬에 2시간 동안 4만 발을 발사해서 전쟁 위기감을 고조시켰다. 그리고 10월 5일까지 한 달이 넘도록 진먼섬에 47만 발의 포탄을 발사하는 군사작전을 지속했다.

대만도 반격을 시작했다. 중국과 대만의 충돌이 전면전 위기로 확대되자, 미국이 제7함대를 급파하고, 전투함 100여 척, 전투기 500여 대, 미군 해병대 병력 1만 명을 동원하는 미국-대만 연합훈련을 대만해협에서 실시하면서 중국에 강력히 경고하여 전면전을 막았다. 대만과 중국의 진먼섬 포격 공방 위기는 1979년에 미국과 중국이 수교를 한 이후에 겨우 수면 아래로 가라앉았다.[2] 중국과 수교를 한 미국이 대만과 단교하면서 중국이 주장하는 '하나의 중국' 원칙을 인정하고 대만을 국가로 인정하지 않는 대만관계법을 제정했기 때문이다.

그렇다고 미국이 대만을 완전히 포기한 것은 아니었다. 대만관계법 범위 안에서 대만이 자위력을 갖추도록 방어적 성격의 무기를 제공하고, 대만 고위 인사의 방미 등을 허용했으며, 1982년에는 대만에 대한 6개 보장안도 마련했다. 또한 중국과의 관계는 깨지 않으면서 동시에 중국이 대만의 무력 통일을 시도하지 못하도록 군사적 개입 여부를 명확하게 밝히지 않는 '전략적 모호성 정책'도 시작했다.[3] 중국은 미국과 수교를 맺으며 '하나의 중국'을 인정받았고 그 대신 미국의 이런 조치와 태도를 인정했다.

필자는 앞선 저작 《앞으로 5년 미중전쟁 시나리오》에서 시진핑 주석이 치밀하게 계획된 장기집권 시나리오를 가지고 있다고 분석했다. 시진핑 주석은 집권 1기에 종신집권으로 가는 첫 번째 관문을 열기 위한 준비 작업과 명분 쌓기에 집중했다. 우선, 부패 척결이라는 명분을 내세워 장쩌민의 상하이방上海帮이나 후진타오의 공청단共靑團을 제압하고, 권력의 핵심부를 자신을 지지하는 '시자쥔習家軍'으로 채우는 데 성공했다.[4] 상무위원 수도 7인으로 줄여서 과거 지도자들보다 권력 기반을 더 공고히 하는 데 성공했다. 그다음으로, 일대일로를 확대하고 부동산 경기를 띄우고 미래산업에 집중 투자를 하면서 경제성장을 견인했다. 이 모든 일이 장기집권에 필요한 개헌에 들어가기에 앞서 명분을 마련하는 작업이었다.

중국의 집단지도체제는 10년 주기로 바뀌고, 임기제, 연령제, 격대지정隔代指定 전통이라는 3가지 규정을 기반으로 한다. 임기제는 국가주석의 임기가 10년이고 연임할 수 있는 규정이다. 연령제는 정치국 상무위원은 67세까지만 할 수 있고 68세부터는 불가능하다는 칠상팔하七上八下 규칙이다. 격대지정의 전통은 차차기 후계자를 미리 정해두는 규칙이다. 임기제와 연령제가 절대 권력을 방지한다면, 격대지정의 전통은 권력투쟁을 완화하는 안전장치다. 1982년에 중국은 중국 공직자 연령제와 임기제를 '헌법 제79조'에 명시했다.[5] 2007년 제17차 당대회에서는 최고 지도자 선출 '연령 규정'도 세분화했다. 68세 이상의 공직자는 정치국 상무위원 등 당정의 최고 직위에 선임될 수 없고, 63세 이상의 공직자는 '신임' 정치국원으로 선임될 수 없다.

이유는 명백하다. 연임을 안정적으로 보장해주는 대신 종신제를 막고, 권력 퇴출 시 근거를 마련하여 쿠데타나 비정상적인 권력 찬탈 행위가 일어나지 않고 세대 간 평화적 권력 교체의 기반을 마련하려는 것이다. 부가적으로 원로정치의 영향력 약화 의도도 포함되어 있다.[6]

성을 쌓는 것은 오래 걸려도, 무너뜨리는 것은 한순간이다. 시진핑 주석은 덩샤오핑 이래로 40년에 걸쳐 구축한 원칙을 집권 1기에, 다시 말해 5년 만에 무력화했다. 2018년에 시진핑 주석은 집권 2기가 시작됨과 동시에 헌법 수정을 전광석화처럼 해치웠다. 권력이 약해지는 집권 2기 후반부가 되기 전에 강하고 빠르게 밀어붙여야 내부 저항 세력을 다스릴 수 있다는 계산이었다. 그리고 시진핑의 업적을 멋지게 포장해서 제3차 '역사결의'를 통해 마오쩌둥, 덩샤오핑과 동등한 반열에 자신을 올려놓는 작업을 시작했다.

2022년 10월에 3연임 대관식을 거행한 시진핑 주석의 다음 목표는 무엇일까? 바로 종신집권이다. 시진핑 주석이 헌법의 임기 규정을 삭제한 것은 5년 임기를 한 차례 더 하기 위한 목적이 아니다. 권력욕은 끝이 없다. 단언컨대 (실현 가능성을 떠나서) 종신집권이 최종 목표다. 이것은 필자만의 생각이 아니다. 50년째 중국을 연구하며 '중국학 개척자' '학계 최고의 중국 전문가'로 불리는 고려대학교 서진영 명예교수도 같은 분석을 했다. 서 교수는 2012년 11월에 중국 주석 자리에 오른 시진핑이 '중국몽中國夢'이라는 거대하고 장기적인 비전을 정치적 목표로 내세운 것 자체가 치밀한 장기집권 계획이라고 분석했다.[7]

시진핑은
종신집권을 원한다

필자의 눈에 시진핑의 종신집권 시나리오는 '이미 정해진 미래'다. 불확실한 부분은 종신집권의 기간, 종신집권의 방식뿐이다. 4연임, 5연임을 하는 방식으로 종신집권을 할지, 아니면 덩샤오핑처럼 뒤로 물러나지만 중앙군사위원회 주석직을 유지하면서 군권과 인사권을 손에 쥐고 수렴청정을 할지 두고 봐야 한다.

어떤 방식이든 시진핑의 종신집권 야욕으로 중국 외부에서 나비효과가 나타날 것이다. 중국을 대하는 유럽과 아시아의 태도가 확연히 달라질 것이고, 미국이 말하는 중국 위협론도 강화될 것이다. 그리고 최악의 경우 미국, 중국, 러시아, 유럽, 일본과 한국을 군사 전쟁의 소용돌이로 몰아넣을 수도 있다.

시진핑의 종신집권 야욕은 중국 내부 정치에도 혼란의 불씨가 될 수 있다. 시진핑 주석은 집권 1기 5년 동안 부패 척결을 명분으로 강력한 숙청을 단행했다. 이에 대한 반발로 몇 번의 암살과 쿠데타 시도가 있었지만, 시진핑은 헌법에 명시된 '연령 규정'을 고쳐서 3연임에 성공했다. 시진핑의 정적 세력과 중국 인민은, 불만은 크지만, 3연임은 받아들일 수 있었다.

하지만 종신집권은 다르다. 중국 정치인과 인민들은 절대 권력을 쥐고 장기집권을 한 마오쩌둥 탓에 문화대혁명으로 피바람이 일었고 덩샤오핑이 이러한 비참한 사태의 재발을 막기 위해 '10년 집권' 전통을 만들었다는 것을 잘 안다. 종신집권이란 말은 인민들에게 곧 이런 비극이 재발할 수 있다는 두려움을 느끼게 한다.

시진핑의 종신집권 야욕이 수면 위로 표출되는 순간, 중국 엘리트 정치 시스템에 균열이 심해지고, 자리 분배 싸움을 넘어 '공청단파' '태자당' '상하이방' 간의 권력 쟁투가 재개된다. 시진핑 이전 주석이었던 후진타오가 차차기 후계자로 지목했던 후춘화(현재 국가 부총리)를 따르는 세력의 반발이 극대화된다. 쿠데타 혹은 비정상적인 권력 찬탈 행위를 도모할 가능성도 다시 커진다. 시진핑이 공직자 연령제와 임기제를 명시한 '헌법 제79조'를 무력화하는 데는 성공했지만, 헌법보다 영향력이 더 큰 중국공산당 당규정을 넘어서야 한다. 중국공산당 당 규정 제38조에는 "당 간부의 직무는 종신적이지 않다"라고 명시되어 있다.

시진핑과 지지세력 입장에서 이런 저항과 관문을 뚫고 종신집권의 길을 열려면 확실한 명분이 필요하다. 그 명분은 단 하나다. 중국 정치계와 인민에게 모두 인정받는 최고의 지도자 반열에 올라야 한다. 수백 명의 게릴라 부대 지도자로 시작해서 국공 내전을 승리고 이끌고 중국공산당을 건설한 중화인민공화국 창건자이자 1대 주석인 마오쩌둥, 중화인민공화국의 3대 주석이며 1인 독재를 막기 위한 민주집중제의 길을 열고 중국 경제의 개혁개방정책을 이끌어 G2로 가는 발판을 만들었던 덩샤오핑을 넘어서는 업적이 필요하다. 그것도 세 번째 임기 동안, 즉 앞으로 5년 이내에 말이다.

그렇다면 그 업적은 무엇일까? 앞으로 5년 이내에 미국을 뛰어넘는 것은 불가능하다. 경제성장률도 획기적으로 끌어올리기 어렵다. 어떻게 마오쩌둥과 덩샤오핑을 단번에 넘어설 수 있을까? 방법은 단 하나뿐이다. 대만 통일이다. 시진핑이 대만을 통일하면, 최근 중국의 젊은 세대를 중심으로 민족주의 정서가 불타오르는 분위기를 등에 업고 종신집권의 길을 열 수 있다.

필자는 시진핑의 종신집권 야망과 치밀한 계획이 주석 자리에 오르기 전부터 시작되었을 것이라고 추정한다. 시진핑은 혁명 원로이며 부총리까지 역임한 시중쉰의 아들이다. 1975년 공산당 추천서 덕에 특례 제도로 명문 칭화대학에 입학했다. 이런 배경을 고려하면, 어려서부터 큰 꿈을 품었을 가능성이 높다. 그리고 차근차근 꿈을 향해 나아갔으며, 2007년 제17차 당대회에서 후진타오 정권의 후계자로 지목된 뒤 중국 최고 지도자인 주석 자리까지 올랐다.

치밀한 시진핑은 집권 1기에 정적 제거와 헌법 수정의 명분 마련, 집권 2기에 연임제 무력화를 통한 장기집권 발판 마련, 집권 3기에 종신집권을 위한 명분 획득이라는 계획을 수립했을 것이다. 시진핑은 집권 2기나 3기에 미국을 추월하여 G1에 올라서면 종신집권의 명분이 될 것이라고 생각했을 수 있다. 하지만 이 계획은 트럼프와의 무역전쟁, 코로나19 팬데믹이라는 암초를 만나면서 실패로 끝났다. 3연임 기간에도 불가능해졌다. 그래서 대만 통일을 앞당겨야만 했을 것이다. 그리고 러시아의 우크라이나 침공에 서구 세력이 보인 태도와 분열 조짐에서 일말의 가능성을 발견했을 것이다. 한번 해볼 만한 승부라고 여겼을 만하다. 만약 성공하면 시진핑은 마오쩌둥과 덩샤오핑을 뛰어넘는 중국 역대 최고의 지도자의 반열에 오른다.

시진핑이 집권 3기에 대만 통일을 감행하려는 둘째 이유는 중국 정치세력의 미국에 대한 좌절감 때문이다. 2022년 8월 2일에 미국의 하원의장 낸시 펠로시가 대만을 전격적으로 방문했다. 대만 차이잉원 총통은 그녀에게 대만 최고 훈장을 수여했다. 펠로시 의장도 동맹과 경제안보 차원에서 대만을 확고히 지지할 것이라고 화답했다.

중국과 낸시 펠로시 의장의 악연은 오래되었다. 1991년 하원의원 시절에 베이징을 방문한 펠로시는 천안문에서 "중국 민주화운동 희생자를 추모합니다"라는 팻말을 들고 중국 정부에 정면으로 반감을 드러내 중국을 깜짝 놀라게 했다. 1997년에 중국 장쩌민 주석이 워싱턴을 방문했을 때는 "장쩌민은 폭군이다"라고 꼬집으면서 항의 시위를 벌이기도 했다. 2008년에 펠로시 의장은 티베트 임시정부를 찾아가 달라이 라마와 공식회담을 하고 중국의 인권 문제를 강하게 비판했다. 펠로시 의장은 미국이 2008년 베이징 올림픽을 거부해야 한다고 주장하기도 했다. 2011년에는 중국 정부가 감금한 정치범 류샤오보의 석방도 주장했다. 중국 정부를 가장 날카롭게 비판하는 펠로시 의장이 대만을 전격적으로 방문하

여 민주당을 대표해서 확고한 지지를 약속한 것이다.[8]

2022년 8월 14일에 미국 상원 외교위원회는 '하나의 중국'을 인정하던 정책을 사실상 폐기하는 법안인 '대만정책법안Taiwan Policy Act of 2022'을 통과시켰다. 당시 미국 상원은 민주당이 1표 차이로 다수당을 차지하고 있었다. 이 법안에는 대만을 NATO의 주요 동맹국으로 지정하고, 앞으로 4년 동안 45억 달러 규모의 군사 원조를 직접 지원하며, 대만에 미국이 주도하는 다양한 국제기구와 다자무역협정에 참여할 수 있는 기회를 많이 주는 조항이 포함되어 있다. 사실상 대만을 독립국가로 인정하는 내용이다.

2022년 8월 18일 CBS 심층 인터뷰 프로그램 〈60분60 Minutes〉에 출연한 바이든 미국 대통령은 중국이 대만에 '전례 없는 공격an unprecedented attack'을 할 경우 대만 방위를 위해 미국이 직접 군사 개입을 할 수 있음을 분명히 밝혔다. 사회자가 재차 미국이 우크라이나 전쟁처럼 무기 등을 간접적으로 지원하는 것과 달리 "미군, 미국의 병력이 대만을 방어하는 것이냐"라는 질문에 확실하게 "예Yes"라고 대답했다.

2022년 5월에 열린 미·일 정상회담 공동 기자회견에서 바이든 대통령은 대만 방어를 위해 미국의 군사 개입을 시사하는 발언을 해서 파문을 일으켰다. 당시에는 바이든과 백악관이 동시에 기존 정책에는 '전혀' 변화가 없다는 말로 파장이 커지는 것을 막았다. 하지만 2022년 8월에는 달랐다. 대만 문제에 대해서 미국 측이 1979년 미·중 수교 이래 고수했던 기존의 '전략적 모호성 정책'을 버렸다는 것을 공식적으로 천명했다.[9]

2022년 8월에 벌어진 2개의 사건(상원의 법안 통과, 바이든 인터뷰)은 중요한 시사점을 제공한다. 최소한 바이든 대통령과 민주당은 중국이 대만을 향해 고수하는 '일국양제—國兩制'를 부정하는 쪽으로 기울었다는 말이다. '일국양제'는 '하나의 국가, 2개의 제도'라는 뜻으로, 중화인민공화국이라는 하나의 국가 안에 사회주의와 자본주의라는 서로 다른 두 체제가 공존하는 것, 중화인민공화국 정부만 중국 전체를 대표하는 유일한 합법 정부이고 대만은 자치권을 갖는 지방정부라는 것, 중국의 대륙과 홍콩·마카오·대만은 결코 분리될 수 없는 하나의 국가라는 것을 내포하는, 중국 통치와 대만 통일이라는 대원칙이다.[10]

1979년 미·중 수교 이후, 미국도 형식적으로는 중국이 주장하는 이 대원칙을 인정했다. 하지만 2022년 8월부터 바이든과 민주당은 공식적으로 이 대원칙을 부정하는 발언을 하며 그러한 방향으로 움직이기 시작했다. 미국이 이런 움직임을 보이자, 미국 동맹인 캐나다, 일본, 독일, 영국의 정치인들도 대만을 더 자주 방문하고 대만에 우호적인 발언을 서슴지 않고 있다. 당연히 중국은 '전쟁불사론'까지 거론하면서 극렬하게 반발했다. 그리고 시진핑을 비롯한 중국 내 정치세력과 중국 인민 모두가 미국에 대해 좌절감을 갖기 시작했다.

2021년 10월에 〈월스트리트저널〉은 미국이 대만 군대를 훈련시키기 위해 특수부대와 해병대를 파견한 것으로 보인다고 보도했다. 대중 일간지에 나올 정도라면, 중국 정부도 이미 정보를 파악했을 것이다.

이런 상황에서 미국이 대만과 밀월관계를 깊게 만들어 가고, 전략적 모호성마저 포기하려는 태도를 보이는 것은 중국 입장에서는 중대한 문제다. 중국은 좌절감을 넘어 극심한 배신감을 느꼈을 것이다. 미국이 전략적 모호성을 버리고 유사시에 대만을 군사적으로 적극 방어하겠다는 전략적 명확성을 공식적으로 천명하면, 중국도 가만히 있을 수 없다. 중국 입장에서는 무력 통일 없이는 대만 통일과 대만 독립 사이에서 현상 유지가 어렵기 때문이다. 미국이 암묵적 약속을 깨고 거래를 끊으며 1979년(미·중 수교, 대만 단교) 이전으로 돌아가려고 하면, 중국도 그 이전으로 되돌아가는 것은 당연하다.

2022년 9월 15일에 G7도 중국의 심기를 건드리는 계획을 발표했다. 미국·영국·독일을 주축으로 한 G7 국가들은 앞으로 대중 무역 정책에 사회적·인도주의적 기준을 더 강경하고 조직적으로 반영하겠다고 선언한 것이다. 그러면서 "중국에 대한 순진한 대응은 끝났다"라는 말도 덧붙였다. 중국이 강력한 경제력을 사용해서 다른 국가들을 깔아뭉개는 행위를 미국과 유럽이 좌시하지 않겠다는 뜻이다.[11]

미국과 유럽의 이런 태도 변화는 새로 구축하는 글로벌 공급망에서 중국을 배제하고 대만을 편입하는 것과 연결된다. 결국 시진핑 주석의 3연임 기간에 가장 큰 외교적 이슈는 대만 문제가 될 수밖에 없다. 미국이 시진핑 주석의 3연임 기간인 5년 동안 (중국을 배제한) 미국 중심의 공급망을 완성하면, 대만도 완전히 미국에 넘어간다.

대만이 미국으로 완전히 넘어가면, 이 여파는 중국의 화약고이자 중국 최대의 에너지 창고인 신장웨이우얼자치구(940만 명)에는 물론이고 독립운동이 계속 일어나는 티베트자치구(540만 명), 중국 내 대표적인 비한족 계열 자치구인 네이멍구자치구(580만 명), 닝샤후이족자치구(1천만 명), 옌볜조선족자치주(190만 명), 광시좡족자치구(1,610만 명)까지 걷잡을 수 없이 번질 수 있다.

이들 지역은 중국 전체 영토의 65%를 차지한다. 신장웨이우얼자치구에만 중국 3대 유전을 비롯해 석탄 등 중국 전체 육지 에너지의 34%가량이 매장되어 있다. 중국으로 오는 송유관 대부분이 집결하는 곳이다.[12] 미래산업 전쟁에서 승리하는 데 필수적인 희귀자원도 다량 매장되어 있다. 대만이 미국 및 서구 세력의 힘을 등에 업고 독립에 성공하고, 신장웨이우얼자치구 문제로 중국에 불똥이 튀면, 중국은 3~4개로 쪼개지는 최악의 상황에 직면하게 된다. 이런 조짐만 보여도, 시진핑은 장기집권은 고사하고 모든 책임을 지고 물러나야 한다.

시진핑이 집권 3기(5년) 내에 대만 통일을 감행하려는 셋째 이유는, 자산시장 대학살기의 경제 대충격으로 심하게 흔들리는 민심을 전환하는 것이 필요하기 때문이다.

코로나19 발생 이후로 중국 경제는 빠르게 식고 있다. 종신집권을 도모하는 시진핑에게 큰 부담이다. 2022년 중국 경제는 성장률 목표치인 약 5.5%를 달성하지 못할 가능성이 크다. 2015년 이후 처음 있는 일이다. 2022년 현재 세계적 경제 석학들이 중국 부동산 시장의 붕괴와 실물경기 장기침체를 우려하는 목소리를 많이 내고 있다. 특히 중국의 부동산 시장은 돌려막기조차 버거운 상태다.

2022년 9월 18일에 중국 경제 매체인 〈차이신〉은 2022년 8월 말 현재 CP 미상환 상태에 빠진 지방정부융자기구LGFV가 43곳이라고 보도했다. 전월(7월) 대비 1.5배 증가했다. 6개월 전인 2월 말을 기준으로 하면 3배 넘게 늘었다. 속도가 매우 빠르다. 지방정부가 경제 성과를 유지하려고 중앙정부의 부채 관리 강화 방안을 무시한 채 부동산 시장 활성화에 돈을 쏟아부은 결과다.

LGFV는 중국 지방정부의 인프라 투자용 특수목적법인이다. 전문가들 사이에서는 LGFV의 채무를 중국 지방정부의 대표적인 '숨겨진 빚'으로 본다. 중국 지방정부는 LGFV를 통해 지방정부의 부동산과 같은 자산을 담보로 돈을 빌려 인프라 사업에 투자한다.

이런 꼼수 때문에 LGFV의 채무는 지방정부의 부채계정에 포함되지 않는다. 심지어 LGFV가 어떤 조건으로 얼마의 돈을 빌리는지 공식 통계도 없다. 2019년 말경의 부채 규모를 중국은행이 추정한 자료만 있다. 그 추정치도 49조 3천억 위안(약 9,700조 원) 정도로 2019년 GDP의 50%에 달한다. LGFV는 공공 인프라 사업에 자금을 투자하기 때문에 수익성이 당연히 낮다. 만기가 도래하면, 상환하기보다는 재대출하는 것으로 버틴다. 따라서 해결되지 않는 부채다.

이 부채에서 문제가 터지면 걷잡을 수 없어지고, 부실자산을 상각할 수밖에 없는 부채라는 의미다. 현재 중국 지방정부는 LGFV가 담보로 잡고 있는 지방토지사용권을 아예 사들이는 '돌

려막기'로 버티는 중이다.[13]

지방정부들의 부채 비율이 GDP 대비 30% 수준으로 낮지만, 세계 경제가 대침체에 들어가는 상황이라면 말이 달라진다. 미국을 비롯한 글로벌 기업들의 공급망 재편, 코로나19 봉쇄, 중국 내 인건비 상승 등 다양한 이유로 중국을 탈출하는 속도가 빨라지고 있다.

필자가 분석하기에도 중국은 이미 '중진국의 함정'에 빠졌다. 중진국 함정middle income trap이란 중진국에 접어든 국가가 어느 순간에 성장이 장기간 정체하는 현상이다.

원인은 크게 2가지다. 하나는, 압축성장을 주도하는 경제 관료들의 사고가 어느 순간부터 경직된 것이다. 다른 하나는, '고비용·저효율' 단계에 진입할 때 경제 운영 체계를 개선하는 데 실패한 것이다.[14] 중진국의 함정에서 빠져나오지 못하면 성장이 멈추거나 저소득 국가로 퇴보할 수도 있다.

필자의 예측으로는 앞으로 5~10년이 중국 경제가 중진국함정에서 빠져나올 수 있을지 없을지를 결정하는 가장 중요한 시간이다. 탈출에 성공하지 못하면, 모든 책임이 시진핑에게 돌아간다. 필자가 보기에 시진핑이 3연임을 시작했지만 중국의 경제 상황은 녹록지 않다.

2022년 9월 말에 세계은행은 2022년 중국 경제성장률을 2.8%로 추정했다. 같은 해, 한국과 일본을 제외한 아시아태평양 22개국의 성장률 전망치는 5.3%다. 32년 만에 중국을 추월한 것이다.[15] 중국 국가통계국의 분석에 따르면, 2021년 9월에 부동산 기업 헝다의 채무불이행(디폴트) 위기가 시작된 이후로 12개월째 하락세를 면치 못하고 있다. 2022년 중국 70대 주요 도시의 집값은 하락세다. 최근 4개월 연속으로 마이너스를 기록했다.[16]

이렇게 시작된 시진핑 3기에는 글로벌 자산시장 대학살, 그에 따른 실물경기 침체와 같은 고난을 앞으로 5년 동안 헤쳐 나가야 한다. 앞으로 5년간 충격이 크면 클수록 시진핑은 급해진다. 중국 내 강경론자 사이에서도 지금 아니면 대만을 통일할 기회가 없을지 모른다는 불안과 초조가 가득하다.

이미 인구가 감소세로 돌아서고 장기적 성장동력이 꺾인 시점에서, 자산시장 대학살을 거치며 중국 내 부동산, 주식, 채권 시장이 무너지고, 외국 기업 탈출이 빨라져 일자리 문제와 고물가·고금리 현상으로 실질소득 감소가 오랫동안 지속되면, 과연 무슨 일이 벌어질까?

중국의 쇠락을 걱정하는 목소리가 커진다. 최악의 경우에는 성난 민심이 시진핑 정권이라는 배를 침몰시킬 수도 있다.

2026~2027년
중국이 대만을 침공한다

미국이 기술과 산업 영역에서 대중국 압박 수준을 높이고, 대만을 독립국으로 인정하는 발언과 행보를 늘리며, 대만에 중국보다 우월한 성능을 자랑하는 F-35 스텔스 전투기와 고고도미사일방어체계(사드THAAD) 등 첨단 무기를 제공하면, 중국 여론이 반미 타도로 전환되는 속도가 빨라지고 규모도 커진다. 대만을 무력으로라도 침공해서 통일하자는 여론도 확산된다.

2022년 8월에 경영정보업체 모닝컨설트가 6월 30일부터 일주일간 중국인 1천 명을 대상으로 실시했던 설문조사가 발표되었다. 중국인의 67%는 "세상이 중국을 더 존중해야 한다"라고 대답했고, 응답자의 58%는 중국이 외국의 괴롭힘에 대응해야 한다는 데 동의했으며, 응답자의 54%는 미국이 중국의 부상을 막으려고 자신들을 정기적으로 괴롭힌다고 대답했다. 이런 답변이 미국 민주당 하원의장 낸시 펠로시가 대만을 방문하여 대만 독립을 지지하는 발언을 하기 불과 몇 주 전에 나왔다는 점이 눈에 띈다.[17]

이런 분위기가 시진핑의 장기집권 욕망, 5년 내 다급해질 상황과 맞물리면, 중국의 대만 무력 침공은 일어날 수 있다. 2022년 9월에 미국 전략국제문제연구소CSIS가 실시한 설문조사에서도 대

만과 중국 전문가의 63%가 "중국이 10년 이내에 대만을 침공할 가능성이 있다"라고 응답했다.[18]

하지만 모든 것은 최적의 타이밍이 있다. 필자의 분석과 예측으로는 시진핑 정부의 대만 통일작전이 성공할 수 있는 최적의 타이밍은 2023년이 아니다. 그렇다고 10년 후도 아니다. 시진핑이 아무런 명분 없이 4연임을 하여 10년 넘게 중국을 통치할 수 없기 때문이다. 10년 후가 되면, 대만은 미국이 주도하는 새로운 글로벌 공급망 체제에 완전히 편입된다. 그때는 중국이 손쓸 수 없는 상황이 된다. 결국 시진핑 입장에서 대만 통일의 최적기는 앞으로 5년 이내다. 시진핑도 3연임을 달성했기에 더욱 과감해질 수 있다. 중국 내 여론도 대만 통일 시점을 앞당기자는 쪽으로 흐르고 있다.

하지만 시진핑은 집권 3기 초에는 속도 조절을 할 가능성이 높다. 현재 바이든과 민주당은 높은 인플레이션 때문에 위기에 봉착해 있다. 2024년에 다수당이 바뀔 수도 있고, 트럼프가 재선에 성공할 수도 있다. 중국의 입장에서는 대만을 통일하려면 적어도 한 차례는 미국과 군사적 충돌이 불가피하다. 그렇다면 더 대담하게 중국과 부딪칠 수 있는 바이든과 민주당을 피하는 것이 유리하다. 그들은 중국과 전면전도 불사할 수 있다.

중국의 입장에서는 트럼프가 재선에 성공한다면, 그는 실리적으로 행동하기 때문에 대만을 중국에 넘겨주고 다른 대가를 요구하는 협상을 할 여지가 생긴다. 트럼프가 재선되면 양측이 극렬한 무역보복 전쟁을 재개할 공산이 크다. 그러면 중국 내에서 반미 타도 여론이 고조되어 시진핑에게 유리해진다. 미국 공화당이

다수당이 되면, 미국 의회에서도 강경론이 후퇴할 수 있다. 의회 분위기가 온건론으로 넘어가면, 대만해협에서 미·중 간에 무력 전쟁이 벌어져도 힘을 모으기 쉽지 않을 것이다.

반전 분위기도 빨리 퍼질 수 있다. 그래서 시진핑에게 대만 통일의 적기는 바이든 행정부 이후다. 2024년에 미국 정권이 바뀐다면, 초기 1년은 다시 탐색전을 해야 한다. 결국 중국과 미국이 대만을 놓고 전쟁을 벌인다면, 시진핑 집권 3기 중 4~5년 차(2026~2027년)가 최적기다. 우연의 일치일지 모르지만, 2027년은 중국 인민해방군 건군 100주년이 되는 해다.

중국의
3가지 전략

2022년 8월 4~7일에 중국 인민해방군은 대만을 완전히 둘러싸고 총 6개 지역에서 육해공군 종합 군사훈련을 실시했다. 말이 종합 군사훈련이지 사실상 대만 침공 훈련이었다. 스텔스 전투기 투입, 장거리 실탄 화력 훈련, 해병대 상륙작전, 전상자 긴급 후송 훈련도 실시했고, 대만 서쪽 방향에서는 장거리 실탄사격, 북쪽과 남쪽 방향에서는 해상 공중훈련, 동쪽 방향에서는 대만 본토를 동서로 가로질러 일본이 정한 배타적 경제수역에 떨어뜨리는 미사일 시험발사를 했다.

특히 11발의 핵폭탄이 탑재 가능한 DF 탄도미사일을 대만 사방으로 발사했다. DF 탄도미사일의 최대 사거리는 800km로 일본과 한국에 주둔한 미군기지를 공격할 수 있다. 중국은 이 작전으로 대만에 직접 상륙하여 섬 전체를 탈환할 수도 있고, 대만의 바다와 하늘을 막아 전략물자와 수출입을 전면적으로 봉쇄하는 '고사' 작전으로 대만 경제를 붕괴시킬 수 있음을 보여주었다.

중국이 대만을 무력으로 침공한다면 어떤 전략과 전술을 사용할지를 자세한 시나리오로 알아보자. 공통적인 시나리오는 중국 인민해방군의 육해공군 및 특수부대 전군이 동원되고, 대만의 군사 위성과 통신 네트워크에 사이버 공격을 실시하여 대만 정부와 군대의 지휘통제 기능을 약화시키고, 대만에 미리 침투한 간첩들이 내부 혼란을 동시에 유도하는 통합작전이다. 전쟁 시작 시점에는 중국이 유리할 것이라는 점도 공통적 의견이다. 대만과 미국은 중국 군대가 구체적인 움직임을 보여야 대응을 할 수 있기 때문이다.

중국이 사용할 수 있는 구체적 전략은 크게 3가지다. 첫째는 중국 인민해방군이 종합훈련을 가장하여 전열을 갖춘 뒤, 갑자기 대만을 둘러싸고 해상에 전면 봉쇄를 시도하면서 동시에 진먼섬을 기습적으로 포격하고 대만과 미국의 군사위성, 대만 본토의 통신 및 민간 시설(공항, 항만, 송전소 등)에 사이버 공격을 실시하여 대만과 미국의 반응을 체크하는 것이다.

둘째는 진먼섬을 비롯한 대만 영토에 포격 한 차례 하지 않고, 대만의 사방을 완전히 봉쇄하여 스스로 항복하도록 하는 전략이다. 미국보다 대만에 가깝다는 지리적 이점이 있어 중국은 핵추진 잠수함은 물론이고 중소형 미사일 함정과 디젤 잠수함까지 대규모로 운용할 수 있다.

중국은 공중전을 위해 동부전구와 남부전구(중국 인민해방군의 5대 전구 중 동부와 남부에 위치한 전구戰區) 소속의 항공력과 해군 항공까지 모두 1,166여 대의 전투 임무기가 투입될 것으로 예상된다. 이들 모두 공중 급유기 지원 없이 대만 인근에서 작전을 수행할 수 있다. 그 외에도 본토 미사일 전력, 항공모함, 수상함 전력을 총동원해 미군의 대만 접근을 차단할 것이다. 이 전략은 장기전에 적합하고, 미국과 정면충돌을 최대한 피할 수 있어 중국의 피해도 최소화할 수 있다. 하지만 이 전략은 시간이 길어지면 미국과 동맹국의 군사 개입 수준이 높아지는 단점이 있다.

셋째는 중국은 아시아태평양 지역에서 미국의 해양 공격력을 방어하기 위해 'A2/AD'라는 '반접근/지역 거부Anti-Access/Area Denial' 전략을 구사하고 있다는 것이다. 이 전략은 미국의 군사력이 제2도련선 내에 접근하는 것을 차단하고, 제1도련선 내 자유로운 활동을 하는 것을 막는 작전이다.

1980년 중국 인민해방군 해군사령원 류화칭은 중국 근해 적극 방위전략으로 '도련선島鏈線/island chain'이란 개념을 창시한다. 도련선은 태평양의 섬(島)을 사슬(鏈)처럼 이은 가상의 선線이다. 중국은 가상의 선 3개를 긋고, 이를 기준으로 작게는 방위 라인, 크게는 해양 영향력 팽창의 목표 지점(군사작전)을 설정했다.

제1도련선은 중국 근해로, 러시아 동부 사할린주에 속한 쿠릴 열도에서 시작해서 한국의 동해, 일본 오키나와, 필리핀과 대만 사이에 있는 바시해협과 남중국해를 지나 베트남까지 이어진다. 중국 입장에서 이 선은 주변국들과의 사이에서 완충지대를 확보하는 것을 목적으로 한다. 대만, 한국, 일본, 필리핀, 베트남 등 주변국의 입장에서는 중국과 1차로 충돌이 일어날 수 있는 지역이다.

제2도련선은 일본 도쿄부터 필리핀 동쪽 바다를 크게 돌아 호주 북쪽에 있는 파푸아뉴기니까지 이어진다. 중국의 입장에서 이 선은 서태평양 연안 지대에 대한 장악을 목적으로 하는 것이다. 미국, 일본, 호주 등의 입장에서는 이 선이 태평양 한복판까지 중국 해군력이 팽창하는 것을 저지해야 하는 경계선이 된다. 중국은 2040년까지 제2도련선을 완전히 장악하여 미국의 태평양 독점지배를 끝낸다는 계획을 세웠다.

제3도련선은 미국 알래스카 앞과 러시아 캄차카반도 앞에 위치한 알류샨열도에서 시작하여 하와이, 뉴질랜드 일대까지 잇는 가상의 선이다. 서태평양 전역에 대한 장악을 목적으로 한다. 다만 중국은 미국을 극도로 자극할 수 있는 제3도련선을 공식적으로는 인정하지 않았다.[19]

중국이 대만에 해상봉쇄를 시도할 경우, 제1도련선이 핵심 기준선이 될 것이다. 그중에서 요충지는 2곳이다. 우선은 대만 남서쪽과 필리핀 북쪽 바탄 제도(바타네스주) 사이에 있는 바닷길인 바시해협이다. 중국은 이곳을 철저히 봉쇄하여 태평양과 남중국해를 지나는 국제 화물선을 저지할 것이다. 중국이 이곳을 봉쇄하면 주변국은 물론이고 서구 경제에 위협이 될 수 있다.

그다음은 일본 오키나와와 대만 북동쪽 사이의 바닷길이다. 이곳은 한국과 일본에 주둔한 미군 전력이 봉쇄하는 지역이다. 중국은 전략적 요충지인 이 2곳에 해군의 핵심전력인 항공모함, 중국판 이지스함, 길이 137m짜리 094형 핵추진 탄도탄 잠수함Type-094 JIN Class SSBN, 항모 킬러 DF-21D·DF-26 대함 탄도미사일, DF-17 극초음속 미사일 등의 군사자원을 집중적으로 배치할 것이다. 특히 일본 오키나와와 대만 북동쪽 사이의 바닷길에는 주한·주일 미군을 저지하기 위해 최근 건조를 끝낸, 세계 최대인 미국 니미츠급 항모에 육박하는 웅장함을 자랑하는 3번 항모를 배치할 것이다. 대만 주변 바다에 기뢰를 부설하고, DF-17 극초음속 미사일 등을 배타적 경제수역과 공해상에 발사하여 대만해협 접근을 막고, 대만 주변 제해·제공권 확보를 시도할 것이다.

중국 인민해방군의
대만 본토 점령 시나리오

중국의 마지막 전략은 '빠른 시간에 본토를 무력으로 장악하는 것'이다. 만약 중국군이 대만 본토를 직접 점령하려 한다면, 2가지 작전을 먼저 펼쳐야 한다.

첫째는 일본에서 대만을 거쳐 필리핀까지 이어지는 통신을 차단하는 '소프트 앤 하드 킬링 전자기파 공격'이다. 중국 인민해방군의 사이버작전부는 해킹으로 대만의 방공, 해상 지휘 및 역습 시스템 능력을 마비시킨다.[20]

둘째는 대만 본토의 군사, 행정, 사회의 핵심 시설을 타격하는 것이다. 시기는 대만해협 수역이 평온하여 수륙양용 작전이 용이한 10월경이다.

중국 본토의 미사일 기지, 항공모함에서는 대만군의 지휘통제시설과 군사기지, 항구에 정박 중인 군함에 YJ-91 등 정밀도가 높은 순항 미사일을 발사할 것이다. 마하 10의 속도로 날아가는 초음속 탄도미사일 DF-17은 대만군의 패트리엇 방공미사일 시스템을 무력화할 것이다. 방공시설, 통신시설, 전기 및 수도 시설을 향해서는 파괴력이 큰 탄도미사일을 쏘고 공중 폭격을 가할 것이다. 대만해협에 떠 있는 중국 군함들은 함포를 쏘면서 지상군 상륙에 방해되는 장애물을 제거한다. 대만 군사시설과 병력 대부분이 집중된 대만 서쪽과 북쪽에 주로 폭격을 가한다. 중국군 스텔스 무인기 'GJ-11'은 타격 성공 여부를 관찰·평가한다. 중국 인민해방군은 미국과 일본 해군의 진입 속도를 늦추기 위해 대만 상공을 가로질러 일본이 지정한 배타적 경제수역에 DF-16, DF-15, DF-10 등의 핵탄두를 장착할 수 있는 탄도미사일 수십 개를 발사하여 위협을 가한다.[21]

폭격이 집중되는 동안 중국 인민해방군 특수부대는 진먼섬과 기타 작은 섬들을 장악한다. 대만 본토에서 멀리 떨어진 남중국해에 있는 대만령 프라타스 군도와 타이핑의 섬들도 장악한다. 본토 상륙작전을 펼치기 전에 뒷문을 단속하려는 것이다. 그다음으로는 수송기와 강습 양륙함으로 대만 본토 서해안, 북쪽과 남쪽으로 동시에 상륙하여 총통부와 국방부, 쑹산공항, 군사기지를 장악하고, 총통 등 대만 요인의 납치와 암살을 시도하고, TSMC 등 산업 핵심시설 장악에 주력할 것이다. 대만 본토 상륙작전에는 기동헬기 30대, 상륙장갑차 20대, 공기부양상륙정 4척, 해병대 1천 명을 수송할 수 있는 4만 톤급 075형 대형(경항모급) 군함 3척이 동원된다.[22] 중국군이 TSMC 등 대만 산업 핵심시설을 장악하면 미국과 대만군이 격렬히 반격하기 어려워지기 때문이다. TSMC 등이 파괴되면 대만의 경제는 붕괴되고 미국과 전 세계 산업이 일시에 마비될 수 있다.

전문가들은 중국이 이 작전을 선택한다면 미국과 동맹국의 본격적인 군사 개입 이전에 끝내야 하므로 최대 3~4주 안에 성공해야 한다고 말한다. 하지만 이 부분에는 중국이 계산하기 어려운 불확실성이 하나 있다. 대만의 군사력은 세계 22위로 중국과 비교가 되지 않는다. 대만은 모병제로 전환하면서 군 의무 복무 기간을 2년에서 4개월로 축소하여 사병 전투력이 약화되었다. 육군 병력도 27만 5천 명에서 16만 5천 명으로 감소했다. 예비군이 250만 명에 이르지만, 그들의 전투력은 현역군만큼 강하지 않을 수 있다. 대만의 자체 시뮬레이션 결과, 대만의 공군 통제 센터는 중국이 무력을 사용하는 순간 1분 만에 무력화된다.[23]

　하지만 러시아와 우크라이나 전쟁에서 보듯, 대만 국민이 결사 항전의 태도를 보이면 예상외로 전쟁이 길어질 수 있다. 전쟁이 길어지면 중국에 불리하다. 참고로 2021년 10월 집권당인 민진당계 '대만민주기금회'와 친중 성향인 국민당계 '양안발전연구기금회'가 각각 실시한 여론조사에서 동일하게 응답자 80% 정도가 중국이 대만을 무력으로 침공할 경우 '끝까지 맞서 싸울 것'이라고 대답했다. 2018년과 2019년에 두 차례 실시했던 비슷한 조사에서 '싸우겠다'는 응답이 각각 23.6%, 32.7%였던 것과 비교하면 완전히 달라진 것이다. 시진핑 정권이 홍콩 민주화 시위를 강하게 제압하고, 대만을 무력으로 통일하는 것도 불사하겠다는 태도를 보이자, 여론이 급격하게 돌아섰다는 의미다.[24]

미국의
중국 봉쇄망 뚫기 작전

중국의 대만 침공전략은 이미 완성되어 있다. 대만 정부와 국민의 결사항전도 이미 정해진 미래다. 중국이 대만을 침공하면, 미국은 즉각 군사 개입을 할 가능성이 높다. 중국의 대만 무력 침공은 향후 미국과 중국의 패권전쟁의 승부를 판가름하는 중요한 사건이 될 것이다. 전 세계 금융 흐름을 장악하려면, 제1기축통화를 확보해야 한다. 전 세계 산업을 장악하려면, 무역을 장악해야 한다. 전 세계 무역 흐름을 장악하려면, 바다를 장악해야 한다. 전 세계 물자의 3분의 2는 바다를 통하기 때문이다. 이 교역로를 지키는 것이 미국 해군 함대의 일이다. 대만해협도 그중 하나다.

미국은 인도, 일본, 호주와 함께 쿼드(4개국 협의체)를 구성해 중국을 견제하고 있지만, 지정학적으로 인도태평양 전략의 핵심 요충지는 대만이다. 대만해협은 남중국해와 연결되고 남중국해는 인도양과 연결되기 때문에 대만은 쿼드 4개국의 안보에도 매우 중요한 지역이다.

미·중 패권전쟁이라는 면에서 보면, 대만이 중국에 넘어가면 제1열도선 저지의 핵심 고리가 끊어지면서 중국이 태평양으로 나가는 길이 열리며 중국에 유리해진다. 미국의 바다 지휘권이 흔들리고, 중국은 미국이 쥔 패권의 숨통을 조일 수 있다. 중국이 대만을 합병해서 제1열도선을 완전히 장악하면 제2열도선의 장악도 쉬워지면서 해상 영토 정복의 꿈을 이룰 수 있다. 동아시아의 세력 균형추도 급속하게 중국으로 기울 수 있다.[25]

현재 미국은 최신 항공모함과 F-22, F-35 등으로 구성된 5세대 전투기 등에서 중국을 압도한다. 핵추진 잠수함 한 대에는 핵탄두를 탑재할 수 있는 잠수함발사탄도미사일 SLBM 20발 정도가 실려 있다. 중국도 5세대 전투기 J-20과 4.5세대 전투기 J-11, Su-30MKK 등을 보유하고 있다. 하지만 중국 공군의 주력은 J-7, J-8과 같은 3세대 전투기다. 미 해군이 보유한 잠수함 50척은 모두 핵추진 방식이다. 중국은 62척 중 7척만 핵추진 방식이다. 미국은 작전 반경과 전투 경험에서도 우세를 유지하고 있다.

객관적 전력에서 미국이 중국보다 우세하지만, 중국의 전력이 과거 1950~1970년대처럼 압도적으로 밀리는 것은 아니다. 중국은 지난 30년 동안 경제성장을 발판으로 군비 증강에 속도를 높였다. 항공모함도 3척이나 보유하고, 2020년 현재 전함을 360척 보유하여 미 해군이 보유한 전함보다 60척이 많다. 중국의 미사일 전력은 미국에 근접했다. 한국과 일본의 미군기지는 물론이고 괌과 하와이까지 직접 타격할 능력을 갖췄다. DF-21D, DF-26 등 미 항모를 겨눌 수 있는 미사일, SLBM을 비롯해서 중국은 내륙 근거리에 DF-11, DF-15 등 단거리탄도미사일 SRBM을 배치하고, 중간 내륙 지역에 DF-21A/C와 같은 준중거리탄도미사일 MRBM

을 배치했다. 내륙 깊숙한 곳에는 DF-3, DF-31 등 대륙간탄도미사일ICBM을 배치했다.[26]

특히 2019년에 전력화를 시작한 DF-17은 최초로 WU-14로 알려진 극초음속 활공 비행체HGV: Hypersonic Glide Vehicle를 탑재한 중거리 탄도미사일이다. 미국도 HGV를 실험 중이지만, 중국이 전력화를 먼저 했다. DF-17은 2단으로 구성된다. 1단은 일반적인 탄도미사일 부스터와 같은 구조다. 중요한 것은 2단이다. 2단은 HGV 자체다. HGV는 마하 5~10 사이에서 극초음속으로 활공하며 레이더의 탐지를 회피하는 능력을 갖고 있다. 중국은 DF-17을 사용해서 미국 미사일방어체계의 탐지와 대응능력을 무력화하고 태평양에 떠 있는 미국 항공모함이나 미군 기지를 공격할 수 있다.

중국은 스텔스 초음속 무인기 WZ-8도 공개했다. 중국이 자랑하는 최첨단 정찰플랫폼이다. WZ-8은 H-6과 같은 폭격기에서 발사되고, 지구 상공 40km 정도의 초고고도에서 마하 4.5로 초음속 비행을 할 수 있다. WZ-8은 미국 항공모함과 같은 이동 목표물의 실시간 정보 제공이 가능하기 때문에 DF-17 미사일, 대함탄도미사일 DF-26D, 순항미사일 YJ-100 등 다양한 미사일을 목표물까지 정확하게 유도할 수 있다.[27]

중국은 이런 모든 전력을 대만에 쏟아부을 수 있지만, 미국은 전력이 전 세계에 분산되어 있고, 전투가 일어난다면 멀리서 이동해 와야 한다. 따라서 중국 근해에서 전투가 시작되면 미국이 압도적으로 중국 인민해방군을 제압할 수 있을지는 미지수다. 2017년 미국 랜드연구소의 분석 결과를 보면, 중국은 근거리 해상과 괌의 미 공군기지에서 전투하면 우위를 확보할 수 있고, 미 해군 수상 함정과 전투에서도 우위를 차지할 소지가 다분한 것으로 나타났다. 최근 대만해협에서 벌어지는 워게임 시뮬레이션에서도 미국이 압도적 우위를 점하기 어렵다는 결과가 도출되었다. 심지어 특정 시뮬레이션에서는 미국이 지는 결과도 나왔다. 이런 상황에서 중국과 대만-미국 연합 중 어느 나라가 최종 승리를 할 수 있느냐는 2가지에 달려 있다.

첫째, 중국의 대만 침공작전이 개시되는 타이밍이다. 위에서 설명한 중국의 3가지 침공전략은 대만과 미국 등도 모두 아는 내용이다. 따라서 성공의 포인트는 타이밍에 있다. 알아도 대응하는 데는 물리적 시간이 필요하다. 중국은 그 시간보다 빠르게 전략을 성공시켜야 한다. 미국이 전열을 갖추기 전에 유리한 고지를 선점해야 한다. 대만 입장에서는 미군 개입 전까지 최대한 버티는 것이 중요하다. 중국의 군사력은 모든 면에서 대만을 크게 압도하지만, (우크라이나 전쟁처럼) 서구 세력이 본격적으로 지원하면 전쟁의 양상은 달라진다.

둘째, 이런 이유로 전쟁이 발발하면 대만을 지원하는 미국과 미국의 동맹국인 영국, 일본, 호주, 캐나다, 한국 등의 움직임이 중요하다. EU가 얼마나 한마음으로 미국을 지원할지도 관건이다. 중국의 입장에서는 러시아와 북한의 지원 여부가 중요하다. 적당한 거리를 두고 양쪽을 저울질할 인도, 필리핀, 베트남 등의 움직임도 변수다.

미국의 입장에서 생각해보자. 중국이 3가지 전략 중에서 어떤 것을 선택하든 상관없이, 중국과 대만 간의 거리가 미국이 대만을 지원하기 위해 달려오는 거리보다 가깝기 때문에, 중국이 대만을 포위하는 것이 절대 선수先手다. 전쟁이 발발하면, 미국이 구사할 수 있는 전략은 매우 제한적이다. 심지어 후수後手다. 미국이 대만을 지원하려면, 중국이 에워싼 포위망을 뚫는 것이 우선이다. 뚫지 못하면, 대만을 중국 손에 내주게 된다.

미국이 중국이 쌓은 포위망을 뚫지 못한다고 가정해보자. 바다에서 중국과 미국이 대치하는 상황이 길어지면, 대만은 수출입은 물론이고 외부 물자 유입까지 막혀서 경제성장률은 하락하고, 인플레이션이 급격히 촉진된다. 공장은 멈추고 실업률은 높아진다.

중국 정부는 대만의 경제 상황을 더 악화시키기 위해 중국 내 대만사업장도 폐쇄하고 있다. 2021년에 중국 정부는 대만 위안둥그룹이 중국 내에 설립한 28개 계열사에 환경 파괴, 열악한 노동 환경, 소방법 위반 등 갖은 이유를 들어 세금 추징 조치를 내리고 유휴 임대 토지를 회수했다. 위안둥그룹은 100여 개의 계열사를 둔, 연 매출 7,200억 대만달러(약 30조 6,720억 원) 규모의 대만 기업이다. 중국 정부가 위안둥그룹 계열사에 철퇴를 가한 진짜 이유는 대만 독립을 주장하는 집권 여당 민주진보당(민진당), 대만의 대표적인 반중 정치인이자 '대만 분리주의자'로 분류된 인물인 쑤전창蘇貞昌과 그의 딸에게 정치자금을 후원했기 때문이다. 결국 위안둥그룹은 중국 계열사들의 파산을 막기 위해 백기 항복을 했다.

2021년 현재 중국 대륙에 진출해 있는 대만 기업은 12만여 개가 넘는다. 이 중 1,199개 기업은 대만 증시에 상장되어 있다. 중국에 진출한 대만 기업인은 100만여 명에 이른다. 전쟁이 발발하면, 중국은 이들 나라 모두에 강력한 제재를 가할 것이고, 그 파장은 대만 증시와 경제 전반으로 퍼질 것이다.[28]

대만 주식시장과 채권시장이 폭락하고 경제가 추락하면 곳곳에서 사재기가 성행하고 민심은 흉흉해진다. 대만 국민이 결사 항전을 다짐해도, 먹고사는 문제 앞에서는 기세를 오랫동안 유지하기 힘들다.

중국의 대만 봉쇄가 길어지면 국제여론도 미묘하게 바뀔 수 있다. 대만의 반도체 수출이 막히고 태평양과 남중국해를 지나는 국제 화물선이 통과하는 바시해협이 봉쇄되면, 무역 정체가 발생하고, 더 먼 거리를 돌아서 가야 하기 때문에 국제 물류비용이 상승한다. 제4차 산업혁명기에는 시간이 갈수록 반도체 영향력이 커진다. TSMC를 비롯해서 대만이 자랑하는 반도체업체들이 전 세계 파운드리(위탁생산) 시장에서 차지하는 점유율이 64%에 달한다. TSMC는 고성능 파운드리 칩의 90% 이상을 만든다. 중국이 대만을 완전히 봉쇄하면 반도체 대란이 일어나면서 전 세계 공급망에 연쇄적 충격이 가해진다. 대만 경제도 주저앉는다. TSMC는 대만 전체 투자의 22%에 해당한다. 대만에서 반도체 수출은 대만 전체 수출의 38%를 차지한다. 2021년 현재 대만 반도체산업 생산액은 212조 원(대만 전체 GDP는 961조 원)에 이른다.

만약 핵전쟁 우려까지 고조되면, 전 세계 경제성장률이 하락하고 물가는 다시 치솟고 주식시장은 대폭락한다. 100년 만에 대공황이 재발하는 것이 아니냐는 공포심까지 들 것이다. 대공황 재발의 공포에 떠는 국제사회도 미국과 중국을 향해 평화협상을 하라고 압박한다. 최근 여론조사에서 대만인 대다수가 독립을 지지하고 중국과 전쟁이 일어나면 싸울 것이며 '하나의 중국' 원칙에 반대한다고 대답했지만, 여전히 35~40%는 중국과 통일을 지지하거나(11.8%) 독립투쟁이 아닌 현상 유지(25.7%)를 선택했다.[29]

국제여론마저 흔들리고, 대만 내에서도 민생이 점점 피폐해지면, 친미 정부의 무능을 지적하는 목소리가 커지고, 대만 내 여론이 독립을 반대하거나 중국과 통일을 지지하는 쪽으로 기울 수 있다. 이런 민심을 등에 업고 친중 정치세력은 총선에서 압승하고 정권 획득에 성공한다. 친중 정부가 들어서면, 명분상으로는 중립을 선언하거나 미국과 중국 모두 대치 상태를 풀고 자국으로 돌아가라고 요구할 수 있다. 중국은 미사일 1발도 대만 본토에 쏘지 않고, 미국과 총알 1발 주고받지 않고 대만을 수중에 넣게 된다. 대만의 항복을 받아낸 시진핑은 홍콩처럼 일국양제로 대만을 통치하고, 자유를 인정하며, 재건에 필요한 모든 비용을 대겠다고 선언한다. 어쩌면 내친김에 대만 합병 투표를 실시하여 통일을 완료할수도 있다. 물론 (러시아가 주민투표를 거쳐 우크라이나 동부 점령지 합병 선언을 했을 때처럼) 미국과 국제사회는 "중국의 대만 합병을 '절대' 용납할 수 없다"라고 외치겠지만, 이미 모든 상황이 종료된 뒤일 뿐이다.

러시아,
미국 태평양 함대의 후방을 공격한다

중국이 대만의 항복을 받아낸 이후, 미군이 물러서지 않는다면 어떻게 될까? 중국은 이후 미군의 개입을 자국에 대한 침략으로 규정할 것이다. 만약 미국이 대만 내 친미세력과 연합하여 본토 수복을 시도하면, 중국과 북한 간 맺은 조중동맹조약(조중 우호·협조 및 호상원조에 관한 조약)에 따라 북한이 참전해서 동아시아 전체로 전선이 확대될 수 있다.[30] 이런 결말이 나기 전에 미국은 중국의 봉쇄망을 뚫어야 한다. 하지만 쉽지 않다. 미국이 중국의 봉쇄망을 뚫는 작전을 수행할 때, 러시아가 미국 태평양 함대의 후방을 공격할 수 있다.

러시아는 우크라이나 침공을 계기로 중국과 방위 관계를 더욱 긴밀히 맺었다. 2022년 9월 1~7일에 러시아는 우크라이나와 전쟁을 치르는 와중에도 러시아 극동과 동해에서 중국군과 함께 항공기 140대, 군함 60척, 공수부대를 포함한 병력 5만 명을 동원하는 '보스토크 2022 훈련'을 실시했다. 이 훈련에는 구소련 국가들, 중국, 인도, 라오스, 몽골, 니카라과, 시리아의 군대도 참여했다. 중국도 러시아와 합동 군사작전에 적극적이다. 중국은 보스토크 훈련에 연례적으로 참석했고, 2021년에는 합동 기동훈련을 위해 러시아군의 중국 영토 배치를 허락했으며, 최근 몇 년 동안 러시아 국방력 강화에 도움이 되는 민감한 군사기술도 공유하고 있다.[31] 러시아와 중국은 소련 시절에 체결했던 '군사 동맹'도 검토하는 중이다.

이런 관계를 고려하면, 미국이 중국의 봉쇄망을 뚫는 작전을 수행할 때 러시아가 미국 태평양 함대의 후방을 공격하거나 압박하는 것은 충분히 가능한 시나리오다. 러시아는 유럽의 미국 지원을 방해하거나 약화할 수도 있다. 미국 태평양 함대의 후방을 교란하는 동시에 유럽에 천연가스 공급을 중단하는 '블러드 오일' 공격을 감행하면 된다. 러시아는 NATO를 막기 위해서라면 예방적 핵공격을 언제든 할 수 있다는 엄포를 종종 놓곤 했다.[32]

러시아는 소련 시절 제2차 세계대전을 치르는 와중에 일본 홋카이도 영토 전체, 대마도, 현재 북한 지역과 우리나라의 제주도, 부산항 등을 전략적 거점 지역으로 점령하려고 검토하기도 했다. 소련은 홋카이도섬 전체를 점령지로 삼으면, 무네야해협, 쓰가루해협, 하코다테, 오타루, 무로란 등의 항구를 자유롭게 이용할 수 있을 것으로 기대했다. 스탈린은 승전국의 자격으로 한반도의 북위 38도선 북쪽은 소련이, 남쪽은 미국이 양분하여 관리하고 우리나라의 제주도, 부산항 등은 개별 점령 지역으로 삼자는 계획을 미국 측에 알리고 물밑 협상을 시도했다. 다행히 미국 해리 트루먼 대통령이 러시아의 계획 전체에 찬성하지 않아서 일본과 한국의 제주도와 부산항까지 집어삼키려는 소련의 야심은 성공하지 못했다. 현재 푸틴은 러시아 제국의 부활을 꿈꾸며 유럽과 중앙아시아에서 군사작전과 전쟁을 서슴지 않는다. 만약 대만을 두고 미국과 중국이 군사적 충돌을 벌이면, 러시아는 미국 함대의 후방을 쳐주는 조건으로 태평양 출입구가 되는 해역, 항행의 자유를 획득할 수 있는 전략적 거점 일부를 장악하려는 오래된 야심을 다시 꺼낼 수 있다.[33]

중국, 전술핵무기로
대만 남서부를 타격한다

만약 미국이 중국의 봉쇄선을 뚫고 상륙을 시도한다면 가장 유력한 지역은 대만 남서부다. 대만 북쪽과 동쪽은 TSMC 공장 5곳을 비롯해서 대만의 주요 산업시설과 대도시들이 밀집해 있다. 상륙작전의 특성상 치열한 전투가 벌어질 가능성이 높기 때문에 경제적 피해와 인적 피해가 커질 수 있다. 대만 남서부 지역은 핵심시설이 적고, 인구 밀집도가 낮다. 미국의 1차 교두보가 되는 일본 사키시마 제도(센카쿠 열도 포함)와도 불과 100km 남짓 떨어져 있어 가깝다. 미국, 영국, 일본, 캐나다, 호주 등 연합군은 그곳에 집결하여 대만 본토 탈환을 시도할 가능성이 높다.

이에 대응하는 중국의 전략은 무엇일까? 과감하게 전술핵무기를 사용해서 미국의 상륙작전 무력화를 시도할 가능성이 매우 높다. 해상 대치와는 다르게, 상륙작전을 감행하면 육해공 전군이 맞붙는 치열한 전투가 된다. 대만 본토에서도 공방을 주고받는 시가전이 장기화될 수 있다. 중국군의 출혈도 매우 커진다. 중국 입장에서 이런 상황에 빠지지 않는 방법은 전술핵무기 사용이다. 상륙작전 지점에 전술핵을 선제적으로 발사해서 상륙 자체를 포기하게 만들거나, 상륙작전이 시작되는 초기에 전술핵을 사용해서 최소의 피해로 상륙작전을 전면적으로 중단시킬 수 있다. 필자의 생각으로는 전자가 더 우세하다. 후자는 전술핵으로 인한 피해를 미군이 입을 수 있기 때문에 추후 협상의 여지가 사라진다.

필자는 유럽이 직면한 3개의 전쟁을 설명하면서 전술핵 카드를 분석했다. 전술핵 카드는 전면적인 핵전쟁을 피하는 수준에서 군사적 충돌의 최대치라고 평가했다. 그리고 전술핵 카드는 선제공격을 하는 쪽이 유리하다고 했다. 만약 미국이 대만 본토 상륙작전을 펼친다면, 미국과 중국 양쪽의 특성상 선제공격권은 중국에 있을 확률이 높다. 방어하는 미국 측이 전술핵으로 맞받아치려면 몇 배는 더 고민해야 한다. 잘못 맞받아치다가는 전면적 핵전쟁으로 급속하게 전환될 수 있기 때문이다. 그리고 미국의 상륙작전은 중국에 자국 영토에 대한 무력 침공이라는 명분을 준다. 대만이 중국의 영토임을 국제사회가 인정하지 않아도 중국을 지지하는 나라들은 그렇게 본다. 중국의 전술핵 선제 사용은 자국 영토 보존을 위한 방어책이 되기도 하고, 미국이 보복적 핵공격을 하려는 명분도 없애준다.

보통 핵무기 위력은 TNT로 측정한다. 화차 50량에 TNT를 가득 실으면 2.5kt(2,500t) 정도다. 1945년 당시 일본 히로시마에 투하된 핵폭탄은 15kt, 나가사키에 투하된 것은 21kt 규모였다. 현대 군사학에서는 전략핵의 폭발력은 200kt 이상을 기준으로 한다. 전술핵은 이보다 작은 0.1~170kt 수준이다.[34]

중국은 국제사회 여론과 핵확전을 피하기 위해 상대적으로 인명 피해를 적게 내는 1kt(킬로톤, TNT 1천 톤의 폭발력) 이하 소형 핵탄두를 발사할 가능성이 크다. 이 정도는 1945년 8월에 있었던 일본 히로시마 원자폭탄 파괴력의 15분의 1 수준이다. 소형 전술핵탄두는 다양한 탄도미사일에 장착이 가능하다. 구소련은 1960년대 155mm 야포로 발사할 수 있는 단거리전술핵탄두 '루나'를 개발하기도 했다. 중국 본토에서 전술핵을 발사할 수도 있지만, 대만 안에서도 얼마든지 전술핵을 발사할 수 있다. 사거리를 짧게 할 수 있고, 초음속 미사일부터 야포에 이르기까지 다양한 방법으로 발사가 가능하기 때문에 최초 발사 지점을 파악하기가 어렵다. 일단 쏘면, 막기 힘들다는 말이다.

참고로 중국이 장기적으로 대만을 봉쇄하다가 대만의 항복을 빨리 받아내야 할 상황에 처하면 인구와 산업시설이 적은 남서부 지역을 전술핵으로 타격할 수 있다. 특히 대만은 나라의 면적이 작기 때문에 소형 전술핵으로 타격을 하더라도 남서부의 광범위한 지역에 엄청난 피해를 주어서 인명 피해는 최소화하면서 공포감은 극대화할 수 있다.

미국이 제2차 세계대전에서 일본에 2발의 핵폭탄을 사용한 데는 이유가 있다. 1945년 3월에 미국은 일본과 전쟁을 끝내기 위해 일본 본토 침공을 결심했다. 첫 번째 점령 후보지는 일본 최남단에 있는 오키나와섬이었다. 하지만 미국은 오키나와 전투에서 상륙부대 20만 명 중 절반을 잃었다. 일본 측 피해는 군인과 민간인을 합해 20만 명이 넘었다. 만약 미국이 도쿄를 점령한다면 미군 200만 명과 영국군 100만 명을 상륙시켜야 하고 최소 50만 명의 전사자를 각오해야 했다. 그래서 선택한 것이 핵폭탄이었다. 자살공격까지 서슴지 않으며 결사 항전을 외쳤던 일본은 단 2발의 핵폭탄을 맞고 항복을 선언했다.

러시아-우크라이나 전쟁 6개월 동안 러시아 측 사상자만 7~8만 명에 이른다. 미국과 중국이 재래식 무기만 사용하더라도 정면으로 부딪치면 사상자가 얼마나 될까? 만약 핵추진 잠수함에서 대형 핵탄두 하나라도 상대 진영에 발사하면 어떤 일이 벌어질까? 1946년 7월, 제2차 세계대전이 끝난 뒤 미국은 태평양 한가운데 있는 작은 비키니섬에 전쟁에서 획득한 일본과 독일 군함 95척을 모아놓고 핵폭탄을 터뜨리는 실험을 했다. '크로스로드 핵실험 작전'이라고 명명된, 태평양 바다 한가운데서 실시된 최초의 핵실험이었다. 미국은 이 실험을 전 세계 언론에 공개했다. 실험 결과는 공포스러웠다. 핵폭탄이 터진 중심부를 제외한 전함들 대부분은 멀쩡했다. 하지만 잔류 방사선량을 측정한 결과 아무리 선체 깊이 숨어 있더라도 어떤 전함에서도 생존이 불가능했다.[35]

미국이나 중국이 대만 앞바다에서 대치하는 중 상대 항공모함 전단을 향해 핵미사일을 1발이라도 쏘면, 수만 명이 순식간에 전사한다. 항모에 탑재된 핵추진 장치까지 파괴되면 상황은 재앙 수준으로 변한다. 중국이 대만을 절대 포기할 수 없고, 미국 항모전단이나 미국 본토를 핵탄두가 탑재된 대륙간탄도미사일ICBM로 공격할 수 없다면, 중국 입장에서는 선제적 전술핵 타격만이 미국과 전면적인 핵전쟁을 막고 종전 및 평화 협상 국면으로 급속히 돌아서도록 상황을 반전시키는 불가피한 조치가 된다. 반대로 미국은 중국이 대만해협에 소형 전술핵을 투하해도 반격하기 어렵다.

1962년 10월 16일, 소련이 비밀리에 쿠바에 핵미사일을 실어 보냈다. 6일 뒤 미국 케네디 대통령은 핵미사일을 실은 소련 군함이 쿠바에 진입하지 못하도록 해상 봉쇄작전을 명령했다. 미 해군의 봉쇄를 뚫고 소련 군함이 쿠바 해상에 진입을 시도하면 곧바로 핵전쟁이 발발할 위기였다. 10월 28일, 소련 지도자 니키타 흐루쇼프는 세계 최고의 미국 핵추진 잠수함에서 발사하면 수백 킬로미터를 날아가 타격하는 보복 핵공격을 우려해서 쿠바로 향하는 핵미사일의 철수를 명령했다. 제3차 세계대전 위험은 이렇게 사라졌다.[36]

60년이 지난 지금, 미국의 입장이 바뀌었다. 미국은 중국의 전술핵 선제타격에 맞대응해 보복을 하는 순간, 중국의 핵추진 잠수함에서 미국 본토를 향해 발사될 수 있는 핵공격을 우려해야 한다. 현대 국제 협약은 상대가 선제공격을 하면 방어적 차원에서 맞대응을 허락한다. 중국이 선제 전술핵 타격을 하면, 미국이 같은 규모의 전술핵으로 보복공격을 하는 것이 허락된다. 맞대응 전술에 따라, 중국은 미국이 전술핵으로 보복공격을 하면, 미국 본토를 향해 핵미사일을 발사할 수 있다. 미국도 중국 본토를 향해 같은 규모의 핵미사일을 발사할 수 있다.

하지만 이렇게 되면 2가지 불행한 결과가 초래될 것이다. 첫째, 중국이 먼저 쏘기 때문에 미국 본토의 대규모 피해가 예상된다. 수백 수천만 명이 즉각 사망한다. 미국의 주식시장과 채권시장이 붕괴하고, 달러 가치가 폭락하면서 미국 경제 전체가 몰락한다. 둘째, 미국이 맞대응으로 중국 본토에 핵미사일 공격을 하면 곧바로 전 세계 핵전쟁이 시작되고 인류 모두가 공멸한다.

그래서 미국이 상륙작전을 감행할 경우, 중국이 전술핵을 과감하게 사용할 가능성이 높다. 현대 군사학에서는 전술핵 카드를 전쟁을 격화시키지 않기 위하여 '일시적으로 전쟁을 격화시키는 전략escalate to de-escalate'의 수단으로 보기도 한다. 즉 중국이 선제적으로 전술핵 타격을 하면 미국은 보복 핵공격보다는 종전 및 평화 협상 입장으로 급속히 돌아설 수도 있다.

미국과 중국, 바다에서 맞붙으면 누가 이길까?

미국이 대만 상륙작전을 하기 전에 바다에서 중국 해군과 맞붙을 수도 있다. 미국과 중국이 바다에서 맞붙으면 누가 이길까? 그 답에 대한 실마리는 역사에서 찾을 수 있다. 전 세계를 지배하는 힘이 바다에서 나온다는 것은 역사가 증명한 사실이다. 현재 미국과 중국이 바다를 놓고 군사력으로 힘겨루기를 하는 이유다.

전쟁사를 연구해보면, 전투의 승부는 2가지가 좌우했다. 하나는, 누가 먼저 적을 발견하고 선제공격을 하느냐에 달렸다. 특히 바다에서 하는 전투는 이 점이 결정적이라고 해도 과언이 아니다. 바다에서 벌어지는 전투는 특징이 있기 때문이다. 바다는 매우 넓다. 좁은 해협이라도 수백 킬로미터다. 그 위에 떠 있는 배는 항공모함이라고 하더라도 수백 미터짜리에 불과하다. 커다란 종이 위에 찍힌 점보다 작다. 잠수함은 아예 보이지도 않는다. 드넓은 바다에서 수평선 너머에 있는 점보다 작은, 보이지 않는 적과 벌이는 함대함 전투를 묘사하는 말이 있다. "위협은 보이지 않고 공격은 예고가 없다." 다른 하나는, 대포의 위력과 포격기술이다. 오스만튀르크 제국의 전쟁, 스페인 함대의 붕괴, 임진왜란, 양차 세계대전 등 굵직한 전투에서 증명된 사실이다.

칭기즈칸이 세운 몽골 제국은 인류 역사상 가장 넓은 영토를 정복한 나라다. 이런 몽골 제국에 맞서 승리하고, 팔레스타인에서 중세 십자군도 몰아낸 왕조가 있다. 13~16세기에 걸쳐 약 250년 동안 이집트를 지배한 맘루크 왕조Mamluk dynasty다.

맘루크 왕조는 강력한 군사력을 보유했다. 칼, 활, 갑옷, 말이 주류였던 '중무장 기병 전쟁'이라는 패러다임의 시기에 유럽과 아프리카에 남은 마지막 최강자였다. 맘루크는 아랍어로 '남자 노예'라는 뜻이다. 맘루크는 어렸을 때 노예가 되어 군인으로 길러졌고, 성장하면서 이슬람으로 개종했다. 이슬람 사회는 노예라도 재주가 있고 똑똑하면 국가와 사회 요직에도 진출할 수 있었다. 어머니가 노예라도 주인인 아버지가 허락하면 자유인이 될 수도 있었다. 그래서 노예 출신이 이슬람 제국의 왕위를 잇는 것이 가능했다.

13세기에 정치적 혼란기를 틈타서 십자군 전쟁에서 눈부신 공적을 세운 맘루크군 사령관 알-무이즈 아이바크가 술탄에 오르면서 맘루크 왕조가 시작되었다. 노예 출신이 이집트 지역의 술탄이 되자 곳곳에서 저항이 일어났다. 이런 혼란을 놓치지 않고 몽골군이 이집트를 공격했다. 아인잘루트 전투에서 세계 최강의 몽골 군대와 맞붙은 맘루크 군대는 '엘리트 중무장 기병대'를 앞세워 대승을 거두었다. 이 전투에서 거둔 대승을 계기로, 맘루크 왕조는 안정적으로 자리를 잡게 되었다. 하지만 유럽의 십자군과 아시아의 몽골 군대를 모두 물리칠 정도로 강력했던 맘루크 제국도

1516년 오스만튀르크 제국 술탄 셀림 1세의 침공으로 멸망했다.

중요한 것은 이것이다. 이 전투의 승부를 가른 것은 최신 무기로 떠오른 대포였다. 1516년, 다비크 초원에서 맘루크 정예 군사 8만 명과 오스만튀르크 제국 술탄 셀림 1세의 군대 6만 5천 명이 맞붙는다. 내부 혼란과 왕실 재정의 약화로 국력이 급속히 기울기는 했지만, 맘루크 왕조에는 십자군과 몽골 군대를 격파한 엘리트 중무장 기병대가 건재했다. 여전히 유럽과 아프리카에서 최고의 기병대였다. 반면 술탄 셀림 1세의 군대는 수도 적었고 보병 중심이었다. 누가 봐도 맘루크 군대가 쉽게 무너질 상황은 아니었다.

하지만 전투가 시작되자 전세는 순식간에 뒤바뀌었다. 적진을 향해 무섭게 돌진하는 맘루크 기병대를 향해 대포와 화승총이 무차별하게 발사되었다. 세계 최강을 자랑하는 맘루크 기병대는 낙엽처럼 쓰러졌다. 다비크 초원 전투에서 대패한 맘루크 제국은 내부의 반란, 반역 등이 연달아 일어났고, 마지막 술탄 투만 베이가 오스만 제국에 포로로 잡혀 처형되면서 1517년 1월 22일에 공식적으로 멸망했다.[37]

바다에서는 대포의 위력과 성능이 전투의 방향을 바꾼다. 사실 맘루크 왕조도 화약 무기의 존재를 알고 있었다. 오래전부터 유럽에는 대포와 화승총 기술이 광범위하게 전파되었고, 이미 대포의 위력과 성능이 패권 이동의 결정적 역할을 하고 있었다.

맘루크에게서 인도양 중계무역권을 빼앗은 나라가 있다. 바로 포르투갈 함대다. 포르투갈 함대의 위력은 대포에 있었다. 초기 포르투갈은 스페인 옆에 있는 작고 약한 변방국에 불과했다. 중세가 무너지면서 독립하게 된 포르투갈은 통치자의 작위가 백작에 불과하다는 의미로 '포르투갈 백국'이라고 불렸다. 유럽 최약체 국 가였던 포르투갈은 국가의 생존을 위해 향신료 후추를 무역하면 서 유럽 최고 부국으로 떠오른 베네치아를 모델로 삼았다. 베네치 아는 인구 150만 명에 불과했지만, 유럽과 아시아를 잇는 중계무 역으로 수입규모가 프랑스의 5배를 넘는 경제적 성공을 거두었다. 이를 기반으로 선박 3,300척, 선원 3만 6천 명을 보유한 유럽 최고 수준의 해양강국이 되었다.

포르투갈도 후추 무역을 첫 목표로 삼았다. 하지만 문제가 하 나 있었다. 1453년에 오스만 제국이 강력한 대포를 앞세워 콘스탄 티노플을 함락하고 유럽과 아시아의 직접 거래를 차단한 것이다. 그리고 베네치아에만 유럽과 아시아 무역로를 열어주었다. 포르 투갈은 오스만 제국과 베네치아를 피해 새로운 바닷길을 개척해 야 했다. 바닷길로 아프리카 대륙을 돌아서 인도까지 가려면 곳곳 에 위험이 가득했다. 위험한 모험과 도전에서 살아남으려면 과거 방식으로는 불가능했다. 모든 것을 바꾸는 변혁이 필요했다.

1419년에 엔히크 왕자는 남부 사그레스에 세계 각처에서 유 능한 탐험가, 기술자, 천문학자, 지리학자 등을 불러 모았다. 포르 투갈은 무역풍과 편서풍을 이용하는 새로운 항해법을 선택했고, 위도를 알 수 있는 '카말kamal'을 개발했다. 바람의 방향에 따라 쉽 고 빠르게 돛의 방향을 바꿀 수 있는 삼각형 돛을 개발했다. 그 외 에도 각종 혁신적 항해 도구를 만들고, 각종 해양 지리를 연구했 다. 이런 노력 끝에 포르투갈의 탐험대들은 1434년에 15회의 시도

만에 아프리카 보자도르곶에 도달하는 데 성공했다. 1488년에는 아프리카 희망봉을 발견하고, 드디어 인도로 들어가는 발판을 마련했다. 하지만 아시아로 향하는 신항로를 개척하는 순간 최대의 장벽을 만난다. 바닷길에서 검은 황금으로 불리는 후추의 국제 무역 독점권을 장악한 아랍 함대였다.

1509년 2월에 포르투갈의 카락선 함대 18척은 인도 디우 앞바다에서 아랍 연합의 갤리선 함대 100여 척과 맞붙었다. 여기서도 포르투갈 함대 대포의 위력과 성능이 결정적으로 힘을 발휘했다. 갤리선으로 구성된 아랍 함대는 선수에 무거운 금속을 덧입히고 상대 함선과 충돌하여 가라앉히거나, 상대 배로 넘어가 백병전을 벌이는 전술을 구사했다. 유럽 해군들의 전형적인 전술이었다. 아랍 함대는 갤리선의 성능을 최고 수준까지 끌어올렸다. 갤리선을 이용한 전략과 전술 구사 능력도 최고였다. 포르투갈 함대는 같은 방법으로는 절대 이길 수 없었다. 완전히 다른 방법이 필요했다.

포르투갈이 선택한 것은 함선 위에서 발사하는 강력한 대포였다. 포르투갈은 대포의 위력을 극대화하기 위해 갤리선의 장점인 날렵함을 포기했다. 그 대신 갑판에 무거운 함포를 실을 수 있는 상선의 장점을 전투선에 도입했다. 이렇게 탄생한 것이 포르투갈의 주력 함선 카락이다. 아랍 함대보다 속도는 느리지만, 화살이 닿지 않는 먼 거리에서 대포로 상대 함선을 공격하는 전술을 사용할 수 있었다. 상선의 장점도 가지고 있어서 엄청난 양의 화약과 식량을 싣고 먼 거리까지 이동할 수도 있었다. 포르투갈이 개발한

총포기술도 아랍을 압도했다. 유럽은 오래전부터 총포기술이 매우 발달했었고, 포르투갈은 이를 더욱 개선했다.[38]

아랍 함대도 대포를 보유했다. 하지만 양옆으로 노를 젓는 갤리선의 특성상 선수에만 대포를 장착할 수 있었다. 결국 아랍 해군의 주무기는 대포가 아니라 화살이 되었다. 결과는 뻔했다. 아랍 함대는 힘 한번 제대로 써보지 못하고 처참하게 무너졌다. 이 전투를 기점으로, 포르투갈이 인도양 패권은 물론이고 포르투갈에서 신라에 이르는 해양 실크로드 전체를 서서히 장악해나가기 시작했다. 인도와 유럽 간의 후추 무역을 독점한 포르투갈은 유럽의 변방국에서 일약 최대 부국이자 강대국으로 도약했다. 최고 전성기에는 중국의 마카오, 인도의 고아, 남아메리카의 브라질, 아프리카의 앙골라와 모잠비크 등까지 식민지를 늘렸다.

포르투갈 다음으로 유럽의 패권을 차지한 나라는 스페인이다. 스페인은 북아메리카의 캐나다와 미국을 지배하고 잉카 제국을 무너뜨렸다. 유럽에서도 네덜란드, 룩셈부르크, 벨기에, 이탈리아 대부분, 독일과 프랑스 일부를 지배했다. 아프리카와 아시아, 오세아니아도 스페인의 지배하에 놓였다.[39]

지구상에 스페인을 대적할 나라는 없는 듯 보였다. 그 힘의 원천도 세계 최강의 해군 함대였다. 펠리페 2세는 스페인 함대의 이름을 옛 스페인어로 '위대하고 가장 행운이 있는 함대'라는 뜻을 가진 '아르마다 무적함대Armada Invencible'라고 칭했다. 스페인이 세계 최강에 오른 결정적 전투 중 하나는 레판토 해전이었다. 1571년 10월 7일에 스페인 함대는 단 5시간 만에 아시아 최강 대국인 오스만 제국의 함대를 괴멸했다. 이슬람 역사상 가장 강력했던 제국인 오스만 제국은 레판토 해전에서 패하면서 유럽 진격에 제동이 걸렸고, 스페인은 세계 최강의 자리에 오르면서 아시아를 지배할 발판을 마련했다. 역사가들은 레판토 해전이 세계의 패턴도 바꿔놓았다고 평가했다.

> 레판토 전투 이후 세계를 움직이는 추는 다른 쪽으로 기울기 시작해, 부유함은 동쪽에서 서쪽으로 이동했고 이것이 오늘날까지 이어져 세계에서 하나의 패턴으로 자리 잡게 되었다.[40]

이런 스페인 제국도 유럽 변방의 작은 섬나라 영국의 함대에 무너졌다. 영국 함대는 스페인의 무적함대를 어떻게 물리칠 수 있었을까? 영국 해군이 짧은 시간에 스페인 함대를 이길 정도로 발전한 결정적 이유는 노를 사용하는 전함을 버리고 바람을 사용하는 범선을 선택했기 때문이었다. 스페인 함대가 레판토 전투에서 아시아 최강 함대를 무너뜨리던 당시에 스페인 함대는 노를 젓는 방식의 전함이었다. 영국의 헨리 8세는 갈레온galeon이라고 불린, 3~4층 갑판과 3~4개의 돛을 갖춘 400톤급 이상의 대형범선을 전함으로 사용했다. 원래 갈레온은 무역선이었다. 영국의 헨리 8세는 화물을 싣는 무역선 갑판에 장전식 대포를 장착하면 무서운 공격력을 발휘하여 스페인 함대의 화력을 능가할 수 있을 것이라 생각했다.

헨리 8세의 뒤를 이은 엘리자베스 1세 여왕은 스페인 무적함대의 침공으로 위기를 맞았다. 엘리자베스 여왕은 아버지 헨리 8세가 양성해 놓은 영국의 신新함대를 이끌고 스페인 무적함대와 맞섰다. 엘리자베스 여왕은 스페인 무역선을 공격해 스페인 왕의 보물을 가져와 여왕에게 바치는 큰 공을 세운 해적 출신 프랜시스 드레이크를 영국 해군 중장으로 임명하고 함대 사령관에 앉혔다. 드레이크 사령관은 스페인 후방에 있는 보급기지인 카디즈 항구를 선제공격할 것을 여왕에게 제안했다.

1588년 4월 29일에 드레이크는 영국 함대를 이끌고 스페인 카디즈 항구에 정박한 스페인 보급부대를 기습적으로 공격했다. 스페인은 37척의 배를 잃고 막대한 보급품을 빼앗겼다. 스페인은 약이 바짝 올랐다. 1588년 5월 25일에 아르마다 무적함대는 대형 갈레온선 20척, 탄약선 44척, 수송선 23척, 소형 보조선 35척, 갤리선 4척, 기타 11척까지 총 137척의 전함과 선원·포병 8,500명, 보병 1만 9천 명, 함포 2천 문을 싣고 영국해협을 향해 출발했다. 하지만 이해가 안 되는 것이 있었다. 스페인 국왕 펠리페 2세는 육군 출신 메디나 시도니아를 총사령관으로 세웠다.[41] 스페인 함대에 탄 군인 대다수도 창술과 검술에 능한 육군이었다. 배 1척당 최대 350명의 육군 보병이 탑승했다.[42]

이유가 무엇일까? 스페인은 레판토 전투에서 승리한 기억에 사로잡혀 있었기 때문이다. 17년 전 아시아 최강의 이슬람 제국을 레판토 해전에서 물리칠 때, 스페인 해군은 '단거리 포격'으로 기선을 제압한 후 신속하게 배에 기어올라 백병전을 벌여 5시간 만에 대승을 거두었다. 상대 함선에 포격을 가하여 돛에 손상을 입히는 전략을 사용했지만 이것은 부수적 전략에 불과했다. 세계 최강이라고 알려진 스페인 아르마다 함대는 대포 사거리가 영국 함대보다 짧다는 치명적 약점이 있었다.

영국 함대의 전략은 달랐다. 강력한 함포 성능과 화력을 승부수로 삼았다. 스페인 함대와 맞서는 영국 함대는 총 197척이었다. 수는 많았지만, 34척은 여왕의 배였고, 나머지 163척은 개인 소유 배였다. 80%는 정규 군인도 아니었다. 전투력만 보면 오합지졸이었다. 영국은 이 모든 약점을 전략과 함포 위력으로 극복했다.

먼저, 해적 출신인 드레이크 사령관은 해적이 사용하는 전략을 선택했다. 무적의 스페인 육군이 영국 땅에 발을 딛기 전에 바다에서 승부를 걸었다. 함대함艦對艦 전략도 수정했다. 당시 함포들은 무겁고 컸다. 포탄의 크기를 크게 만들던 시절이었기 때문이다. 포탄이 클수록 파괴력이 컸지만 사정거리는 짧았다.

드레이크는 다른 생각을 했다. 포탄의 크기는 줄이고 사정거리를 늘렸다. 파괴력은 줄어도 먼 거리에서 적선에 포격하여 무적함대의 대형을 분쇄하고, 함선을 1척씩 공격해서 침몰시키는 전략이었다. 임진왜란 등의 전투에서 이순신 장군이 일본군을 바다에서 괴멸한 전략과 정확히 일치한다. 영국 함대는 자신들의 전략에 맞게 주력 함선 갈레온을 개조했다. 길고 낮다는 뜻의 '레이스빌트 갈레온선'이 이것이다. 항해 속도를 높이고 방향 전환도 빠르면서 안전하게 움직이기 위해 높은 갑판과 뱃머리를 스페인의 갈레온선보다 낮게 만들었다.[43]

상부 구조를 낮춰 속도를 높이고, 방향을 전환할 때 바람에 대한 위험을 줄였다. 배의 중심이 더 낮아져서 더 크고 무거우며 강력한 화력을 가진 함포를 실을 수 있었다. 노를 젓는 갤리선의 장점을 갈레온선에 접목하여 배의 후미와 선체도 좁고 긴 유선형으로 개조하였고 이 때문에 속도가 더 빨라졌다.

이제 영국의 갈레온선은 스페인의 갈레온선보다 더 먼 거리를 이동할 수 있었고, 항해 속도도 빨라졌고, 조작도 빠르고 안전했고, 강력한 대포로 무장할 수도 있었다. 드레이크 사령관은 함포의 우위를 최대한 활용하기 위해 선상에서 벌이는 백병전도 포기했다. 스페인 배가 나타나면 빠른 속도로 배를 이리저리 돌려 대포를 쏘고, 스페인 배보다 빠르게 도망가는 전략을 준비했다. 이 전략을 수행하기 위해 정확하고 빠르게 함포를 쏠 수 있고 작은 배를 능숙하게 다룰 수 있는 선원들을 모았다.

1588년 7월 29일에 스페인 무적함대는 영국의 도버해협으로 진입했다. 프랑스에서는 칼레해협이라고 부른다. 스페인 함대는 영국에서 불과 35.4km 떨어진 프랑스 칼레에서 파르마 공의 육군부대 1만 8천 명을 싣고 도버해협을 건너 영국에 상륙하려는 작전이었다. 살라미스 해전, 한산도 대첩, 트라팔가르 해전과 함께 세계 4대 해전으로 꼽히는 '칼레 해전'은 이렇게 시작되었다.

1588년 7월 31일에 영국 함대는 스페인 무적함대의 칼레 상륙을 막기 위해 바다에서 스페인의 무적함대 후미를 공격했다. 드레이크는 스페인 함포 사정거리에서 벗어난 100m 정도에서 계속 함포만 쏘았다. 스페인 함대는 레판토 전투 때처럼 영국 함대를 초승달 대형에 가두고 크고 무거운 함포를 쏘아 돛을 부러뜨리거나 함대를 대파한 후 갈고리로 배를 잡아 놓고 군인들이 영국 배로 넘어가 백병전으로 영국 함대를 괴멸하려고 했다. 하지만 영국 함대는 스페인 함대의 초승달 대형에 갇히지 않을 정도의 거리에서 함포만 쏘아댔다. 영국 함대의 포탄 때문에 스페인 함대는 전진하기 힘들었다. 결국 아르마다 함대는 후퇴했다. 그러나 영군이 쏜 2천 발이 넘는 포탄도 스페인 함대에 작은 구멍만 냈기에 스페인 함대는 단 1척도 침몰하지 않았다.[44]

며칠 동안 영국군은 함대를 4개의 소함대로 나누어 스페인 함대의 후미를 집요하게 따라다니며 함포 공격을 시도했다. 하지만 큰 성과는 없었다. 8월 7일 밤, 스페인 함대는 칼레에 정박하고 파르마 공의 육군부대 1만 8천 명을 기다렸다. 영국 총사령관 드레이크는 이 기회를 놓치지 않고 화공을 시도했다. 마침 남서풍 바람이 불며 영국 함대의 화공을 도와주었다. 훗날 이 바람을 스페인은 신교(프로테스탄트)를 지지하는 영국군을 도운 바람이라는 뜻으로 '프로테스탄트 바람'이라고 불렀다. 조류도 해안 쪽으로 강하게 흐르며 영국군을 도왔다. 화공을 받은 스페인 함대는 우왕좌왕했다. 하지만 스페인 함대가 붕괴된 결정적 이유는 화공이 아니었다. 영국 함대의 화공으로 침몰한 스페인 함선은 단 1척도 없었다.

스페인 함대가 공포에 떨며 전의를 상실한 이유는 무엇일까? 칠흑같이 어두운 밤에 강한 바람이 자신들 쪽으로 부는 상황에서 자신들에게 맹렬하게 다가오는 영국의 화선에서 포탄이 터지고 있었기 때문이었다. 불과 1년 전, 스페인 함대는 벨기에 안트베

르펜을 포위하고 네덜란드 독립군과 전투를 했던 적이 있다. 네덜란드 독립군은 스페인 함대를 향해 이탈리아 기술자인 지암벨리가 설계한, 폭발하는 화선을 보냈다. 네덜란드가 보낸 폭발하는 화선은 스페인이 만들어놓은 다리와 충돌하며 폭발하였고 3천 명이 죽었다. 영국 함대도 화선 자체를 거대한 포탄으로 사용한 것이다. 스페인 함선들은 닻줄을 끊고 도망가기 바빴다. 직감적으로 승기를 잡았다고 생각한 드레이크는 도망가는 스페인 함대를 쫓아가 과감히 근접사격을 하며 남은 포탄을 모두 퍼부었다.[45]

　수영을 하지 못하는 스페인 육군은 겁에 질렸고, 스페인 함대 사령관 메디나 시도니아는 부서진 배들을 이끌고 표류하다시피 하면서 스코틀랜드 북쪽으로 도주했다. 설상가상으로 도망 중에 폭풍을 만나 또다시 참변을 당한다. 스페인으로 돌아간 함선은 불과 53척이었다. 더구나 대부분 심하게 부서진 상태였다. 칼레 해전에서 거둔 대승으로 이후 영국은 '해가 지지 않는 제국'이 될 수 있었다.[46]

　칼레 해전에서 압도적 승리를 거두게 한 것은 영국의 주철 대포다. 초기의 주철 대포는 제조 단가는 낮았지만, 쉽게 폭발해서 포병들이 목숨을 잃었다. 부유한 대륙 국가들은 청동 대포를 선호했다. 영국은 청동제련 기술이 떨어지고 가난해서 청동을 사용할 수 없었다. 엘리자베스 1세의 아버지 헨리 8세는 주철 대포에 승부를 걸어보기로 했다. 여러 약점이 있지만 주철 대포를 선택한 것은 가격이 청동의 4분의 1 정도밖에 되지 않았기 때문이다. 헨리 8세는 프랑스의 대포 제작자들과 영국의 제철 장인을 고용했다. 각고의 노력 끝에, 칼레 해전이 벌어진 1588년에 영국은 성능이 뛰어나면서도 가볍고 대량 제조가 가능한 주철 대포를 만드는 유일한 나라가 되었다. 이 대포가 없었다면 드레이크의 뛰어난 전략도 불가능했다.

현대 전쟁의 키, 항모전단 전력

이런 패턴은 현대에도 유효하다. 20세기 초, 유럽은 격렬한 군비 경쟁에 휘말렸다. 1904년 4월 최강의 해군력을 자랑하는 영국과 프랑스는 동맹을 맺었다. 세계 해전에 새로운 강자가 등장할 것을 두려워했기 때문이다. 바로 독일이다. 독일 황제 빌헬름 2세는 식민지 건설에서 대영제국의 왕을 뛰어넘기를 원했다. 독일은 유럽에서 가장 강력한 육군을 구축했다. 독일 황제는 자본과 산업기술을 해군력 증강에 쏟았다. 순식간에 독일의 함대 규모가 세계 4위 프랑스와 3위 미국 해군을 제치고 세계 2위로 올라섰다. 독일의 해군력이 부상하자 영국과 유럽 모두 불안해졌다. 독일이 패권을 잡기 위해 대영제국에 도전장을 내밀자, 유럽은 일촉즉발의 상황으로 치달았다.

1906년에 영국은 당시 혁신적이고, 현대적 함선의 시초가 된 '드레드노트'를 선보여서 세상을 놀라게 했다. 10개의 대구경 함포로 무장하고 적보다 2배 이상 포탄을 발사할 수 있는 세계 최대 중무장 함선이었다. 영국 왕립 해군은 세계 최고이자 세계 최대 규모를 자랑했지만 전 세계에 흩어져 있었다. 독일 해군이 전력을 유럽 북해와 발트해에 집중하면서 전투를 비등하게 이끌 수 있었

다. 실제로 영국해협에서 벌어진 전투에서 양측 모두 상대를 무너뜨리는 결정타를 날리지 못했다.[47]

100년이 지난 지금, 비슷한 상황이 펼쳐지고 있다. 대영제국 대신 미국이 패권국이다. 독일 대신 중국이 위협적인 나라가 되었다. 빌헬름 2세 황제처럼 중국 시진핑 주석이 자국 내에서는 황제, 자국 밖에서는 미국 대통령과 동등한 위치에 오르길 원한다. 당시 구소련은 유럽의 동맹국이었지만, 지금은 러시아와 유럽이 서로 적대 관계에 있다. 유럽에서는 NATO와 러시아가 맞붙고, 동아시아에서는 중국과 미국이 대립 중이다.

지금 대만해협에서 미군과 중국군이 맞붙는 것도 비슷한 상황이다. 미국 해군력은 세계 최고이며 세계 최대다. 미국이 보유한 항공모함 전단은 세계 최고이고 동시에 세계 최대 규모를 자랑한다. 하지만 전 세계에 흩어져 있다. 반면 중국은 순식간에 세계 2위까지 해군력을 끌어올렸고, 해군력 전체를 대만에 집중할 수 있다. 20세기 초 벌어진 유럽의 군비경쟁과 빌헬름 2세의 야망으로 1914년 7월 28일에 제1차 세계대전이 일어났다. 영국은 독일 해군과 직접 전투하는 것을 피하고, 스코틀랜드 앞바다와 영국해협에서 독일 해군을 북해에 가두는 해상봉쇄를 선택했다. 독일군의 영국 본토 상륙을 막고, 동시에 독일로 향하는 무역로를 막아 원자재, 식량, 무기가 독일로 들어가지 못하게 할 심산이었다.

100년이 지난 지금, 중국이 대만을 침공하면 정반대 현상이 발생한다. 중국이 해상봉쇄를 취하고 미국이 봉쇄를 뚫어야 한다. 북해에 갇힐 위기에 놓인 독일은 '유보트'라 불린 잠수함으로 영국과 뉴욕을 오가거나 영국과 유럽으로 향하는 영국 상선들을 무차별적으로 침몰시켜서 영국을 공황 상태에 빠뜨렸다. 당시 영국 경제는 국제무역 의존도가 높았다. 영국의 대전함 드레드노트가 1대도 격침되지 않았지만 무역로가 무너지며 기본 생필품조차 조달하지 못하게 되자 항복 직전 상황까지 몰렸다.[48] 중국은 대만해협을 지나는 유조선이나 컨테이너선을 나포할 수 있다. 국제 유가 선물 가격은 치솟고 공급망이 교란되면서 인플레이션이 촉진될 것이다. 중국도 타격을 입지만 국가체제상 미국이 불리하다.

해전에서 가장 중요한 경쟁력은 적선을 격침할 수 있는 대포 성능이다. 스페인 무적함대가 영국 함대에 패한 것도 함포 차이가 결정적이었다. 제1차 세계대전에서 해상 전투의 향방을 바꾼 것도 잠수함에서 발사하는 어뢰였다. 현대 해전에서 항공모함에 탑재된 순항미사일과 전투기의 화력이 함포 역할을 담당한다. 특히 전투기 전력이 절대적이다. 현존하는 가장 강력하고 정확한 대포는 비행기에 실린 미사일이기 때문이다. 항공모함은 그런 비행기를 싣고 다닌다.

항공모함은 제2차 세계대전부터 등장했다. 항공모함의 등장으로 수면 위(항공모함), 바닷속(잠수함), 공중(전투기)에서 벌어지는 3차원 해전이 시작되었다. 항공모함의 등장은 수백 킬로미터 떨어진 목표물에 공격을 가능케 했다. 항공모함에 실린 전투기는 치명적 무기였다. 대영제국은 제1차 세계대전이 끝난 뒤에도 세계 1위 해군력을 유지했다. 하지만 도전자가 생겼다. 미국과 일본이었다. 특히 일본은 아시아에서 유럽 세력을 몰아내고 태평양을 지배하고

자 영국의 세계 최고 해군기술을 배우려고 했다. 일본의 학습능력은 놀라웠다. 짧은 시간에 해군력을 증강했고, 전투기를 발착할 수 있는 새로운 형태의 군함도 실험했다. 이것이 바로 항공모함이다.

일본은 항공모함에서 비행기가 이륙하면 군함보다 훨씬 더 먼 곳의 목표물을 폭격할 수 있다고 생각했다. 그들이 생각하는 먼 곳의 목표물은 미국이었다. 일본은 제1차 세계대전에서 연합국 편에 선 대가로 사이판 등 독일의 태평양 식민지에 대해 위임통치를 하게 되었다. 바다 지배권의 위력을 실감한 일본은 태평양 서쪽으로 세력을 넓히고 있었던 미국을 무너뜨리고 태평양의 지배자가 될 야심을 품었다. 하지만 일본이 개발한 초기 항공모함은 그다지 위력적이지 않았다. 전투기 성능이 항공모함을 따라가지 못했기 때문이었다. 당시 전투기의 수준은 정찰용 정도였다.

항공모함의 위력을 입증한 최초의 해전은 영국과 독일의 전투였다. 1930년대에 독일의 부활과 대서양 지배를 꿈꾼 히틀러는 무너진 해군력을 재건하는 데 힘을 쏟았다. 독일은 8년 동안 최첨단기술을 집결해 항공모함부터 잠수함에 이르기까지 더 가볍고 더 빠르고 더 단단한 강철 바다괴물들을 만들었다. 독일이 건조한 비스마르크호는 길이 251m에, 보일러 12개와 3개의 증기터빈 3개로 시속 60km(30노트)의 엄청난 속도를 내는, 다양한 무기로 중무장한 유럽 최고의 군함이었다.

1941년 5월 21일 새벽, 비스마르크호는 엄청난 함포의 위력을 발휘해서 대영제국이 자랑하던 순양함 HMS 후드호를 일거에 격침했다. 후드호에 타고 있던 영국 해군 1,421명 중 단 3명만 목숨을 건졌다. 분노한 영국은 항공모함 2척, 전함 42척 등 해군력을 총동원했다. 영국 항공모함에서 발진한 전투기는 대서양을 날아 독일이 자랑하는 초대형 전함 비스마르크호에 어뢰를 투하했다. 선미의 방향타에 치명상을 입은 비스마르크호는 빙글빙글 맴돌다가 영국 함대의 포격을 받고 90분 뒤 침몰했다. 독일 해군 2,220명 전원이 사망했다. 반면 독일 해군은 영국 군함 1척도 격침하지 못했다. 항공모함 전단의 위력이 드러난 최초의 사례였다.

히틀러는 독일이 자랑하는 잠수함 유보트를 반격할 때 투입해서 대서양 연안에서 영국 상선과 병력 수송선 수백 척을 격침했다. 그리고 항공모함 9대와 최신형 전투기를 보유한 일본을 대서양 전투에 끌어들여 영국 항공모함 전단과 맞붙게 했다. 순양함을 개조해 만든 260m짜리 아카기 항공모함은 전투기, 뇌격기, 폭격기 등 총 66대의 항공기를 실을 수 있었다.

일본 전투기 조종사들은 짧은 갑판에서 이륙하는 고도의 훈련을 받았다. 일본 전투기들은 항공모함이 시속 60km로 달릴 때 발생하는 맞바람을 이용하여 이륙에 필요한 공기를 날개 밑에 만들어 이륙했다. 항공모함 전단의 위력에 자신감이 충만해진 일본은 1941년 12월 7일에 자국 본토에서 6천km 떨어진 하와이 연안까지 항모전단을 몰고 가서, 그곳에서 이륙한 353대의 항공기를 이용해 진주만을 공격했다. 일본은 미군 전함 185척이 정박해 있던 진주만 미군 해군기지를 공격해서 유럽에서 미 해군의 대서양 전투 참전을 막고 동시에 일본의 태평양 지배권 확보를 노렸다. 미군 2,400명이 전사했고, USS 애리조나를 비롯한 거의 모든 미군 전함이 침몰하거나 파손되었다. 진주만에서 미국 해군력을 붕괴시킨 일본은 남태평양 지역의 거의 모든 섬나라들을 장악했다. 모두 항공모함 전단의 위력 덕분이었다.

진주만 참패 이후, 미국은 산업물자 총동원령을 내리고 장난감 공장부터 자동차 공장에 이르기까지 군수물자를 생산하기 시작했다. 다행히 진주만 공습에서 미국의 항공모함들은 무사히 살아남았다. 전력을 회복한 미국 항공모함 전단은 태평양 한가운데 있는 미드웨이섬에서 일본의 항공모함 전단과 전 세계의 명운을 건 한판 승부를 벌인다. 미드웨이섬에서 일전을 벌일 미국 해군은 일본보다 열세였다. 일본 해군은 진주만의 승리로 사기도 충천한 상태였다. 그러나 미 해군은 결정적 계기가 필요했다.

항공모함 전투는 기존의 군함 전투와 다르다. 수평선 저 너머로 서로가 보이지 않는 먼 거리에서 진을 치고 전투기, 뇌격기, 폭격기 등이 발진해 적의 함대를 찾아 공격하는 방식이다. 따라서 늦게 찾아내는 쪽이 불리하다. 미국은 일본군의 암호를 해독하여 기습작전을 눈치챘다. 미국은 그것을 역이용해 미드웨이 해전에서 일본 항공모함 전단에 치명적 손실을 주는 데 성공했다. 미국 항공모함에서 발진한 전투기 30대가 일본이 몰고 온 4대의 항공모함 중 3대를 침몰시켰다. 일본은 3천 명의 선원과 조종사도 잃었다. 항공모함 단들이 맞붙는 전투에서 가장 중요한 자원은 전투기 조종사다. 배는 다시 건조하면 되지만 숙련된 조종사를 양성하는 데는 엄청난 시간이 든다. 정예 병력을 잃은 일본은 후퇴했고, 미드웨이 해전 승리로 제2차 세계대전의 흐름이 바뀌었다.

대서양에서 독일 잠수함 유보트에 고전하던 영국은 새로운 대잠무기를 개발했다. '헤지호그'라고 설정된 좌표에 대잠폭탄 24발을 연발로 발사할 수 있는 유탄 발사기였다. 1943년 5월에 독일은 유보트 4분의 1을 잃고 북대서양에서 잠수함 작전을 중단했다. 바다를 수복한 영국과 연합군은 프랑스 노르망디 해변에 상륙 작전을 펼 수 있게 되었다.

미드웨이 해전에서 패한 일본은 전열을 정비해서 대대적인 반격을 준비했다. 이를 알아챈 미국은 선제공격을 감행했다. 미드웨이 해전 승리 이후 미국은 군함 수를 3천 척까지 증강한 상태였다. 1944년 6월에 필리핀 앞바다의 지배권을 두고 미국과 일본 항공모함 20대가 맞붙은, 인류 역사상 가장 큰 항공모함 전투가 벌어졌다. 일본은 '가미카제'라는 자살 공격기까지 동원해 필사적으로 저항하며 미군에 큰 손상을 입혔지만 승리의 여신은 미국에 미소를 지었다. 1945년 4월 30일에 패전을 직감한 아돌프 히틀러가 벙커에서 자살했다.

1945년 7월 16일에 수리를 마친 미국 USS 인디애나폴리스호는 비밀 임무를 띠고 태평양으로 향했다. 원자폭탄 2발을 티니언 섬까지 배달하는 임무였다. 1945년 8월에 끝까지 결사 항전을 외치던 일본은 원자폭탄을 맞고 항복했다. 이렇게 제2차 세계대전도 바다에서 벌어진 포격전의 위력에서 승부가 갈렸다.[49]

북한과 러시아의 암수,
혼란에 빠지는 미국

필자는 "미국과 중국, 바다에서 맞붙으면 누가 이길까?"라는 질문에 "전 세계를 지배하는 힘은 바다에서 나오고, 해전 승리의 키는 대포의 위력과 포격기술에 있다"라는 역사적 교훈이 그대로 적용될 것이라고 대답한다. 미국과 중국의 승부도 항공모함 전단의 전력, 핵추진 잠수함과 항공모함에서 발사하는 전술핵 카드에 달려 있다.

항공모함은 공중 폭격을 위한 '이동하는 플랫폼'이다. 핵추진 잠수함은 핵탄두 미사일을 실어 나르는 수중 플랫폼이다. 각 항공모함은 순양함, 구축함, 잠수함, 보급선의 호위를 받고, 수십 수백 대의 전투기, 수십 대의 정찰 및 공격용 헬기, 수천 명이 넘는 병력을 보유한다. 다행히 미국의 항공모함 전단 전력은 중국보다 뛰어나다. 미국의 핵추진 항공모함 전단은 나라 하나를 파괴할 화력을 가지고 있다. 구축함에는 핵탄두 장착이 가능한 토마호크 미사일이 탑재되어 있고, 미국의 핵추진 잠수함 한 대에는 수십 개의 도시를 파괴할 화력이 있다. 미 해군은 10척의 항공모함을 보유하고 있어서 해군 공군력도 미국의 지상 공군 다음으로 세계 2위를 기록하고 있다.

1991년 12월 25일에 소련이 해체된 후, 미국은 유일한 해양 강자가 되었다. 그렇지만 미국은 그 이후로도 계속 해군력 강화에 온 힘을 쏟았다. 미국과 중국이 대만 앞바다에서 대치하면, 동맹국들의 해군력도 속속 대만 앞바다로 집결한다. 유럽에서 항공모함을 보유한 국가는 영국, 프랑스, 러시아, 이탈리아다. 프랑스는 1966년에 NATO에서 탈퇴하고 핵무기 자체 개발을 시작하여 샤를 드골 핵추진 항공모함을 포함해서 항공모함 3척을 보유한다. 영국은 퀸 엘리자베스 항공모함과 프린스 오브 웨일스 항공모함 등 총 2척을 보유한다. 이탈리아도 2척을 보유하고 있다. 중국이 대만에 해상봉쇄를 하면 영국, 프랑스, 이탈리아의 항공모함이나 전함이 달려올 수 있다. 일본과 한국도 최신형 구축함을 파견할 수 있다.

중국도 1990년부터 30년간 놀라운 경제성장을 하면서 미국을 위협할 수준의 군사력을 확보했다. 중국은 우크라이나에서 구소련이 완성하지 못한 초대형 전함을 마카오의 선상 카지노로 만든다고 속여서 사들인 이후, 군함의 상부를 개조해서 항공모함으로 만들었다. 2012년 9월 25일에 공식으로 진수된 랴오닝호다. 랴오닝호는 최첨단 전자장비와 전투기를 탑재했지만 미국 항공모함과 적수가 되지 않는다. 항공모함의 선수에 스키점프대를 설치해서 전투기가 이륙하는 데 필요한 속도를 낼 수 있는 방법을 겨우 마련했다. 현재 중국은 랴오닝호 수준의 항공모함 산둥함과 2024년에 정식으로 취항하는 최신형 항공모함 푸젠함을 포함해서 총 3척의 항공모함을 보유하고 있다.

반면 2013년 10월에 취항한 USS 제럴드 R. 포드호는 130억 달러라는 미국 역사상 가장 많은 비용을 들인 최신형 항공모함이다. USS 제럴드 R. 포드호 1대로 중국이 보유한 항공모함 3척을 상대할 수 있다. 3세대급 핵추진 항공모함인 USS 제럴드 R. 포드호는 총길이 333m에 10만 톤급이고, 4,539명이 승선하고 75대의 항공기를 탑재할 수 있다.

중국의 랴오닝호는 총길이 304m에 6만 7천 톤급이고, 2,626명이 승선하고 40여 대의 항공기를 탑재한다. 겉으로 보기에는 비슷하지만, 항공모함의 역량은 하루에 얼마나 많은 표적을 처리하는지에 달려 있다. 이것을 소티 창출 능력이라고 한다. 즉 항공기 이륙과 착륙, 무기 적재 등 항공기가 순환하는 시간이 핵심이다.

USS 제럴드 R. 포드호는 현존하는 항공모함 중 최고 효율성을 자랑한다. 미국의 주력 항공모함은 모두 니미츠Nimitz급이다. 만재 배수량은 10만 톤이 넘고, 웨스팅하우스Westinghouse의 A4W 원자로 2기를 장착하여 각각 100MW(메가와트)의 출력을 낼 수 있다. 니미츠급 항공모함은 전쟁에서 24시간 가동하는 집중임무surge sortie 시에 하루 최대 240소티를 4일간 지속할 수 있다. 그런데 포드급 항공모함은 원자로 2기를 장착하여 각각 300MW의 출력을 낼 수 있고, 12시간 작전 시에는 160회, 24시간 작전 시에는 무려 270회를 목표로 한다. JDAM 2발을 장착하는 슈퍼 호넷Super Hornet 기준으로 24시간 작전에 약 540개 이상의 표적을 제거할 수 있다.

또한 항공모함에 탑재된 전투기 성능도 중요하다. 미국 해군은 뛰어난 무장력과 생존력을 자랑하는, 미 해군 역사상 최강의 전투기 F/A-18 슈퍼호넷, E-2D 호크아이 조기경보기, EA-18G 그라울러 전자전기를 비롯한 각종 최신형 항공기가 탑재되어 있다.[50]

중국의 동맹국인 러시아와 북한도 움직일 것이다. 하지만 미국 측 연합국과는 객관적인 전력에서는 큰 차이가 있다. 러시아는 우크라이나 침공에서 군사력의 민낯을 보였다. 군대 내 부패가 심해서 군복조차 부족할 정도로 병참이 부실해졌고, 병력 보충이나 무기 배치 등 군의 운영 시스템도 곳곳에서 결함을 드러냈다. 정규군, 용병, 죄수, 민병대 등 다양한 군인들이 혼재되어 지휘통제도 원활하지 않고 부대 간 협력도 느슨한 모습을 드러냈다. 러시아군이 사용하는 재래식 무기 대부분이 구식이다. 우크라이나군을 상대하기에는 문제가 없지만, 미국과 유럽의 최신 무기를 상대하는 것은 무리다.[51] 이런 상황은 북한이라고 다르지 않다. 전체 전력으로 평가할 때, 미국 연합군이 승리할 가능성이 높다.

그러나 전쟁에는 항상 변수가 있다. 러시아와 북한에는 미국도 두려워하는 카드가 있다. 푸틴은 러시아 해군 부활과 해양 패권 회복에 사활을 걸었다. 1980년대 들어서 소련은 미국의 해군력을 쫓아가기 위해 미국보다 3배 이상 투자해야 했다. 결국 소련은 미국과 군비경쟁을 벌이다가 파산했다. 소련을 이은 러시아는 한때 세계 2위까지 기록했던 소련 해군을 유지할 돈이 없었다. 군함 등을 폐기할 때도 미국이 자금을 지원해줘야 할 정도였다. 하지만 푸틴이 권력을 잡은 뒤 석유와 천연가스의 가격이 상승해 러시아는 군사력을 회복할 자금을 확보했다.

푸틴은 이러한 경제력을 발판으로 러시아 제국의 부활을 시도했다. 이를 위해 '3단계 세계 전략'을 수립했다. 1단계는 동유럽과 중앙아시아를 아우르는 구소련 지역의 패권을 복원하는 것이고, 2단계는 이를 기반으로 영향력을 타 지역으로 확대하는 것이며, 3단계는 최종적으로 소련에 버금가는 '슈퍼파워'(초강대국)로 복귀하는 것이다. 푸틴은 1단계 전략을 완수하기 위해 2008년에는 조지아를 침공했고, 그다음 지중해, 중동, 아프리카로 진출하는 관문인 크림반도를 목표로 삼았다.

러시아는 흑해와 연결된 크림반도를 유럽과 아프리카에서 패권을 악할 수 있는 전략적 요충지로 여겼다. 18세기부터 크림반도가 러시아 함대의 유럽 본거지였을 정도로 중요한 지역이었다. 2014년에 푸틴은 우크라이나 크림반도를 합병하고 항구와 군사시설을 장악했다. 그리고 2022년에 카자흐스탄에서 일어난 반정부 시위 개입과 우크라이나 침공을 감행해서 그 지역에서 패권을 복원하려고 했다. 러시아는 2단계도 추진하기 시작했다. 먼저, 중동에서 미국이 철수하는 틈을 노려서 내전으로 혼란스러운 시리아의 정부군에 병력과 전투기를 지원하며 중동에서 러시아의 영향력을 확장할 수 있는지 살폈다.[52]

그리고 푸틴은 키로프급 핵 순양함 2척을 현역으로 복귀시키는 것을 시작으로 해군력 증강에 집중했다. 특히 표적을 향해 해저로 1만km를 이동하고, 히로시마에 투하된 원자폭탄의 6천 배에 달하는 폭발력이 있는 핵추진, 핵무장 어뢰 '포세이돈'을 보유하게 되었다. 과거 잠수함에 탑재된 핵미사일은 전쟁을 억제하기 위한 용도였다.

하지만 포세이돈은 이런 공식을 깨뜨렸다. '둠스데이'(최후의 날)라는 별명을 가진 핵 어뢰 포세이돈은 잠수함에 탑재된 공격용 핵미사일이다. 포세이돈은 길이 20m, 높이 2m로 현존하는 어뢰 중 가장 크다. 일반 중어뢰(길이 6m, 무게 2t)의 3배가 넘는다. 포세이돈은 100Mt(메가톤)급 파괴력으로 핵폭발을 일으킨다. 또한 수중에서 핵폭발을 하면 500m 높이의 '방사능이 가득한 인공 쓰나미'가 일어나 미국 동부와 서부 해안 전체가 방사능으로 오염되고 생명체가 살 수 없는 불모지가 된다. 당연히 공격 목표는 미국과 유럽이다. 2022년 3월에 미국 잠수함 전문가 H. I. 서턴은 자신의 웹사이트에서 포세이돈을 이렇게 평가했다.

"이 거대한 핵 어뢰는 세계 역사상 유일무이하다."
"포세이돈은 인공위성에 의존하지 않고 미국의 미사일 방어 체계로도 요격할 수 없다."
"느리게 다가오지만 피할 수 없는 죽음이다."[53]

더 무서운 것은 세계 최대이자 최강 잠수함인 러시아 최첨단 스텔스 핵잠수함 K-329 '벨고로드Belgorod'가 포세이돈을 탑재하고 있다는 것이다. 2018년에 완성된 벨고로드는 길이가 184m로 미국 최강 잠수함인 오하이오급(171m)보다 13m 더 길다. 미국 해군 핵추진 항공모함 로널드 레이건호(332.8m) 크기의 절반 정도에 해당한다. 벨고로드는 최대 120일간 연속으로 심해 작전이 가능하고, 포세이돈을 최대 6~8기 탑재할 수 있다.

핵추진 잠수함은 원자로에서 발생하는 전기로 선원들에게 산소를 공급할 수 있어서 무기한 수중 작전을 펼 수 있다. 괴멸할 수도 없고, 어디에 있는지도 모르는 잠수함에서 발사되는 핵탄두 미사일은 공포스럽기까지 하다. 단 1발로 거대한 도시 하나를 송두리째 파괴할 수 있다. 대만 면적과 같은 나라는 3~4발만 명중되면 국가 전체가 붕괴될 수 있다.

러시아는 잠수함 벨고로드의 개발과 배치를 일급비밀 프로그램으로 진행했다. 베일에 싸여 있기에 공포가 더하다. 미국 군사전문가이자 《푸틴의 플레이북Putin's Playbook》 저자인 레베카 코플러는 러시아가 세계 최고 수준의 스텔스 능력을 가지고 있어서 과거에도 수차례나 미국 영해를 들키지 않고 진입한 사례가 있다고 경고했다. 벨고로드의 스텔스 역량은 그중에서도 최고다. 미국이 대만 봉쇄를 뚫으려고 할 때 후미에서 러시아 함대와 잠수함이 위협하면 미국은 포세이돈이 미국 본토의 서부 지역을 겨냥하고 있다는 것도 의식할 수밖에 없다.

최근 미국과 NATO가 포세이돈을 크게 신경 쓴다는 것을 암시하는 사건이 하나 발생했다. 2022년 10월 4일에 미국 〈폭스뉴스〉, 이스라엘 〈내셔널뉴스〉 등의 언론에서 포세이돈을 탑재한 러시아 스텔스 핵잠수함 벨고로드가 러시아 북서해안 백해White Sea 기지에서 돌연 자취를 감춘 것을 일제히 보도했다. 러시아가 우크라이나 전쟁에서 수세에 몰리자 미국과 NATO를 향해 핵 무력시위에 나섰는데, 언론이 이를 주목한 것이다. 영국의 〈더타임스〉는 벨고로드가 북극해로 향한 것으로 파악된다고 보도하기도 했다.[54]

벨고로드는 장기간 해저에 은신할 수 있다. 만약 러시아 본토가 피해를 입으면, 깊은 바닷속에서 기다리고 있다가 미국을 향해 핵어뢰를 날릴 수 있다. 포세이돈은 핵추진 기능을 사용해서 깊은 바닷속을 고속으로 잠수하여 미국 해안까지 잠영한 후 타격한다. 물 밖으로 솟구쳐 나와 하늘을 날아 미국에 떨어지는 방식이 아니어서, 격추하기가 매우 어렵다. 최대 6~8기 포세이돈을 동시에 발사할 수 있는데, 모두 명중하면 미국 서부 전체가 사람이 살 수 없는 불모지가 된다. 벨고로드 단독으로 미국 절반을 무너뜨릴 수 있는 셈이다.

북한의 암수도 미국의 걱정거리다. 미국이 중국의 대만 봉쇄선을 뚫으려고 진입할 때, 북한이 괌이나 하와이 앞바다에 대륙간탄도미사일을 발사할 수도 있다. 대만해협으로 출동하는 주한 미군을 한반도에 묶어두기 위해, 북한이 연평도 등에 포격을 하는 방법 등으로 국지전에 나설 수도 있다. 이 경우 미국은 대만과 한반도를 동시에 대응해야 하는 최악의 상황에 직면하게 된다.

2022년 9월 8일에 북한 김정은은 최고인민회의 시정연설에서 핵무력화 법제화 사실을 공개했다. 총 11개 항으로 구성된 법령은 핵무력의 사명, 핵무력의 구성, 핵무력에 대한 지휘통제, 핵무기 사용 결정의 집행, 핵무기의 사용 원칙 등을 담았다. 주목할 부분은, 제3항 '핵무력에 대한 지휘통제'에 김정은을 포함한 북한 지휘부가 공격을 받아 비상한 상황일 경우 도발원점과 지휘부를 비롯한 적대세력을 괴멸하기 위해 각 작전부대의 핵공격 작전 계획이 자동으로 시행되는 내용도 포함되어 있다는 점이다.[55]

중국이 대만 봉쇄를 감행하면, 북한은 동맹국으로 참전할 수 있다. 만약 미국이 이들 연합군을 상대로 무력을 사용하면, 북한은 그 자체를 '북한 지휘부 타격'이라고 해석하고 핵무력 사용 정당화 명분으로 사용할 가능성이 있다.

핵전쟁 위기 최고조,
전 세계 금융경제 시장 대혼란

중국을 대신해서 러시아와 북한이 바다와 하늘에서 핵으로 위협을 가하면 핵전쟁 위기가 최고조에 이를 수 있다. 그러면 전 세계 금융경제 시장은 대혼란에 빠진다. 미국이 해상에서 중국의 연합군을 압도하는 전력을 가졌어도 미국과 미국 동맹국의 경제가 추락하면 견디기 힘들다. 아이러니하게도, 경제 및 금융 시장의 붕괴가 군사적 승리를 가로막는 일이 벌어진다.

1946년 7월에 태평양 바다 한가운데서 실시된 최초의 핵실험 '크로스로드 핵실험 작전' 이후, 1947년에 소련이 베를린을 봉쇄하여 서베를린으로 향하는 물자와 전기의 공급을 전면적으로 차단하고, 1949년에는 최초 핵실험을 실시하자, 유럽 주요국들도 위기를 느끼고 핵무기 개발에 관심을 가졌다. 이에 미국은 북미와 유럽 국가들이 소련으로부터 무력공격을 받을 경우 이것을 모든 회원국에 대한 공격으로 간주하여 집단안전을 보장하는 군사동맹인 NATO를 결성하고 독자적인 핵무기 개발을 저지했다. 동시에 미국은 유럽에 7천 기 이상 핵폭탄을 배치하고 전 세계적인 폭격기 훈련을 실시했다. 한국전쟁 때도 핵무기 사용이 거론되었다.

한국전쟁의 정전협정이 교착 상태에 빠질 때, 미국 대통령

아이젠하워는 핵무기 발사가 가능한 롱툼Long Tomb 원자포 배치를 지시했다. 쿠바 미사일 위기 때는 미국 대통령 케네디가 B-52 전략폭격기에 핵폭탄을 싣고 구소련에 핵전쟁도 불사하겠다는 의지를 알렸다. 프랑스와 영국이 수에즈운하를 점령하자 소련도 파리와 런던에 핵탄두를 발사하겠다고 위협했다.[56]

중국과 미국이 대만을 두고 벌이는 군사적 충돌이 일으키는 심리적 공포는 앞에서 열거한 과거 사례에서 느끼는 공포보다 크다. 실제로 파괴력도 다를 것이다. 2022년 5월 25일에 미국의 토니 블링컨 국무부 장관은 CBS 인터뷰 프로그램인 〈60분〉에서 대만에서 미·중 간에 군사적 충돌이 일어나면 이것이 세계 경제에 무서운 파괴력을 발휘할 것이라고 전망했다. 블링컨 장관이 이런 말을 한 이유가 있다. 제4차 산업혁명기에 반도체는 산업혁명기의 쌀과 밀, 21세기의 석유와 같다. 미국은 반도체 설계 분야에서 최고이지만 생산은 소수의 나라에서 이루어지는데, 특히 대만이 거의 모든 반도체를 생산한다. 그래서 중국이 대만을 무력으로 침공하고 핵으로 위협하는 일이 벌어지면 세계 경제는 큰 피해를 입는다.[57]

TSMC 회장 류더인은 중국도 자국의 생산에 필요한 반도체 칩의 10%를 TSMC에 의존한다고 밝혔다. 미국 야후파이낸스는 미·중이 대만해협에서 군사적 충돌을 벌이면 미국은 GDP의 5%(1.2조 달러) 정도를 잃는다. 2008년에 서브프라임 모기지 사태가 벌어졌을 때, 미국의 GDP 하락 폭은 2.6%였다. 미국이 전쟁에서 중국에 이겨도 피해가 막심하다. 패하기라도 하면, 그 충격은 더할 것이다.

중국은 승리해도 피해 규모가 미국보다 크다. 달러 결제망에서 퇴출되는 등 국제사회에서 경제금융 제재를 받으면서, GDP 대비 25%(4조 5천억 달러)가량을 잃게 될 것이다. 중국은 마진콜 위기에도 직면할 것이다. 2008년 서브프라임 모기지 사태가 발발하자 미국 내 일부 금융회사들이 MBS를 처분하지 못해서 마진콜 위기에 직면했다. 리먼브라더스는 파산했다.

금융회사들이 투자한 선물이나 상품에서 손실이 발생하면, 증거금이 줄어들고 이를 보전하라는 요구를 받는다. 증거금은 주식 또는 파생상품 거래 시에 결제를 이행하기 위한 보증금이다. 투자자들 중 일부는 자기 돈만 가지고 투자하지 않는다. 증거금 제도를 사용하면, 자기 돈의 2.5~2.8배 많은 금액으로 주문할 수 있다. 주식 거래에서 증거금은 40%다. 파생상품(선물·옵션) 거래는 대부분 5~15% 내외의 증거금으로 매매할 수 있다. 증거금 비율이 낮을수록 더 높은 배수로 투자할 수 있다. 만약 투자 손실을 입으면 증거금이 부족해진다. 이때 증거금의 부족분을 채우라는 전화를 받는다. 그런 뜻에서 붙여진 이름이 '마진콜margin call'이다. 마진콜을 받으면 투자자 및 금융회사는 증거금을 빨리 채워 넣어야 한다. 그렇지 못하면, 거래소는 반대매매를 통해 계약을 청산해버린다. 이것이 '반대매매 리스크'다.

중국 경제가 GDP 대비 25% 손실을 보게 되면, 그 충격을 가장 크게 받을 수 있는 금융투자 시장에서 마진콜이 쏟아진다. 리먼브라더스처럼 파산하는 회사도 속출한다. 미국, 대만도 마찬가지다. 대만(GDP 6,700억 달러)의 직접 피해는 상상을 초월한다. 최소 GDP 대비 50% 이상을 잃을 수 있다. 만약 대만이 중국에 강제로 병합될 위기에 빠지면, 미국과 동맹국들은 '반도체 패권'을 지키기 위해 TSMC 공장을 비롯해서 대만에 있는 반도체 연구시설, 공장, 협력업체를 파괴할 수 있다.

핵전쟁 위기가 최고조에 이르면 제2차 세계대전 이후 가장 큰 피해가 발생할 수 있다. 우크라이나 전쟁으로 전 세계가 입은 경제적 피해와는 비교할 수 없을 것이다. 미국, 중국, 대만의 교역액을 합치면 미국, 러시아, 우크라이나 교역액의 약 10배다.[58] 한국을 비롯한 아시아 주요국, 신흥국에서는 주식·외환·채권 시장이 동시에 무너지는 '트리플 붕괴'가 발생한다. IMF에 구제금융을 신청하는 나라들이 쇄도할 것이다.[59]

핵전쟁이 발발하면, 경제 피해는 문제도 되지 않을 정도로 인적 피해가 상상을 초월한다. 미국 럿거스대학교 환경과학과 등이 참여한 국제연구팀의 추정에 따르면, 미국과 러시아가 핵전쟁을 하면 전 세계 인구 중 50억 명 이상이 사망한다. 핵폭발로 최대 3억 6천만 명이 사망하고, 핵폭발로 발생하는 1억 5천만 톤의 그을음과 먼지가 성층권을 덮으면서 기후변화 위기가 심화되어 3~4년간 세계 식량 생산량의 90% 정도가 감소할 것이고 이 때문에 기아로 53억 4,100만 명이 목숨을 잃는다.[60]

미국 침몰,
결정타를 두 차례 맞는다

이런 상황에서 미국 경제가 결정타를 두 차례 맞으면, 그 즉시 미국의 패권이 붕괴되고 미국은 그대로 침몰할 수 있다. 첫째 결정타는 사우디아라비아가 미국과 맺은 '페트로달러 협약'을 파기하는 것이다. 둘째 결정타는 페트로달러 파기 선언에 맞춰서 중국이 미국의 국채를 대량으로 매도하는 공격을 하는 것이다.

미국 연합군과 중국 연합군이 대만을 두고 군사적으로 강하게 맞붙으면서 핵전쟁 위기가 최고조에 이르고 전 세계 금융경제 시장이 대혼란에 빠진 상태에서, 이 두 차례 결정타가 미국으로 날아들면, 달러는 휴지 조각이 되고, 미국 주식시장과 채권시장의 시스템이 붕괴된다.

달러 가치는 미국의 패권 유지에 절대적으로 필요하다. 필자는 제1기축통화 지위를 패권국의 옥쇄에 비유한다. 제1기축통화 지위를 가진 달러의 가치가 대폭락하면 미국 채권시장과 주식시장도 연달아 무너진다. 중국이 보유한 국채를 시장에 전부 내다 팔면 미국 투자시장의 붕괴 속도가 더 빨라지고 규모가 더욱 커진다. 채권시장과 주식시장이 무너지면 미국 내 수많은 은행이 파산하면서 미국 금융시스템 전체에 균열이 간다. 이는 다시 미국 달러화의 폭락을 가속화한다.

달러가 휴지 조각이 되면 GDP 대비 137%(2022년 현재 32조 달러)나 되는 미국 정부의 부채도 문제가 된다. 미국 전체가 패닉 상태에 빠지고 곳곳에서 약탈과 방화가 일어난다. 미국발 경제 대붕괴 쓰나미가 북미, 남미, 유럽, 아시아까지 퍼지면 전 세계는 제2위 경제대국 중국 쪽으로 위기탈출에 앞장서 달라고 손을 내밀 수밖에 없다. 중국 위안화의 가치는 폭등하고, 제1기축통화 지위를 맡아달라는 요청이 쇄도할 수 있다. 그럴수록 미국의 침몰은 가속되고, G1의 패권이 중국으로 넘어가는 속도가 빨라진다. 영국이 양차 세계대전 이후 미국에 패권을 내준 상황과 같다. 이 카드가 절묘한 타이밍에 사용되면, 중국은 대만 앞바다에서 벌어지는 전투에서 미국에 승리하지 않아도 미국의 항복을 받아낼 수 있다.

이 카드가 위력을 발휘하려면 사우디아라비아가 '탈미국'을 한다는 전제가 필요하다. 불가능한 일이 아니다. 이미 사우디아라비아는 미국을 의심하기 시작했다. 미국의 모욕을 견뎌가며 절치부심하고 와신상담했다. 봉인을 여는 것이 어렵지 결단하면 생각보다 간단할 수 있다. 사우디아라비아는 자신들의 건재함을 과시하고 중동은 여전히 가치 있는 지역이라는 것을 보여주기 위해 반격을 벼르고 있다. 러시아-우크라이나 전쟁으로 이런 생각을 하는 사우디아라비아에 전략적 공간이 생겼다.

사우디아라비아는 미국 대통령 바이든이 직접 찾아가 구애를 했지만, 면전에서 비웃음을 날리며 꿈쩍하지 않고 있다. 사우디 왕세자 무함마드 빈 살만은 유럽을 순방하며 존재감을 과시하고, 보란 듯이 중국과 러시아와 밀접한 관계를 맺고 있다. 분위기가 심상치 않다.

1975년에 사우디아라비아는 '사우디-키신저 밀약'을 맺고 미국이 달러 붕괴 위기를 피하도록 도왔다. 이제 반대로 이 밀약을 파기하는 선언을 하면, 50여 년 가까이 지속된 페트로달러 시대가 무너진다. 그리고 사우디아라비아가 국제 원유 결제를 중국의 위안화나 러시아의 루블화 등으로 교체하면 미국의 달러 가치는 대폭락한다. 이런 공격은 미국이 러시아를 SWIFT에서 퇴출한 것보다 더 강력하다. 〈월스트리트저널〉은 SWIFT 전면 차단으로 러시아가 입게 될 경제성장률 감소 수준을 2%p로 분석했다. 페트로달러의 파기는 일시적으로 경제성장률이 감소하는 정도의 충격이 아니라 미국 패권의 몰락을 가속화하는 방아쇠다.

국제 문제 전문가들은 대체로 사우디아라비아가 미국을 버리고 중국과 러시아로 갈아타는 일은 일어날 가능성이 희박하다고 분석한다. 사우디아라비아의 군사적 안보 시스템, 무기 체계 대부분이 미국에 대한 의존도가 매우 높기 때문이다. 사우디 경제의 핵심인 아람코도 미국에서 막대한 자본을 조달하는 중이다. 사우디아라비아가 탈탄소 시대를 대비한 새로운 미래 먹거리를 확보하려면 미국의 도움도 절실하기 때문이다.[61]

하지만 완벽한 것은 없고, 불가능한 미래도 없다. 사우디아라비아는 50년 전 미국을 구해준 것처럼 중국을 세계 1위 국가로 올려줄 지렛대가 될 수 있다. 사우디아라비아가 미국을 버리면, 군사, 안보, 경제 등에서 막대한 손해를 본다. 하지만 중국이나 러시아가 손해를 본 부분을 메워준다는 제안을 한다면 불가능한 일도 아니다. 사우디아라비아는 전 세계 원유 거래량의 60%를 담당한다. 중국은 미국보다 3~4배 큰 석유 소비시장이다. 러시아는 이미 NATO를 향해 에너지전쟁을 벌였다. 사우디아라비아가 러시아와 중국과 손을 잡으면, 미국을 글로벌 에너지 시장 지배자 위치에서 쫓아낼 수도 있다.

중동의 패자인 사우디아라비아가 미국을 버리고 중국과 손을 잡으면, 유럽에 미치는 미국의 영향력도 급격하게 줄어든다. 유럽은 중국 견제에서 미국과 미묘하게 다른 입장을 계속 보이고 있다. 중국이 안보에 위협이 될 수 있다고 하지만, 14억 명이 넘는 인구가 만들어내는 거대한 시장과 중국의 막강한 자본력도 탐나기 때문이다.

중동의 입장 변화와 달러화의 추락으로 미국과 중국 양쪽의 눈치를 보고 있는 유럽이 중국을 선택하는 입장을 취할 수도 있다. 중국은 일대일로 전략을 통해 아프리카와 아시아의 절반, 중남미 일부에서 미국보다 더 큰 영향력을 확보했다. 유럽과 중동이 중국의 손에 넘어가면 미국은 외교적으로 고립된다.

사우디아라비아와 페트로달러는 미국의 아킬레스건이다. 누르면 숨이 턱 막히고 온몸에서 힘이 빠지는 급소다. 사우디아라비아가 미국의 숨통을 조이고 중국이 미국 국채를 시장에 전부 내다 팔면 미국은 달러 붕괴와 함께 달러 부채의 역습으로 일시에 무너질 수 있다. 미국의 패권도 그 즉시 끝이 난다.

2050
미중 패권전쟁과
세계경제 시나리오

러시아 전쟁으로 도래할
뜻밖의 미래와
한국의 생존 전략

제 3 장

미국의 전쟁 시나리오

CHIMERICA AGAIN

미국이 중국을
두려워하는 2가지 이유

미국이 중국을 두려워하는 이유는 2가지다. 첫째는 미래 산업의 주도권을 중국에 빼앗길 수 있다는 점이고, 둘째는 그렇다고 중국과 군사전쟁을 벌이기엔 미국의 피해가 막대하다는 점이다.

2022년 현재 중국 자동차는 전 세계 시장의 20%를 점유했다. 미국(16.5%)과 일본(17.7%)을 가뿐히 넘어섰고, 한국 자동차 점유율(7.7%)과 비교하면 3배에 육박한다. 유럽의 자동차 시장 점유율(26.7%)을 넘어서는 것은 시간문제다.[1]

2022년 9월에 〈뉴욕타임스〉는 중국의 전기차 시장이 미국보다 4년을 앞서 있다는 분석을 내놓았다. 2022년에 중국 내 전기차 판매는 600만 대에 이른다. 미국을 포함한 전 세계 나머지 나라에서 팔린 전기차보다 더 많다. 중국 내 전기차 제조업체는 300개가 넘는다. 미국이 자랑하는 전기차 기업 테슬라는 상하이 공장에서 가장 많은 전기차를 생산했다.[2] 중국 정부는 세계 전기차 시장 지배력 확보를 위한 교두보로 자국 내 전기차 시장을 작정하고 키우는 중이다. 중국 정부는 2009년부터 신에너지차 구입 보조금으로 1,500억 위안(약 30조 원)을 지원했다.[3]

2022년에 미국 국방부는 〈2020 중국 군사력 보고서〉를 발간하면서, 중국이 자체 개발한 위성요격무기ASAT는 미국에 맞먹을 수준이고, 우주기술 중 일부는 미국을 압도하는 수준에 올라섰다고 평가했다.

최근 중국은 로켓 재활용 기술도 성공했다. 미국 다음으로 세계 2번째다. 중국이 2022년 7월에 자체 기술로 개통에 성공한 GPS 베이더우 시스템은 35개의 위성으로 운영되는 미국의 GPS보다 정밀하다는 평가를 받는다.

중국은 1994년부터 100억 달러의 예산을 투입해서 55개의 위성을 쏘아 올렸다. GPS 베이더우 시스템은 통신 중계소가 없는 지역에서도 1천 자 내외의 문자 전송이 가능하며, 군사적 목적이 다분하다. 중국은 자체 위성요격무기도 확보한 상태로, 만약 대만 앞바다에서 미국과 중국이 맞붙을 때 중국이 이 기술로 미국 GPS 위성들을 요격하면 미군 내 소통뿐 아니라 중국군의 이동을 추적하기 어려워진다. 반면 중국은 미국보다 우수한 성능을 자랑하는 GPS 베이더우 시스템을 가동하여 미국의 육해공군과 방공시스템을 한발 빠르게 무력화할 수 있다. 핵무기를 사용하지 않고 재래식 무기만으로 군사작전을 펼치는 상황에서 GPS 시스템의 성능 차이는 전세를 한 번에 뒤집을 수 있다.[4]

중국은 2008년부터 '천인계획千人計劃'이라는 글로벌 고급두뇌 유치전략을 구사하면서 과학굴기에도 힘쓰고 있다. 2012년에는 '만인계획'으로 확대하며 과학 분야 고급 인재 1만 명을 확보하고, 여기서 다시 추린 1천 명을 과감하게 지원하여 노벨상 수

상자급 인재로 키운다는 계획도 세웠다.[5] 2022년 10월 9일에 군비 전문 연구소인 스톡홀름국제평화연구소SIPRI는 〈인도태평양 지역의 무기 생산 역량: 자립도 측정〉이라는 보고서에서 중국이 2016~2020년 조달한 무기의 91.6%를 자체 생산했다고 밝혔다. 이 수치는 인도태평양 지역에서 1위다. 같은 기간 일본은 73.8%, 대만은 63.8%, 한국은 43.7%, 인도는 15.7%다.[6] 미국이 중국의 산업굴기, 기술굴기, 군사굴기에 위협을 느끼는 것이 그저 엄살은 아니다.

제4차 산업혁명으로 탄생하는 미래산업에서 반도체는 핵심 중의 핵심이다. 반도체는 내연기관 자동차, 전기차, 자율주행자동차, 항공기, 인공지능, 증강·가상현실, 빅데이터 수집과 분석, 데이터 센터, 통신, 로봇, 바이오 나노 기술, 스마트폰, TV, 스마트 건물, 스마트 팜 등 거의 모든 제품에 장착된다. 이런 추세는 더욱 거세진다. 내연기관 자동차는 300여 개 반도체가 들어가지만 전기자동차는 2천여 개 반도체가 들어간다. 미래 로봇도 반도체 장착 비율이 매우 높아질 것이다. 미래에는 반도체를 지배하는 국가가 곧 세계를 지배한다는 말이 과장이 아니다. 미국 컬럼비아 대학교 스티브 블랭크 교수는 반도체를 21세기 석유에 비유했다. 반도체 생산을 통제하는 나라가 세계의 경제·군사력을 좌우할 것이라고도 예측했다.

반도체의 위력을 실감하는 사례를 하나 들어보자. 코로나19 팬데믹 기간에 단돈 50센트(약 700원)에서 10달러(약 1만 3,900원)밖에 안 되는 최저가 반도체가 총 6천억 달러(약 836조 원)에 달하는 글로벌 반도체산업 전체를 흔들었다. 파운드리, 메모리 반도체 등 초미세공정 반도체 성패는 반도체 웨이퍼 위에 미세한 회로를 그리는 데 필요한 극자외선EUV 노광장비 수급에 달려 있다.

네덜란드 ASML은 최고 수준의 EUV 노광장비를 만든다. 이재용 삼성전자 부회장이 최고의 노광장비를 확보하기 위해 네덜란드로 직접 달려간 것도 이 때문이다. 코로나19 팬데믹 기간에 네덜란드 ASML은 28nm 반도체가 부족해 EUV 노광장비 생산에 어려움을 겪었다. 10nm 이하 미세공정 반도체는 모바일 칩, 인공지능, 고성능컴퓨팅HPC 안에 장착된다. 이런 부품과 기술은 다시 모든 산업과 군사장비에 쓰인다. 저가 반도체 수급에 문제가 생기면 모든 것이 멈춘다. 저가 반도체는 자동차 안에 장착되는 마이크로컨트롤러유닛MCU, 전력관리반도체PMIC 등에도 사용된다. 공장에서 흔하게 쓰이는 제어 칩에도 저가 반도체가 쓰인다.

최근 저가 반도체의 생산이 중국으로 옮겨가고 있다. 가격이 싸다는 이유 때문이다. 국제반도체장비재료협회SEMI에 따르면 중국은 2021~2024년 4년 동안 저가 반도체 31개의 생산공장을 새로 건설한다. 같은 기간 대만(19곳)과 미국(12곳)의 신규 건설량보다 많다. 이 추세라면, 2025년경 중국이 28nm 반도체 전 세계 생산량의 40%를 차지한다.[7] 중국이 최근 조달한 무기의 91.6%를 자체 생산했지만 최첨단 반도체 등 핵심 소재는 수입의존도가 높다. 미국이 칩4를 거론하면서 반도체 동맹을 탈중국 공급망 재구축의 핵심전략으로 꼽는 이유다.

반도체 전쟁의 승부처,
대만

1985년 9월 22일에 미국은 뉴욕 플라자 호텔에 프랑스, 독일, 일본, 미국, 영국 등 G5의 재무장관들을 불러 모았다. 오랫동안 미국 내 고금리와 강달러 추세가 이어지면서 재정 적자 및 무역 적자 확대가 멈추지 않았고, 대일對日 적자는 1985년에 429억 달러로 확대되었다. 미국의 제임스 베이커 재무장관은 달러화의 가치상승 추세를 전환하고자 일본 엔화와 독일 마르크화의 평가절상을 강요했다. 그 유명한 '플라자합의'다. 그런데 플라자합의가 체결된 시점에 미국이 강력하게 밀어붙인 숨은 조치가 하나 더 있다.

당시 미국은 일본의 반도체 기술이 미국의 패권을 위협한다고 판단했다. 제2차 세계대전 이후 미국과 소련은 본격적인 패권 경쟁에 들어갔다. 미국은 패전국 일본을 일으켜 아시아에서 소련을 견제하는 전략을 선택했다. 그 일환으로 미국은 일본의 전후 복구와 재건에 힘을 쏟았다. 하지만 재정부담이 막대했다. 그래서 미국은 일본 스스로 일어설 수 있도록 반도체 기술을 비롯한 각종 전자기술 특허 등을 일본에 제공했다.

일본 전자산업의 부흥은 이렇게 시작되었다. 1980년대에 들어서자, 일본 기업들은 전 세계 메모리 반도체 시장 80%를 장악했고, 미국 기업은 생존 위기에 몰렸다. 1984년에 인텔은 D램 생산을 포기했다. 1986년에 일본에 반도체 특허를 제공했던 RCA가 망했다. 미국은 1947년 트랜지스터 개발 이후 1970년대까지 반도체 개발국이자 종주국이었다. 하지만 1980년대 전 세계 반도체 기업 10위권에 미국 기업은 인텔과 TI, 모토로라만이 살아남았다. 그 당시 미국 언론도 일본 반도체 기업의 미국 시장 대공세를 '제2의 진주만 공습'으로 비유했다.

레이건 행정부는 '더 늦기 전에' 일본 반도체 기업을 규제해야 한다는 판단을 내렸다. 1985년 6월 14일에 미국 반도체산업협회SIA는 무역대표부USTR에 일본 정부의 반도체 산업정책이 불공정하다며 제소했다. 10일 뒤에 미국 D램업체 마이크론은 일본 NEC, 히타치, 미쓰비시, 도시바 등을 반덤핑 혐의로 제소했다. 반도체를 둘러싼 미국과 일본의 전쟁이 시작된 것이다.

1985년 9월 22일에 벌어진 플라자합의는 반도체전쟁에 방점을 찍었다. 일본 엔화와 서독 마르크화를 고평가하자, 일본 기업의 반도체 가격경쟁력도 급격히 떨어졌다. 1986년에 미국 정부는 '덤핑 방지법Anti Dumping Act'(1979)과 '미국통상법' 제301조를 근거로 일본 기업이 생산 원가를 공개하고 저가로 미국에 반도체 수출을 하지 못하도록 '서스펜션 협정'을 강제 체결했다. 정식 명칭은 '미합중국 정부와 일본 정부 간의 반도체 무역에 관한 조약'(약칭 미·일 반도체 조약)이다.

일본 정부는 자국 내에서 미국 반도체 업체의 시장 점유율을 20%까지 높인다는 약속도 했다. 1987년에 미국은 일본 정부가 미·일 반도체 조약을 준수하지 않는다는 빌미로 '슈퍼 301조'(미국통상법 제301조)를 통해 무역보복도 가했다. 미국은 1996년까지 미·일 반도체 조약을 연장하며 일본의 목을 조였다.[8] 미국의 공격과 한국의 반도체산업 추격이라는 이중고를 뚫지 못한 일본 반도체는 결국 무너졌고, 일본 경제도 '잃어버린 30년'의 늪에 빠졌다.

현재 미국이 중국을 향해 벌이는 반도체 전쟁(칩4 전략과 중국의 반도체 굴기 저지를 위한 각종 입법과 행정명령 등)은 과거 일본을 무너뜨린 전략과 매우 유사하다. 중국을 겨냥한 칩4 전략에서 미국은 설계와 제조장치, 대만은 첨단 파운드리, 한국은 메모리, 일본은 제조장치와 재료를 담당한다. 미국의 칩4 전략이 실현되면, 칩4 동맹이 10nm 이하 최첨단 시스템 반도체를 100% 독점할 수 있다. 10~22nm 제품도 76%, 28~45nm 제품은 64%, 45nm 이상 제품은 63%를 장악한다. 메모리 반도체도 80%를 점유한다. 칩4는 미국에게는 압도적 힘을 주고, 중국에게는 거대한 위협이다.[9]

필자는 미국과 중국 간의 반도체 전쟁의 승부처는 대만을 누가 손에 넣느냐에 달려 있다고 본다. 미국 입장에서 대만이 중국 손에 넘어가면 칩4 전략이 무산되는 것에서 그치지 않는다. 미국이 위험에 빠진다. 만약 중국이 TSMC를 손에 넣고 외교적 무기로 사용한다면, 미국 산업과 경제에 대재앙이 일어나는 것은 물론이고 미국의 글로벌 위상도 흔들린다.

일본의 반도체 전문가 유노가미 다카시 미세가공연구소 소장의 분석에 따르면, TSMC가 중국에 넘어가면 최첨단 시스템 반도체 제품 생산의 92%를 중국이 가져간다. 이 정도면 완전한 독점 구도다. 2022년 현재 3%에 불과한 중국의 10~22nm 나노 시스템 반도체 점유율은 31%로, 28~45nm는 19%에서 66%로, 45nm 이상은 23%에서 54%로 각각 상승한다. 메모리 반도체 점유율도 현재 14%에서 25%로 확대된다. 대만을 손에 넣는 순간, 중국은 글로벌 반도체 시장 대부분에서 압도적 지배력을 확보하게 된다.

중국이 반도체 지배권을 장악하고 러시아와 이란, 일대일로 참여국, 사우디아라비아를 비롯한 중동의 일부 국가들을 친중국 시장으로 만들어버리면, 미국 기업은 전 세계 시장의 반절을 순식간에 잃는다. 불가능한 시나리오가 아니다. 우크라이나를 침공한 러시아에 미국과 유럽이 경제적 제재를 가하고 서방 기업이 철수하자, 중국산 자동차, 스마트폰, 백색가전이 그 빈틈을 모조리 점령했다. 심지어 금융 부문도 중국의 손에 넘어갔다. 미국이 러시아를 SWIFT에서 쫓아내자, 러시아는 자국 국부펀드가 중국·인도·튀르키예의 통화에 투자할 수 있게 규정을 개정했다. 당연히 최고 수혜자는 중국이다.[10]

중국이 TSMC를 아무도 갖지 못하도록 파괴해버려도 미국의 모든 산업에 대재앙이 된다. TSMC의 생산 규모(10nm 이하 최첨단 시스템 반도체 90% 이상, 10~45nm 나노급 시스템 반도체 시장의 30~70%)가 한순간에 사라지기 때문이다. 코로나19 팬데믹 동안 반도체 공급 대란을 넘어서는 충격이 발생했다.[11] 중국의 입장에서, 대만은 미국이 주도하는 칩4 동맹을 깨뜨릴 수 있는 아킬레스건이자 동시에 중국 굴기의 핵심 요소 중 하나인 셈이다.

중국의 대만 통일 야심은 절대로 멈추지 않는다. 한국전쟁의 영웅 맥아더 장군은 미국이 중국을 봉쇄하려면 '가라앉지 않는 항공모함'과 같은 대만을 손에 넣어야 한다고 말했다. 미국이 중국을 무너뜨리려는 목표를 포기하지 않는 한, 미국은 대만의 독립을 지지하고 친미 국가로 남게 해야 한다. 미국이 이렇게 중국 밖에서는 대만의 독립을 지지하고, 중국을 향해서는 공급망 전쟁, 무역전쟁, 기술전쟁 등 다방면에서 압박 수위를 높일수록, 중국의 대만 무력침공 가능성은 커진다. 그렇다고 중국과 군사전쟁을 하기에는 예상되는 미국의 피해가 막대하다.

2021년 4월에 미국 군사 전문 매체 〈디펜스 뉴스〉가 미 공군의 대중국 전투 시뮬레이션(워게임) 결과 하나를 발표했다. 미국이 대만을 사이에 두고 중국과 전쟁을 벌인다면, 미국은 미해군 역사상 최강의 전투기 F/A-18 등 유인 전투기를 호위하는 AI 탑재 전투 드론인 '로열 윙맨'을 비롯한 아직 전력화에 성공하지 못한 첨단기술을 총동원해야 승리할 수 있다. 하지만 승리의 대가도 만만치 않다. 막대한 인명과 장비 손실이 불가피하다. 1991년에 걸프전 당시, 미국은 6개의 항공모함 전단을 투입했다. 현재 중국 인민해방군은 당시의 이라크군보다 몇 배 더 강력하다.[12]

미·중 관계를 '투키디데스의 함정'에 비유해서 유명세를 탄 안보·국방 분야 석학 그레이엄 앨리슨 하버드대학교 교수는 〈거대한 군사력 경쟁: 중국 vs 미국The Great Military Rivalry: China vs the U.S.〉이라는 보고서에서 중국이 제1열도선第一列島線(오키나와부터 대만까지) 안으로 미국의 진입을 막을 수 있는 군사력을 확보했다고 평가했다.[13] 미국이 이런 전력을 보유한 중국과 대만해협에서 군사적 충돌이나 전면 대치를 하면, 동아시아에 배치된 전력만으로는 역부족이다. 유럽을 지키는 최소한의 전력만 남겨두고, 모든 전력을 집중해야 한다. 〈디펜스 뉴스〉는 미국이 인민해방군을 대만에서 격퇴하려면 최소 80%의 해·공군 전력을 투입해야 할 것으로 예상했다.[14]

필자는 미국이 중국과 전쟁을 벌일 경우 경제적 피해가 커진다는 것은 이미 분석했다. 미국의 경제적 피해는 GDP의 5%(1조 2천억 달러) 정도를 잃는다. 2008년 서브프라임 모기지 사태의 GDP 하락 폭(2.6%)의 2배다. 이 수치가 최소치일 수도 있다. 패하기라도 하면 그 충격과 피해는 계산할 수 없을 정도로 커진다. 최악의 경우, 미·중 패권전쟁의 승부를 결정할 추가 중국으로 기울어버릴 수도 있다.

중국보다 빨리, 중국을 공격한다

시진핑이 대만 통일의 방아쇠를 당기기에 최적의 시기는 3연임 임기 후반인 2026~2027년으로 보인다. 미국에는 시간이 별로 없다. 미국 입장에서는 중국에게 고스란히 대만을 넘겨줄 수 없다. 중국이 대만을 침공하는 것보다 빨리, 미국이 중국을 선제공격해야 한다. 최소한 2026~2027년 이전에 치명타를 한 방 날려야 한다.

제2차 세계대전 이후에 미국은 동급의 어떤 경쟁국도 존재하지 않는 단극체제 유지를 기본전략으로 삼고 있다. 그때와 비교해서 약해진 지금도 이 전략은 변하지 않는다. 미국은 국익과 패권 지배의 영속화를 위해 필요하다면 '예방공격Prevention' '선제공격Preemption'에 의한 방위까지도 마음대로 수행할 수 있는 권리가 있다는 믿음을 포기하지 않는다. 필요하다면, 새로운 국제법을 만들면 된다고까지 생각한다. 미국은 지금까지 늘 그렇게 해왔고, 대통령이 누가 되든 앞으로도 이런 사고방식은 변하지 않을 것이다. 그렇다고 중국과 대만을 놓고 군사적으로 선제공격을 감행할 수는 없다. 미국이 선택할 수 있는 길은 한 가지다. 소련과 일본을 무너뜨렸듯이, 다시 한번 경제 및 금융 공격으로 중국을 무너뜨려야 한다.

코로나19 발생 이전에 미국이 중국과 벌인 무역전쟁을 생각해보라. 선제공격을 결행한 쪽은 미국이었고, 그 당시 대통령은 망나니로 불리는 트럼프가 아니라 젠틀맨으로 소문난 오바마였다.

2008년 미국의 금융위기 밑바탕에는 오랫동안 쌓인 무역수지 적자가 자리 잡고 있었다. 오바마 대통령 임기 초부터 어떻게 해서든 대미 무역 흑자국과의 무역 불균형을 해소하자는 목소리가 컸다. 미국 의회도 무역 적자 해소를 위한 희생양이 필요했다. 2008년 금융위기 전까지는 중국이 수출로 벌어들인 달러를 미국 국채에 재투자하는 선순환을 만들어주었기 때문에 미국으로서도 별다른 불만이 없었다.

하지만 2008년 이후 입장이 달라졌다. 2008년 서브프라임 모기지 사태로 미국 경제가 휘청거리자 중국은 오랫동안 숨겨놓은 패권전쟁의 야망을 공공연하게 드러냈다. 중국이 때마침 숨겨둔 발톱을 드러낸 것이다. 자연스럽게 미국의 무역전쟁 1순위는 중국이 되었고, 오바마 행정부는 곧바로 무역 부문에서 선제공격을 날렸다. 일명 '은근한 보호무역주의' 공격이다.

오바마 행정부의 경제 및 금융 전쟁은 2단계로 전개되었다. 첫 단계는 '수세전략'이었다. 미국은 글로벌 위기의 원인 제공자라는 눈총과 막대한 부채(재정 적자) 우려를 털어내고자 소비 감소, 신규 투자 위축, 단기적 공황 등의 부작용을 감수하고 신속한 부채 청산을 선택했다. 내부적으로는 세금 인상을 통해 재정건전성 확보 장치도 마련했다. 미국이 긴축을 단행하자 중국 경제도 흔들렸다. (의도 여부와 상관없이) 양수겸장兩手兼將 효과다. 하지만 미국의 위기 탈출과 대중국 경제 및 금융 전쟁 전략이 이것뿐이었다면 위기는 더 깊고 오래 머물렀을 것이다.

미국은 두 번째 단계로 '공세전략'도 준비해두었다. 대외적으로는 각국의 보호무역주의 움직임을 견제하는 발언을 쏟아냈다. 하지만 속으로는 합법적인 방법으로 수입을 규제하는 '은근한 보호무역주의' 공격을 단행했다. 그뿐만 아니라 기축통화 지위를 최대한 활용하여 환율전쟁과 통상 압력 카드를 연달아 사용하면서 미국 기업의 수출이 늘어나도록 강력히 지원했다. 오바마 대통령이 날린 선제공격을 이어받은 트럼프 대통령은 격렬한 무역보복전쟁을 벌였고, 그다음 대통령이 된 바이든은 중국에 대한 경제 및 금융 공격의 명분을 인권과 노동환경으로 확대했다.

중국의 약점이
드러나다

지난 10여 년의 미·중 무역전쟁, 코로나19 팬데믹으로 인한 경제충격은 중국 경제와 금융의 숨은 약점을 드러나게 했다. 경제성장률 급락, 수출 기업의 국제경쟁력 하락, 부동산 버블 고조 등이 그것이다.

〈그림10〉을 보자. 중국 경제성장률은 2007년 정점을 찍고 그대로 미끄러져 내려가고 있다. 2022년 상반기에는 경제성장률이 2.5%까지 추락했다. 최근 중국의 경제성장률 하락 원인 중 하나는 시진핑 3연임 대관식을 앞두고 '제로 코로나' 업적 만들기에 혈안이 되어 있기 때문이다. 하지만 중국 경제는 2007년부터 스키 활강대처럼 수직낙하를 하고 있다.

〈그림11〉~〈그림13〉을 보자. 급격하게 상승하던 수출 추세도 2014년부터 코로나19 발생 직전까지는 주춤해졌다. 반면 2007년 이후 중국 부동산시장에서는 신규 주택 착공이 늘어났다. 중국 전체 GDP에서 건설산업이 차지하는 비율도 계속 높아졌다. 특히 경제성장률이 이전 해보다 더 낮아지는 때는 신규 주택 착공이 평균 증가치를 넘는 추세를 보였다.

이는 무슨 의미일까? 첫째, 2007년 이후 가처분 소득이 늘어

그림10 | 중국 GDP 성장률 변화

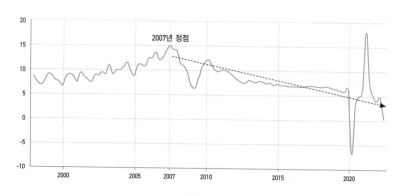

그림11 | 중국 수출액 변화 추이(억 달러)

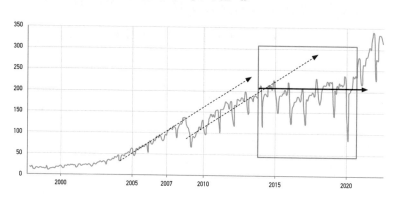

난 중국인들의 주택 매입이 빠르게 늘어났다. (실제로 중국인의 가처
분 소득은 2007년 전후부터 가파르게 증가했다.) 부동산 가격도 폭발적
으로 상승했다. 둘째, 경제성장률이 수직 낙하할 동안 건설 및 부
동산 시장에 대한 중국 경제의 의존도가 높아졌다. (중국인의 가계부

그림12 | 중국 신규주택 착공 규모 변화 (만 m²)

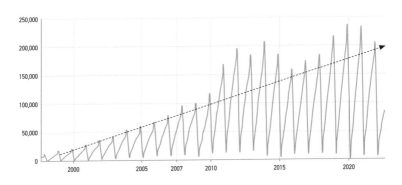

그림13 | 중국 GDP상 건설산업 비중 변화 (억 위안)

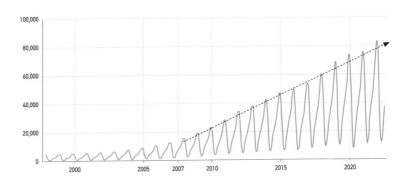

채율도 2007년부터 가파르게 상승했다.)

〈그림14〉와 〈그림15〉를 보자. 중국 GDP에서 제조업과 서비스업이 차지하는 비율이다. 2007년 이후로 서비스업도 중국인의 가처분 소득이 가파르게 증가하는 추세를 그대로 반영하여 상승

세가 지속되었다. 반면 제조업은 2014~2017년에 정체기를 겪은 뒤에 재상승에 성공했지만, 과거 성장 추세보다 약화되었다. 셋째, 그나마 부동산 시장이 경제를 받쳐주어서 중국 경제성장률이 한동안 5~6%대를 유지할 수 있었다.

그림14 | 중국 GDP상 제조업 비중 변화 (억 위안)

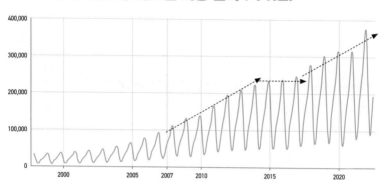

그림15 | 중국 GDP상 서비스산업 비중 변화 (억 위안)

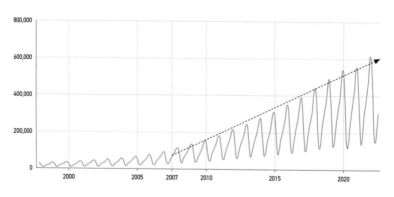

문제는 앞으로 '중국 부동산이 얼마나 버텨줄 수 있느냐'다. 이 문제는 2가지로 세분할 수 있다. 하나는 중국 부동산 가격이 계속 상승할 수 있느냐? 만약 계속 상승하면 집 없는 인민의 분노가 치솟을 것인데, 이를 어떻게 통제할 수 있을 것이냐?

시진핑 정부도 이 문제를 민감하게 생각했다. 부동산 가격이 미친 듯이 치솟아 집 없는 인민들의 가슴에 화가 일어나면 연임을 이어나가는 데 큰 방해가 되기 때문이다. 이에 시진핑 주석은 직접 나서서 "집은 투기의 대상이 아니라 거주의 수단"이며, 집값을 잡는 것이 공동부유共同富裕로 가는 핵심 정책이라고 선언했다. 그리고 부동산 투기와 전쟁을 벌였다. 부동산 대출 총량제, 주택담보대출 심사 강화, 위장이혼을 통한 주택청약 방지대책 등 다양한 규제 정책을 쏟아냈다. 규제 폭탄이 쏟아지자, 효과가 서서히 나타났다. 그러나 그 효과는 2021년까지였다. 2022년이 되자 상황이 급변했기 때문이다.

40년 만에 최고치로 치솟은 물가로 인해 미국 연준은 강력한 긴축정책으로 선회했고, 중국을 비롯한 전 세계 부동산 시장이 한순간에 얼어붙었다. 중국 정부의 예상보다 더 빠르고 광범위하게 부동산 시장이 얼어붙자 중국 경제에 심각한 문제가 발생했다.

2022년 10월에 중국부동산정보CRIC가 분석한 바에 따르면 2022년 1~9월까지 중국 내 100대 부동산 기업의 신규 주택 판매액이 전년 동기 대비 45.4%(4조 6,700억 위안/한화로 약 931조 원) 급감했다. 월간 주택 판매액도 2021년 7월부터 2022년 9월까지 15개월 연속 하락 추세. 중국 국가통계국의 조사에서도 2022년 1~8월까지 신규 주택 판매 면적이 전년 동기 대비 23% 줄었다.

헝다를 시작으로 중국의 대형 부동산 기업들이 디폴트(채무 불이행)에 빠졌고, 부동산 개발 업체의 부실이 커지면서 중국 내 곳곳에서 공사 중단 사태가 벌어졌다. 급기야 아파트 분양을 받은 중국인들이 주택담보대출(모기지) 상환을 거부하면서 아파트 공사가 중단되는 악순환이 벌어졌다.[15]

그러자 중국 정부는 규제 폭탄을 거둬들이고 부양책을 쏟아냈다. 2022년에 미국의 강력한 기준금리 인상 기조와 킹달러 상황이 전 세계 경제를 공포로 몰아넣는 상황에서 중국은 상업은행의 지급준비율을 계속 낮춰서 부동산 개발 업체에 자금을 지원했다. 달러자본의 탈출 위험과 외환 보유고 감소를 무릅쓰고 기준금리 인하까지 단행했다(2022년 1~10월까지 중국의 외환 보유고 감소 금액은 2,211억 달러였다). 시장 유동성을 유지하여 부동산 시장의 붕괴를 막으려는 궁여지책이고, 중국 경제 상황이 그만큼 나쁘다는 반증이다.

2022년 5월과 8월에 중국 중앙은행인 인민은행은 주택담보대출의 기준금리 역할을 하는 5년 만기대출 우대금리LPR를 0.15%p씩 인하했다. 5월과 10월에는 생애 첫 주택 구매자에 대한 주택담보대출 금리를 각각 0.2%p, 0.15%p 내렸다. 중국 재정부와 세무총국은 기존 주택을 팔고 1년 이내에 신규 주택을 구매하면 양도세를 감면해준다고 발표했다. 만약 신규 주택의 매입 가격이 기존 주택 매각 금액 이상이면, 양도세를 전액 환급해준다. 기존 양도세 면제가 주택 구매 후 5년 후부터 적용되는 것과 확연히 비교된다.

이런 정책들이 쏟아지는 상황이지만 중국의 부동산 시장은 회복될 기미가 없다.

다른 하나는 (부동산 경기가 되살아나는 것과 상관없이) 이미 높은 수준에 다다른 부동산 버블 문제다. 2019년 9월에 노벨 경제학상 수상자인 폴 크루그먼 뉴욕시립대학교 교수는 "(중국 경제가) 급변점tipping point에 다다라 위기에 빠져들 가능성이 있다"라고 진단했다. 그는 "중국 경제에서 투자 규모나 신용거래는 지속 불가능한 수준으로 거대하다"면서, 앞으로 미·중 간의 무역전쟁이 재개되면 중국 내 심각하게 쌓여 있는 각종 버블이 붕괴되는 심각한 위기가 닥칠 수 있다고 전망했다.[16] 중국의 버블 문제는 어제오늘의 일이 아니다. 이미 축적된 부동산 시장의 버블이나 기업과 지방정부의 부실 규모가 심각하다. 특히 부동산 버블은 아찔할 정도다.

2016년에 시진핑 정부는 '샤오캉小康'(모든 인민이 편안하고 잘사는 사회) 실현을 앞당기고, 주요 도시의 주택과 콘도의 높은 공실률(2016년 24%)을 줄이기 위해 2025년까지 농촌에서 2억 5천만 명을 도시로 이주시킨다는 계획을 발표했다. 필자는 중국 부동산의 심각한 위기는 이때부터 시작되었다고 본다. 중국 부자들과 도시주민들은 이 계획이 가져다줄 투기 기회를 직감했다. 당시 중국의 부동산 시장은 2005년부터 매년 220만 채씩 주택이 과잉 공급되고 있었다.

2013년에 발간된 〈중국 주택금융 조사〉에 따르면 주택 소유율은 89.7%(농촌 92.6%, 도시 85.4%)를 기록했다. 전 세계 평균 63%(미국 65%, 일본 60%)를 훌쩍 넘은 수치다. 2016년에 중국의 정상적 주택수요는 연평균 580만 채에 불과했다. 하지만 2012년 상반기에만 1,900만 채의 주택이 착공되었다. 3.3배 과잉 건설이었다. 중국의 도시 거주율도 전체 인구 대비 56%(7억 6천만 명)에 다다랐다. 공급량은 넘치는데, 도시 인구 유입 속도는 줄고 있었다. 심지어 2010년경부터 중국 인구성장률은 줄어들기 시작했고, 2025년부터는 인구 증가가 멈춘다.

중국 부동산 시장의 위험을 알리는 미래신호futures signals는 대출시장에서도 나타났다. 2010년 이후, GDP 대비 중국의 은행대출 비율이 감소하기 시작했다. 그 대신 그림자 금융대출이 급격히 증가했다. 2014년에 그림자 금융대출은 GDP 대비 60%를 넘었다. 같은 해, 금융권 부채는 GDP 대비 65%였다. 총부채 규모는 2000년에 2조 1천억 달러에서 2016년에 34조 5천억 달러로 16.4배 증가했는데 기업부채 비율이 가장 높았다. 2022년은 상황이 달라졌을까? 아니다. 중국 GDP 대비 가계부채는 2016년보다 50% 증가했다. GDP 대비 정부부채도 30% 이상 증가했다. 중국은 기업부채도 심각하다. 세계 최대 수준이다. 중국의 2019년 3분기 기업부채는 GDP 대비 기업부채는 150%가 넘는다. 미국 70% 수준인 것과 비교하면 2배가 넘는다. 중국 기업부채는 GDP 대비 비율과 총금액 모두 미국을 앞선다. 총금액만으로는 전 세계 최대 규모다.

고차용채무highly leveraged debt 비율도 전 세계에서 가장 높다. 2020년 한 해에도 중국 중앙은행이 시중은행에 있는 부실채권을 매입하여(자산매입 방식) 3조 1천억 위안(540조 원)의 부실을 뒤처리했다. 중국 정부가 2016년 이후부터 경제성장률 하락을 용인한 이유가 있다. 기업의 구조조정 때문이었다.

중국 정부는 은행 대출을 조정하면서 부실기업의 돈줄을 묶어서 파산시키거나, 정부가 직접 개입하여 기업 간 인수합병을 유도했다. 중국의 상장 기업 중 70~80%는 국영 기업이다. 상해거래소는 80% 이상이 국영 기업이다. 중국 정부는 국가가 최대 지분을 보유한 국영 기업들을 강제로 합병을 한 후, 국영은행을 통한 대출 허가로 기업들의 숨통을 터줬다. 중국 정부는 베이징 북대방정그룹, 융청석탄, 칭화유니그룹 등 'AAA' 신용등급을 받을 정도로 우량한 국영 기업들도 강제로 합병시켰다. 이런 노력으로 GDP 대비 기업부채는 코로나19 발생 직전까지 감소 추세를 보였다. 하지만 코로나19 팬데믹으로 구조조정을 멈추고 다시 돈을 풀 수밖에 없었다. 2022~2022년 기업부채는 다시 증가세로 전환되어 2016년 수준(GDP 대비 160%대)으로 되돌아갔다.[17]

미국 서브프라임 모기지 위기를 예측하고 폭락장에 배팅하여 큰 수익을 올린 헤이먼캐피털 대표 카일 베스는 2016년 2월 3일에 CNBC 방송에서 중국의 악성 부채 위기는 미국 서브프라임 위기보다 5배 이상 더 심각하다고 분석했다. 만약 중국 부동산 버블 붕괴로 금융위기가 발발하여 자산시장이 폭락하면, 위안화 가치는 15~30% 하락하고, 은행들이 자본을 재구성하는 데 5~10조 달러의 자금이 필요하다고 경고했다.

위기 방어를 위한 외환보유고 소진도 불가피하다. 2022년 10월 현재 중국 외환보유고는 3조 289억 달러 정도다. 2015~

2016년처럼 다시 단기간에 8,500억 달러 정도 외환보유고가 감소하면 곧바로 외환위기 상황이 된다. 헝다 사태 이전부터 중국 경제에 대한 외국 자본의 기대감이 추락하고 있다. 필자의 분석으로는 중국 외환보유고의 마지노선은 2조 5천억 달러로, 현재 기준으로 마지노선까지 7천억 달러 정도 여유밖에 없다(일부에서는 1조 8천억 달러를 마지노선으로 보기도 한다).

시진핑도 부동산 문제가 중국 경제를 경착륙시키고 자신의 지배체제를 흔들 수 있는 뇌관이라는 것을 안다. 5년 전 중국 내 빈집 규모는 8천만 채 정도였다. 5년이 지난 지금 영국 캐피털이 코노믹스가 분석한 중국의 미분양 아파트는 3천만 가구, 분양은 되었으나 잔금 미지급 등의 이유로 비어 있는 집 1억 가구 등 총 1억 3천만 가구가 빈집인 것으로 추산되었다. 5년 전보다 무려 5천만 채가 증가했다. 헝다 부도 사태 이후, 중국 부동산 업체의 절반 정도가 이익으로 이자도 갚지 못하는 좀비기업 상태다. IMF는 이들 중 절반 정도가 파산할 가능성이 있다고 분석했다.[18]

필자의 예측으로는 미국은 앞으로 1년은 자산시장 대폭락, 그다음 1년은 실물경기 대침체를 겪을 것으로 보인다. 미국을 제외한 유럽과 신흥국들은 2년 정도 자산시장 대폭락기를, 그 이후에는 2~3년 정도의 실물경기 대침체를 맞이할 것이다.

중국도 예외가 아니다. 2022년 현재 중국 전체 부채는 GDP 대비 273%로 사상 최고다. 중국 지방정부는 '돌려막기'로 버티는 상황이다. 중국 지방정부의 세수 수익의 큰 부분을 차지하는 것이 '토지 사용권 매각 수익'이다. 중국 재정부에 따르면,

2022년 1~8월에 지방정부 토지 사용권 매각 수입은 전년 대비 28.5%(1조 3,500억 위안) 감소했다. 코로나19 팬데믹 극복을 위한 감세정책 때문에 기존 세수도 2조 3천억 위안이 줄었다. 2022년 상반기에 중국 31개 성·시가 모두 재정 적자 상태다.[19]

중국 중앙정부의 재정 적자도 2015년부터는 3~4%를 꾸준히 유지 중이다. 만약 이 기간에 중국 부동산 시장의 버블이 붕괴되면, 중국 경제성장률은 일시적으로는 마이너스 성장을 할 것이고, 그 이후에도 한동안은 (인위적 부양책을 강하게 사용하지 않는 한) 경제성장률이 3%를 밑돌 가능성이 있다. 그리고 세계 경제도 한 차례 더 출렁이게 될 것이다.

미국의 계책,
위위구조

시진핑 주석은 3연임 기간 5년 내내에도 '부동산 버블 붕괴'라는 시한폭탄을 손에 쥐고 불안한 행보를 해야 한다. 시진핑이 공동부유를 부르짖고, '집은 투기의 대상이 아니라 거주의 수단'이라고 강조하는 이유가 여기에 있다.

중국의 평균 저축률은 소득의 30%다. 상위 5% 최상위 부자들은 69%를 저축한다. 상위 10% 부자들은 소득의 66.5%를 저축한다. 이 두 그룹의 저축은 중국 전체 저축의 74.9%를 차지한다. 상위 10% 부자들이 중국 가계 부동산 자산의 84.6%를 장악하고 있다. 부동산을 구매하는 중국인 중에서 주택담보대출을 이용하는 비율은 18%에 불과하다. 현찰로 부동산을 사는 82%는 상위 10% 자산가들이다.

결국 중국 부동산 시장의 투기 열풍과 막대한 유동성 공급의 진원지는 상위 10% 부자들이다. 나머지 90%의 중국 인민은 상위 10%의 부자들이 마구잡이로 끌어올리는 부동산 가격을 뒤쫓아가기 바쁘다. 부자들이 끌어올린 부동산 가격과 도시물가 상승으로 소득 하위 25%(소득 1분위)는 대출 비율이 소득 대비 35배를 넘었다. 도시에 거주하는 중국인들 중 32.5%는 도시 거주자로 등록

조차 하지 못하고 있다. 2억 4,700만 명에 이르는 미등록 거주자들은 불법 이주자로서 교육, 의료 등 사회복지의 사각지대에 있다.[20]

이런 극심한 부의 불균형을 해결하고자 공동부유를 외치고 투기세력을 잡으려고 규제를 강화하지만, 가장 먼저 타격을 받는 대상은 중산층과 서민층이다. 중국 부동산은 GDP 기여도가 30%이고, 가계 자산의 70%를 차지한다. 부동산 버블이 붕괴되면 국가도 가계도 나락으로 떨어진다. 부동산을 사라고 부추겨도 문제가 되고 규제해도 문제가 생긴다. 한마디로 진퇴양난이다. 그래도 둘 중의 하나를 선택해야 한다.

결국 앞으로 5년도 '빚내서 집을 사라'는 정책을 지속할 가능성이 높다. 당장은 부동산 시장의 대붕괴를 막아야 하고, 부동산에 물려 있는 중국 중산층들의 불만을 달랠 별다른 묘수가 없기 때문이다. 미국은 이 약점을 집요하게 파고드는 전략을 구사해야 한다. 바로 '위위구조圍魏救趙' 계책이다. 그리고 다가오는 자산시장 대학살, 글로벌 경기 대침체 기간은 '위위구조' 계책의 효과를 극대화할 수 있는 기회를 제공할 것이다.

'위위구조'는 《사기》의 〈손자오기열전〉에 나오는 고사성어다. 뜻은 "위나라를 포위하여 조나라를 구한다"이다. 주인공은 제나라다. 기원전 341년 전국시대에 일어난 일이다. 위나라 왕은 방연 장군에게 30만 대군을 이끌고 조나라의 수도 한단성 공격을 명령했다. 위나라의 30만 대군이 몰려와서 한단성을 겹겹이 포위하자 조나라는 싸울 엄두를 내지 못하고 성문을 굳게 닫고 버티기에 급급했다. 3개월이 지나자 한단성은 식량이 고갈되고 백성들이 쥐를

잡아먹는 상황까지 몰렸다. 형세가 불리해진 조나라는 제나라에게 구원을 요청했다.[21]

조나라가 무너지면 제나라 또한 안전하지 못할 것입니다. 그러니 조나라를 구하는 것이 제나라에 도움이 될 것입니다. 서둘러 지원군을 보내주시기 바랍니다.

제나라 위왕은 전기田忌를 총사령관, 손빈孫臏을 군사軍師로 임명하고 군대를 즉각 파병했다. 손빈은 《손자병법》으로 널리 알려진 손무孫武의 손자다. 이 이야기를 지금 상황에 적용해보자. 위나라는 중국이다. 포위당한 조나라는 대만이다. 조나라가 원군을 요청한 제나라는 미국이다. 대만을 구하지 못하면 미국도 경제적 안전, 패권전쟁의 승리를 장담할 수 없다. 제나라 군사 손빈이 탁월한 계책을 떠올렸다. 이 계책은 대만을 앞에 놓고 중국과 군사적 정면충돌을 피하고 싶은 미국에게도 꼭 들어맞는다. 손빈의 절묘한 계책을 이렇다.

우리 제나라 군대가 직접 조나라 한단으로 가서 위나라와 싸운다면 조나라는 한숨 돌리게 될 것입니다. 하지만 위나라 군대가 용맹하니 분명 우리 제나라 병사들이 심각한 타격을 입게 될 것입니다. 혹시라도 위나라 군대가 생각보다 강하다면 우리 군대가 위험에 처할 수도 있습니다. 무릇 엉킨 실을 풀려면 주먹으로 때려서는 안 되며, 맞붙은 싸움을 말리려면 그저 공격만 해서는 안 됩니다. 엉킨 실오라기를 풀려면 매듭을 찾아 풀어야 하고, 높은 가지에 앉은 새를 쫓으려면 나무에 오르지 않고도 나무를 흔들면 쉽게 쫓을 수 있습니다.

조나라의 급소인 목을 움켜쥐고 허를 찌르면, 형세가 불리하게 되어 절로 풀리게 됩니다. 위나라는 조나라를 점령하기 위해 자국의 모든 군대를 동원했습니다. 지금 위나라 안에는 노약한 잔병들만 남아 있을 것입니다.

따라서 적의 허약한 곳을 찌르는 전술을 써서, 신속히 위의 수도인 대량으로 달려가 점령하는 것이 상책입니다. 그러면 적은 틀림없이 조를 버리고 자기 나라를 지키기 위해 달려올 것입니다. 이렇게 하는 것이 조의 포위를 단숨에 풀고 위를 갚아먹는 방법입니다.

미국과 중국의 패권전쟁은 점입가경이다. 지난 10여 년이 넘는 기간에 미국과 중국은 정면충돌을 서로 피하면서 장기간 대치하는 형국이었다. 간간이 거친 설전, 상대를 자극하는 조치, 무역전쟁 같은 소규모 전투만 벌이고 있다. 러시아가 등장하고 대만 문제까지 확대되면서, 미·중 패권전쟁은 엉킨 실타래 형국이 되었다.

미국의 입장에서는 중국이 러시아와 손잡고 대만을 무력으로 침공하거나 전면 봉쇄를 하여 고사시키는 전략을 구사하기 전에 치명적 타격을 가할 방법을 찾아야 한다. 그렇다고 중국을 향한 전면전은 출혈이 매우 크다. 이럴 때 최고의 전략은 (손빈이 제안한 것처럼) 중국의 급소를 움켜쥐고 허를 찔러 적이 처한 형세를 불리하게 만든 다음 스스로 물러나게 하는 것이다. 다행히 중국 내부 상황이 좋지 못하다. 중국 본토의 허약한 곳을 먼저 찌르는 전략을 구사하면, 중국이 대만에 집중할 여력을 없앨 수 있다. 이것이 미국이 중국의 대만 침공 문제를 단숨에 풀고 중국을 갉아먹는 방법이다.

제나라 전기는 손빈의 계책을 따랐다. 전기 장군은 군대를 둘로 나누어 배치했다. 한쪽은 위나라 수도 대량을 직접 공격했다. 다른 한쪽은 위나라 군대가 회군하여 돌아오는 길목에 잠복시켰다. 제나라의 느닷없는 선제공격에 위나라 왕은 당황했다. 서둘러 파발을 보내, 조나라 수도 한단성을 포위하고 있던 군대에 회군 명령을 내렸다. 급히 회군하던 위나라 군대는 마릉 지역에 매복해 있던 제나라 군대의 급습을 받고 대패했다. 이로써 제나라는 큰 병력 손실 없이 조나라를 구했다. 이 전투로 손빈의 이름이 천하에 알려졌고, 그의 병법인 《36계》도 대대에 전해졌다. 적의 전력을 분산시키고, 실체를 분명히 드러내고, 약점을 파고들어 승리를 쟁취하는 '위위구조' 계책은 손빈의 《36계》에서 '제2계'이다.[22]

미국의 용병,
거대 자본가와 기업가들

미국이 구사할 '위위구조' 계책에서도 군대는 둘로 나뉜다. 하나는 정부이고, 다른 하나는 용병이다. 자본주의 시대에 경제는 두 얼굴을 가진다. 선한 얼굴과 악한 얼굴이다. 선한 얼굴의 경제는 신분 차별 없이 누구나 원하는 자원과 상품을 자유롭게 구매하거나 교환하게 돕는 평화로운 행위다. 자본주의 경제 시스템 덕택에 누구나 삶을 풍요롭게 만들 기회를 얻는다. (과거에 중세나 신분 사회에서는 누구나 원하는 자원과 상품을 자유롭게 얻을 수 없었다.)

반면 악한 얼굴은 부의 규모에 따라 새로운 계급사회를 만들고 경제력으로 타인을 공격할 수 있다는 것이다. 돈이 많을수록 더 많은 사람에게 영향력을 미칠 수 있고, 더 많은 사람을 선동해 더 큰 권력을 얻을 수 있다. 현대사회에서 강력한 자본가가 과거의 왕보다 더 큰 권력과 영향력을 갖는 이유다. 미국도 대공황이 발발했을 때 대통령이 J. P. 모건 등 월가 거대자본가에게 손을 벌렸던 사례가 있다. 이런 이치는 국가 간에도 적용된다.

국제사회에서 경제는 핵전쟁을 두려워하는 인류가 선택한 새로운 영토 및 패권전쟁의 핵심 무기가 되었다. 이것을 경제 및 금융전쟁이라고 한다. 단 경제 및 금융 전쟁은 국가가 직접 모든 전쟁을 수행하지 않는다. 용병이나 경제 저격수가 앞에 나서고, 국가는 뒤에서 이들을 암묵적으로 지지하는 형식을 취한다. 국가가 고용하는 용병은 거대 자본가와 기업가들이다. 실제로 200년 동안 전 세계에서 벌어진 수많은 전쟁의 배후에는 유럽과 미국의 자본가, 기업가의 치열한 암투와 전략이 함께했다. 1985년 이후에 미국이 패권에 도전하는 일본을 공격할 때도 앞에서는 미국 반도체산업협회SIA나 마이크론 등 미국 기업가들이 나섰고, 미국 정부는 플라자합의와 '서스펜션 협정' 등을 강제 체결하여 후방 지원을 했다.

현재 미국은 국가와 민간 차원에서 경제 및 금융 전쟁의 최고 전력을 보유한 국가다. 미·중·러 패권전쟁, 대만을 둘러싼 힘겨루기에서도 무리한 군사전쟁보다는 자본과 산업을 무기로 공격하는 편이 훨씬 낫다. 경제 및 금융 전쟁이 총칼을 들고 싸우는 군사전쟁보다 무서운 이유는 적이 보이지 않기 때문이다. 경제 및 금융 전쟁의 포탄에 맞아 쓰러지기 전까지는 공격조차 쉽게 알아차리기 힘들다. 심지어 경제적 내상을 크게 입고 쓰러진 후에도 이것이 경제 및 금융 전쟁이었을 리가 없다는 착각에 빠진다. 그래서 필자는 경제 및 금융 전쟁은 '소리 없는 전쟁'이고 용병과 저격수들은 '투명 망토를 입고 오는 강력한 군대'라고 비유한다.

미국의
수세전략

2008년 오바마 행정부처럼 이번에도 미국은 2단계로 중국을 향한 경제 및 금융 전쟁을 시도할 것이다. '수세전략'과 '공세전략'이다. 첫 단계 '수세전략'은 미국 경제를 빠르게 정상궤도에 올리고 동시에 중국 경제를 크게 흔드는 (의도 여부와 상관없이) 양수겸장兩手兼將 효과를 노린다. 코로나19 발생 이후 미국은 40년 만에 가장 높은 인플레이션에 시달리고 있다. 연준의 대차대조표도 2배 상승했다. 미국 정부의 GDP 대비 부채 비율도 22%p 증가했다.

필자가 2022년 4월에 미국 인플레이션율 하락 추세를 분석한 자료를 살펴보자. 〈그림16〉은 2022년 4월에 40년 만에 최고 수준의 인플레이션율을 기록하는 데 어떤 요소들이 기여했는지를 분석한 것이다. 〈그림17〉은 기여한 힘들을 고려해서 2022년 연말까지 미국의 인플레이션율이 얼마나 하락할지를 전망한 것이다. 연준이 선방한다면 2022년 12월 말까지 최고 2.5~3.2%p를 감소시켜서 2022년 4월의 8.3%에서 5.1~5.8%까지 낮출 수 있을 것으로 보인다. 하지만 연준이 적절한 대응에 실패하면 최악의 경우 인플레이션율이 6.9~7.4% 사이에 머물 것으로 예측된다.

그림16 | 미국 인플레이션 기여 정도

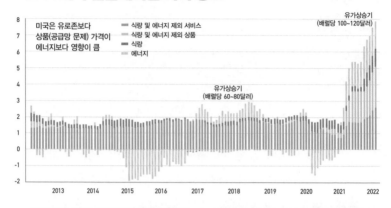

- **에너지 분야:** 공급망, 러시아전쟁 영향을 받고 있음, 2022년 말까지 80달러 선까지 하락 안정이 가능하다면 인플레이션 기여 정도 0.5~1.0%p 감소 가능, 최악의 경우라면 0.2~0.3%p만 감소 가능.

- **식량 분야:** 공급망, 러시아전쟁 영향을 받고 있음, 2022년 말까지 절반까지 하락 안정이 가능하다면 인플레이션 기여 정도 0.5%p 감소 가능, 최악의 경우라면 0.2~0.3%p만 감소 가능.

- **식량 및 에너지 제외 상품 분야:** 공급망, 중국 제로코로나 영향을 받고 있음, 2022년 말까지 절반까지 하락 안정이 가능하다면 인플레이션 기여 정도 1.0~1.2%p 감소 가능, 최악의 경우라면 0.3~0.5%p만 감소 가능.

- **식량 및 에너지 제외 서비스 분야:** 인건비 영향을 크게 받고 있음, 2022년 말까지 코로나19 이전 평균치까지 하락 안정이 가능하다면 인플레이션 기여 정도 0.5%p 감소 가능, 최악의 경우라면 0.2~0.3%p만 감소 가능.

위 모든 변수를 감안할 때 2022년 말까지 하락 가능한 최대 인플레이션율은 (2022년 4월 8.3%에서) 2.5~3.2%p 정도 감소하여 5.1~5.8% 수준까지 가능하다. 하지만 최악의 경우라면 6.9~7.4% 선에 머물 것이다. (참고로, 필자의 예측 중에서 2022년 12월 미국 인플레이션율은 최악의 시나리오로 귀결되었다.)

그림17 | 미국 인플레이션 변화

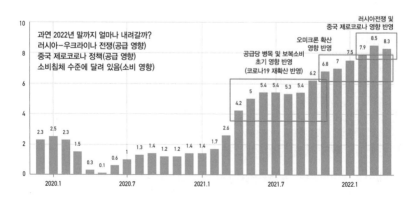

이렇게 예측한 이유는 다음과 같다. 인플레이션의 원인은 2가지로, 수요 견인과 비용 인상이다. 2022년 초에 미국을 비롯한 전 세계를 강타한 인플레이션 대재앙은 2가지 원인이 동시에 작용했다.

수요 견인 인플레이션은 총수요 증가가 원인이다. 수요 증가는 일시적으로 수요가 폭발(보복소비)하거나, 총공급에 큰 변화가 없는 상황에서 통화량이 급격하게 증가하면서 이자율이 하락하여 기업과 가계의 지출이 증가하는 상태다. 참고로 통화량 증가는 장기적 원인이다. 통화량 증가가 미치는 영향력은 기하급수적 곡선 움직임을 보인다. 그래서 상당 기간 동안 딜레이 효과가 발생하여 별 영향이 없는 듯 보이다가 '갑자기' 인플레이션율 상승에 급격한 영향을 준다. 따라서 연준이 기준금리를 인상해도 총수요 증가를 누그러뜨리는 데는 상당한 시간이 필요하다.

특히 필자의 분석으로는 인플레이션은 대체로 M자형 움직임을 보인다. 일시적으로 한 차례 하락하다가도 다시 재상승을 하는 패턴이다. 전체 핵심물가지수CPI 상승분의 73%를 차지하는 서비스 부문 물가는 상품 가격보다 늦게 오르고 일단 오르면 잘 내려가지 않는 특징이 있기 때문이다. 서비스는 일반 상품과 달리 공급망 병목현상이 개선되더라도 가격 안정이 즉각 이루어지지 않는다. 〈그림18〉에서 2021~2022년 미국의 핵심 물가도 M자형으로 움직이는 모습을 볼 수 있다.

비용 인상 인플레이션은 총공급 감소가 원인이다. 총수요는 변함이 없는 상황에서 원유 및 원자재 가격 등의 비용 상승으로

그림18 | 미국 핵심 물가 지수

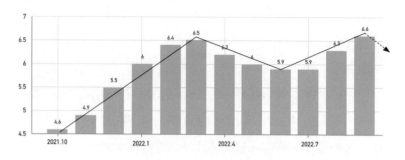

기업 생산이 위축되는 상태다. 참고로 공급 요인으로 인플레이션이 발생할 때 통화정책이 긴축으로 전환되면, 스태그플레이션 압력과 경기 경착륙 위험도가 높아진다. 이번 총공급 감소 영역을 주도하는 힘들은 러시아-우크라이나 전쟁, 중국의 제로코로나 정책, 코로나19 팬데믹으로 흐트러진 글로벌 공급망의 회복, 미·중 간의 공급망 전쟁이었다. 이런 힘들은 연준의 긴축정책에 전혀 영향을 받지 않아서 연준이 할 수 있는 일이 거의 없다.

실제 결과는 어떻게 되었을까? 2022년 연말에 미국의 인플레이션율은 필자가 최악으로 꼽았던 수치보다 높았다. 최악 중의 최악이었다. 결국 미국 연준은 소비 감소, 신규 투자 위축, 자산시장 대학살, 단기적 경기 대침체 등의 예상 부작용을 감수하고 강력하고 빠른 긴축(기준금리 인상과 QT)으로 선회했다. 왜일까? 인플레이션의 유형은 크게 4가지 정도다.

첫째는 '착한 인플레이션'이다. 착한 인플레이션은 경제에 활력을 주고 안정적 성장을 유도하는 상태다. 인플레이션율이 제로

이거나 마이너스가 되는 상황을 디플레이션이라고 부른다. 디플레이션은 국가 경제에 나쁘다. 디플레이션에 빠진 일본 경제가 30년 동안 잃어버린 세월을 보낸 것을 보라. 경제가 활력을 가지려면 일정 수준의 인플레이션율 상승이 필요하다. 코로나19 발생 이전에 미국 연준이 중립금리라는 말로 목표치(2%)를 제공한 수준이 착한 인플레이션 수준이라고 생각하면 된다.

둘째는 '나쁜 인플레이션'이다. 인플레이션은 물가 수준이 일정 기간 동안 지속적으로 오르는 현상 혹은 화폐 가치가 지속적으로 하락하는 현상이다. 물가 인상 수준이 몇 퍼센트여야 '나쁜'지는 시대마다 다르지만, 보통 인플레이션율 상승(화폐 가치 하락)이 경제성장을 방해하기 시작한다면 '나쁜 인플레이션'이라고 한다.

셋째는 '초인플레이션'이다. 나쁜 인플레이션 상황을 넘어서는 국면이다.

넷째는 '극초hyper인플레이션'이다. 전쟁 패전국이나 경제가 파탄 난 국가에서 주로 발생하는 현상으로, 통화 총량이 수만 배로 증가하여 닭 1마리를 사려면 수레에 한가득 돈을 실어 나가야 할 정도다.

2022년에 40년 만에 최고치를 기록한 미국의 인플레이션율은 '나쁜 인플레이션' 상황 중에서도 심각한 수준이었다. 만약 연준이 높은 인플레이션율을 방치하면, 곧바로 셋째 단계인 '초인플레이션' 상황에 진입할 수 있을 상황이었다. 나쁜 인플레이션 단계에서는 인플레이션율의 상승 속도가 계단을 하나씩 밟고 올라가는 수준이라면, 초인플레이션 단계에서는 한 번에 계단을 2~3개씩 밟고 올라가는 정도로 빨라진다. 그리고 임계점을 지나면 지수형 상승을 시작한다. 지수형 상승이 일단 시작되면 백약이 무효하다. 순식간에 '극초 인플레이션' 국면으로 진입하면서 경제 시스템 전체가 완전히 붕괴된다. 2022~2023년에 미국 연준이 경제가 경착륙될 것을 무릅쓰고 기준금리를 빠르고 강하게 인상한 것은 초인플레이션 상황에 빠지는 것을 막기 위한 고육지책이었다.

연준이 기준금리를 5%까지 올려도 인플레이션은 잡기 어려울 것이다. 이미 실기했기 때문이다. 미국과 주요 선진국들의 높은 인플레이션은 경제가 추락해야 잡힌다. 그래서 경제를 추락시킬 것이다. 필자의 분석으로는 연준도 그 길을 염두에 두고 있는 듯하다. 물론 연준이 믿는 구석도 있다. 미국 경제가 경착륙하면 인플레이션율을 최소한 2% 미만으로 곧바로 떨어뜨릴 수 있다. 사실 이것이 가장 간단한 방법이다. 2002년 경기 대침체 때, 미국의 인플레이션율은 6개월 만에 3.7%에서 1.1%까지 하락했다. 2008년 경기 대침체 때는 그 속도가 더 빠르고 가팔랐다. 5.6%였던 인플레이션율이 6개월 만에 제로까지 하락했고, 그다음 6개월이 지나자 −2.1%까지 추가 하락했다. 총 12개월 만에 7.8%p 하락한 셈이다. 이번에도 이런 속도로 하락하면 미국의 인플레이션율은 최악의 경우 제로 혹은 마이너스가 될 수도 있다.

연준이 믿는 구석은 더 있다. 미국 경제의 펀더멘털을 구축하는 실업률과 민간소비력이다. 〈그림19〉~〈그림21〉을 보자. 인플레이션율이 고공행진을 하는 동안에도 미국의 실업률은 3.5%까지 하락했다. 완전고용의 기준으로 삼는 4%보다 낮고, 코로나19 발생 이전 가장 낮은 수준과 같다. 그리고 3.5%는 1970년 이후 가장 낮은 수치다. 미국 소비력도 보자. 코로나19 발생 이후, 미국의 2022년 3분기 월간 소매판매는 2020년 후반기~2021년 수치보다 낮다. 하지만 착시 효과다. 코로나 대봉쇄 이후 발생한 보복소비와 리바운드 효과로 만들어진 수치와 비교하니 상대적으로 낮게 보일 뿐 코로나19 발생 이전 미국의 정상적인 경제 상황과 비교하면 별다른 차이가 없다. GDP 대비 가계부채는 약간 상승했지만, 여전히 견고하다.

문제는 중국이다. 미국이 긴축을 단행할 때마다 중국 경제가 흔들렸다. 중국 경제가 이번 긴축 기간에 받을 충격은 뼈아플 수 있다. 이번 긴축은 2008년보다 강도가 세다. 표면적인 기준금리는 2008년과 비슷하지만, 부채가 2배 이상 늘었기 때문에 충격도 최소한 2배 이상일 것이다.

예를 들어보자. 2022년 10월 현재 자산시장의 대학살과 경기 대침체가 본격적으로 시작되지도 않은 시점이지만 신흥국들의 통화가치 하락은 가파른 편이다. 한국의 경우 원달러 환율이 1,400원을 넘었다. 1,500원대까지 치솟았던 2008년 금융위기 당시 상황에 근접했다. 아르헨티나와 튀르키예의 통화 가치는 2022년 한 해에만 39% 넘게 폭락했다. 경제 펀더멘털이 약한 신흥국들은 외환보유액이 2008년 금융위기 이후 최저치에 도달했다. 2022년 한 해에만 스리랑카, 파키스탄, 세르비아를 비롯한 16개가 넘는 나라들이 IMF에 구제금융을 요청했다. 아프리카(이집트, 가나 등)와

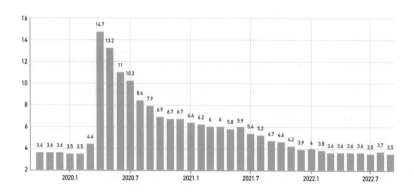

그림19 │ 미국 실업률 변화

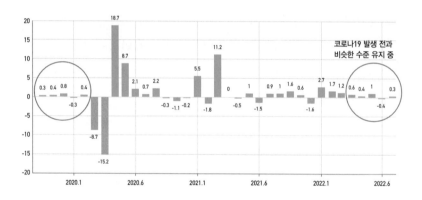

그림20 │ 미국 소비율 변화

동유럽(체코, 헝가리 등) 신흥국들도 위기에 직면했다. 앞으로 58개의 신흥국이 채무불이행 상태에 빠질 가능성도 거론된다.

　이런 역대급 충격에서 중국도 예외가 될 수 없다. 2008년 중국의 경제성장률은 15%에서 6.4%로 8.6%p가 추락했는데, 이번 충격으로는 마이너스 성장률을 기록할 수도 있다. 2022년 7월 현재 중국의 청년실업률은 19.9%로 사상 최고치를 기록했다. 본격적인 대침체기가 시작되면, 중국 내 실업률 상승 추세가 생산가능인구 전체로 확산될 수 있다. 실물경제 침체기간도 미국보다 길어질 수 있다. 반면 미국의 경제는 경착륙한 이후 빠르게 회복되고, 인플레이션율도 안정 수준에 진입할 것이다.

그림21 | 미국 GDP 대비 가계부채 비중 변화

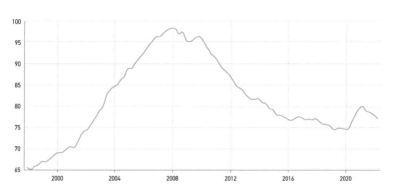

그림22 | 미국 인플레이션율 변화

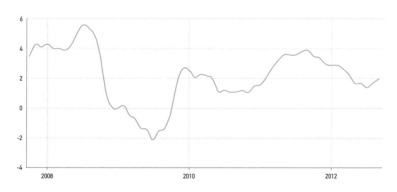

〈그림22〉를 보자. 2008년에 경기 대침체가 발발하자 5.6%였던 미국의 인플레이션율이 12개월 만에 −2.1%까지 하락했다. 총 12개월 만에 7.8%p 하락했고, 그 이후에는 2년 정도 2~4%대를 오르내리다가 2% 미만으로 수렴했다. 이번에도 비슷한 패턴을 보일 가능성이 다분하며, 중국을 향한 2단계 '공세전략'을 구사할 수 있는 환경이 마련될 것이다.

미국의
공세전략

이번 '공세전략'은 2024년 대선이 끝나고 새로 출범하는 행정부에서 실시될 가능성이 높다. 만약 트럼프 전 대통령이 재선에 성공하면, 강력한 무역전쟁이 재개될 확률이 높다. 중국을 향해 환율전쟁도 벌일 수 있다. 환율전쟁은 제1기축통화 지위에 있는 나라가 '전가의 보도'로 사용하는 무기다. (참고로 공급망 재편을 기반으로 한 공급망 공격은 시간이 매우 오래 걸리는 작업이다. 그리고 공급망 공격을 거세게 할 경우, 미국 경제와 산업에도 막대한 타격이 부메랑이 되어 되돌아온다)

'환율換率/exchange rate'은 양국 간에 이루어지는 돈의 교환 비율이다. 환율은 나라 경제의 대외적인 가치를 보여주는 가장 확실한 척도다. 환율은 한국, 일본, 중국처럼 수입한 원자재나 중간재로 만든 완성품을 수출해서 먹고사는 대외의존도가 높은 나라 경제에 사활을 결정하는 요소다. 수출 경쟁력, 수입 및 내수 물가, 환차익과 환차손을 극대화하는 환헤지, 주식 및 부동산과 채권 가격의 변화 등 거의 모든 경제활동이 환율과 밀접하게 연결되어 있기 때문이다. 참고로 환율 상승은 유가 상승보다 물가에 미치는 영향이 3~4배나 높다.[23]

1974년과 1985년에 두 차례, 미국은 경제력으로 미국에게 도전장을 내민 일본을 한 방에 잠재울 무기로 환율카드를 꺼내 들었다. 1974년은 '슈퍼 301조' 카드로 위협하여 달러당 360엔으로 고정된 일본의 고정환율제를 강제로 변동환율제로 바꾸고 엔-달러 환율을 266엔까지 낮추었다. 이런 강력한 조치에도 일본 수출의 기세가 꺾이지 않고 세계 2위의 경제 대국에 올라섰다. 그리고 1985년 일본은 노골적으로 엔화를 기축통화로 만들려는 욕심을 부렸다. 일본 외환심의회는 〈엔의 국제화에 대해〉라는 보고서를 내고 엔화의 기축통화 지위 획득을 공식화하고, 아시아 국가들에 대규모 엔화 차관을 제공하고 수도인 도쿄에 역외금융 시장을 설립 하는 등 구체적 행보를 시작했다.[24]

미국은 즉각 응징했다. 1985년에 일본과 독일을 플라자로 불러들이고 '외환시장 개입에 의한 달러화 강세 시정'을 강제 합의시켰다. 일본과 독일은 피눈물을 흘렸지만 선택의 여지가 없었다. 합의문에 서명하지 않으면, 미국이 '슈퍼 301조'를 발동해서 환율 조작국으로 지정하고, 미국 수출문도 닫아버리는 등 무역 보복을 단행한다고 윽박질렀기 때문이다.

플라자합의가 체결된 뒤 미국, 프랑스, 영국은 공동으로 외환시장에 개입해서 달러를 투매했다. 일본과 독일도 보유한 달러를 내다 팔아야 했다. 일본의 엔화는 일주일 만에 달러화에 대해서 약 8.3%, 독일의 마르크화는 7% 절상되었다. 2년 뒤에 엔화와 마르크화는 달러화에 대해서 30% 이상 절상되었다. 엔화의 경우, 1985년에는 1달러에 242엔이었지만 1987년 4월경에는 달러당 130엔이 되었다. 1995년경에는 달러당 100엔 밑으로 하락했다. 1974년 당시 '슈퍼 301조' 카드로 위협을 받던 달러당 360엔을 기준으로 하면 무려 72%가 절상된 셈이다. 환율이 절상되자, 일본과 독일 모두 제품의 가격 경쟁력이 허무하게 무너졌고, 양국에 쌓인 달러 채무도 연기처럼 사라졌다. 이것이 환율전쟁의 무서움이다.

1985년 이후에 글로벌 유동성이 폭발적으로 증가하고, 빛의 속도로 전 세계의 금융시장을 돌아다니는 단기투기성 자금(핫머니 등) 등 거대 투기세력 때문에 환율전쟁은 더욱 치열해졌다.[25] 각국의 정부와 중앙은행, IMF는 이들을 통제하기 쉽지 않다. 2008년 이후로 미국을 비롯한 주요 선진국 중앙은행의 양적 완화 속도와 규모는 배가되었다. 코로나19 팬데믹 기간에 중앙은행과 정부의 돈 풀기는 더욱 증가했고, 금융투자 상품의 발전으로 개인도 환율전쟁에 참여할 수 있는 환경이 만들어졌다. 그 결과, 21세기 지구촌은 중앙은행, 정부, 핫머니, 기관, 기업, 개인들까지 서로 얽히고 설킨 전 세계적 놀음판이자 국가의 명운을 걸고 벌이는 살벌한 환율 전쟁터가 되었다.

중국도 미국과 벌이는 환율전쟁에서 패하면, 일본처럼 번영의 시대의 종말을 맞을 수 있다. 2022년 현재 중국은 수출 의존도가 한국보다 높다. 거시경제 자료를 제공하는 CEIC의 분석에 따르면, 매년 중국 GDP '성장 기여율'에서 소비 영역의 기여도 비율은 1980년에 65.4%에서 2010년에 49.3%까지 낮아졌지만 2018년에는 55.3%로 증가했다. 반면 수출 영역의 기여도 비율은 1980년에 6%에서 2006년에 35.3%까지 증가했다가 코로나19 발생 직전

에는 17.9%까지 하락했다.[26]

이 자료만 본다면, 중국 경제가 수출의존도를 대폭 줄이고, 내수 소비를 기반으로 성공적인 전환을 한 듯 보이지만 실상은 그렇지 않다. 기여도가 아니라 GDP 전체에서 수출이 차지하는 절대 비율을 살펴보면 알 수 있다. 2018년 세계은행의 분석에 따르면, 미국의 민간소비 규모는 14조 6천억 달러다. 미국 전체 GDP에서 민간소비가 차지하는 절대 비율은 68.2%다. 반면 중국의 민간소비는 5조 4천억 달러다. 중국 전체 GDP에서 민간소비가 차지하는 절대 비율은 38.5%이다. 미국의 절반에 불과하다. 수출 주도형 국가인 한국의 2018년 민간소비 비율은 48%다. 중국보다 10%p가 높다. 결국 중국의 수출 의존도는 한국보다 높고, 미국과는 비교가 되지 않을 정도다.

코로나19 발생 이전 10년 동안 중국 GDP 성장률 기여도에서 수출 비율이 줄어든 것은 중국의 기존 산업들이 성장의 한계에 부

그림23 | 중국 수출액 변화 (억 달러)

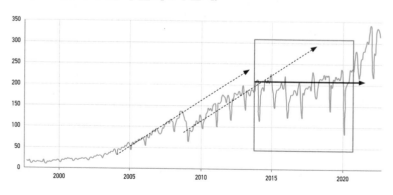

딪혔기 때문이다. 중국 내 인건비 상승으로 인한 수출경쟁력 하락이 결정적 요인이다. 수출경쟁력 하락을 소비 중심 성장 정책으로 대응하려고 했지만, 내수 기여도는 고작 6%p만 증가했다. 이 중 절반 이상은 부동산과 정부 지출 비율을 높여서 만들어낸 것이다.

2022년에 연준은 강력한 긴축을 시작했다. 모든 나라가 연준을 따라 기준금리를 인상하고, 자국 금융 시스템의 안정성을 높이기 위해 상업은행들에 지급준비율 상향을 요구했다. 하지만 중국은 거꾸로 갔다. 상업은행의 지급준비율을 낮추고, 기준금리도 내렸다. 자국 내 부동산 시장의 붕괴를 필사적으로 막고 수출기업을 떠받치기 위한 고육지책이었다. 〈그림24〉를 보자. 위안화 환율은 강달러 추세와 위안화 유동성 증가가 맞물리면서, 14년 만에 최저치로 떨어졌다. 그 결과 몇 년 동안 성장률이 제로에 가깝던 수출

그림24 ㅣ 위안화 환율 변화

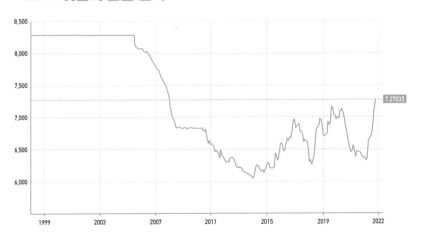

액이 증가했다. 미국에게 달갑지 않은 상황이다.

2024년 대선 이후에 미국의 다음 정부는 중국을 향해 환율조작국 지정 카드를 들이밀면서 위안화 강세를 유도할 것이다. 이는 시진핑 3연임기에 미국이 벌이는 대중국 '제1차 환율공격'이 될 것이다. 자산시장 대학살 기간에 중국 경제가 흔들리고, 부동산 버블 붕괴 위기가 심화되고, 중국 기업들의 구조조정이 완료되지 않은 상황에서 위안화 강세 카드는 중국 기업의 수출경쟁력을 약화하여 추가 피해를 유발할 것이다. 중국이 위안화를 절상하지 않겠다고 버틸 수 있지만 소용없다. 미국은 중국을 환율조작국으로 지정하고 '슈퍼 301조'를 발동한다고 협박할 것이다. 미국이 중국산 모든 수출 품목에 27.5%의 추가 관세를 부과하는 '슈퍼 301조'를 발동하면 중국 수출기업의 도산이 속출한다. 환헤지마저 실패하면, 장부상 흑자를 내고도 추락할 수 있다.

2008년 당시 오바마 행정부 시절에도 미국은 중국을 향해 비슷한 공격을 가했다. 미국의 압력을 이기지 못한 중국은 서서히 위안화를 절상(달러-위안 환율 하락)했다. 달러 대비 위안화 환율은 2011년 1월 10일에 6.6350에서 7월 21일에는 6.4506으로 절상되었다. 광둥성을 비롯한 중국의 수출 전진기지에서 생산 원가 상승의 부담을 이기지 못해 도산하는 기업들이 속출했다. 위안화 절상이 계속되자, 중국의 수출 기업들은 원자재 수입 상승 압력, 수출 가격 상승으로 가격 경쟁력 하락이 겹치면서 순이익률이 2011년 2월에 1.44%까지 떨어졌다. 이 수치는 중국 공업 전체의 순이익률 평균치를 밑도는 수준이었다. 반면 미국 제조업 회사들은 회생의 시간과 매출 증가라는 반사이득을 얻었다. 중국에 세운 공장과 사무실을 본국으로 되돌리려는 미국 기업도 늘어났다.

코로나19 발생 직전인 2018년에 중국 기업은 상위 1천 개 기업 중에 16%가 좀비기업이었다. 아주 높은 부채 레버리지로 버티고 있는 기업도 많았고, 그 비율이 세계에서 가장 높았다. 2018년 현재 중국 기업이 보유한 달러 외채는 3조 달러가 넘은 것으로 추정되었다. 중국 정부가 발표하는 공식 통계보다 3배가 많은 규모였다. 홍콩 다이와증권사 이코노미스트 케빈 라이는 중국의 수출기업이 2008년 이후에 조세 포탈 지역인 케이먼 제도, 홍콩, 싱가포르를 통해 막대한 달러 외채를 끌어다 쓴 것으로 분석했다.

미국은 '슈퍼 제301조'를 발동한 후, 이런저런 규제와 명분을 들어 중국산 제품의 미국 수출문을 완전히 닫아버리겠다고 나올 수도 있다. 미국의 동맹국들도 중국산 제품 규제에 동참시킬 수 있다. 수출 기업이 무너지면, 중국 경제의 추락과 장기침체가 가중될 수 있다. 제1차 환율공격이 가해지는 기간에 미국은 시진핑 정부를 압박하기 위해 금융공격도 벌일 것이다. 결국 미국이 환율전쟁 카드를 들면 중국은 자국 수출기업의 줄도산을 막기 위해 무역에서 많은 것을 양보해야 한다.

2022년 10월 16일에 개막했던 중국공산당 제20차 전국대표대회(당대회)에서 시진핑 중국 국가주석의 당 총서기 3연임이 공식 결정되었다. 시진핑 주석은 국가주석이나 총서기 직책을 넘어서는 인민영수 칭호 확보에는 실패했다. 인민영수는 사회주의 정치에서 최고 가치를 부여하는 '인민'의 최고지도자를 뜻하는 '영수'

를 결합한 극존 지위이며, 공산당을 이끌 사상적·정신적 지도자를 지칭한다. '영수' 칭호를 얻으면 주석직에서 물러나도 주요 정책의 최후 결정권을 갖는다. 중화인민공화국 역사에서 인민영수 호칭을 받은 지도자는 마오쩌둥뿐이다.

시진핑 주석은 2021년 11월에 발표된 중국공산당 제3차 역사결의에 자신의 지도사상인 '신시대 중국 특색 사회주의 사상'도 추가했다. 제20차 공산당 전국대표대회의 당헌 개정 과정에서는 "시진핑 총서기의 당 중앙 핵심 지위 및 전당 핵심 지위, 당 중앙의 권위와 집중 통일 영도를 각각 결연히 수호한다"는 뜻인 '2개의 수호'가 명기되었다. 시진핑의 장기집권에 대한 법적 근거를 만들려는 포석이다.[27]

중국과 북한 등 사회주의 정치 시스템에서는 당이 국가보다 우위에 있다. 공산당은 국가의 모든 부문을 지휘·감독한다. 공산당의 당헌인 당장黨章도 국가 헌법보다 우선한다. 당 최고 지위인 당 총서기가 국가 최고 지위인 국가주석보다 우위에 있다. 시진핑은 공산당 총서기, 국가주석의 지위를 가졌고, 당장에 자신의 사상까지 삽입했다. 공산당 당장에 자신의 교리를 등재한 인물은 모두 셋으로 마오쩌둥, 덩샤오핑, 장쩌민이다.

시진핑은 명실상부 정치사상적으로 중화인민공화국 국부國父인 마오쩌둥 반열에 올랐고, 다음번 임기에서 인민영수 호칭만 확정받으면 정교政敎일치식 최고지도자, 살아 있는 신이 된다. 이 모든 행보는 확고한 1인 장기집권 체제 혹은 영구집권 완성을 위한 것이다.[28]

하지만 이런 행보는 양날의 검이다. 3연임 기간에 확실한 업적 쌓기에 실패하거나 경제적 비상사태에 직면하면, 정적 세력과 인민 전체에게 지난 10년과는 비교할 수 없는 강력한 저항을 받을 수 있다. 미국 정부와 의회가 이런 상황을 간파하고 역이용할 가능성이 다분하다. 방법은 이런 식이다.

먼저, 중국의 대만 침공을 억제하기 위한 대중국 제재를 선제적으로 시행한다. 제재의 수위는 무역전쟁보다 높을 것이다. 이 제재에 유럽과 아시아 동맹국들을 동참시킬 것이다. 단 중국이 세계 경제에서 차지하는 규모와 복잡도가 상당하다. 그래서 중국이 대만에 대한 군사 도발을 막는 데 효과를 낼 특정 기술을 제한하는 방식의 군사력 억제를 전략의 핵심으로 삼을 여지가 많다.

백악관과 국방부는 대만에 미국산 무기 판매를 늘릴 것이다. 미국 의회는 대만정책법 법안 통과로 압박을 가할 것이다. 대만정책법은 대만 정부의 합법성을 인정하고, 비非북대서양조약기구 NATO 핵심 동맹국으로 지정하고, 기존에 미국과 대만 사이의 외교 관계를 제한했던 것을 해제하고, 대만 국기 사용 제한도 철폐하는 것 등을 담은 법안이다. 사실상 1979년 미·중 수교 이후 43년간 유지한 '하나의 중국'을 폐기하고, 대만을 정식 국가로 인정하는 법안이다.

물론 백악관은 이 법안이 상하원을 모두 통과하더라도 곧바로 서명하지 않고 중국을 압박하는 카드로 사용할 것이다. 미국의 동맹국 중 일부는 대중국 무역정책을 변경할 수도 있다. 예를 들어 2022년 10월에 독일의 로베르트 하베크 부총리 겸 경제부 장관은 중국과의 무역관계에서 앞으로는 중국의 자국 보호주의를 방치하고 교역중단 위협에 굴복하여 인권 침해를 눈감아준 순진한 태도를 포기하고, 중국산 원자재, 배터리, 반도체 등의 의존도를 줄이는 새로운 무역 방안을 검토하고 있다고 밝혔다.[29]

미국 정부가 취할 그다음 행보는 중국 군부와 연결된 중국 기업을 제재하여 시진핑 정부의 돈줄을 막고, 홍콩 경제를 흔드는 본격적인 금융공격이다.

2022년 9월에 홍콩의 언론인 출신 정치 평론가 조니 라우는 국내 한 언론사와의 인터뷰에서 시진핑 3연임기 동안 중국 정세를 좌우할 수 있는 요인으로 경제, 사회적 불안, 반대파, 인민해방군 등 4가지를 꼽았다. 조니 라우는 1973~1991년까지 친중 매체 〈문회보〉에서 근무했는데, 1989년에 베이징 지국장으로 근무할 당시 톈안먼 민주화 시위를 취재한 것 때문에 해고된 경력이 있다. 현재 홍콩 〈명보〉〈am730〉 칼럼니스트로 중국의 정치경제 전문 평론을 하고 있다.

그는 시진핑 정부의 최대 위협 요소인 경제, 사회적 불안, 반대파, 인민해방군 등 4가지가 개별적으로 문제를 일으키면 아무 상관이 없지만, 4가지가 합쳐지면 돌이킬 수 없을 정도로 큰일이 벌어지리라고 전망했다. 특히 인민해방군의 움직임을 눈여겨보아야 한다고 했다. 만약 미국이 인민해방군이 상당 지분을 보유한 기업과 군 소유의 기업에 대한 제재를 시작하면, 판도라의 상자가 열릴 수 있다.

인민해방군과 관련된 중국 기업은 3가지로 분류된다. 첫째,

인민해방군과 프로젝트별로 연계된 기업이다. 대표적으로 화웨이 등이다. 둘째, 인민해방군이 상당한 지분을 보유한 기업이다. 셋째, 인민해방군이 직접 소유한 기업이다. 미국은 첫 번째에 해당하는 기업들만 제재 중이다. 2022년 현재 미국의 중국 기업 제재 명단에는 첫 번째만 들어 있다. 조니 라우는 미국이 나머지 두 부류의 기업들을 제재 명단에 넣지 않는 것은 훗날을 위한 회심의 카드로 남겨둔 것이라고 본다.[30]

현재 중국은 경기의 지속적 하락, 높은 청년실업, 인구 감소로 인한 미래 불안이 가중되고 있어서 사회적 불만의 목소리가 여느 때보다 높다. 중국 정부는 2003년 집단 시위 횟수를 6만 건으로 발표했다. 중국사회과학원CASS의 발표에 따르면, 중국 내 시위 횟수는 2006년에 6만 건, 2007년에 8만 건, 2008년에 12만 7천 건으로 매년 증가했다. 그 이후에는 추가 발표가 없다. 없는 것이 아니라 하지 못하는 것이다.

2012년 9월에 일본의 언론사가 중국 정부 내부 보고서를 입수하여 발표한 자료에 따르면, 2011년에 중국 내에서 빈부 격차, 관료부패, 환경오염, 강제 철거, 임금 체불 등으로 일어난 집단 시위는 18만 건을 넘었다. 하루 평균 500건을 넘는 수치다.[31] 대부분의 시위가 소규모이고 원인도 다양해졌지만, 정부와 사회에 대한 불만이 커지고 있다는 점이 중요하다. 시위가 늘어날수록 중국 정부의 통제력은 한계에 도달할 것이고, 시위의 양상도 점점 반정부 성향, 폭력적인 양상을 띠게 된다.[32] 시진핑이 3연임을 강행하자, 새로운 시위 목적도 생겨났다. 독재 반대.

이런 상황에서 미국이 군부의 돈줄을 죄는 회심의 카드를 꺼내면 걷잡을 수 없는 회오리가 몰아친다. 시진핑 주석이 군대를 완전히 장악하고 있지만, 군대의 충성은 돈에서 나온다. 인민해방군도 시진핑의 장기집권 혹은 영구집권에 대한 불만을 품고 있다. 단지 꾹꾹 누르고 공생 방안을 찾고 있을 뿐이다. 자본주의의 맛에 흠뻑 취해 돈을 중시하는 인민해방군 내 지도자들은 중국과 미국의 군사적 충돌로 자신들의 돈줄이 묶이는 것을 가장 걱정한다. 만약 미국이 두 번째와 세 번째 부류의 기업들을 본격적으로 제재하면, 돈줄이 막힌 군대가 단체 행동을 불사할 가능성이 높아진다.

미국,
홍콩을 금융 공격한다

미국이 홍콩 경제에 금융 공격을 가하면 상황은 더욱 심각해진다. 코로나19 발생 이전 10년 동안 내수 중심 성장으로 대전환하기 위한 중국 정부의 전략은 성공을 거두지 못했다. GDP 대비 내수시장의 성장 기여도는 고작 6%p만 증가했다. 그것도 부동산과 정부 지출이 대부분이다.

중국의 지속가능성장은 수출에 달려 있다. 중국의 최대 수출 국가는 미국이다. 〈그림25〉는 중국의 2019년 수출 현황이다. 단일 국가로는 미국이 가장 크다. 그다음은 홍콩이다. 중국이 홍콩으로 수출을 한다는 것은 한국이 부산으로 수출을 한다는 말과 같은데, 무슨 의미일까? 홍콩은 일국양제 정책으로 형식상 중국 본토와 분리되어 있다. 그래서 중국 본토 기업들이 홍콩으로 물건을 보내는 것은 수출로 잡힌다. 그리고 홍콩으로 수출되는 품목의 상당은 다시 미국으로 수출된다. 중국의 입장에서는 홍콩이 미국 수출의 우회 통로인 셈이다. 미국으로 직접 수출하는 물량과 홍콩을 통해 우회 수출하는 물량을 합치면 중국의 대미 수출 총 물량은 훨씬 커진다. 미국이 홍콩 기업에게 무역제재나 금융제재를 가하면, 중국 본토에 기반을 둔 수출 기업들에게 타격을 입힐 수 있는 구조다.

그림25 | 2019년 중국의 무역 상대국의 무역 비중

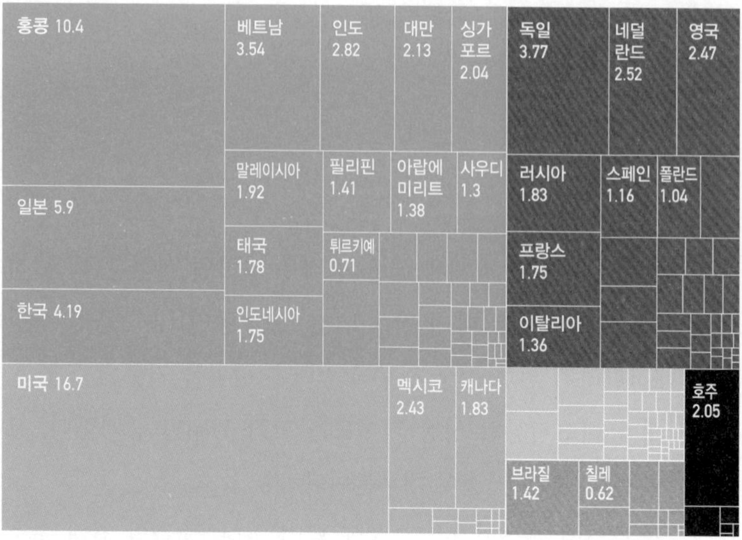

홍콩 10.4		베트남 3.54	인도 2.82	대만 2.13	싱가 포르 2.04	독일 3.77	네덜 란드 2.52	영국 2.47
일본 5.9		말레이시아 1.92	필리핀 1.41	아랍에 미리트 1.38	사우디 1.3	러시아 1.83	스페인 1.16	폴란드 1.04
		태국 1.78	튀르키예 0.71			프랑스 1.75		
한국 4.19		인도네시아 1.75				이탈리아 1.36		
미국 16.7			멕시코 2.43	캐나다 1.83				호주 2.05
			브라질 1.42	칠레 0.62				

미국이 홍콩을 공격하는 다른 방법도 있다. 홍콩의 아킬레스건은 부동산이다. 〈그림26〉을 보자. 홍콩의 부동산의 제1차 상승기는 1998년 아시아 외환위기 전까지였다. 이 시기에는 홍콩의 물가상승률도 높아서 명목가격과 실질가격이 대체로 물가상승선 아래에 있었다. 제2차 상승기는 동아시아가 금융위기에서 탈출을 시작하는 2002년 이후부터 시작되었다.

이 시기는 이전보다 상승률은 높지 않았던 덕분에 2008년 전세계 부동산 버블이 붕괴되는 대재앙 시기에 큰 폭의 하락을 겪지 않았다. 그 대신 2010년부터 미국과 유럽 그리고 중국에서 쏟아져 나온 투기자금들이 홍콩 부동산 시장으로 밀려들면서 역사상 가

그림26 | 1980~2020년 홍콩의 실질 부동산 가격과 소비자물가 지수(지수 2010=100)

홍콩 실질 부동산 가격 ── 홍콩 소비자물가 지수

1997년 홍콩 금리 23%
1997년 태국 경상수지 적자 GDP 7.9%
고정환율제 포기(바트화 17% 폭락)
동아시아 금융위기 시작

중국 자금
유입 증가

1998년 홍콩 경제성장률 -5.9%

2008년 미국
부동산 버블 붕괴

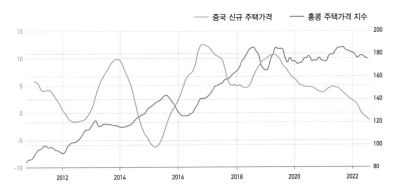

그림27 | 2012~2022년 중국의 신규 주택가격과 홍콩의 주택가격 지수

중국 신규 주택가격 ── 홍콩 주택가격 지수

장 큰 가격 상승폭을 보였다. 참고로 코로나19 팬데믹 기간에 홍콩의 부동산 가격은 주요 선진국과 다르게 제자리걸음을 했다. 중국 본토 부동산 지수와 비교한 〈그림27〉을 보면 그 이유를 짐작할 수 있는데, 최근 중국의 부동산 시장이 꽁꽁 얼어붙자, 중국 본토

자본이 홍콩 부동산을 구매하는 행위도 함께 얼어붙은 탓으로 보인다.

미국의 입장에서 홍콩은 중국 본토보다 금융 공격을 하기 더 용이하면서도 중국 본토에 큰 충격을 줄 수 있는 공격 요충지다. 1980년에 개혁개방정책이 시작된 이후, 중국으로 들어간 외국 자본의 70%는 홍콩을 통했다. 지금도 마찬가지다. 중국 정부가 선전을 키우고 있지만, 아직은 중국의 어떤 도시도 홍콩을 대체하지는 못한다. 홍콩 금융시장이 붕괴되면 중국 본토의 금융시장도 고립된다. 중국 태자당太子黨(혁명 원로 자제 그룹) 자산의 상당 금액이 홍콩에 있다. 미국이 홍콩을 향해 금융 공격을 시작하면, (이런 사태를 촉발한) 시진핑을 향한 태자당의 불만도 폭발한다.[33]

중국 인민해방군 지도부를 흔들려면 기업을 때리면 되고, 중국 금융시장과 태자당을 비롯한 중국 정계 흔들기는 홍콩을 때리면 된다. 〈그림28〉은 홍콩을 공격하면, 중국 본토에 어떤 경로를 거쳐서 충격이 전달되는지를 보여주는 시스템 지도다.

그림28 | 홍콩 공격 시 중국 본토에 충격이 전달되는 경로

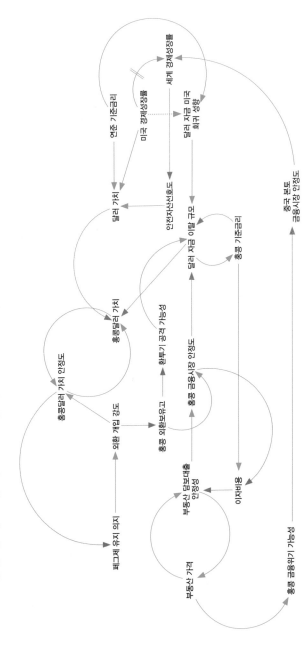

미국,
중국 내 권력투쟁을 촉발시킨다

아래 〈그림29〉에 제시된 과정이 순차적으로 진행되면 시 진핑 지지 세력 내에서 큰 동요가 일어난다. 숨어서 숨죽이고 납작 엎드려 있는 시진핑 반대파 세력과 정적들에게 시진핑을 축출한 절호의 기회가 생긴다.

필자는 2015년에 했던 강의와 2016년에 출간한 미래예측서 《2030 대담한 도전》에서 중국 체제 붕괴를 초래할 민주화 가능성에 대한 시나리오를 발표했다. 필자는 시진핑의 장기집권 혹은 종신집권을 예측하고 민주화 요구 가능성이 가시화될 첫 번째 시기를 2022~2025년경으로 예측했다. 만약 미국이 이런 공세전략 일

그림29 | 중국 붕괴 시나리오

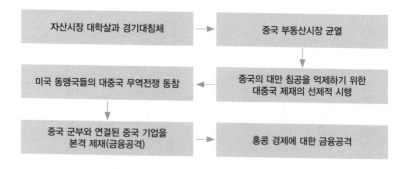

체를 성공시키면, 중국과 전쟁을 하지 않고 빠르고 강력한 내부 권력투쟁 촉발과 민주화 요구를 폭발시켜 시진핑을 축출하고 대만도 지킬 수 있다.

중국은 수천 년 동안 방대한 영토, 다양한 인종, 복잡한 종교와 이념 갈등으로 분열과 통합을 반복했다. 그때마다 모든 갈등을 잠재우고 거대한 영토와 인구를 하나로 묶은 가치는 '국가중심주의'와 '평등'이었다.[34] 시진핑 정부가 주창하는 가치도 똑같다. 문제는 국가보다 자신을 우위에 놓는 자본주의 사고가 중국 인민의 삶과 정신으로 빠르게 침투하고 있다는 점이다. 중국 내부에서는 인권 및 경제 평등 가치도 빠르게 무너지고 있다. 부의 불균형 분배의 심화에서 오는 '상대적 박탈감'과 '불공정 경쟁에 대한 불만'은 폭발 직전이다. 국가중심주의 가치도 관료 부패와 권력 남용으로 위협받고 있다. 이런 복잡한 문제를 빠르고 뚝심 있게 해결하기 위해 시진핑은 1인 절대권력, 장기집권을 선택했다. 과거 박정희 대통령이 국가 발전을 위해 장기집권을 시도한 것과 비슷하다. 하지만 시진핑의 독재에 대한 불만만 서서히 커지고 있다.

2022년 9월 21일에 쓰촨성 쯔궁시에서 '십호장+戶長'을 모집한다는 공고가 붙었다. 십호장은 10가구당 1명씩 관리자를 뽑아 전체 주민을 밀착 감시하는 제도다. 마치 북한의 '오호담당제'와 같다. 북한은 5가구당 1명의 5호 담당 선전원을 배치하여 당적 지도라는 명목으로 5가구의 가족생활 전반을 간섭, 통제, 감시한다.[35]

중국공산당 기관지 〈쓰촨일보〉는 십호장을 당 조직과 주민 여론을 원활하게 연결하며 코로나19 방역 관리에 우수한 제도라고 열렬히 선전했다. 하지만 십호장은 중앙당 방침을 중국 오지까지 하달하고 중국 인민을 효율적으로 통제하기 위한 '감시용 세포 조직'이다. 중국은 2021년 12월에 윈난성 쿤밍시, 저장성 원저우시에서 십호장 제도를 실시했다. 중국 인민은 바보가 아니다. 고대 중국 진秦나라의 강압적 통제 제도와 유사하다면서, 곳곳에서 십호장에 대한 불만이 커지고 있다. 그래도 시진핑 정부는 밀어붙이는 중이다.

디지털 통제도 더욱 강화되었다. 중국 최대 SNS 위챗에서는 반정부 내용을 올리는 계정은 즉각 폐쇄한다. 코로나19 방역 목적의 '건강코드' 앱을 통해 주민 이동 동선까지 통제한다. 발열자 체크란 명목으로 안면 인식 카메라 설치도 확대됐다. 곳곳에서 '반독재' '반핵산(PCR검사)' '핵산 대신 밥을, 봉쇄 대신 자유를'이란 반정부 문구가 발견되고 있다. 〈파이낸셜타임스〉는 "마오쩌둥 시대의 통제가 시 주석 시대 부활하는 듯하다"는 평론을 내놓았다.

시진핑은 3연임기에 이 문제들을 해결하여 독재에 대한 불만을 누그러뜨릴 수 있을까? 쉽지 않다. 중국식 자본주의는 시진핑의 예상보다 빨리 '성장의 한계'에 부딪혔다. 중국은 매년 2천만 명 이상의 신규 노동력에게 일자리 문제를 해결해주어야 한다. 2022년 7월 현재 중국의 청년 실업률은 19.9%로 사상 최고치를 기록했다.

중국 인민의 요구는 한 단계 더 높아졌다. 일자리 수 해결을 넘어 안정적인 도시생활이 가능한 높은 임금과 주택시장의 안정을 원한다. 이런 요구를 충족해주려면 최소 10~20년간 연평균

7~8% 수준의 경제성장률로 복귀해야 하는데, 이는 현실적으로 불가능하다. 앞으로 10년 동안 연평균 5% 경제성장률을 지키기도 쉽지 않아 보인다.

성장의 한계에 부딪힌 중국 경제 시스템이 경제 기득권 세력의 부의 독점과 자산 버블 형성을 막지 못하면 '중간 소득 함정 middle-income trap'에 빠질 가능성만 커진다. 일명 '중진국 함정'이라고 불리는 현상이다. 세계은행에 따르면 중진국은 1인당 국민소득 기준으로 4천만~1만 달러 범위에 속한 국가를 말한다. 2006년에 세계은행은 〈아시아경제발전보고서〉에서 '중진국의 함정'이라는 개념을 처음 제기했다. 개발도상국이 경제 발전 초기에는 순조롭게 10~15%의 고도성장을 하지만, 중진국 단계에 들어서면 경제성장률이 6%대로 하락하면서 어느 순간부터 장기간 정체되는 현상이다.

세계은행은 '중진국 함정'에 빠지는 원인으로 2가지를 주목했다. 첫째, 짧은 기간에 압축성장을 주도했던 경제 관료가 경직된 사고에서 벗어나지 못하면 발생한다. 둘째, 소득이 일정 수준 도달하면 임금과 물가가 상승하면서 경제체제가 '고비용·저효율' 구조로 바뀐다. 이때 완전 자율 시장경제 도입 등을 소홀히 하여 문제 해결에 실패하면 발생한다. 전자는 사고 전환의 실패이고, 후자는 경제 시스템 전환의 실패다.

세계은행은 역사적으로 '중진국 함정' 탈출에 성공한 확률은 5~10%에 불과했다고 분석했다. 실제로 1960년대 이후 중진국의 함정에서 탈출한 국가는 101개국 중에 13개국에 불과했다. 세계

은행은 브라질, 아르헨티나, 칠레, 소련 등 대부분의 국가는 중진 국의 함정에 빠진 후 경제 발전 단계가 후퇴했다고 밝혔다.[36]

2012년 2월에 중국 정부도 이런 위기를 의식했다. 〈2030년 중 국: 현대적이고 조화로우며 창조적인 고소득 사회의 건설〉이라는 보고서에서 중국이 중진국 함정에 빠지지 않으려면 2023년까지 20년 동안 매년 7%대의 성장률을 유지해야 한다고 제시했다.[37] 하 지만 이 목표는 실패했다. 목표 달성만 실패한 것이 아니다. '계층 상승 사다리 붕괴 현상'도 발생하고 있다. 이 현상은 중진국 함정 에 빠지기 시작할 때 전형적으로 나타난다. 사회계층이 굳어져 계 층 간 이동이 어려워 기회 및 경력이 단절 사회로 빠르게 이행 중 이고, 계층이 대물림되는 현상도 보편화되기 시작했다.[38]

사회주의와 자본주의를 혼합하려는 중국의 시도는 인류 역사 상 최초의 일이다. 한때 중국식 자본주의는 영미식 자본주의를 대 체할 더 나은 시스템처럼 평가받았다. 그때마다 필자는 그런 평가 는 너무 이르고, 심지어 틀린 평가라고까지 했다. 필자가 보기에 중국식 자본주의는 절대로 영미식 자본주의를 대체할 이상적인 시스템이 아니다. 절반의 성공과 절반의 실패를 동시에 안고 있는 불완전한 자본주의 시스템이다. 심지어 1978년에 첫발을 뗀 지 불 과 45년 만에 성장의 한계에 도달했다.

국가 경제성장이 절반의 성공이라면, 불공평한 권력의 분배 와 부패 만연은 절반의 실패다. 겉으로 보이는 정치적 안정이 절 반의 성공이라면, 비효율적인 경제 및 정치 구조는 절반의 실패다. 대기근에 4천만 명이 굶어 죽던 절대적 빈곤에서 벗어난 것이 절반의 성공이라면, 심각한 부의 불균형 분배는 절반의 실패다. 양적 성장이 절반의 성공이라면, 구조 왜곡 현상의 심화는 절반의 실패다.

중국식 자본주의의 미래는 이 절반의 실패를 어떻게 해결하느냐, 성장의 한계를 어떻게 돌파하느냐에 달렸다. 코로나19 발생 직전까지는 절반의 실패를 6~8%대의 경제성장률과 일자리 창출로 버텼지만 이제는 이런 경제력을 회복하기 힘들다. 시진핑 주석이 약속했던 모든 인민이 잘 사는 샤오캉(소강사회 小康社會)은 물 건너갔다. 2035년 사회주의 현대화 완성으로 세계 최대의 경제 강국이 되고, 이를 기반으로 2050년에는 미국을 넘어서는 초일류 군대를 이루어 세계 최고의 군사강국 자리에 올라서겠다는 계획도 쉽지 않아 보인다.

역사적으로 절대 빈곤을 해결한 지도자는 많았다. 반면 상대적 빈곤과 불평등을 해소한 지도자는 매우 드물다. 자유경쟁 시장에서 2가지 문제를 해결하려면 한쪽에서는 '파산, 부채 디레버리징'이라는 네거티브 시스템이, 다른 한쪽에서는 기득권 세력의 저항을 이기고 '공정한 세금 징수, 정밀하게 계산된 복지 시스템'이라는 포지티브 시스템이 균형 있게 작동해야 한다. 둘 중 하나라도 성공하지 못하면, '상대적 박탈감'과 '불공정 경쟁에 대한 불만'은 해결되지 않는다.

시진핑은 3연임 기간에 2가지 해법을 하나도 성공시키지 못할 가능성이 크다. 부동산 버블과 수많은 좀비기업을 파산시키고 성장의 한계에 도달한 대기업들을 통폐합하는 강력한 구조조정은 글로벌 자산시장 대학살과 경기 대침체가 기다리고 있어서 쉽지 않다. 한다고 해도 최소 2~3년간 중국 경제를 희생시켜야 한다. 늙어가는 중국을 구원하기 위한 복지 시스템 구축은 정부 재정에 엄청난 압박 요인이다. 현재도 매년 마이너스 3~4%의 정부예산을 집행 중이다. 한국의 경우, 저출산고령사회정책을 위해 16년 동안 쏟아부은 돈이 300조 원이다. 2022년 한국 정부 예산의 절반 규모다. 하지만 해결된 것은 거의 없다. 중국 정부가 저출산 고령화를 대비하는 복지 시스템 구축을 시도할 경우, 지금보다 2배가 넘는 마이너스 예산을 각오해야 한다. 그것도 20년 이상 지속해야 한다.

남은 것은 '공정한 세금 징수'뿐이다. 시진핑이 강조했던 공동부유의 핵심 골자다. 하지만 이 또한 어렵다. 미국이 부의 불균형 분배를 극적으로 해결하고 국민의 불만을 잠재우고 중산층을 살린 사례가 한 차례 있다. 대공황과 제2차 세계대전 이후 상위 1%가 전체 부의 50% 이상을 차지할 정도로 부의 불균형 분배가 심각해지자, 루스벨트 대통령은 최고 소득세율은 79%, 법인세율은 50%, 최고상속세율은 77%까지 올렸다.[39] 루스벨트의 극단적인 세금 정책이 없었더라면 미국의 시대는 20세기에 끝났을 것이다. 과연 중국도 이렇게 과감한 세금 징수 정책을 실시할 수 있을까?

중국에는 3대 경제 기득권 세력이 있다.[40] 첫째는 혁명 가문 출신의 비즈니스 집단이다. 이들은 덩샤오핑 이후 개혁개방정책의 핵심 과실을 독점하다시피 한 '권귀집단權貴集團'으로 불린다. 언론에서는 이들이 장악한 영역을 '권귀 자본주의'라고도 한다. 둘째는 독점 국유 기업이다. 셋째는 유사 금융 그룹이다. 두 번째와 세 번째는 중국 인민해방군 지도부와 결탁되어 있다. 이 세 집단은 카르텔을 형성하면서 위로는 중앙정부의 부패 사정의 칼날에 대응하고, 아래로는 정경유착을 통해 부의 열매를 독식하고 있으며 막대한 자본과 정보력을 기반으로 주식, 부동산을 비롯한 자산시장에서 버블을 끌어올리고 있다.

중국 정치 시스템에 퍼져 있는 부패의 역사는 깊고 복잡하다. 덩샤오핑이 1978년 12월에 개혁개방정책을 시작한 후, 중국 경제에서는 뜻하지 않은 일이 벌어졌다. 소련과 스탈린식 제도의 잔재가 그대로 남아 있는 상태에 자본주의 체제를 도입하자 이상한 일이 시작되었다. 부패였다. 관료와 관료 사이 혹은 관료와 작업자 간의 경쟁은 생산성 향상에 대한 강한 의욕을 일으킬 수 있다.[41] 하지만 중국의 현실은 정반대로 돌아갔다.

첫째, 기만과 과장이 일어났다. 하위 관리자나 작업자는 상위 관리자에게 형편없는 재료로 훌륭한 상품을 만들었다고 과장했다. 상위 관리자는 하위 관리자나 작업자가 사용한 재료나 만든 상품을 엄밀하게 관찰하고 파악하기 어려웠다. 상위자의 상위자로 올라갈수록 관찰 기회가 더 줄어들었고, 하위 관리자와 작업자는 자신의 실적을 사실보다 더 과장할 수 있었다.

둘째, 공모가 은밀하게 이루어졌다. 이것은 기만과 과장보다 더 나쁜 결과를 만들어냈다. 공모는 상위서열 관료들 사이에서 시작되었다. 소련과 스탈린식의 몰수를 기반으로 형성된 국가경제 체제는 소수의 기득권자와 권력자를 탄생시켰다. 이들은 자본주의식 사유재산권을 접목하는 과정에서 자신의 기득권과 권력을 유지하기 위해 상위서열 관료들과 집단적으로 공모를 도모하여 이익을 사유화했다.

이를 계기로 중국 정치인, 인민해방군 지도층들이 기업을 직간접으로 소유하게 되었다. 은밀한 공모 뒤에 이들은 자신들의 자본 역량을 강화하고 지키기 위해 정치적 연합세력으로 변모했다. 고위관리자, 특정 산업의 기업관리자 간의 은밀한 공모는 조직의 말단에서도 만연할 정도였다. 공모는 상호이득을 주고받는 수준까지 이르렀다. 절대적 빈곤이 해소되는 속도보다 은밀한 공모를 통한 떼어먹기와 몫 챙기기 속도가 더 빨랐다.

이렇게 중국은 권력의 크기가 부의 크기를 결정하는 사회가 되어갔다. 자신이 전면에 나서지 않으면, 자녀나 친척을 동원해서 부를 축적했다. 중앙정부와 지방정부를 가리지 않고 은밀하게 일어난 집단적 공모로 발전했기에 그럴수록 덜 위험해지는 아이러니한 상황이 펼쳐졌다.

중국식 부패의 또 하나의 특징은 방대한 영토에서 비롯된다. 중국은 수천 년 동안 통일과 분열을 거듭하면서 강력한 중앙집권 권력이 등장했지만, 영토가 워낙 커서 지방 권력의 힘이 강하다. 시진핑이 통치하는 지금도 마찬가지다. 베이징 중앙 권력의 힘이 약하게 작용하는 곳에서는 토착 지방 권력이 국민의 재산을 갈취하고 공정과 공평이 무너지고 뇌물과 폭력과 인맥 관계가 법을 초월한다. 장쩌민과 시진핑 주석이 벌인 경제적 부패 권력과의 전쟁은 이렇게 역사적으로 부패의 뿌리가 깊고 중국 대륙 곳곳에 만연한 상황에서 시작되었다.

장쩌민 전 주석은 1997년 제15차 당대회에서 '의법치국依法治國' 방침을 선언하고 법치주의 시도, 깨끗하고 효율적인 정부, 엄격한 법 집행으로 공정하고 잘 분배되는 사회로의 개혁을 추진했다.[42] 시진핑 주석도 부패와의 전쟁을 추진하면서 부패의 수괴들을 숙청했다.

하지만 중국식 부패의 생태계가 만들어진 역사와 그 깊이와 넓이를 고려한다면 시진핑 반부패 개혁이 성공할 확률은 낮다. 부패가 최고위층에서 하급관료까지, 중앙에서 지방까지 공기처럼 깔려 있고, 시진핑의 친척들까지도 은밀한 부패 공모 세력 집단의 일원이다. 시진핑의 친척들은 희토류 생산 회사의 주식, 부동산 등으로 보유한 재산이 4억 달러에 이른다는 의심을 받는다.[43]

결국 시진핑 집권 10년 동안 일부 영역에서는 기득권 세력의 저항을 뚫고 가시적 성과를 냈지만, 전 사회적으로 만연한 부패를 해결하는 데는 실패했다. 2017년에 시진핑 정부는 부패로 처단한 공직자 인원이 52만 7천 명이라고 발표했다. 큰 숫자다. 2010년에 중국공산당 규율 감사 위원회는 1년간에 당규 위반(직무 태만 등)으로 처분한 당원이 14만 6,517명이고, 그중 5,373명은 뇌물수수 등 범죄에 관련되어 사법 처리를 했다고 발표했다. 이런 수치와 비교하면 2017년 시진핑의 부패 척결의 강도는 예전보다 컸다.

하지만 그 결과는 처참한 실패다. 2016년 현재 중국 공산당원은 8,944만 명이다. 이 중 52만 7천 명을 숙청했다면, 공산당원 전체 대비 0.5% 조금 넘는 비율이다. 중국공산당 내에 널리 퍼진 부패, 직무 태만, 권력 남용 수준과 비교하면 턱도 없다. 부패가 이렇게 만연한 상황에서 부패자 일부만을 숙청하면 정치 보복으로밖에 보이지 않는다. 즉 부패와의 전쟁에서 성공하려면 부패 세력을 완전히 도려내야 한다. 완전히 도려내지 못한다면 정치적 원한만 깊어진다. 그리고 반드시 반격을 당한다. 이는 시진핑 정부가 잊지 말아야 할 부패의 중요한 속성이다.

다시 강조한다. 앞으로 남은 5년이란 시간(시진핑 3연임기)은 뿌리 깊은 문제들을 해결하여 독재에 대한 불만을 누그러뜨리기에 턱없이 부족하다. 대만 통일을 제외하고는 성과를 낼 것이 거의 없다. 오래된 문제를 해결하지도, 경제를 반등시키지도, 특별한 성과를 내지도 못하는 최고지도자에게 영구집권을 맡길 사람은 없다. 중국은 제16차, 제17차 당대회에서 연거푸 "당내 민주로 인민 민주를 이끈다"라는 방침을 재차 강조했다.[44] 일명 '중국 특색 민주주의'다. 1당 내 민주주의하에서 민주적이고 투명한 최고지도자의 교체가 사라지고, 시진핑 독재, 장기집권, 영구집권이 현실이 된 지금 중국 특색 민주주의는 명분도 잃었다.

시진핑 3연임 5년 내내 양당 민주주의를 통해 사람이 아닌 시스템, 정책과 노선, 혹은 이념 교체의 자유가 가능하고, 삼권분립, 사법 독립, 군대의 국가화, 연방제, 언론의 자유 등이 가능한 서구식 보편 민주주의를 원하는 목소리는 점점 커질 것이다. 중국 인민은 중국 민주주의 역사에 중요한 이정표로 남을 '1989년 천안문 사태'를 기억하고 있다. 한국의 1980년 광주민주화운동과 비견된다. 시진핑이 휘두른 숙청의 칼날에서 살아남은 부패 세력, 기득권 세력, 정적들도 기회를 엿볼 것이다. 명분은 충분하다. 40년간 지켜온 공직자 연령제와 임기제를 명문화한 '헌법 제79조'를 파괴한 독재자의 척결.

1981년 정치실권을 장악한 덩샤오핑은 주석직 임기를 10년으로 제한하고, 현 주석이 한 단계 건너서 차차기 주석을 지명하는 격세간택隔世簡擇 제도를 도입했다. 자신은 후진타오를 미리 선택했다. 장쩌민은 시진핑을 선택했다. 현재 주석이 한 대를 걸러 미래 주석을 임명하여 정치 보복 가능성을 낮추려는 의도였다. 격세간택을 하면 정치 보복이 쉽지 않다. 동시에 3개 파벌을 골고루 육성하여 정치체제에 견제와 균형을 꾀했다.[45] 공청단파共靑團派, 태자당파太子黨派, 상하이방파上海帮派다.

공청단파는 1922년에 중국사회주의청년단으로 출발했고 중국 공산 혁명의 전위대 역할을 하는 최대 파벌이다. 후진타오가 대표 인물이다. 태자당파는 공산 혁명을 주도한 세대의 자녀들이 주축을 이룬다. 시진핑이 대표 인물이다. 상하이방파는 상하이를 중심으로 이념보다는 경제를 중시하는 파벌이다. 상하이에서 시장, 당 총서기를 지냈던 장쩌민 주석의 후광으로 급성장했다. 덩샤오핑은 3개 파벌이 정치국 상무위원 자리를 각각 3명씩 차지하여 견제와 균형을 이루게 했다. 그럼에도 불구하고 3개 파벌은 정권이 교체될 때마다 주석 자리를 비롯한 상무위원과 정치국원 자리를 두고 치열한 권력 암투와 숙청을 반복했다.[46]

시진핑은 중국 공산 혁명 원로인 시중쉰(1913~2002) 전 부총리의 차남으로 태어났다. 하지만 1962년에 아버지 시중쉰이 펑더

화이 실각 때 반동분자로 몰려 함께 숙청되어 농촌을 돌아다니며 고된 노동을 하며 자랐다. 문화대혁명이 끝난 뒤에 아버지가 복권되면서 베이징으로 돌아와서 칭화대학교에서 화학공학을 전공하고, 법학박사 학위까지 수료했다. 2007년에 상하이 당서기와 제17대 정치국 상무위원에 올랐다. 상하이시 당서기에 취임한 후 그는 전 당서기였던 천량위陳良宇가의 비리사건을 잘 수습하여 공청단파와 상하이방 양쪽에서 정치력을 인정받았다.[47]

상하이방파의 수장이었던 장쩌민 전 주석은 격세간택의 규칙을 따라 시진핑을 선택했다. 오래전에 자신들이 핍박했던 인물이지만, 상하이 당서기 출신이라 자신의 영향력 아래 있고, 과거 부친의 일로 태자당파 안에서의 지지가 약하며, 공산주의 청년단인 공청당의 지지를 받고 있어서 순혈 공청단 출신인 리커창보다는 낫다고 생각했다. 하지만 장쩌민의 이런 정치적 계산은 어긋났다.

2011년 11월에 주석직에 오른 시진핑은 장쩌민 세력을 향해 강력한 역습을 했다. 덩샤오핑의 개혁개방정책 이후 상하이방파와 태자당파는 권력과 재물을 양손에 쥔 최대 수혜자였다. 개혁개방정책 이후 경제성장을 빠르게 추진하기 위해 공산당 권력자들은 자녀들에게 주요 기업을 설립하게 했다. 그리고 당의 명령을 빌려 공기업과 정부기관에 자신의 자녀들이 설립한 기업에 엄청난 특혜를 주도록 했다. 외국계 금융기관과도 결탁하여 불법, 편법 금융지원을 하도록 했고, 자녀들을 통해 만든 비자금을 외국계 금융기관을 통해 해외로 빼돌렸다.

뿌리는 태자당 소속이지만 공청단의 지지를 받은 시진핑 주석은 과거에 자기 아버지와 가족을 핍박했고 지난 20여 년간 부정부패의 온상이었던 '태자당-상하이방 교집합' 세력에 칼을 빼 들었다. 시진핑은 2012년부터 3년 동안 정치국 상무위원인 저우융캉周永康, 전 통일전선공작부장 링지화令計劃, 전 중앙군사위 부주석 쉬차이허우徐才厚, 태자당파에서 떠오르는 인물인 전 충칭시 당서기 보시라이薄熙來 등 최고위간부와 가족들을 과감하게 숙청했다. 시진핑이 숙청한 사람들은 '태자당-상하이방 교집합' 세력이다.

시진핑의 뿌리는 태자당파인데, 왜 자신이 속한 당파를 제거했을까? 이유는 2가지다. 첫째, 해묵은 원한이었다. 둘째, 시진핑의 숙청은 과거 정권 교체기마다 일어나는 숙청과 목적이 달랐다. 그 목적은 자신의 장기집권 기틀을 마련하려는 데 있었다. '태자당-상하이방 교집합'을 공격한 뒤에 시진핑이 상하이방파와 태자당파 자녀들의 기업, 그들과 손잡은 홍콩 재벌 리카싱李嘉誠 등 화교 자본가 그룹에게 칼날을 들이댔다. 시진핑은 이들을 거쳐서 대부이자 자신의 최종 목표인 장쩌민과 후진타오를 제거하려고 했다. 하지만 이들 세력과 자녀들은 중국 정치와 경제에 막강한 영향력을 가지고 있었다.[48]

외부로 흘러나온 시진핑 암살 시도가 몇 건이나 될 정도로 이들의 저항도 만만치 않다. 시진핑이 아무리 무소불위의 권력을 가졌더라도 이들 세력을 뿌리까지 뽑아내기는 불가능했다.

이런 역사적 사실을 알고 나면, 시진핑이 권좌에서 내려오는 순간 어떤 일이 벌어질지는 충분히 예측할 수 있다. 2022년 10월 22일에 시진핑 3연임이 확정된 제20차 전국대표대회(당대회)가 폐막했다. 정치적으로 중요한 몇 가지 장면이 나타났다.

중국의 후진타오 전 국가주석은 건강 문제에도 불구하고 당 대회 폐막식 참석을 고집했다. 폐막식 내내 시진핑 주석 옆자리에서 불만스러운 표정을 지으며 앉아 있었는데, 당헌인 당장黨章 채택이 진행되기 직전에 갑작스럽게 대회장에서 퇴장당했다. 겉으로는 스스로 걸어 나간 모습이지만, 시진핑 쪽 관계자의 재촉에 마지못해 자리에서 일어나 퇴장했다. 부축하는 사람의 팔을 뿌리치려는 모습도 보였다. 퇴장당하면서 시진핑 주석 옆에 서서 몹시 언짢은 표정으로 짤막한 말을 걸었고, 시진핑 주석도 웃음기 없이 짧게 대답하는 모습이 카메라에 잡혔다. 그리고 시진핑에 의해 정치국 상무위에서 탈락한 공산주의청년단(공청단) 출신 리커창 국무원 총리의 어깨를 가볍게 치고 짧은 위로의 말을 건넸다.[49]

시진핑 주석은 집권 3기를 보좌할 최고지도부 상무위원 7명을 모두 자신의 측근인 '시자쥔'으로 채웠다.[50] 다른 파벌은 전멸했다. 중앙정치국 위원에서는 여성 몫도 사라졌다. 25년 만이다. 최고 지도부를 최측근으로 채울 정도면, 나머지 조직들도 친위부대로 채웠을 것은 불을 보듯 뻔하다. 독재 강화이며 동시에 불안감의 표시다. 내부 반대 목소리도 사라졌으니, 시진핑 주석은 아무런 방해 없이 질주할 수 있게 되었다. 그러나 견제 없는 질주는 그만큼 빨리 부패한다는 것이 세상의 이치다.

반대세력을 강하게 누를수록 튀어 오르려는 힘도 커진다. 누르는 힘이 약해지는 순간 강력한 반발이 시작된다. 이제 시진핑은 죽을 때까지 권력을 한시도 놓을 수 없는 운명에 빠졌다. 시간이

갈수록 억제와 통제의 힘을 더 키워야 한다. 그리고 그 힘이 약해
지거나 권력을 놓거나 잃는 순간, 대중의 지지를 잃는 순간, 원한
에 사무친 정적들에게 숙청당할 위험이 기하급수적으로 커진다.
시진핑 연임 3기는 강력한 권력투쟁, 불안한 미래의 시작이다. 중
요한 건 미국도 이런 상황을 잘 알고 있다는 것이다.

미국의 용병,
중국 본토 금융시장을 습격한다

미국의 대중국 환율공격과 금융공격은 여기서 멈추지 않을 것이다. '제2차 공격'이 있다. 제1차 환율 및 금융 공격으로 중국 경제가 혼란에 빠지면, 미국 정부의 용병인 거대 자본가와 기업가들이 움직일 것이다. 이들은 선진화되고 기술이 뛰어난 차익 거래꾼들이다. 이들은 중국 정부가 선진국 위상에 맞는 재정, 환율, 금융 시스템의 개방과 시장 친화적 개혁을 진행하는 동안 중국 금융투자 시스템 안에 침투했고, 중국의 부동산, 채권, 주식시장에 대형 폭락장이 발생하기만을 기다리고 있다.

1974년에 미국 정부는 일본을 '슈퍼 301조' 카드로 위협하여 변동환율제로 전환시키고, 1985년 플라자합의로 일본 엔화를 강제 절상시켰다. 그리고 5년이 지난 1990년 1월 12일에 미국 정부의 용병인 거대 금융 자본가와 기업가들이 움직였다.

먼저, 거대 금융 자본가들이 선물의 투기적 속성을 이용해서 만든 '주가지수선물Stock market Index Futures'이라는 핵폭탄을 투여했다. 플라자합의 이후 엔화 절상 추세가 계속되면서 1987년 4월경에는 달러당 130엔이 되었다. 일본의 수출이나 수익은 예전만 못했다. 일본 정부는 내수 부양정책으로 수출 경쟁력 하락을 대신

했다. 문제는 일본 정부가 내수 부양을 위해 시장에 뿌린 돈들이 부동산과 주식 시장으로 급격하게 빨려 들어갔다는 것이다.

〈그림30〉과 〈그림31〉은 당시 저금리를 바탕으로 막대한 유동성이 주식과 부동산 시장을 엄청난 기세로 밀어 올렸고, 동시에 일본 가계부채도 빠르게 증가하는 상황을 보여주는 그래프다. 부동산은 단 5년 만에 2배 상승했고, 니케이 지수는 1985년 1만 포

그림30 | 일본의 GDP 대비 가계부채와 주식시장

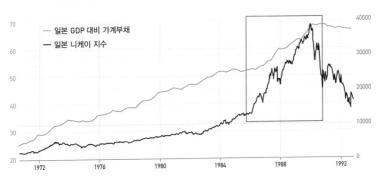

그림31 | 부동산 버블 전후 일본의 지가 추이

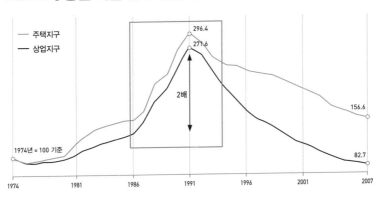

인트에서 1990년 1월에는 4만 포인트까지 폭등했다.

더욱 심각한 문제는 일본 정부와 가계들이 치솟는 주식과 부동산 가격을 버블이 아니라 탄탄한 일본 경제의 힘에 의한 견고한 성장세의 증거라고 확신한 것이다. 이런 착각이 시장을 지배하자, 일본 자산시장의 급격한 추락이나 일본 경제의 붕괴를 걱정하는 목소리가 사라졌다.[51]

일본의 자신감이 극에 달해 있을 때, 모건스탠리나 살로몬브라더즈 같은 월가의 거대 금융 자본가들이 '주가지수 풋옵션'이라는 신상품을 들고 일본 투자자를 찾아갔다. 넘치는 돈, 계속 오르는 자산 가격에 자신감이 충천했던 일본 투자자들은 이들이 들고 온 신상품에 큰 관심을 보였다.

이들이 들고 온 파생상품은 전도유망하고 견고한 일본 증시 전체가 폭락하는 쪽에 거액을 배팅했다. 니케이 지수가 상승하면 미국 투자자들이 손해를 보는 상품이다. 일본 투자자들은 "무슨 이런 상품이 있어? 미친 것 아냐?" 하며 사는 족족 수익이 나리라고 비웃으면서 이 상품을 겁도 없이 대거 사들였다. 일본 경제의 탄탄한 펀더멘털과 자산시장의 견고한 상승세를 고려하면 땅 짚고 헤엄치기처럼 보인 것이다. 일본 투자자들에게는 니케이 지수가 하락하면 그만큼 미국 투자자들에게 수익을 주어야 한다는 반대의 조건은 눈에 들어오지도 않았다. 1989년 12월 29일에 니케이 지수가 3만 8,915포인트를 돌파했다. 미국 투자자들은 큰 손해를 보는 듯했다. 이 상품은 날개 달린 듯 더 팔려 나갔다.

1990년 1월 12일에 미국 정부의 용병인 거대 금융 자본가들은 준비한 행동을 시작했다. 갑자기 미국 주식거래소에서 니케이 지수 풋 워런트NPWs: Nikkei Put Warrants라는 새로운 금융상품을 상장시켰다. 일본에서 대량의 니케이 주가지수 선물을 팔아 치운 모건스탠리, 골드만삭스 등 미국의 투자회사들은 일본 투자자들에게 산 옵션을 덴마크의 투자자들에게 팔았고, 덴마크에서는 니케이 지수가 하락하면 그 수익을 양도하기로 약속하고 이 옵션을 NPWs의 구매자에게 팔았다.[52]

일본에서는 일본 주가지수가 상승하면 일본 투자자들이 큰돈을 버는 '주가지수 풋옵션'이 날개 돋친 듯 팔려 나갔고, 미국에서는 니케이 지수가 폭락하면 큰돈을 버는 NPWs가 날개 돋친 듯 팔려 나갔다. 미국 투자자들은 양쪽에 전부 상품을 팔아서 막대한 수수료를 챙겼다. 그리고 NPWs가 인기를 끈 지 한 달 만에 일본 증시는 붕괴를 시작했고, 1992년에는 1만 5천 포인트까지 폭락했다.

주식시장이 무너지자 부동산 시장도 함께 붕괴하기 시작했다. 1985년 이후로 51개월 연속 상승했던 부동산 가격은 1991년을 정점으로 13년 동안 계속 하락했다. 주택은 60%, 상업용 부동산은 87%나 폭락했다. 주식과 부동산이 동시에 폭락하자, 세계 10위권을 휩쓸었던 일본의 대형은행을 포함한 기관 투자가들이 자본금의 몇 배에 달하는 손실을 보면서 힘없이 무너졌다.

1990년까지 빠르게 증가했던 가계의 가처분 소득도 무너졌다. 1995년에 일본 정부는 은행업의 불량자산이 50조 엔을 넘었다고 발표했다. 1996년까지 주식과 부동산 시장에서 무려 6조 달러의 손실이 났고, 연평균 1만 4천 개의 기업이 파산했다.

1997년에는 일본 중앙은행은 위기의 추가 확산을 막고 무너진 실물경제를 살리기 위해 기준금리를 제로 근처까지 내렸다. 하지만 콜금리가 한때 20%를 넘을 정도로 시장금리는 폭등했다. 일본 금융 시스템이 망가진 것이다. 이 기간에 일본 전체의 재산 손실 규모는 제2차 세계대전 때 발생한 재산 손실과 맞먹는 수준이었다.[53]

금융 시스템의 기본은 적재적소에 적절하게 자금을 융통하는 것이다. 하지만 중국 정부는 자국 기업의 생존 유지와 체제 유지에 필요한 일자리를 유지하기 위해 금융산업을 확장했다. 미국을 따라잡기 위해 미래 신성장동력 산업을 지원하는 데 금융의 힘을 사용하고 있지만 관리 부실과 관료의 부패가 발목을 잡고 있다. 그 결과 내수 부양 속도는 생각보다 느리고, 중국 기업의 장래가 그리 밝지 않은 탓에 주식시장으로 유입되는 외국 자본이 적어 10년이 넘도록 3천 포인트 선을 오르락내리락만 한다.

그 대신 중국인의 부동산 사랑과 막대한 유동성이 맞물려 부동산 시장에 기형적 버블이 심각한 수준에 이르렀다. 중국 부동산 버블이 붕괴하는 순간 거대 금융 자본가들은 기다렸다는 듯이 강력한 금융공격을 가하여 폭락에 불을 붙일 것이다. 그리고 또 다른 미국 정부의 용병인 기업가들은 무너져 내린 중국의 경제와 산업에서 버블이 꺼지고 피투성이가 된 중국의 회사와 자산들을 아주 싼값에 사들여 되파는 일명 '양털 깎기' 잔치를 벌일 것이다.

앞에서 경제 및 금융 전쟁은 '소리 없는 전쟁' '보이지 않는 전쟁'이고 미국이 고용한 용병과 저격수들은 '투명 망토를 입고 오는 강력한 군대'라고 비유했다. 중국 경제와 기업들이 포탄에 맞아 쓰러지기 전까지는 공격조차 쉽게 알아차리기 힘들고, 경제 및 금융 시장에서 통용되는 규칙에 따라 진행된 전쟁이기 때문에 내 상을 크게 입고 쓰러진 후에도 공격을 받았을 리가 없다는 착각에 빠지게 한다고도 언급했다. 이쯤에서 조지 소로스의 말을 되짚어 볼 필요가 있다.

나는 금융시장에서 통용되는 규칙에 따라 투기 행위를 했을 뿐이다. 나는 금융시장의 합법적인 참여자다. 도덕적인 기준으로 내 행동을 평가하지 말라. 이는 도덕과는 별개의 문제다.[54]

러시아를
묶어라

미국의 위위구조 계책이 성공하려면 뒷문 단속은 필수다. 뒷문 단속의 첫 번째 대상은 러시아다. 러시아 군사력을 보자. 총병력은 90만 명(편제는 100만 명, 예비군 200만 명)이다. 지상군 28만 명, 해군 15만 명, 항공우주군 16만 5천 명, 전략미사일군 5만 명, 공수군 4만 5천만 명, 기타 지휘 및 지원 병력 21만 명이다. 2020년 국방 예산은 408억 달러다.

무기 보유 수준을 보자. 지상군은 전차 1만 2,950대, 장갑차 2만 8,440대, 야포 2만 6,827문을 보유한다. 해군은 항공모함 1척, 잠수함 60척, 전투함 140척, 상륙함 48척, 지원함 367척, 전투항공기 217대를 보유하고 있다. 항공우주군은 장거리폭격기 214대, 전투기 888대, 공중급유기 15대, 공중조기경보기 9대, 지대공 미사일 842기를 보유하고 있다. 전략미사일군은 대륙간탄도미사일 334기를 보유하고 있다.[55]

겉보기에는 군사력이 강해 보인다. 세계 군사력 순위를 매년 발표하는 GFP Global Firepower에 따르면, 러시아 군사력 순위는 세계 2위다. 하지만 우크라이나 침공에서 드러난 실상은 전혀 달랐다. 단 일주일 만에 우크라이나를 제압할 줄 알았던 러시아 군대는 제대로 힘을 쓰지 못하고 있다. 미국이 제공한 무기와 자웅을 겨루는 국면이 되자, 러시아가 자랑하는 최신 전차 T-90도 맥없이 부서지고 불탔다. 러시아의 아파치라고 불리는 Ka-52헬기는 대전차 미사일에 맞아 격추되기 일쑤였다. 러시아군의 하늘을 수호하는 대공포 판치르-S1는 레이더 성능이 떨어져서 바이락타르 TB2 등 우크라이나군 무인기를 막지 못했다. 그리고 전쟁이 길어지면서, 서방의 강력한 제재로 군수물자를 구하지 못해 냉장고나 식기세척기 등 가전제품 안에 들어간 반도체를 뜯어내 무기 제조에 사용하는 지경이다.[56]

이쯤 되면 미국이나 NATO가 러시아를 더 이상 두려워하거나 염려할 필요가 없을까? 그렇지 않다. 우크라이나 전쟁에서 보인 굴욕에도 불구하고, 러시아는 믿는 구석이 있다. 바로 핵무기다. 러시아는 세계 최대 핵무기 보유국이다. 러시아가 보유한 핵탄두는 알려진 것만 6,300개가 넘는다. 지구를 수십 번 초토화할 수 있는 분량이다. 특히 러시아는 미국이 가장 두려워하는 비대칭무기를 보유하고 있다. 미국의 미사일 방어 체계를 피해 해저로 1만 km를 날아가 미국 해안 도시를 초토화할 수 있는 파괴력을 가져서 '둠스데이'(최후의 날)라는 별명이 붙은 핵추진, 핵무장 어뢰 '포세이돈'이다. 히로시마에 투하된 원자폭탄의 6천 배에 달하는 폭발력을 가졌다. 죽음의 핵미사일인 포세이돈은 세계 최대, 최강 잠수함인 러시아 최첨단 스텔스 핵잠수함 K-329 '벨고로드'에 탑재되어 있어서 공포가 배가된다.

미국이 패권전쟁에서 승리하려면, 러시아를 반드시 묶어놓아야 한다. 북한처럼 핵에 의존하는 러시아는 중국과 다르다. 중국은 경제와 사회발전이 상당해서 잃을 것이 많은 나라가 되었지만 러시아는 잃을 것이 적다. 그래서 더 호전적일 수 있다. 미국이 안심할 수 없는 이유다. 특히 대만해협에서 중국과 군사적으로 대치할 경우, 러시아가 미국 함대의 후미를 위협할 수 있다. 러시아 입장에서는 중국을 지원하고 경제적 이득을 얻는 계산을 할 것이 뻔하다. 〈그림32〉를 보자. 우크라이나 전쟁 이전에 러시아의 핵심 수출국은 중국과 독일이었다. 하지만 우크라이나 전쟁 이후 서구의 경제제재가 심해지면서 러시아의 대중국 수출 의존도는 극심해졌다. 지금 러시아 경제를 살리는 국가는 중국이다.

군사력이 약화된 러시아이지만, 포세이돈을 탑재한 최첨단 스텔스 핵잠수함 K-329 '벨고로드'가 태평양 바닷속에서 미국 항공모함 전단들을 위협하면 중국에 집중하기 힘들다. 하루라도 빨

그림32 | 러시아의 수출 변화 (10억 달러)

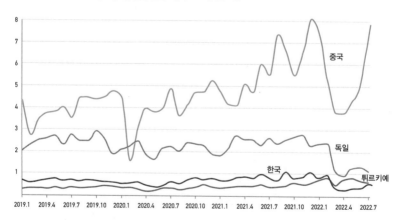

리 러시아의 손발을 꽁꽁 묶어두어야 한다. 방법은 역시 경제 및 금융 공격이다. 러시아 경제가 추락하면 군사력도 동시에 추락한다. 소련이 붕괴한 직후에 러시아는 항공모함 전단을 유지할 자금이 부족해서 항공모함, 군함 등을 고철로 팔아버릴 수밖에 없었다. 군함을 비롯한 일부 무기를 폐기하는 데도 미국의 자금지원을 받아야 할 정도였다. 군사력이 추락하면, 유럽 침공도 더 이상 할 수 없고, 대만해협에서 중국을 도울 수도 없다. 최악의 경우에는 나라가 다시 한번 파산에 직면할 수도 있다.

우크라이나 전쟁의 장기화로 러시아는 상당한 군사력 손실을 보았다. 핵무기를 제외하고 유럽과 동아시아에서 미국과 NATO에 맞서려면 재정비가 필요하다. 군사력 재정비에는 막대한 자금이 들어간다. 부서진 무기를 수리하고 무기 생산을 늘리고 무기 성능을 개선해야 한다. 사기가 떨어진 부대원들에게 재정 지원도 해야 한다. 거대한 해군 함대, 공군력을 유지하고 훈련하는 데도 막대한 자금을 쏟아부어야 한다. 하지만 러시아는 무역, 제조, 서비스, 자산시장 등 에너지를 뺀 거의 모든 영역에서 내세울 것이 하나도 없다.

2020년 현재 러시아의 수출 품목과 규모를 살펴보면, 전체 수출 대비 원유의 비율은 37%, 천연가스의 비율은 6%, 석탄의 비율은 4.4% 정도다. 그리고 광물의 비율이 약 22%를 차지한다. 육해공군 전체 군사력을 총동원한 우크라이나 전쟁에서 러시아가 보여준 무기 수준과 졸전으로 전 세계 무기시장에서 러시아산 무기 구매 취소도 줄을 잇고 있다. 에너지 수출 다음으로 그나마 효자

종목이었던 무기 수출길도 막히고 있는 지경이다. 결국 러시아의 힘은 예나 지금이나 천연가스, 원유 등 에너지에서 나올 수밖에 없다.

미국, 러시아를 잡기 위해
유가를 폭락시킨다

미국의 입장에서 러시아는 중국보다 경제 및 금융 공격을 하기 쉬운 나라다. 에너지 한 분야만 집중적으로 공략하면 대응력이 급격히 하락한다. 심지어 러시아는 뻔히 알고도 또다시 당할 수밖에 없다.

현재 러시아는 2005년 이래로 서부텍사스원유wti 가격이 배럴당 50달러가 넘는 기간에 모아둔 자금을 우크라이나 전쟁을 준비하고 수행하는 과정에서 상당량을 소진했다. 우크라이나 전쟁이 길어지면 남은 자금도 바닥이 날 수 있다. 이런 상황에서 미국이 유가를 폭락시키고 금융전쟁을 수행하면, 러시아 군대를 차가운 시베리아 벌판에 확실하게 묶어둘 수 있다.

지금 유럽은 러시아의 에너지공격으로 겨울이 올 때마다 공포에 빠진다. 만약 미국이 에너지전쟁을 벌여 러시아를 제압하면 유럽 경제의 구세주가 된다. 러시아를 묶고, 유럽의 구세주가 되고, 전 세계 에너지 시장에서 미국의 힘과 위상을 회복하는 등 미국이 러시아를 상대로 경제 및 금융 전쟁을 벌이면 쉽게 얻을 수 있는 이익이 매우 많다.

미국이 유가를 폭락시키는 전략은 어떻게 전개될까? 필자는 유가 폭락이 크게 2단계로 전개될 것으로 예측한다.

첫 번째 단계는 미국이 직접 개입할 필요가 없는 단계다. 자산시장 대학살, 글로벌 경기 대침체가 유가 폭락을 가져올 것이다. 주식시장에는 "주가는 신God도 모른다"라는 격언이 있고 글로벌 정유업계에는 "신God은 주가는 예측해도 유가는 모른다"라는 격언이 있다. 원유 가격 예측이 주식 가격 예측보다 어렵다는 것은 틀린 말이 아니다. 국제 원유 가격은 원유 생산(공급)과 수요(소비)에 영향을 미치는 변수들(미국, 중국, 유럽 등의 원유 수요와 재고량, OEPC의 공급량, 러시아의 에너지 공급량, 미국 정부의 원유 정책, 중동의 지정학적 위험 수준 등), 원유 가격에 영향을 미치는 달러 가치, 달러 가치에 영향을 미치는 연준의 기준금리, 미국과 중동 국가들의 석유 전쟁 변수 등이 복잡하게 얽히고설켜 결정된다. 하지만 유가가 형성되는 시스템과 중요한 변수가 무엇이고 그것이 언제 어떻게 작동하는지를 이해하면, 대략적인 방향은 충분히 예측할 수 있다.

〈그림33〉은 세계 원유시장의 시스템을 간단하게 정리한 것이다. 1단계는 기준금리에서부터 발생한다. 미국이 기준금리를 급하고 강하게 올리면서 달러 초강세가 펼쳐지고, 그다음으로 자산시장 대학살, 글로벌 경기 대침체가 발생하여 총수요량이 줄어드는 힘이 공급 감소보다 강해지면서 원유 가격이 하락하는 구조다.

2000년에 닷컴버블 붕괴가 시작되자 WTI 선물 가격이 45% 폭락했다. 2008년 글로벌 금융위기 발발 직전에 WTI 가격은 배럴당 140달러를 돌파했고, 200달러까지 치솟을 수 있다는 전망이 나왔다. 하지만 글로벌 금융위기가 터지고 전 세계에 경기 대침체가

그림33 | 세계 원유시장 시스템 지도

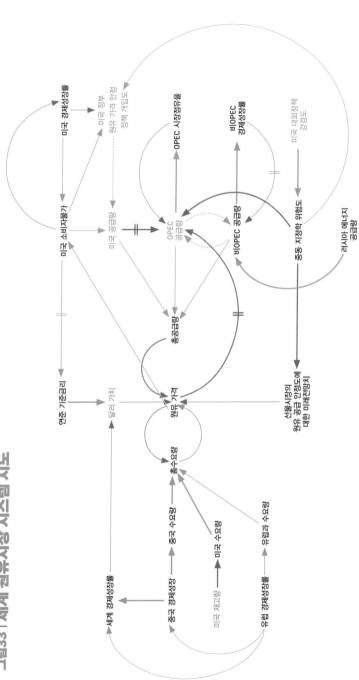

발생하자 WTI 가격은 배럴당 40달러까지 폭락했다. 전 고점 대비 70% 넘게 폭락했다. 코로나19 팬데믹으로 원유 가격이 0달러를 넘어 마이너스 가격이 되었다. 역사상 초유의 일이었다. 많은 국가에서 내린 봉쇄령으로 공장과 소매점이 모두 문을 닫고, 사람들의 여행이 끊기고 도로에 차를 끌고 나오지 않는 등의 수요 급감이 원인이었다.

2022년 초에는 러시아가 우크라이나를 무력으로 침공했다. 배럴당 124달러까지 WTI 가격이 치솟았다. 러시아 전쟁과 제경제제가 길어지면서 WTI 가격이 배럴당 180~200달러까지 떨어질 것이라는 설까지 돌았다. 하지만 전쟁이 지속되면서 심리적 공포감이 줄어들고, 경기침체 우려가 시작되자 WTI 가격이 전쟁 직전인 80달러대로 하락했다.

원유 가격의 움직임에는 몇 가지 패턴이 있다. 먼저, 미국의 경제성장률과 달러 가치는 예상외로 원유 가격에 미치는 영향이 미미한 변수다. 필자가 수행한 분석 작업에서도 미국의 경제성장률과 원유 가격은 상관관계가 낮게 나왔다. 1993~2009년까지 미국의 경제성장률과 원유 가격을 비교한 결과다. 해당 시기에 미국의 경제성장률은 꾸준히 하락했다. 하지만 원유 가격은 가장 높이 상승했다. 미국 경제가 호황이 되어 원유 소비가 늘어나도 원유 가격 상승에 별다른 영향을 주지 않았다. 역으로 원유 가격의 변화가 미국 경제에 유의한 영향을 미치는 것으로 나타났다.

달러 가치도 마찬가지다. 달러 가치는 원유 가격에 직접적인 영향을 주는 것으로 보이지만, 실제 시장에서는 부수적인 변수로

그림34 | 달러 가치와 원유 가격의 상관관계

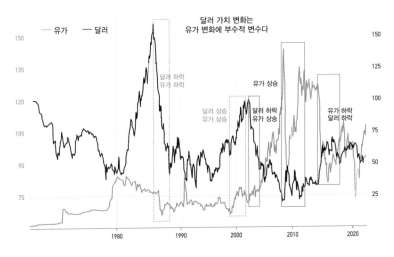

영향이 미미하다. 달러 가치와 원유 가격의 변화를 비교한 필자의 분석 결과에 따르면, 큰 움직임만 볼 때는 달러 가치가 하락하면 (원유를 달러로 결제하기 때문에) 상품인 원유의 가격은 상승하고, 달러 가치가 상승하면 원유 가격은 하락한다. 이런 작동 원리 때문에 달러 가치의 변화가 원유 가격의 변화에 큰 영향을 주는 것처럼 이해된다. 하지만 구간별로 잘게 쪼개서 분석해보면 달러 가치와 원유 가격이 같은 방향으로 움직일 때도 많다.

1985년 이래로 달러 가치가 크게 하락했지만 원유 가격도 하락했다. 2000년경에는 달러 가치가 상승했고 원유 가격도 상승했다. 미국이 긴축에 들어가고 러시아가 우크라이나를 침공한 이후에 달러 가치는 치솟았다. 하지만 원유 가격은 더 크게 상승했다. 더군다나 달러 가치와 원유 가격이 반대로 움직이는 시점에도 변동 폭의 차이가 대단히 크다. 2002~2003년부터 달러 가치가 크게 하락했는데, 원유 가격은 소폭 상승했다. 2008년 글로벌 금융위기 당시에는 달러 가치 변동 폭과 비교되지 않는 변동성을 보였다.

필자의 분석으로는 달러 가치 변화는 유가 변화에 영향을 주지만, 핵심 변수는 아니다. 핵심 변수는 따로 있다. 수요 측면에서는 (앞에서 설명한) 글로벌 경기 대침체(수요 감소)다. 중국처럼 전체 수요에 영향을 미치는 나라의 경기상황도 중요 요인이 된다. 참고로 원유 가격의 장기 변화 추세에서 수요 부족이 일어나는 시기는 극히 짧고 빈도수가 적다. 즉 국제 유가 변동에 반복적으로 영향을 미치는 부분은 공급이다. 원유 가격을 예측하는 데는 '공급량' 변화에 초점을 맞춰야 한다. 공급량 변화의 힘이 강한 기간에는 달러 가치에 상관없이 국제 유가가 움직인다. 그것도 매우 크게 움직인다. 미국 정부가 '인위적으로' 국제 유가를 폭락시킬 수 있는 영역도 공급 측면이다. 이것이 미국이 유가를 폭락시키는 두 번째 단계다.

공급 측면에서는 정치적 판단과 지정학적 이슈(전쟁, 중동 이슈)가 핵심 변수다. 1970년부터 최근까지 국제 원유 가격의 전체 흐름을 보면, 공급 부족을 만드는 사건이 발생하면 원유 가격은 폭등했다. 반대로 공급 과잉이 발생할 때마다 원유 가격은 폭락했다. 공급 측면에서의 핵심 변수 2가지를 살펴보자.

첫째, 정치적 판단이다. OPEC의 정치적 판단(전통 원유의 감산 혹은 증산)과 미국의 정치적 판단(셰일의 감산 혹은 증산, 미국에서 시추하는 전통 원유 수출량 판단, 탈탄소 에너지 지원 속도 판단, 패권전쟁)이 핵심 요인이다. 석유는 국가의 전략적 자산이다. 국가 전략적 자산

목록에 오르는 순간 유통량이나 가격을 수요공급 법칙에만 맡기지 않는다. 중요한 시점에는 정치적 판단이 가격과 유통량을 결정한다. 석유는 국가 전략적 자산 중 최상위 품목이다.

제4차 중동전쟁(욤키푸르 전쟁) 시기, 중동의 주요 산유국들은 이스라엘의 유럽 측 우방과 미국으로 향하는 석유에 금수 조치 카드를 꺼내 들었다. 1973년 10월 16일에 사우디아라비아의 파이잘 2세의 주도로 6개 아랍 OPEC 회원국은 원유 고시 가격을 17% 인상한다고 발표했다. 다음 날에는 이스라엘이 아랍 점령 지역에서 철수하고 팔레스타인의 권리가 회복될 때까지 매월 원유생산량을 전월 대비 5%씩 감산한다고 발표했다. 다급히 휴전이 이루어졌지만, 이번 기회에 이스라엘 편을 들었던 나라들을 향해 확실히 보복해야 한다고 생각한 아랍 세력들은 석유를 무기화해 미국, 유럽을 비롯한 세계 경제에 위협을 줄 수 있음을 보여주기로 했다.

OPEC이 석유 가격 인상과 감산을 지속하자, 배럴당 2.9달러였던 원유(두바이유) 고시 가격이 1974년 1월에는 11.6달러까지 올랐다. 불과 2~3개월 만에 무려 4배나 폭등한 것이다. 아랍의 적대국이었던 미국과 이스라엘은 물론이고 전 세계 경제가 한순간 쇼크에 빠졌다. 1974년에 주요 선진국들의 물가상승률은 두 자릿수를 기록했고, 경제는 마이너스로 곤두박질쳤다. 제1차 오일쇼크 사건이다.

오일쇼크 기간에 이득을 얻은 나라가 또 있다. 소련이었다. 해체된 소련을 이은 러시아는 사우디아라비아 다음으로 석유 매장량이 많은 나라다. 그 당시 극심한 경제적 위기에 빠져 있었던 소련은 석유 가격 급등 덕에 경기침체에서 벗어나 막대한 부를 축적했다. 소련은 그 힘을 바탕으로 미국을 군사적으로 맹추격하기 시작했다. 미국은 냉전시대를 끝내고 절대패권 국가의 자리를 확보하기 위해 소련을 무너뜨릴 계책을 세웠다.

미국 정부가 파악한 소련의 약점은 2가지였다.

첫째, 소련은 오일쇼크 기간에 벌어들인 막대한 부를 잘 관리하는 데 실패했다. 소련 정부는 밑 빠진 독에 물 붓듯 넘쳐나는 돈을 자국의 비효율적인 산업에 보조해주고, 지속가능성장을 위한 경제 개혁 조치는 계속해서 미루어졌으며, 관료들의 부패가 심해지면서 빈부격차는 극심해졌다. 결정적으로 아프가니스탄 침공으로 국력을 낭비했다.

둘째, 소련 경제의 최대의 약점은 석유와 천연가스 수출에 대한 의존도가 너무 높은 것이었다. 레이건 정부는 이 약점을 집요하게 파고들어 경제 및 금융 전쟁을 벌이기로 했다. 레이건 정부는 국제 유가를 폭락시켜서 소련 경제가 붕괴하면 민심은 등을 돌리고 정치적 분쟁이 발발할 것이며, 핵전쟁을 하지 않고도 미국이 소련을 무너뜨릴 수 있다고 판단했다.

그 당시 미국의 분석으로는 유가가 배럴당 1달러 오를 때마다 소련은 연간 10억 달러의 추가적인 수입을 얻었다. 반대로 유가가 1달러 하락하면 최소 연간 10억 달러 이상의 손실이 발생했다. 미국은 국제 유가를 하락시키면 소련의 외화 보유액이 급감할 것이고, 이런 상황에서 미국과 동맹국의 언론들이 소련의 국가채무상환 위험, 즉 소버린 리스크Sovereign Risk가 증가할 수 있다는 경고로 지원사격을 해주면 소련 경제에 일시적인 신용경색을 유발할 수 있다고 판단했다. 소련의 미래 경제의 불확실성이 극대화되면, 국제사회 전체가 소련에 대한 여신 제공을 꺼리게 되어 소련의 경제 전반이 큰 타격을 입을 것이라는 전략이었다.

1982년 11월 29일에 미국의 레이건 정부는 소련을 견제하기 위한 전략문서인 'NSDD-66'에 서명을 했다. 그 문서는 유럽, 사우디아라비아, 캐나다 등 미국의 동맹국으로 하여금 소련과의 천연가스 매입 계약과 첨단기술 및 장비 수출 등을 금지 및 제한한다는 내용을 포함하고 있었다. 소련의 채권 금리를 대폭 올려서 상환 부담을 키우고, 장기 채권보다는 단기 채권에 대한 의존도를 높이는 경제전쟁의 전략도 담고 있었다.[57]

미국은 소련이 첨단기술을 발판으로 군수산업을 발전시키고 경제성장을 견인하는 것을 막고자 우방 국가들에 압력을 가해 대소련 기술 수출도 금지했다. 미국의 대소련 첨단기술 제품의 수출이 1975년에 32.7%였는데 1983년에는 5.4%로 급감했다. 'NSDD-66'에 서명을 한 미국 정부는 당시 OPEC 생산량의 40%를 차지하고 있던 사우디아라비아와 국제 유가에 대한 전략적 제휴를 맺었다.

만약 사우디아라비아가 석유 가격을 하락시키는 데 기여한다면 미국은 첨단무기 등의 군사적 지원을 한다는 내용이었다. 사우디아라비아의 입장에서도 미국의 권유에 따라 석유 가격을 하락시키면 유럽의 국가들이 소련에서 수입하던 천연가스 대신 자국의 석유 수입을 늘릴 것이기 때문에 손해 보는 장사도 아니었다.

이런 밀약을 한 뒤에 사우디아라비아는 전격적으로 석유 생산량을 4배나 늘렸다. 효과를 극대화하기 위해 미국도 전략적 비축유의 구매량을 하루 22만 배럴에서 14만 5천 배럴로 35%가량 줄였다. 서유럽과 일본 등도 전략 비축유를 방출해서 유가 하락을 가속하도록 압력을 넣었다.[58]

원유 가격은 불과 4년 만에 1986년의 4분의 1 수준인 배럴당 20달러대로 폭락했다. 심지어 WTI 가격이 1980년에 배럴당 평균 37.96달러에서 1986년 7월에는 배럴당 11달러 아래로 폭락했다. 1983년에 미국은 국제에너지기구IEA를 통해 유럽 국가들이 소련산 천연가스 구매를 줄이도록 압력을 행사했다.

국제 유가가 급락하자, 소련은 연간 200억 달러의 손해를 입었다. 미국이 금융 지원을 금지한 상태에서 연간 200억 달러의 손실은 소련을 몰락시키기에 충분한 금액이었다. 1991년에 고르바초프가 사임한 크리스마스 무렵에는 국제 원유 가격이 17달러 선까지 떨어졌다. 소련 경제의 숨통을 틀어쥔 미국은 결정타를 날리기 위해 소련에 차관을 제공하지 못하도록 OECD에 압력을 가했다. 그리고 마지막 한 방을 날렸다. 달러화의 가치를 평가절하하여 소련이 벌어들인 달러의 실질 구매력도 떨어뜨렸다.

반대로 소련은 미국과의 군비 경쟁 때문에 얼마 남지 않은 재원마저 국방비에 쏟아부어야 했다. 빠르게 달려가던 소련의 경제는 갑작스럽게 멈춰 섰다. 소련은 유가 하락으로 입은 손실분만큼의 차관을 미국에 빌려야만 생명을 유지할 수 있었다. 금을 팔아 겨우 목숨을 연명하던 소련은 더 이상 버티지 못하고, 1992년 1월

1일에 해체되었다. 미국은 강대국 소련을 총 한 방 쏘지 않고 피한 방울 흘리지 않고 괴멸하는 데 성공했다. 물론 미국과 미국의 글로벌 석유회사들도 막대한 손실을 봤지만 생존에는 문제가 전혀 없었다. 소련과 극심한 냉전 상태를 유지하는 데 들어가는 비용과 비교하면 큰 손해가 없는 장사였다.

'정치적 의도'로 국제 유가를 폭등시킬 수도 있다. 2022년에 러시아의 푸틴은 유럽에 석유와 천연가스 공급을 중단하겠다고 예고하며 전 세계 천연가스와 원유 가격을 폭등시켰다. 유럽 경제는 휘청거렸고, 영국은 10%가 넘는 인플레이션에 빠졌으며, 미국도 40년 만에 최고점을 찍은 인플레이션으로 고통을 겪었다. 국제 원유시장에 정치적 변수가 힘을 발휘하기 시작하면 작은 말과 행동 하나에도 가격이 크게 출렁일 뿐 아니라 국가 하나 정도는 쉽게 붕괴될 수 있다.

둘째, 지정학적 이슈다. 이것은 중동의 정세와 전쟁(군사적 긴장감 고조)으로 나눌 수 있다. 중동 정세가 불안하게 돌아가거나 우크라이나 사태처럼 전쟁으로 번지면, 에너지는 곧바로 무기화된다. 과거 중동에서 전쟁이 일어나면 오일쇼크가 일어나면서 유가는 폭등했다. 걸프전쟁이 벌어질 때도 원유 가격이 일시적으로 폭등했다. 2011~2012년에 유럽 금융위기로 전 세계 경제가 침체에 빠져 있었지만 중동에서 민주화 시위가 일어나고 미국과 이란 사이에 핵 갈등이 일어나자 원유 가격은 고공행진을 했다. 러시아가 우크라이나를 침공하자 그 이슈 하나만으로도 (러시아가 에너지로 유럽을 협박하기도 전에) 석유와 천연가스 가격이 폭등했다.

마지막 탄추,
사우디아라비아

미국이 중국을 상대로 위위구조 계책을 성공시키기 위한 뒷문 단속의 두 번째 대상은 사우디아라비아다. 이것은 대러시아 경제 및 금융 공격의 승리를 위해서도 필수적이다.

미국은 공개적으로 사우디아라비아를 무시하고 조롱했다. 이제 이러한 대중동 정책은 변화할 것이다. 바이든 행정부는 '2개의 기둥'이라고 불리는 미국의 대중동 정책에 과감한 변화를 시도했다.

필자는 미국과 중국이 대만해협에서 군사적 대충돌을 벌일 때 사우디아라비아가 미국과 맺은 '페트로달러 협약'을 파기하면 미국의 패권이 붕괴하기 시작하고, 페트로달러 파기 선언에 맞춰서 중국이 미국의 국채를 대량으로 매도하는 공격을 하면 그대로 침몰할 수 있다고 예측했다. 사우디아라비아가 탈미국 행보를 보이면, 러시아의 발을 시베리아에 묶는 전략도 성공할 수 없다. 미국이 에너지 가격을 급락시키려면, 사우디아라비아의 협력이 필수이기 때문이다.

결국 미국이 중동을 다시 미국의 핵심 국익으로 재인정하는 것은 시간문제라고 본다. 그러면 시점은 언제일까? 필자의 예측으로는 미국의 다음 정부에서 사우디아라비아와 관계 개선이 이루어질 가능성이 높다. 그 이유는 다음과 같다.

첫째, 현재 바이든 행정부와 사우디아라비아 왕세자와의 관계는 회복이 어려울 정도로 골이 깊다.

둘째, 바이든 행정부와 사우디아라비아 왕세자 양쪽 모두 2024년 이전까지는 서로의 손을 잡아야 할 필요성이 적다. 여전히 유가가 높기 때문에 사우디아라비아로서는 딱히 아쉬울 것이 없다. 러시아, 중국, 미국, 유럽, 아시아 등 전 세계가 중동만 바라보고 있다. 당분간 절대 갑의 위치를 유지할 것이다.

바이든 행정부는 2023~2024년에 세계 경기 대침체가 발생하면, 유가가 하락할 것이라는 계산도 하고 있다. 바이든 행정부에는 사우디아라비아와 손을 잡기 전에 시도해볼 수 있는 대체 카드도 남아 있다. 이란, 베네수엘라, 아프가니스탄 등과 정치적 관계를 개선하여 경제제재를 풀어주고, OPEC과 OPEC 비회원 주요 산유국 간에 증산 규모 이슈로 갈등을 키우는 카드다.

과거에 미국은 세계 최대 석유 매장국인 베네수엘라와 이란의 원유 수출을 틀어막아 글로벌 원유 공급량을 조절한 경험이 있다. 당시는 공급량을 줄여 원유 가격의 상승을 이끌었다. 이번에는 정반대의 정치적 선택을 통해 글로벌 원유 공급량을 늘려서 원유 가격 하락을 시도해볼 수 있다. 바이든 대통령은 이란, 베네수엘라와의 외교 관계 정상화를 공약으로 내걸었다. 2024년에 경제위기가 최악의 상황을 지나고 반등을 하면 유가도 다시 상승할 것이다. 그래도 바이든 행정부는 서두를 필요가 없다.

중국도 경제위기에 빠지면, 대만을 무력으로 침공할 겨를이 없다. 자국 내 경제를 챙기는 것이 우선이다. 경제가 곤두박질치는 상황에서 섣불리 대만을 무력으로 침공하여 미국과 유럽의 경제 제재를 받으면 곧바로 정치적 위험에 빠진다. 대만 침공을 감행하더라도, 경제적으로 최악의 상황은 벗어난 후에 해야 한다. 러시아도 우크라이나 전쟁의 장기화로 경제 및 군사력의 상당을 소진했기 때문에 미국과 곧바로 맞붙기 힘들다.

셋째, 2024년은 미국 대선이 있는 해다. 바이든 행정부도 외부 문제보다는 선거에 집중하기를 원한다. 특히 바이든 행정부는 화석연료 기업에 연방 보조금 지원을 중단하고 연방 소유 토지에서 신규 시추를 허용하지 않기로 했다. 하지만 추가로 강한 규제를 하기에는 2024년 대선에 대한 부담이 크다. 미국 석유산업의 몰락은 국익에 반하기 때문이다. 오일벨트 지역은 대통령을 결정하는 스윙보트 중 하나다. 미국 석유연구소API에 따르면 에너지 부문은 미국 GDP와 고용의 각각 7.6%, 5.6%를 차지한다. 셰일 채굴의 손익분기점은 평균 45달러 내외까지 하락했다. 일부 지역에서는 배럴당 25~50달러 정도로 낮아졌다.[59]

하지만 여전히 전통 원유의 채굴 손익분기점보다 높다. 사우디아라비아는 원유 1배럴 생산에 10달러 정도의 채굴비용만 쓴다. 셰일 채굴 기술이 빠르게 발전해도 손익분기점이 높은 이유는 셰일은 유정油井 개발 뒤 약 2~3년이 지나면 생산량이 급격히 하락하고, 원유에 비해 수송 인프라가 부족하기 때문이다. 하지만 원유 가격이 고공행진을 계속하면 셰일 기업도 기지개를 켤 수 있다. 2024년에 유가를 폭락시키기에는 정치적 부담이 매우 크다.

이런 상황을 고려하면, 미국이 사우디아라비아와 극적으로 관계 개선을 시도하는 시점은 2025년에 새로운 정부가 들어서면서부터다. 민주당이 정권을 연장해도, 대선이 끝났다는 것 자체가 새로운 국면 전환의 계기가 된다. 만약 정권이 공화당으로 바뀌거나 트럼프가 재선에 성공하면, 관계 정상화 속도는 빨라질 수 있다. 미국과 사우디아라비아가 전격적으로 화해하고 공급량을 쏟아내면, 경제가 회복되어 수요가 살아나도 WTI 가격을 배럴당 40~50달러까지 급락시킬 수 있다. 중국의 수요 회복은 어떨까? 중국은 당분간 기업과 생산량 구조조정을 계속 시도할 것이다. 과거에 중국이 보여주었던 과잉생산 추세로의 복귀는 당분간 기대하기 어렵다.

2050

미중 패권전쟁과
세계경제 시나리오

러시아 전쟁으로 도래할
뜻밖의 미래와
한국의 생존 전략

- 제 4 장 -

최후의 승자

CHIMERICA AGAIN

중국의
준비된 방어 계획

시진핑은 주석 자리에 오르기 전부터 미·중 패권전쟁을 준비했다. 방어 계획과 역습 계획도 준비했다. 필자는 미국과 중국의 패권전쟁 시나리오를 발표하면서, 다음과 같은 7가지 영역에서 양국의 충돌이 불가피하다고 예측했다. 무역, 산업, 원가(에너지, 광물), 금융, 환율, 군비, 인재 전쟁 등이다. 시진핑 주석과 중국은 7가지 영역에서 미국과 전면전을 벌인다면 전부 승산이 희박하다. 따라서 적절한 방어와 효과적인 역습 계획이 필요했다.

먼저, 방어 계획이다. 2013년에 시진핑은 집권 1년 차에 중국몽의 시작을 알리고 신실크로드 계획을 발표했다. 중앙아시아를 지나 중동을 통해 유럽까지 이어지는 육상 실크로드인 일대—帶/One Belt와 명나라 정화의 대선단이 개척한, 남중국해와 인도양을 거쳐 아프리카까지 이어지는 해상 실크로드인 일로—路/One Road를 회복하는 프로젝트다. 일명 일대일로 프로젝트다. 시진핑의 최대 업적 중 하나로 손꼽히는 '일대일로 전략'은 미국의 공격을 대비한 '준비된 방어 계획'이다. 이 방어 계획은 최소한 미국의 무역, 산업, 원가, 금융 전쟁 등 4가지 영역을 대비할 수 있다.

중국은 수출입 물동량의 85%가 바다를 통해서 이루어진다.

그림35 | 패권 형성과 충돌 구조

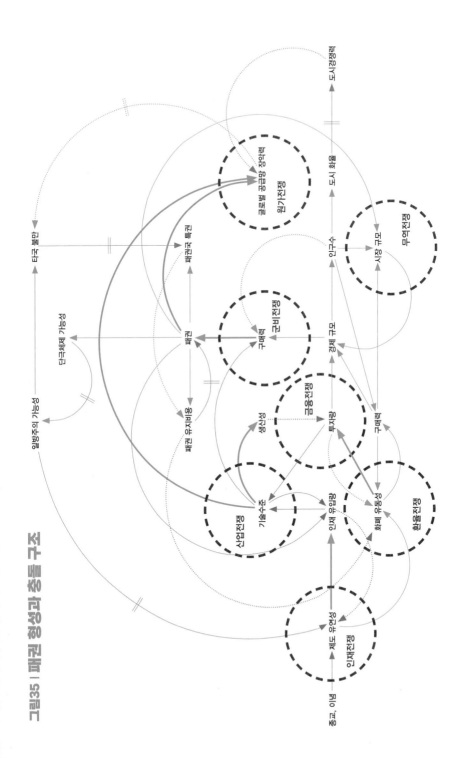

그림36 | 일대일로 구상도

특히 식량, 석유 등의 전략적 물자 수송은 바닷길 의존도가 절대적이다. 시진핑 주석과 중국은 미국이 대만처럼 중국과 영토 분쟁을 벌이는 동아시아 우방국을 돕는다는 명분으로 인도양과 믈라카 해협의 수송로를 봉쇄할 가능성을 염두에 두었다. 이런 일이 실제로 발생하면 중국 경제는 심각한 타격을 받는다. 시진핑의 중국몽夢은 말 그대로 일장춘몽이 된다. 중국이 패권국으로 도약하려면 대만과 제1열도선을 돌파하는 것이 절대적으로 필요하다.

일대일로 프로젝트는 유럽과 아시아를 잇는 중국의 교역로를 확보하면서 동시에 제1열도선을 돌파하는 것과 연결되어 있다. 교역로를 통해 중국이 방어할 수 있는 것과 새롭게 얻을 수 있는 것은 여러 가지다. 안정적인 수출입 경로 확보, 동맹국 확대 및 중국의 경제적 영향력 강화를 노린다. 하지만 가장 중요한 목표는 미래에 벌어질 에너지전쟁과 금융전쟁 대비다. 에너지 공급로가 막히고 금융 시스템 안정성이 무너지면 경제에 치명타가 된다.

인류 문명의 역사를 살펴보면 에너지와 금융(돈줄)을 손에 쥐어야 강대국 지위를 유지할 수 있다. 유럽의 3대 명문 가문이 있다. 합스부르크 가문, 메디치 가문, 로스차일드 가문이다. 오스트리아의 합스부르크 가문은 유럽 곳곳을 지배한 왕조 가문이다. 하지만 메디치 가문은 평민 출신으로 이루어진 가문이다. 메디치 가문은 르네상스 시대에 경제와 권력을 모두 손에 쥐었다. 금융, 직물(제조업), 무역을 장악하여 힘을 길렀기 때문이다. 로스차일드 가문도 유럽의 금융을 장악하면서 힘을 키웠다. 에너지와 금융을 손에 쥐면 한 가문도 이런 힘을 갖는데, 하물며 국가는 어떨까? 전 세계 에너지와 금융을 장악하면 절대제국, 패권국가가 될 수 있었다. 반대로 에너지와 금융 부문이 타국에 지배되면 나라가 위태로워졌다.

에너지는 추위와 더위에서 인간을 보호한다. 하지만 에너지는 인간을 공격하는 강력한 무기도 된다. 에너지는 군대를 움직이는 필수 물자다. 에너지는 산업혁명이 일어나는 발판이 되었고, 국가의 부, 문명의 발전과 경쟁에도 필수다. 예를 들어보자.

농경시대에는 곡창지대를 차지하고 인간에게는 밀과 쌀을, 군마軍馬와 소 등에게 여물과 풀을 에너지로 충분하게 제공했던 나라들이 세계를 지배했다. 풀과 나무를 에너지로 사용하던 시대는 석탄이 등장하면서 막을 내린다. 석탄은 고생대 중엽에 퇴적되고 매몰된 식물이 열과 압력의 작용으로 탄화炭化되어 만들어진 흑갈색 가연성 광물이다. 식물이 원천이기 때문에 세계 도처에 매장되어 있다.

석탄 에너지를 처음 사용한 나라는 중국이다. 중국은 4세기부터 석탄으로 불을 만들어 사용했다. 중국에 매장된 석탄은 건조하고, 비교적 땅에 얕게 묻혀 있어서 채굴이 쉬웠다. 한국도 신라 진평왕 31년(609년)에 석탄으로 추정되는 물질과 관련된 여러 이야기가 전해진다. 하지만 아시아 국가들은 석탄 에너지를 군대를 움직이는 물자나 산업혁명을 일으키는 발판으로 사용하지 못했다.

석탄 에너지를 강력한 무기로 바꾸는 데 성공한 나라는 영국이다. 대항해 시대, 식민지 전쟁이 벌어지면서 유럽 경제가 활성화되었다. 영국도 인구가 증가했다. 인구 증가에 비례해서 경제를 활성화하려면 에너지 확보가 필수다. 대항해 시대 초기에 영국은 산에서 나무를 베어다 에너지원으로 사용했다. 하지만 지나친 벌목으로 산이 황폐해지고 나무가 부족해졌다. 영국은 새로운 에너지원이 필요했다.

영국이 관심을 가진 새로운 에너지원은 땅속에 묻힌 석탄이었다. 하지만 문제가 있었다. 영국의 땅은 습기가 많고 물이 금방 차서 석탄 채굴이 어려웠다. 변방의 섬나라 영국은 전쟁이 난무하고 국가 간 생존 경쟁이 치열한 유럽에서 살아남아야 한다는 절박감이 컸다. 새로운 에너지원을 확보하지 못하면, 영국의 미래는 없는 상황이었다. '궁즉통窮則通'이란 말이 있다. 궁하면 통한다는 뜻이다. 1705년에 영국의 토머스 뉴커먼은 16세기부터 시도된 증기기관을 개량해 대기압식 상업용 증기기관을 발명했고, 광산에서 물을 퍼내는 펌프를 기계적으로 움직이게 하는 데 성공했다.

석탄 에너지의 사용을 극대화하려는 노력은 거기서 끝나지 않았다. 1769년에 제임스 와트가 토머스 뉴커먼이 발명한 증기기관의 효율성을 3배 높였다. 증기기관의 효율성이 높아지자 노동생산성이 높아지면서, 경제 전쟁에서 유리한 고지에 올라섰다. 1801년에 리처드 트레비식이 제임스 와트의 증기기관 기술을 응용해 기관차를 만들었다. 세계 최초였다. 그리고 1814년에 조지 스티븐슨이 마차용 선로 위에서 30톤의 화물을 실은 화차 8량을 끌고 시속 6.5km로 오르막길을 오르는 증기기관차를 발명했다. 스티븐슨은 철로 설계의 중요성을 간파하고 전보다 더 단단하고, 직진성과 평탄성을 갖춘 현대식 철로도 함께 개발했다.

이제 영국은 석탄 에너지로 움직이는 증기기관차와 철로 설치 능력을 확보하여 원하는 곳에 다른 나라들보다 더 빨리 군인과 전쟁 물자를 실어 나를 수 있게 되었다. 이렇게 영국은 석탄 에너지를 전 세계에서 가장 잘 사용하는 나라가 되어, 단숨에 변방의 섬나라에서 유럽과 전 세계를 지배하는 '해가 지지 않는 제국'으로 부상했다.

석탄 다음으로 세계를 지배한 에너지는 석유다. 석탄은 예열 시간이 필요하고 불완전 연소를 하여 에너지 효율이 낮다. 반면 석유는 액체다. 예열이 필요 없다. 단위당 에너지 효율이 석탄의 4배 이상이다. 물론 석유도 구약성경에 등장할 정도로 역사가 오래되었다. 4천 년 전, 고대 메소포타미아와 튀르키예에서 바위 틈에 묻어 있는 석유를 채취해서 방수나 도로 건설에 사용했다는 기록도 있다. 석유가 매장된 지역도 세계 곳곳에 있다. 하지만 석유 에너지로 군대를 움직이고 산업혁명을 일으키는 방법을 찾는 데 오랜 시간이 걸렸다. 석유가 전 세계 역사를 바꾸는 핵심 에너지가 된 것은 19세기 중반이었다. 당연히 석유 에너지를 지배하는 자리를 두고 전쟁이 시작되었다. 석유라는 새로운 에너지를 지배하면 영국처럼 전 세계를 지배하는 최고 강대국이 될 수 있기 때문이다.

미국은 석유의 힘으로 두 차례의 세계전쟁에서 승리했다. 동시에 미국은 제2차 산업혁명을 이끄는 나라가 되었다. 석탄에서 석유로 주에너지가 전환되면서, 가솔린 등 내연기관 발명과 혁신이 지속적으로 일어나고 운송 분야에 큰 변혁이 일어났다. 영국은 자동차를 가장 먼저 개발했지만 마차와 증기기관에 미련을 버리지 못했다. 반면 미국은 석유 에너지 사용 역량과 석유 에너지에 대한 강력한 지배력을 기반으로 자동차산업을 세계 최고 수준으로 성장시켰다. 석유에서 뽑아낸 플라스틱, 나일론 등의 화학제품 산업도 주도했다. 석탄보다 강력한 힘을 가진 석유로 화력 발전소를 가동해 전기 혁명도 일어나게 된다.

중동이 부자 나라가 된 것도, 미국이 중동 앞에서 긴장하게 되는 것도 모두 석유 에너지 때문이다. 석유의 가치를 잘 모를 때, 전 세계에서 석유 매장량이 가장 많은 중동 국가들은 세븐시스터스Seven sisters에 석유 개발을 맡겼다. 세븐시스터스는 석유 개발과 수출을 명분으로 이익의 절반을 가져갔다. 하지만 제1차 석유전쟁 과정에서 가격이 폭락하자 불만을 갖기 시작했다. 1960년 9월에 이라크 바그다드에 모인 중동 국가들은 자신의 이익을 대변하는 조직을 만들었다. OPEC이 탄생한 것이다. 얼마 뒤 남미 등 다른 산유국도 OPEC에 동참했다. 이제 석유시장은 OPEC과 세븐시스 터스의 2강 구도가 되었다.

참고로 세븐시스터스의 뒤에는 미국이 있었다. 1971년부터 1973년까지 중동의 주요 산유국들은 석유 자원의 국유화를 단행 했다. 1973년 10월 16일에 사우디아라비아의 파이살 국왕의 주도 로 OPEC의 6개국은 원유 고시 가격을 17% 인상하는 내용을 발 표하여 미국, 이스라엘, 소련 등에 강편치를 날렸다. 제4차 중동 전쟁(욤키푸르 전쟁)에서 이스라엘 편을 들었던 나라들에 보복 공격 을 한 것이다. OPEC이 석유 가격의 인상과 원유 감산을 반복하면 서 에너지공격을 지속하자, 배럴당 2.9달러였던 두바이유 고시 가 격이 1974년 1월에는 11.6달러까지 올랐다. 2~3개월 만에 4배 폭 등한 것이다. 중동을 가볍게 여겼던 미국과 이스라엘은 물론이고 전 세계가 한순간 경제적 혼란에 빠졌다. 1974년에 주요 선진국들 의 물가상승률은 두 자릿수를 기록했고, 경제는 마이너스로 곤두 박질쳤다.

제1차 오일쇼크 사건으로, 강대국 미국도 정책에 변화를 줄 수밖에 없었다. 1974년에 닉슨 행정부는 중동 국가와 관계 개선 을 시도했다. 중동과 이스라엘 간 분쟁 해결에 적극적으로 나섰고, 덜 편파적인 태도로 전환하는 성의를 보였다. 미국이 고개를 숙이

자, 중동 산유국들은 1974년 3월 18일에 석유 금수조치를 철회하고 에너지전쟁을 끝냈다.[1] 1970년대에 중동은 석유전쟁으로 자신들의 힘을 전 세계를 보여주었다. 그 이후로 중동은 전 세계 에너지 패권을 미국과 공동으로 쥐고 관리하게 되었다.

2014년 이후에 셰일 에너지 혁명이 일어났다. 최대 수혜국은 미국이었다. 그리고 전 세계 에너지 패권에 미묘한 변화가 일어났다. 중동과 미국이 공동으로 관리하던 석유 에너지 패권이 미국으로 기울었다. 미국은 셰일 에너지 혁명을 기반으로 중동 의존도를 낮추고(중동을 에너지 패권 공동 관리자 자리에서 밀어내고), 육지와 해상에서 중국을 포위하여 동아시아 패권을 유지하는 데 집중하기 시작했다. 전 세계 금융과 에너지를 완전히 장악한 미국의 존재는 미래의 패권국을 욕망하는 중국에 거대한 위협이었다.

중국이 다시 절대적 패권을 차지해야 한다는 야망을 품은 시진핑 주석은 방어책이 필요했다. 시진핑은 '일대일로'를 선택했다. 일대일로 프로젝트는 표면적으로는 정책 소통, 인프라 연결, 무역 확대, 자금 조달, 민심 상통 등 5대 이념을 바탕으로 추진된다. '정책 소통'은 정치 신뢰와 부처 간 실무 협력을 기반으로 정책 교류를 확대하여 국가 간 협력과 발전에 도움을 주는 것이다. '인프라 연결'은 주요 거점별로 육로, 수로, 항만 등 교통 인프라를 만들고 국가 간에 기초설비 건설과 기술표준화 시스템 연계를 강화하는 것이다. '무역 확대'는 일대일로에 연결된 국가들의 무역 활성화를 위해 장벽을 제거하는 것이다. '자금 조달'은 아시아 통화 안정을 위해 금융 협력 시스템을 강화하고, 국제금융기구(AIIB, ADB,

BRICs 등)들과의 협력을 강화해나가는 것이다. 마지막으로 '민심 상통'은 인적 교류, 문화관광 교류, 학술 교류, 과학기술 교류 등을 확대해나가는 것이다.[2]

하지만 중국의 속내는 일대일로 안에 연결된 65개 국가를 에너지 수출입이라는 공통된 이해관계로 묶는 것이었다. 중국을 제외하고도 일대일로로 연결된 나라들에 원유는 전 세계의 70%가, 천연가스는 전 세계의 72%가 매장되어 있다. 이미 중국은 이 나라들을 통해 원유의 66%, 천연가스의 86%를 수입하고 있다. 일대일로는 이 구조를 단단히 묶고 확장하는 것이다. 중국의 경제 발전에서 에너지 확보는 생명줄만큼 중요하기 때문이다. 중국은 경제가 무너지면 군비 전쟁, 인재 전쟁, 환율 전쟁에서도 패한다. 중국은 5가지 표면적 명분을 가지고 65개 국가에 자금을 빌려주거나 중국 시장에 수출할 수 있는 기회를 주었고 그 대신 안정적으로 에너지를 확보했다.

해상 실크로드인 일로가 있으면 미국이 믈라카 해협을 봉쇄해도 중국의 에너지 운송이 위기에 처할 가능성은 줄어든다. 중국은 일대일로 프로젝트의 핵심 파트너로 파키스탄과 스리랑카를 선택했다. 파키스탄은 육상 파이프라인은 물론이고 해상 루트 확보에도 지정학적으로 중요한 요충지이며, 미국이 지원하는 인도를 견제하는 데도 꼭 필요한 국가다.

미국은 에너지가 절대적으로 부족한 인도를 지원한다. 인도를 지원하는 이유는 분명하다. 인도가 중국을 대체하는 시장 잠재력과 인적자원을 가지고 있기 때문이다. 인도도 미국이 필요하다.

인도는 인접한 중국과 협력도 하지만 강력한 경쟁도 한다. 하지만 단독으로 맞붙어서는 중국을 이기기 힘들어 미국의 도움이 절실하다. 인도는 에너지의 45.8%를 석탄에 의존한다. 석유 의존도는 22.4%이고 천연가스 의존도는 5.2%에 불과하다. 인도 경제가 발전하려면, 에너지 가격과 수입 물량의 안정이 절대적으로 필요하다. 이 부분에서도 미국의 도움이 필요하다.

중국의 입장에서 스리랑카는 호르무즈 해협을 빠져나온 중국의 원유 수송선이 지나가는 핵심 길목이다. 이곳에 대한 지배력을 미국에 빼앗기면 중국의 해상 수송로는 완전히 봉쇄된다.[3] 미국은 중국의 이런 속내를 다 알고 있다. 미국은 일본, 호주, 인도를 끌어들여 반反일대일로 전선을 형성했다. 공급망 재편을 시도하여, 중국 의존도나 영향력을 약화하려고 한다. 유럽도 중국을 경계하기 시작했다. 시진핑의 일대일로 프로젝트가 유럽을 분열시키고 중국의 영향력을 키워가는 도구로 사용될 것이라는 의도를 알아챘기 때문이다.

더구나 최근 일대일로 프로젝트 자체에 문제가 생겼다. 일대일로(육·해상 실크로드) 사업에 참여하는 대신 중국에서 대규모 투자와 지원을 받은 저개발 국가들이 빚더미에 앉은 것이다.

국제개발원조를 연구하는 글로벌개발센터CGD에 따르면 2013~2017년까지 중국이 일대일로 프로젝트에 참여하는 68개국에 지원한 자금은 총 8조 달러(약 8552조 원)다. 중국은 엄청난 돈을 68개국에 빌려주고, 그 돈으로 중국 기업들과 그 나라가 공동으로 인프라에 투자하게 해서 상당량의 투자금을 회수했다.

이 과정에서 23개국은 중국에서 빌린 투자금 때문에 부채가 심각하게 늘었다. 파키스탄, 라오스, 몽골, 몰디브, 키르기스스탄, 타지키스탄, 지부티, 몬테네그로 등 8개국은 빚을 갚기 어려운 상태까지 몰렸다. 중국에서 620억 달러를 빌린 파키스탄이 가장 위험하다. 67억 달러를 빌린 라오스도 부채 상황이 심각하다. 일대일로에서 아프리카 진출의 관문 역할을 한 동아프리카의 지부티는 중국에 진 빚이 GDP 대비 91%에 이른다. 중국을 발칸반도와 연결하는 핵심 요충지인 몬테네그로도 상황은 마찬가지다. 이 나라들이 일대일로 사업에서 전략적 핵심 국가들인데, 중국에 채무로 목덜미를 잡힌 것이다. 부채 위기가 갈수록 커진 스리랑카는 2016년에 스리랑카항만공사 지분 80%를 중국 국유 항만 기업 자오상쥐에 매각하고 99년간 항구 운영권을 넘겼다. 빚 때문에 빼앗긴 셈이다.[4]

3연임에 성공한 시진핑 주석도 이 부채 문제를 해결하기 위해 노력을 기울일 가능성이 높다. 미국을 공격도 해보기 전에 방어선이 무너지면 안 되기 때문이다.

중국의
준비된 역습 계획

그러면 중국의 준비된 역습 계획은 무엇일까? 필자가 분석하는 시진핑의 준비된 역습 계획은 CBDC다. 한마디로 '디지털 기축통화' 선점이다. 이 역습 계획이 성공하면 금융전쟁, 환율전쟁 등에서 전세를 역전할 수 있는 기회가 생긴다. 필자는 2022년 초에 《암호화폐 넥스트 시나리오》라는 책을 출간했다. 이 책에서 시진핑 주석이 비트코인을 불법으로 지정하여 시장에서 완전히 퇴출하고 '디지털 위안화'를 강력하게 추진하는 이유를 분석했다. 바로 미국과 패권전쟁에서 전세 역전을 위해 준비한 비장의 카드였기 때문이다.

중국이 제1기축통화에 대한 숨은 욕심을 드러낸 것은 2008년에 미국발 금융위기가 발발했을 때다. 당시 미국 달러화는 국제금융시장에서 사용 비율이 점점 낮아지고 있었다. 이때 2002년 이후부터 정부와 월가가 무리하게 부풀린 부동산 가격이 한순간에 떨어지며 경제위기가 닥쳤다. 미국의 부채는 상한선을 넘었고 신용은 하락했다. 실업률은 10%를 넘어서고 강제로 재정 적자 감축이 단행되었다. 전 세계는 미국의 영향력에 의심을 갖기 시작했고, 미국 내에서도 제국이 무너질 수 있다는 불안감이 팽배했다. 미국이 예전처럼 신뢰할 수 있는 나라로 보이지 않았다.

중국은 이 틈을 놓치지 않고 제1기축통화국 지위에 도전하겠다는, 숨겨둔 발톱을 드러냈다. 중국이 미국을 대신하겠다며 세계적 금융위기의 구원자를 자처했다. 세계도 환호했다. 미국 우방들도 중국으로 돌아서는 듯했다. 이런 여세를 몰아, 원자바오 중국 총리는 2009년 1월에 전 세계 지도자들이 모두 모이는 다보스 포럼에서 "위기의 원인은 일부 경제권의 부적절한 거시경제정책과 장기간 계속된 낮은 저축률, 과소비로 규정되는 지속 불가능한 경제성장 모델이다"라며 미국을 겨냥해 직격탄을 날렸다. 중국이 미국의 국채를 마음 놓고 사기 어렵다고 공개적으로 말한 것이다.

IMF는 미국이 가장 많은 지분을 가지고 있다. 그런데 뒤통수를 치고, 달러 발행국인 미국에 대한 감독을 더 강화해야 하며 달러보다 좀 더 신뢰할 만한 제1기축통화를 만들자고 주장했다. 중국의 입김이 작용했던 것이다.

2009년 3월에 저우샤오촨 중국 인민은행 총재는 "특별인출권 SDR이 초국가적 기축통화가 될 수 있다"라고 주장했다. 동시에 중국은 엄청난 규모의 금을 추가로 사들였다. 금을 많이 보유할수록 훗날 제1기축통화 자리를 놓고 미국과 힘겨루기를 할 때 유리하기 때문이다.

중국은 위안화로 국제 무역 거래를 하는 나라들도 빠르게 늘려갔다. 아프리카와 개발도상국들에 경제 협력과 지원을 확대하면서, 새로운 국제 금융질서를 구축하는 과정에서 개발도상국들의 발언권과 표결권을 확대하자고 주장했다. 2010년 7월 30일

에 중국 인민은행 부행장 겸 중국 국가외환관리국 국장인 이강易
綱은 "중국이 올해 상반기에 일본을 제치고 세계 2위의 경제 대국
이 되었다"라고 공식적으로 선언했다. 전 세계 전문가와 언론들은
2019년경이면 중국 경제가 미국을 제치고 세계 1위가 될 것이라
고 앞다투어 전망했다.

2010년에 후진타오 주석은 '거침없이 상대를 압박한다'는 뜻
의 '돌돌핍인咄咄逼人'을 크게 외쳤다. 그리고 2010년 서울에서 열린
G20 정상회의에서 "(달러를 대체할) 글로벌 기축통화 메커니즘이
만들어져야 한다"라고 언급했다. 2011년 1월 〈월스트리트저널〉과
의 인터뷰에서 "달러 기축통화는 과거 유물"이라며 공격의 수위를
높였다. 중국은 미국의 동맹국인 한국을 포함한 6개국과 위안화
통화 스와프도 체결하고, 유럽에 미국의 손을 뿌리치고 중국과 손
을 잡자고 제안했다. 미국이 휘청거리자 영국 여왕은 시진핑을 자
신의 황금마차에 태워 환대했다. 중국의 돈과 거대한 시장에 눈독
을 들였기 때문이다.

중국은 중국 국제금융센터를 설립해서 2020년에 위안화 자유
태환을 시행하겠다고 공식적으로 발표했다. 중국 정부는 6,500만
명에 달하는 상위 5%의 최상위 부자들에게 해외에서 달러 사용을
자제하라는 명령도 내렸다. 중국 인민의 외환 이동도 제한했다. 중
국은 위안화 결제 범위를 확장하기 위해 아시아 개발도상국들과
무역할 때 위안화를 사용하도록 그들에 압력을 가했다. 자국 기
업들에도 위안화 결제를 확대하도록 지시했다. 2009년 7월에 중
국 동남부 5개 도시(상하이, 광저우, 선전, 주하이, 둥관)의 365개 기업

을 대상으로 홍콩과 무역할 때 위안화로 결제하도록 했다. 2010년 6월부터는 전국 20개 성시省市로 시범지역을 확대했다. 2013년 3월에는 위안화 무역 결제를 중국 전역으로 확대했다.

달러로 환전하지 않고, 위안화로 직접 해외 자산을 구매하는 투자정책도 장려했다. 중국은 월가의 수많은 금융 인재도 스카우트했다. 상대적으로 금융산업이 발달한 홍콩을 통해 본토에 있는 금융회사들이 선진 금융기법을 익히도록 독려했다. 5,400만 명에 달하는 화교의 자본도 중국 시장으로 끌어들이기 시작했다. 선제적으로 금융시장 확대 정책도 추진했다. 글로벌 스탠더드를 맞춘다는 그 나름의 명분이 있었다.

중국이 제1기축통화 지위를 빼앗으려는 이유가 무엇일까? 첫째, 제1기축통화 지위는 옥쇄처럼 천하의 주인이라는 상징이다. 둘째, 제1기축통화를 소유한 국가는 '시뇨리지 효과'를 누릴 수 있다. 시뇨리지 효과는 화폐 발행을 통해 얻는 새로운 경제적 이익을 가리킨다. '시뇨리지'는 프랑스어로 군주를 뜻하는 '세뇨르'라는 말에서 비롯되었다. 옛날 프랑스에서 군주가 재정 적자를 메우려고 금화에 불순물을 넣는 화폐 사기로 이익을 얻은 것을 비꼬는 말이었다. 지금도 모든 화폐에 시뇨리지 효과가 있지만, 자국 내에서만 통용되는 화폐에는 그 자체로는 경제적 이익이 거의 없다. 하지만 제1기축통화는 다르다. 제1기축통화 국가인 미국은 달러를 국제적으로 통용시키면서 발행 비용을 훨씬 초과하는 교환가치가 생겨서 엄청난 경제적 이익을 얻는다.

예를 들어 달러를 마구 찍어내서 달러 가치가 하락하면 '인플레이션 세금'을 걷는 효과를 본다. 그것도 전 세계를 대상으로 말이다. 인플레이션 세금이란 무엇일까? 화폐 가치가 하락하면 개인이나 기업은 종전과 동일한 수량의 상품과 서비스를 구매하면서 이전보다 더 많은 돈을 지불해야 한다. 그만큼 인플레이션 효과가 발생한 셈이다. 만약 인플레이션 효과(화폐 가치 하락 효과)를 넘어서는 급여 인상, 순이익 상승 등이 없으면 실질 소득이 감소하는 현상이 일어난다. 마치 정부가 세금이라는 이름으로 내 월급에서 돈을 빼간 것과 동일한 효과다. 이를 인플레이션 세금이라고 부른다.[5]

제1기축통화 지위를 가진 국가는, 외환보유고로 달러를 쌓아두어야 하고 국제 무역 거래에서 달러로 결제해야 하는 모든 나라에서 인플레이션 세금을 걷을 수 있다. 제1기축통화 지위로 얻는 이득은 더 있다. 미국은 무역 및 재정 적자가 크게 발생해도 달러를 계속 찍어내므로 국가부도가 나지 않으며, 원하는 물건을 계속 살 수 있는 돈도 생긴다. 달러 1장을 찍어내는 데 드는 비용은 종이 1장 값과 잉크 몇 방울 값뿐이다. 원가가 매우 적게 드는 달러 1장을 가지고 높은 인건비와 비싼 원자재가 들어간 제품이나 서비스와 간단히 바꾸어버린다. 집에 있는 컬러레이저프린터로 5만 원권을 마구 찍어 방안 가득 쌓아놓고, 1년 내내 백화점에서 쇼핑하고 고급 음식점에서 식사하고 해외여행을 다닐 수 있는 특권을 쥔 것과 같다. 남는 돈은 은행에 맡기고 이자 수익까지 꼬박꼬박 받아낼 수 있다. 개인이 이렇게 산다면 사기꾼이다.

하지만 현대의 경제학에서는 제1기축통화를 가진 나라가 같은 일을 하면 시뇨리지 효과라는 멋진 말로 포장해준다. 미국은 매년 전 세계에 달러와 달러화 국채를 뿌린다. 굳이 화폐 발행 이익을 산출하자면, 1달러당 액면가 대비 99%다. 엄청난 화폐 발행 이익 때문에 미국은 다른 나라들이 달러를 많이 사용하면 할수록 앉은 자리에서 손쉽게 다른 국가의 일정한 부를 빼앗아 올 수 있다. 중국이 제1기축통화 국가의 지위를 노리지 않는다면, 그것이 이상한 일일 것이다.

만약 시진핑 주석이 위안화를 제1기축통화 지위에 올려놓으면, 그것 자체가 최대의 업적이 된다. 위안화의 글로벌 시뇨리지 효과만으로도 13억 명에 달하는 중국인을 배불리 먹일 수 있어서, 공산당 체제 안정과 지배력 유지가 가능하기 때문이다. 과거 명나라 시절 정화 장군이 대규모 함대를 이끌고 아시아는 물론이고 인도양을 건너 아프리카까지 30여 개국을 정복한 옛 영광을 재현할 수 있다. 중국몽의 실현이다. 〈그림37〉은 필자가 지금까지 설명한, 중국이 추구하는 금융전쟁을 시작으로 제1기축통화국으로 가는 전략을 보여준다.

하지만 중국의 희망은 얼마 못 갔다. 국내 금융 및 부동산 시장에서 급한 불을 끈 미국은 곧바로 반격을 시작했다. 달러의 제1기축통화 지위를 활용해서 헬리콥터 머니를 시중에 풀었다. 연준이 달러를 쏟아내자, 침몰 직전에 있던 월가가 기적처럼 다시 살아났다. 미국 경제와 금융이 회복되자 달러에 대한 신뢰도가 회복되었다. 반대로 2012년이 되자 유럽이 금융위기에 빠졌다. 중국에서는 다시 부동산 버블과 물가 인상에 대한 경고가 터져 나오기 시작했다. 이제 미국이 그나마 세계에서 가장 믿을 만한 나라

그림37 | 중국이 제1기축통화국으로 가는 전략

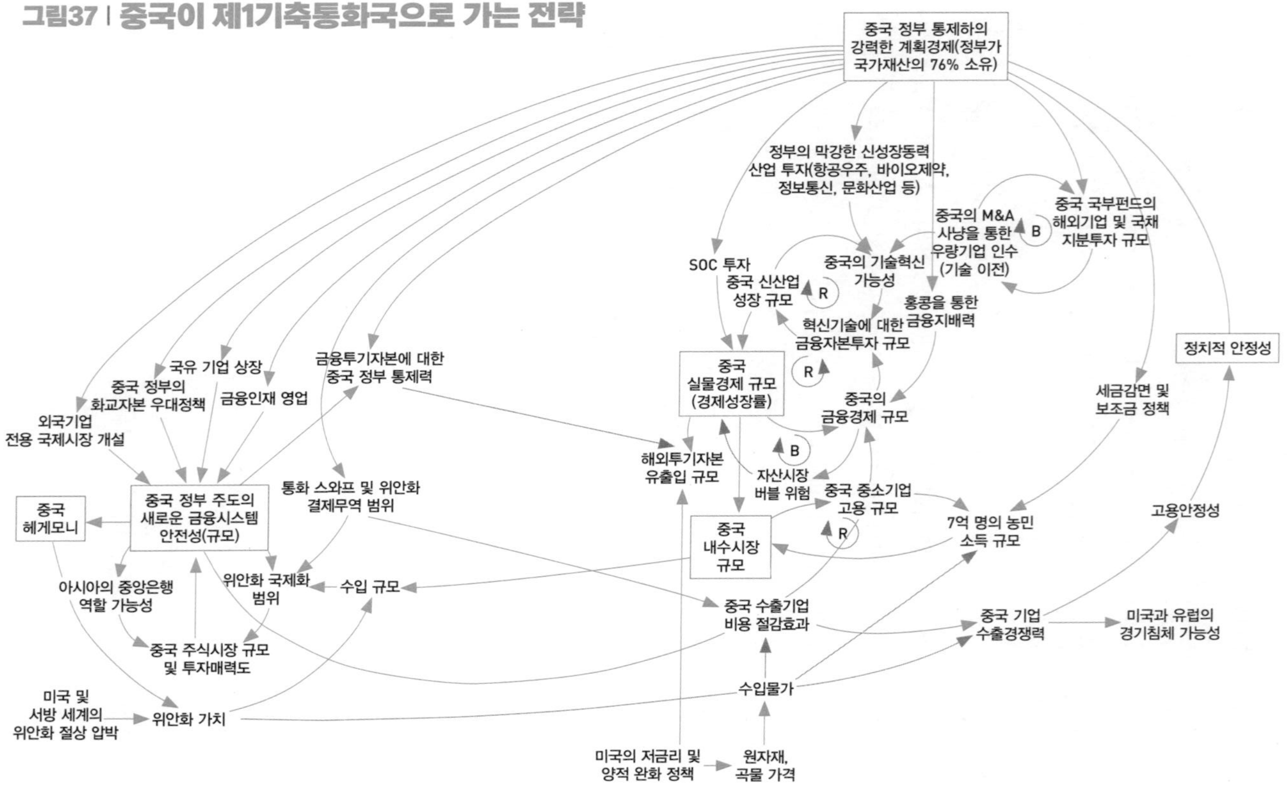

정치적 안정성

중국 정부 통제하의 강력한 계획 경제(정부가 국가재산의 76% 소유)

중국 국부펀드의 해외기업 및 국채 지분투자 규모

세금감면 및 보조금 정책

고용안정성

중국의 M&A
사업을 통한
우량기업 인수
(기술 이전)

정부의 막강한 신성장동력
산업 투자(항공우주, 바이오제약,
정보통신, 문화산업 등)

홍콩을 통한 금융지배력

미국과 유럽의
경기침체 가능성

B

중국의 기술혁신
가능성

혁신기술에 대한
금융자본투자 규모

중국 기업
수출경쟁력

중국 신산업
성장 규모

R

중국의
금융경제 규모

중국의
실물경제 규모

7억 명의 농민
소득 규모

SOC 투자

R

자산시장
버블 위험

중국 중소기업
고용 규모

수입물가

B

R

원자재,
곡물 가격

중국
실물경제 규모
(경제성장률)

중국
내수시장
규모

중국 수출기업
비용 절감효과

해외투기자본
유출입 규모

미국의 저금리 및
양적 완화 정책

금융투기자본에 대한
중국 정부 통제력

통화 스와프 및 위안화
결제무역 범위

수입 규모

외국기업 상장

금융인재 영입

위안화 국제화
범위

국유 기업 상장

중국 정부 주도의
새로운 금융시스템
안전성(규모)

위안화 결제 규모
및 투자매력도

중국 정부의
최고자본 우대정책

외국기업
전용 국제시장 개설

아시아의 중앙은행
역할 가능성

위안화 가치

중국
헤게모니

미국 및
서방 세계의
위안화 결상 압박

로 평가받는 등 상황이 반전되었다. 달러보다 좀 더 신뢰할 만한 제1기축통화를 만들자, SDR을 초국가적 기축통화로 하자, 달러를 대체할 글로벌 기축통화 메커니즘을 만들자 등의 이야기들이 흔적도 없이 사라졌다. 그 대신 각국이 앞다퉈 달러를 사 모으기 시작했다. 미국 국채에 대한 수요도 다시 증가했다.

전 세계가 중국을 버린 것도 순식간이었다. 미국이 유럽발 위기를 극복하는 데 중심 역할을 해주기를 기대하기 시작했다. 불신의 대상이었던 미국 국채의 가치가 다시 높아졌다. 반격의 실마리를 잡은 미국은 중국을 거세게 몰아붙였다. 중국을 향해 '환율조작국 지정'이라는 카드를 들이대며 위협했다. 미국 의회도 중국이 위안화의 평가절하를 40% 정도로 실시하여 불공정 무역을 한다고 성토했다. 미국은 마음이 흔들리는 동맹국들을 다시 자국의 편으로 만들기 위해 선물도 준비했다. 세계에서 가장 큰 미국 시장을 개방하고, 매장량이 풍부한 셰일가스와 셰일오일을 낮은 가격에 제공했다.

2016년에 트럼프는 대통령 자리에 앉자마자 중국을 상대로 한 경제 및 금융 전쟁을 본격적으로 시작했다. 트럼프는 중국이 막대한 부로 구소련을 능가하는 군사적 힘을 갖추고, 제1기축통화의 지위를 넘보고, 최종적으로는 미국을 능가하는 G1이 되고자 할 것이라고 생각했다. 바이든 대통령도 같은 생각을 했다.

더구나 중국의 희망이 오래가지 못하고 꺾인 원인이 하나 더 있다. 2008년 이후 중국 정부의 노력으로 위안화 결제 비율이 빠르게 늘었다. 하지만 10년이 넘게 각고의 노력을 했는데도 미국 달러의 결제 비율을 따라잡지 못했다. 2022년 SWIFT 자료에 따르면, 미국의 달러는 39.92%이지만, 위안화 결제 비율은 3.20%에 불과하다.[6] 참고로 유로화는 35.56%, 영국 파운드화는 6.30%, 일본 엔화는 2.79%다.

중국,
마지막 카드를 빼들었다

결국 중국 정부도 현재 위안화로 달러를 이기고 제1기축통화 지위에 오르는 것은 수십 년 이상 걸린다는 것을 깨달았다. 어쩌면 21세기 내내 불가능할 수도 있다. 제1기축통화 지위를 얻지 못하면, 미국과 경제, 금융, 산업 등의 영역에서 싸울 때 절대적으로 불리하다. 달러의 제1기축통화 지위가 확고하면 미국 달러화 중심의 통화 및 금융 시스템이 곳곳에서 중국의 발목을 계속 잡을 것이기 때문이다. 2022년 현재 중국은 미국이 주도하는 SWIFT를 피해 가려는 목적으로 중국 주도의 새로운 국가 간 결제 플랫폼(금융결제 시스템) 구축을 러시아, 이란 등과 시도하고 있다. 하지만 이런 노력은 한계가 뚜렷하다.

그렇다고 시진핑 주석이 중국몽을 포기하고 미·중 패권전쟁을 여기서 멈출 리가 없다. 너무 아쉽기 때문이다. 그래서 기축통화전쟁의 전세를 뒤집을 수 있는 마지막 카드를 뽑아들었다. 전혀 다른 방법으로 제1기축통화국의 지위를 획득하고, 이를 기반으로 중국 중심의 새로운 국제 통화 거래 및 금융 시스템을 만드는 것이다. 필자는 이것을 중국 시진핑의 준비된 역습이라고 칭한다. 이 역습 계획이 성공하면, 금융전쟁, 환율전쟁 등에서 전세 역전의 기회가 생긴다. 그 역습은 이른바 '디지털 기축통화' 선점이고, 그 중심에 CBDC가 있다.

CBDC Central Bank Digital Currency는 '중앙은행 디지털 화폐'라는 뜻이다. CBDC 발행 여부는 '종이돈의 종말'을 논의해야 할 정도로 파괴력이 크다. CBDC는 1987년 제임스 토빈 예일대학교 교수가 정부를 최소화하는 방법으로 최초로 제안했다. 2022년 현재 전 세계에서 CBDC 발행을 주도하는 나라는 중국이다. 중국과 치열한 패권전쟁을 벌이고 있는 미국의 CBDC 발행 행보는 중국보다 느리다. 미국 정부의 CBDC 기술이 중국보다 뒤처져서 그럴까? 아니다. CBDC에 대한 연구는 미국이 가장 먼저 했다.

1996년 미국 재무부는 미래의 어느 날 미국 정부가 국민의 편의를 위해서 새로운 전자 화폐를 만든다면 어떤 문제를 다루어야 하느냐에 대한 보고서를 하나 냈다. 이 보고서에서 CBDC라는 용어가 공식적으로 언급되기 시작했다. 하지만 이 보고서는 CBDC 발행의 필연성을 다루지 않았다. 미국 재무부가 던진 논제는 이것이다. 종이로 화폐(은행권)를 만들 때는 위조지폐 문제가 발생하기 때문에 조폐공사가 화폐 발행을 독점하는 것이 맞지만, 디지털 화폐를 발행할 때가 되면 민간 기술이 더 앞설 수 있기 때문에 디지털 화폐 발행을 정부가 독점할 필요가 있을까 하는 것이다. 미국 재무부가 CBDC 발행을 민간이 주도하도록 한다는 의미는 법정화폐 지위를 부여하지 않을 수도 있다는 말이다. 현재 중국에서 정부가 디지털 화폐 발행을 독점하겠다는 발상, 나아가서 법정화폐의 지위를 부여하겠다는 것과 전혀 다른 시각이었다. 미국 재무부가 중국과 전혀 다른 시각을 가지게 된 이유가 무엇일까? 여기에는 몇 가지 분명한 이유가 있다.

CBDC는 중앙은행이 발행하는 디지털 화폐다. 그렇기 때문에 CBDC가 발행되는 순간, 한 국가에 기존의 종이로 된 법정화폐와 함께 2개의 법정화폐가 존재한다. 만약 기존 종이 돈의 사용을 전면적으로 중단하고 CBDC를 유일한 법정화폐로 채택하면, 금융 시스템 전반을 새롭게 설계해야 한다. 이것은 매우 위험한 일이고, 천문학적 비용이 들어가는 문제다.

중앙은행이 디지털 세계 안에서 블록체인으로 신뢰 보증을 재확인해주는 디지털 화폐만 법정화폐로 인정하면 무슨 일이 벌어질까? 먼저, 조폐공사가 사라진다. 종이돈을 찍을 필요가 없기 때문이다. 기존 상업은행도 사라질 수 있다. 블록체인 기반 디지털 화폐를 사용하면, 인터넷 네트워크(가상 지갑)에 돈을 보관하는 시대가 열린다. 상업은행에 돈을 보관할 필요가 없다. 기존 상업은행에서 돈을 인출하여 디지털 화폐로 바꾸어야 하기 때문에, 기존 상업은행에서는 뱅크런이 일어난다. 고객 예치금이 완전히 사라진 상업은행은 파산한다. 상업은행에서 시행된 신용대출 기능도 사라진다.

상업은행에서 시행되던 신용대출 기능이 사라지면 또 다른 문제가 발생한다. 상업은행이 요구불예금 要求拂預金/demand deposit을 기반으로 장기 대출을 해주는 '만기전환 기능'이라는 사회적 공공재가 없어진다. 몇몇 민간 상업은행이 살아남아도 그 역할은 완전히 달라진다. 예금 대신 투자자금을 모아서 단기·중기·장기 투자를 하는 투자회사로 바뀐다.

기존 상업은행이 담당했던 신용대출 기능은 누가 담당해야 할까? CBDC 발행을 담당하는 중앙은행이 대신해야 한다. 중앙은행의 역할이 전면적으로 변화해야 하고 중앙은행의 정체성도 재정립해야 한다. CBDC로 기존 종이 돈을 완전히 대체해버리면, 중앙은행이 상업은행, 기업, 개인(내외국인)을 모두 상대해야 한다. 만약 금융 시스템이 전부 중앙은행으로 몰리는 것을 피하려면, 디지털 법정화폐를 다시 민간회사에 예치하고 이를 기반으로 신용대출을 하는 새로운 서비스를 만들어야 한다.

디지털 법정화폐로 인해 전 국민이 접근할 수 있는 상업은행 시스템이 무너지면, 전 국민이 CBDC를 사용할 수 있는 개인 단말기(스마트폰 혹은 디지털 단말기)를 제공해야 한다. 이 문제를 해결하지 않으면, 디지털 격차처럼 '화폐 격차'가 발생한다. 화폐 사각지대는 생존을 위협한다. 화폐 격차는 국민 평등권을 심각하게 침해해서, 법정 소송이 빈번하게 일어난다.

스웨덴에서는 이런 문제 때문에 CBDC를 법정화폐로 할 수 없다는 법적 해석이 나왔다. 북유럽 국가 스웨덴은 영토는 넓지만 인구가 적다. 눈이 많이 와서 장거리 이동도 쉽지 않다. 스웨덴의 한 식당 주인이 쌓인 눈 때문에 은행에 가는 것이 불편하다며 손님이 내민 현찰을 거부하고 신용카드 결제를 강요했다. 법정 소송이 일어났고, 법원은 식당 주인이 법정화폐인 현찰을 거부할 수 있다고 손을 들어주었다. 스웨덴 중앙은행이 CBDC 발행을 거론하자, 스웨덴 법원은 같은 이유로 국민 평등권을 보호하는 차원에서 스마트폰을 전부 나눠주어야 CBDC 발행을 합헌으로 규정한다고 발표했다.

이 외에도 CBDC를 발행할 때 블록체인 기술을 공적으로 할 것인가, 사적으로 할 것인가 하는 문제도 논란이 된다. 비트코인 등 현재 암호화폐의 기반이 되는 블록체인 기술은 누구나 분산원장을 볼 수 있는 공적Public 시스템이다. 공적 블록체인 기술의 보완성을 높이려면 분산원장의 규모를 늘려야 하는데, 이를 위해서는 '인센티브' 제공이 필수적이다. 아무런 보상도 없이 자발적으로 자기 컴퓨터를 사용해서 특정 블록체인을 형성할(원장을 분산해서 사슬로 엮어 보완성을 강화해나가는 작업) 사람은 많지 않기 때문이다. 반면 국가가 발행하는 CBDC는 사적Private 블록체인 기술을 사용한다. 사적 블록체인 기술은 폐쇄된 집단 내에서만 분산원장을 볼 수 있게 한다. 정해진 사람들만 블록체인 기술을 사용하기 때문에 '인센티브'가 필요 없다.

여기서 논쟁이 발생한다. 인센티브 방식을 도입하지 않는다면, CBDC가 기존의 신용카드나 인터넷을 통한 화폐유통과 무슨 차이가 있냐는 것이다. 중앙은행이 CBDC를 발행하면, 해킹의 첫 번째 표적이 되는 것도 문제다. CBDC가 발행되면, 현찰의 '익명성' 기능도 사라진다. 정부가 중앙은행을 통해 빅브라더가 될 수도 있다. 이런 모든 변화를 고려할 때, 국가가 발행하는 디지털 화폐인 CBDC는 득보다 실이 더 많다는 것이 정설이었다. 그래서 미국, 유럽, 일본 등 대부분의 선진국 정부와 중앙은행은 CBDC 발행을 서두르지 않았다.

중국 정부도 이런 내용을 잘 안다. 그러나 미국을 넘어서는 제1기축통화국이 되기 위해 배수진을 쳤다. 2021년 9월에 중국 정부는 비트코인을 비롯한 모든 암호화폐를 불법으로 규정했다. 필자는 이 사건을 중국 정부가 '디지털 위안화'를 미래의 제1기축통화 지위에 올려놓기 위한 장기전략의 첫 행보로 해석한다. 미국이 주춤하고 있을 때, CBDC 발행과 유통에서 선수를 쳐서 미래 글로벌 디지털 금융시장, 가상세계 금융시장을 선점하겠다는 속셈이다. 이 양대 시장을 선점하고, 디지털 위안화가 결제 비율 1위 자리에 오르면, 그다음부터는 네트워크 선호도 효과가 발생하여 후발 주자들이 따라잡기 어렵다. 네트워크 선호도 효과는 어떤 상품이나 서비스의 사용 가치가 그 상품이나 서비스를 쓰는 사람이 많아질수록 눈덩이가 굴러가듯 급격하게 커지는 것을 말하는데, 특히 먼저 만들어진 네트워크에서 그 효과를 가장 크게 누린다.

시진핑의 CBDC 선점전략이 성공하면, 위안화 CBDC를 기반으로 한 새로운 글로벌 디지털 및 가상세계 금융 시스템 구축도 가능해진다. 중국 정부가 디지털 위안화를 자국이 만든 새로운 국제 결제 플랫폼과 연동해 일대일로에 동참하는 나라, 중국의 플랫폼 회사나 중국계 빅테크 회사 등을 통해 전 세계에 통용되도록 하면 달러 패권(전 세계 화폐시장에서 달러 점유율)에 심각한 위협이 된다. 2019년 현재 중국 내 모바일 경제시장 규모는 189조 위안(약 3경 2,500조 원) 정도다. 디지털 위안화를 전 세계 암호화폐 시장에서 거래하도록 허용하면, 미국이 주도하는 금융결제 시스템을 피해서 위안화를 전 세계에 유통시킬 수도 있다. 암호화폐 개발자나 투자자들이 암호화폐에 디지털 위안화를 연동하게 되면 파급력은 더욱 커진다. 디지털 위안화 사용자가 많아지고, 이를 기반으로 한 글로벌 디지털 및 가상세계 금융 시스템이 구축되면 미래의 제1기축통화국 지위는 중국에 넘어갈 가능성이 매우 높아진다.

결국 미국과 EU도 중국 정부의 속셈을 알아차리고 CBDC 발행을 본격적으로 서두르기 시작했다. 디지털 위안화 가치가 디지털 달러화를 앞지르면, 미국 달러와 미국 경제에 대한 신뢰와 기대치는 하락할 수밖에 없고, 미국 시대의 종말을 불러올 수도 있기 때문이다. 현재 미·중 패권전쟁에서는 전반적으로 미국이 우세하지만, 디지털 법정화폐라는 지엽적 이슈에서는 중국이 미세하게 미국보다 우위에 있다.

디지털 화폐 전쟁, 양수겸장

양수겸장兩手兼將. 장기나 체스 등의 게임에서 2개의 장기 기물 혹은 체스 기물이 동시에 장군(혹은 체크)을 부르는 상황이다. 시진핑 정부가 디지털 화폐 전쟁을 서두르는 이유가 하나 더 있다. 양수겸장이라는 노림수다. 시진핑 주석은 장기집권 혹은 종신집권을 노린다. 하지만 시간이 갈수록 정치적 반란이 일어나고 국민적 저항이 거세지는 것은 '이미 정해진 미래'다. 이를 예방하고 진압하려면 강력한 감시 시스템이 필요하다.

미래의 디지털 화폐 시장을 장악하는 것은 자국 내에서 정적과 인민 전체를 감시하고 통제하는 강력한 도구가 된다. 즉 디지털 화폐는 빅브라더라는 욕망을 이룰 수 있는 핵심도구 중 하나다. 돈의 움직임을 낱낱이 들여다보고 그 흐름도 장악할 수 있기 때문에 정적과 군대, 인민 전체를 감시·통제·관리하는 데 매우 유리하다. 중국 정부는 2022년 2월 4일~20일에 열리는 베이징동계올림픽을 계기로 디지털 위안화의 사용 범위를 확대했다. 디지털 위안화에 정부가 지급보증도 했다. 중국 사업자들에게는 디지털 위안화 결제를 강제로 사용하도록 했다. 디지털 위안화에 법정화폐 기능을 전부 부여한 셈이다.

시진핑 정부가 강력한 감시 시스템을 만들려면 알리바바 등 중국 내 빅테크 기업을 강력하게 길들이는 것도 필수다. 정보화 시대, 지능 시대에는 빅데이터와 인공지능 기술을 가지고 있는 플랫폼 기업의 지배력이 강력하다. 이들의 영향력과 시장 조절 능력은 정부를 뛰어넘는다. 시진핑 정부 입장에서는 최대 위협이다. 시진핑 주석이 종신집권의 길을 가는 데 최대 위협 요소는 정적이나 군대가 아니라 이들이 될 수도 있다. 대국민 영향력 때문이다. 이들이 시진핑 독재에 반대하는 세력을 뒤에서 지원하면 어떻게 될까?

텐센트가 만든 위챗은 수십만의 기업 회원과 중국 14억 인구 중 12억 명이 사용한다. 위챗은 단순한 SNS 기능만 있는 앱이 아니다. 위챗 사용자들은 내장된 앱스토어에서 금융, 부동산, 교육, 게임, 각종 행정 서비스 등 다양한 앱들을 추가로 다운로드할 수 있다. 위챗은 위챗페이도 가지고 있다. 출생신고, 길거리 음식값 결제, 금융 및 투자, 기업의 대내외 업무 활동에 이르기까지 중국 국민과 기업의 생활과 비즈니스 전반에 관여하는 셈이다. 트럼프 행정부도 중국을 압박하면서 틱톡은 강력하게 제재했지만, 위챗에는 고강도 제재를 하지 못했다. 위챗을 제재하면 애플 스마트폰 판매량이 20~30% 급감하면서 미국이 손해 보는 부분을 우려했기 때문이다.[7]

위챗만큼 중국 내에 영향력이 있는 기업이 하나 더 있다. 알리바바다. 중국 내 플랫폼 시장을 텐센트와 양분하는 빅테크 기업이다. 알리바바는 10억 명의 중국인이 사용하는 전자상거래 시스템을 보유하고 있다. 아마존과 겨루어도 손색이 없다. 2019년 현재 알리바바 소유의 알리페이는 중국 디지털 결제 시장의 55%를 장악했다. 위챗페이의 점유율 38.9%보다 높다. 개인 대출은 5억 명이, 중소기업 대출은 2천만 개의 회사가 이용한다. 알리바바와 텐센트는 실시간 빅데이터로 학습하는 인공지능 기술을 사용해서 중국 기업뿐만 아니라 중국인의 마음과 일상생활을 장악했다.

이들이 공산당 통제에서 벗어나면 홍콩이나 신장 등의 거리에서 일어나는 반정부 시위보다 더 무서운 존재가 될 수 있다. 이들이 인민을 직접 선동할 수도 있다. 2020년 10월 24일에 상하이에서 열린 금융 서밋에서, 알리바바의 창업자 마윈 회장은 이강易網 인민은행장을 비롯한 중국 당국자들 앞에서 중국 금융 시스템에 대한 불만을 공개적으로 드러냈다. "중국 금융에는 시스템 리스크(위험)가 없다. 왜냐하면 시스템 자체가 없으니까" "오늘날 중국 은행은 압류와 담보로 버티는 전당포와 비슷할 뿐이다. 빅데이터를 바탕으로 한 신용체계로 바뀌어야 한다" "미래는 창의력 경쟁이지, 감독 기술 경쟁이 아니다" "기차역을 감독하던 방식으로 공항을 감독할 수는 없다."

마윈은 인공지능과 빅데이터 시대에 맞게 새로운 금융 시스템이 필요하다는 것을 역설하려는 의도였다. 하지만 중국공산당 입장에서는 자신들의 통치 방식과 맞서는 모습으로 보였다. 중국 정부는 앤트그룹 상장을 전격적으로 중단시키고, 마윈과 앤트그룹 경영진을 소환했다. 중국 금융감독 당국은 '플랫폼 경제 영역 반독점 지침' 초안을 발표했다. 온라인 소액대출 기업의 자기자본

확충 강화, 1인당 대출금액 제한 등 강력한 규제책도 일사천리로 발표했다. 결국 마윈은 자기가 세운 기업에서 쫓겨났다. 그리고 정치적으로도 완전히 숙청되었다.

2020년 9월에 열린 당 중앙위원회 연설에서 시진핑 주석은 민간 기업가들이 중화민족의 위대한 부흥을 위해 사회주의 통일전선에 적극 나서라고 압박했다. 중국 경제는 국유경제가 주도적역할을 하는 '국가 자본주의'라는 점을 재차 강조한 것이다. 그리고 인터넷상에서 인신공격을 일삼거나 사회적 물의를 일으키는 사람들을 걸러내어 이용을 제한하고 감시하라는 명령도 내렸다. 중국공산당의 감시 시스템 역할에 충성하라는 말이다.

시진핑 주석은 빅테크 기업을 길들이는 동시에 그들의 데이터를 정부의 통제 아래 두는 데 성공했다. 당연히 빅테크 기업이 가진 정보와 기술 전부가 국민 감시도구로 사용될 것이다. 마오쩌둥은 국민당과의 내전에서 승리하고 중화인민공화국을 창설한 후 철저한 주민감시 시스템을 만들었다. 시진핑 주석은 2022년부터 '십호장+戶長' 제도를 사용해서 전체 인민의 밀착감시 시스템을 구축했다. 코로나19를 명분으로 삼아 디지털 통제도 더욱 강화했다. 중국 정부의 손아귀에 들어간 위챗은 반정부 내용을 올리는 계정을 즉각 폐쇄한다. 코로나19 방역 목적의 '건강코드' 앱을 통해 주민 이동 동선도 철저히 통제 및 감시한다. 발열자 체크란 명목으로 안면 인식 카메라 설치도 대거 늘렸다. 모든 건물, 모든 도로에서 사람들의 말을 감시할 수 있고, 문제를 일으킬 소지가 있는 사람들을 추적할 수 있다.

중국 빅테크 기업이 가진 첨단기술을 장악한 시진핑 주석이 CBDC를 활용해서 중국인의 돈 흐름을 전부 관리하게 되면 인류 역사상 가장 강력한 국가 차원의 감시 시스템이 완성된다. 중국 인민은행이 발행하는 디지털 위안화인 CBDC는 블록체인 기술을 그대로 사용하지 않는다. CBEP central bank electronic payment 기술을 사용한다. 앞에서는 블록체인 기술을 응용해서 처리 속도를 높인 신기술이라고 홍보하지만, 뒤에서는 국민을 감시하는 데 유용하도록 기술적 변화를 꾀했을 수 있다. 시진핑 주석은 자신의 장기집권 혹은 종신집권을 위해 알리페이, 위챗페이 등 중국 빅테크 기업들의 디지털 페이를 디지털 위안화로 반드시 대체할 것이다.

중국이 늙는다

중국이 상당히 빠르게 늙고 있다. 일본이나 한국보다 그 속도가 훨씬 빠르다. 한국이 일본보다 빨리 늙는 이유는 일본보다 성장 속도가 빨랐기 때문이다. 일명 '압축성장'의 후유증이다. 중국은 한국보다도 빠르게 성장했다. 그러니 한국보다 늙는 속도가 빠를 수밖에 없다. 중국은 어른이 되는 속도도 빨랐고, 노인이 되는 속도도 빠르다.

2033년에 중국의 65세 이상 노인 인구가 3억 명을 돌파할 것으로 예상된다. 전체 인구의 21.4%에 해당하는 수치다. 65세 이상 인구 비율이 14% 이상이면 고령사회, 20%를 넘어서면 초고령사회다. 한국은 2025년에 초고령사회로 진입한다. 중국은 전체 인구의 7%가 65세 이상이 되는 고령화사회에 2000년에 진입했다. 그리고 2021년에 65세 이상이 2배가 되면서 14%를 넘겨 고령사회에 진입했다. 21년 만이다. 그리고 불과 12년 후면 초고령사회에 진입할 것으로 예상된다.[8]

참고로 고령화사회에서 고령사회에 도달하는 기간은 프랑스가 115년, 미국이 75년 걸렸다. 주요 선진국은 1인당 GDP가 1만 달러를 넘어선 뒤에야 인구 고령화 문제가 발생했다. 한국도 비슷했다. 하지만 중국은 3천 달러에 도달하면서부터 이 문제가 시작되었다.

중국공산당 정부가 부동산이나 채권 시장의 버블 붕괴 시점은 조절할 수 있다. 정치가 금융을 지배하고 통제하기 때문이다. 하지만 인구구조 변화는 중국공산당 정부, 시진핑 주석이 조절할 수 없다. 즉 중국의 경제성장률 하락 속도나 금융위기 발생 시점은 늦출 수 있어도, 사회가 초고령화에 진입하는 것은 마음대로 통제할 수 없다. 부동산 버블이 중국 경제의 아킬레스건이라면, 초고령화가 되어가는 인구구조 변화는 중국 체제의 아킬레스건이다. 중국이 늙어가면서 발생하는 위기는 곧 시진핑 주석의 위기다. 그 위기는 무엇일까?

첫째, 경제성장률이 2%대 전후로 하락한다. 〈그림38〉~〈그림44〉를 보자. 선진국 중에서 초고령사회에 진입한 나라들의 경제성장률 변화 추이다. 일본은 2005년에 초고령사회에 진입했다. 이탈리아는 2006년, 독일은 2009년, 핀란드와 그리스는 2015년, 스웨덴은 2017년, 프랑스는 2018년에 초고령사회에 진입했다. 포르투갈은 2020년 무렵에 초고령사회에 진입했다. 그림에 나온 거의 모든 나라가 초고령사회에 진입한 이후부터 경제성장률이 2~3%대로 하락했다. 참고로 한국은 2025년에 초고령사회에 진입하므로 한국의 경제성장률도 2025년 이후에는 1~2%대로 주저앉을 가능성이 높다.

이 국가들의 사례를 보면, 65세 이상 인구 비율이 14% 이상인 고령사회가 되고 시간이 지날수록 경제성장률이 4%대 전후로 하락했다. 중국은 2021년에 65세 이상이 전체 인구의 14%를 넘는 고령사회에 진입했다. 2019년에 중국의 경제성장률 6% 선이 깨졌다. 필자는 고령사회에 진입한 중국도 앞으로 10년 동안 다른 나라들처럼 경제성장률이 4~5%대에서 오르락내리락할 가능성이 높다고 예측한다. 즉 시진핑 3연임 기간의 경제성장률은 5%대에서 오르락내리락할 것이다. 만약 4연임에 성공한다면, 그 기간에

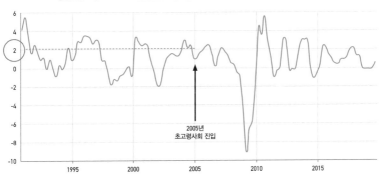

그림38 | 일본의 GDP 연간 성장률

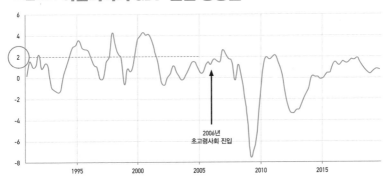

그림39 | 이탈리아의 GDP 연간 성장률

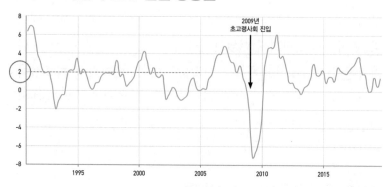

그림40 | 독일의 GDP 연간 성장률

2009년
초고령사회 진입

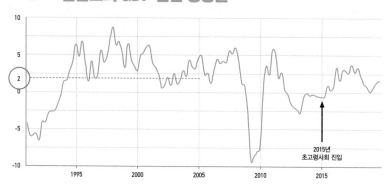

그림41 | 핀란드의 GDP 연간 성장률

2015년
초고령사회 진입

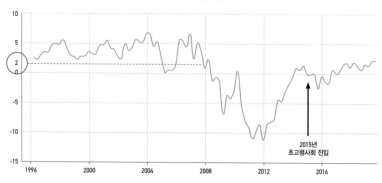

그림42 | 그리스의 GDP 연간 성장률

2015년
초고령사회 진입

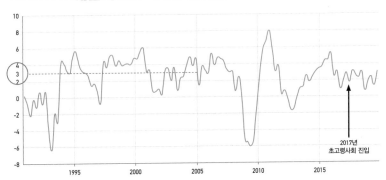

그림43 | 스웨덴의 GDP 연간 성장률

2017년
초고령사회 진입

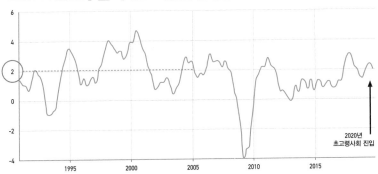

그림44 | 포르투갈의 GDP 연간 성장률

2020년
초고령사회 진입

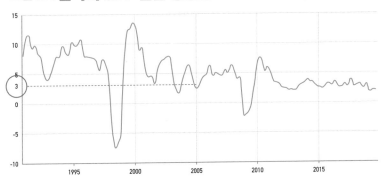

그림45 | 한국의 GDP 연간 성장률

는 4%대로 한 차례 더 하락할 가능성이 높다.

필자가 이 기간 동안 중국의 경제성장률을 앞에 열거한 선진국들 중에서 높은 편에 속한 나라와 비슷하게 분류한 데는 이유가 있다. 중국공산당이 경제성장률 하락 폭을 조금이라고 줄이기 위해 정부 재정 적자를 다른 나라들보다 늘리고, 중국 내 부동산 개발이나 과잉 생산을 통해 인위적으로 경제성장률 수치를 올리려고 노력할 것이라는 점을 고려했기 때문이다. 그리고 중국이 초고령사회에 진입하는 2033년이면 경제성장률은 2%대 전후를 오르락내리락하는 상태로 주저앉을 수 있다.

시진핑의 중국,
비민주적 사회가 된다

둘째, 인구구조가 초고령사회로 빠르게 진입한다는 것은 50~70대가 국가에 일자리를 더 많이 요구한다는 의미다. 〈그림46〉과 〈그림47〉은 중국의 고령화사회 중기(2008년), 고령사회 초기(2022년)와 초고령사회 시작점(2033년)의 인구구조 변화 추이를 비교한 그래프다. 2008년 중국의 20~29세 청년 인구는 전체의 16.1%를 차지했고, 50~79세 인구는 22.1%에 불과했다. 2033년 중국의 20~29세 청년 인구는 11.4%까지 줄어들고, 50~79세 인구는 36.7%까지 증가한다. 5억 명이 넘는다. 이 속도와 규모는 한국보다 빠르고, 규모에서는 세계 최고령 국가 일본을 압도한다.

한국의 50~79세는 은퇴 이후 생활에서 자녀의 도움을 받지 못한다. 중국도 마찬가지일 것이다. 자녀의 도움을 받지 못하고 100세를 살아야 하기 때문에 은퇴할 수 없고 계속 일을 해야 한다. 정부나 사회는 이들의 일자리 마련을 위해 청년 일자리를 희생한다. 필자는 10년 후 중국에서도 비슷한 일이 벌어질 수 있다고 예측한다.

참고로 중국은 2006년 의무교육법 개정 이후 중학교 진학률이 100%를 기록했고, 대학 진학률도 80%를 넘는다. 그 결과 중국의 2007년 대학졸업자는 413만 명이 되었다. 하지만 그중 30%가 실업자가 되었다. 2012년에는 686만 명이 대학에 입학했고, 약 680만 명이 졸업했다. 2022년에는 20대 비율이 2008년보다 줄었지만, 대학 졸업생 수는 1천만 명을 돌파했다. 중국의 인구변화를 보면, 2033년에는 20대의 절대 수치가 2022년보다 약간 줄어드는 양상만 보일 것이다. 이 중에서 실업률을 20~30%로만 잡아도 이들 중 실업자가 매년 200~300만 명이나 된다. 한편 영국이나 프랑스 등 시민의 힘이 강한 나라에서는 청년실업률이 20~25%가 넘으면 폭동과 반정부 시위가 일어났다.

셋째, 초고령사회로 진입하는 과정에서 생산가능인구가 급격하게 감소하는 현상이 발생한다. 인구가 증가하면 소비자 규모가 커지면서 경제성장률이 자연스럽게 높아지는 '인구배당 효과 demographic dividend'가 일어난다. 생산가능인구가 감소하면 반대 효과가 일어난다. 자본주의 시스템에서는 인구배당 효과가 사라지는 시점부터 경제성장률이 단계적으로 둔화하는 패턴을 보인다. 이것을 '인구 오너스 demographic onus 함정'이라고 한다. 한 나라의 경제성장 잠재력은 노동력, 자본의 투입, 노동생산성의 향상에 따라 결정된다. 그러나 인구배당 효과가 사라지면 이 3가지 요소도 심각한 영향을 받는다. 노동력이 감소하면 저축률이 줄어들면서 자본 투입 증가 추세가 둔화된다. 시간이 지남에 따라 고령화 현상이 빨라진다.

(앞에서 설명했듯이) 사회가 초고령화에 진입하면 자본시장의 성장세가 하락을 면하기 어렵다. 생산가능인구의 양적 감소와 노

그림46 | 2008년과 2033년 중국의 인구구조 변화 추이 비교

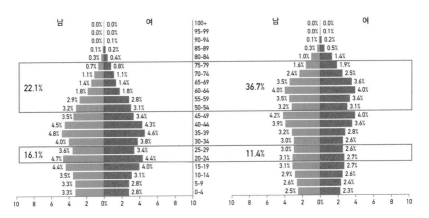

2008년 1,353,569,480명 / 2033년 1,463,480,846명

그림47 | 2022년과 2033년 중국의 인구구조 변화 추이 비교

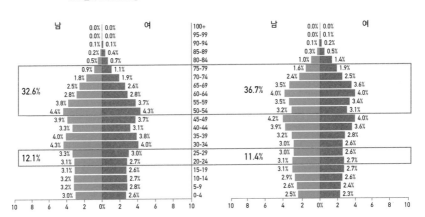

2022년 1,448,471,403명 / 2033년 1,463,480,846명

동인력의 초고령화 충격이 맞물리면서 노동의 질도 떨어진다. 이렇게 하락한 만큼의 생산성을 자동화나 기술력의 향상으로 상쇄할 수는 있지만, 추가적인 생산성 향상은 기대할 수 없게 된다.

1957년에 중국의 인구는 6억 4,653만 명 정도였다. 1973년에는 8억 9,143만 명으로 폭발적으로 늘었다. 1958~1973년까지 16년 동안 증가한 인구는 2억 3,293만 명이었다. 그 당시의 소련이나 미국의 전체 인구와 맞먹는 규모였다. 1971년에 5.4명을 기록할 정도로 높은 출산율이 폭발적 인구 증가의 원인이었다. 인구가 폭발적으로 증가하자 교통, 주택, 교육, 의료, 식생활 등 여러 부문에서 문제가 발생했다.

1978년에 중국은 덩샤오핑이 경제 개혁개방정책을 실시하면서 1가정 1자녀의 산아제한 정책도 함께 시행했다. 그 결과 중국의 총 아동 인구수는 1980년부터 빠르게 줄기 시작했다. 1982년에 중국의 아동 인구는 3억 4,156만 명이었는데 2005년에는 2억 6,543만 명으로 22.3%가 줄었다. 2009년에는 2억 2,517만 명으로 더욱 줄었다. 자연스럽게 중국의 총인구 증가율도 1990년에 1.07%를 기록했고, 2000년대에 들어서서 0.57%까지 떨어졌다.[9]

아동 인구수가 줄어들고, 총인구가 줄어들고, 경제 및 사회 발전으로 평균수명이 증가하면, 생산가능인구의 감소는 '이미 정해진 미래'가 된다. 〈그림48〉은 아시아 주요국가의 생산가능인구 비율 변화 추세다. 15~59세까지의 생산가능인구 비율이 정점을 찍고 감소하기 시작하면, 대략 20~30년 정도는 하락하는 기울기가 상당히 가파르다. 즉 감소 속도가 빨라진다는 의미다.

중국국가통계국의 발표에 따르면, 중국의 생산가능인구 비율은 2010년에 74.5%로 정점을 찍었다. 그리고 2012년 생산가능인구는 9억 3,700만 명으로 2011년보다 345만 명(0.6%)이 줄었다. 이런 추세는 중국의 근대화 이후 처음으로 나타난 현상이다.

2012년은 중국에서 고령화사회(전체 인구의 7%가 65세 이상)가 시작되고 중반 무렵에 해당하는 때였다. 2020년에는 중국의 생산가능인구 비율이 72%까지 하락했고(2010년 대비 2,900만 명 감소), 2030년에는 추가로 7,700만 명가량이 더 줄어든다.

중국은 인구보너스 효과에 힘입어 제11차 5개년 계획 기간이었던 2005~2010년에 전 세계적인 경제위기에도 10.5%를 기록했다. 2011~2015년의 제12차 5개년 계획 기간에는 7.19%를 예상했다. 그러나 '인구 오너스' 함정이 두드러지는 2016~2020년의 제

그림48 | 아시아 국가의 생산가능인구 비율 변화

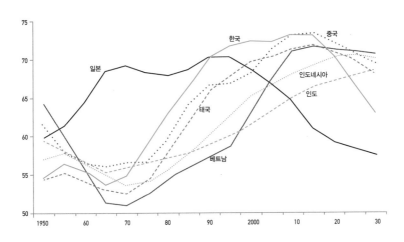

13차 5개년 계획 기간에는 6%대로 하락했다.

일본은 1955~1970년까지 연평균 9.6%의 급속한 경제성장률을 보이다가 1980년대에 들어서면서 3~5%대로 주저앉았고, 1996년부터 생산가능인구가 감소하기 시작하자 0.85%로 급락했다. 일본도 중국이나 한국과 마찬가지로 1979년부터 한 자녀 낳기 저출산 정책을 펼쳤다.

필자가 분석하기에 중국에서 이미 '루이스 전환점Lewisian Turning point'이 시작되었다. 루이스 전환점이란 경제가 급성장함에 따라 농촌의 잉여 노동력을 도시에서 빠르게 흡수하여 저임금 노동자가 고갈되는 현상을 말한다. 그 결과 몇 년 동안 도시 노동자의 임금이 급상승하면서 일정한 시점에 이르면 '고비용-저효율' 구조가 정착되고, 그에 따라 경제성장이 둔화하는 국면에 이른다는 이론이다. 이 이론은 1979년 노벨 경제학상을 받은 루이스가 주장한 이후, 경제성장 국면의 전환을 예측하는 중요한 척도로 사용되고 있다.

루이스 전환점을 통과하면, 임금이 급상승해 소비재 시장이 발전하는 장점도 있다. 하지만 저임금을 기반으로 한 조립형 제품을 수출하는 부문의 성장은 둔화된다. 만약 소비시장이 이 간극을 빠르게 상쇄하지 못하거나 첨단기술과 선진 경영기법을 도입하여 생산성과 효율성을 개선하는 단계로 빠르게 나아가지 못하면 국가의 성장률이 크게 둔화될 위험이 있다.

이런 상황에 빠져서 성장을 멈춘 대표적인 나라가 1970년대 이후의 아르헨티나, 브라질, 멕시코 등 중남미 국가들이었다. 특히 아르헨티나는 1960년대만 해도 세계 6대 부국富國이었다. 이 나라들은 루이스 전환점 이후 경제성장률 하락과 수출 경쟁력 저하, 높은 인플레이션과 부의 불균형 분배라는 성장 부작용, 정부부채 증가 등의 문제 때문에 다시 후진국으로 밀려나고 말았다.

중국 같은 개발도상국이 본격적인 경제성장 국면으로 접어들면 농촌의 방대한 잉여 노동력이 산업발전의 동력으로 작용한다. 그러나 특정 시점에 이르러 농촌의 잉여 노동력을 확보하는 것이 한계에 도달하면, 자연스럽게 임금이 오르기 시작하면서 개발도상국 시절에 8~10%가 넘었던 높은 성장률이 하락한다. 이 단계를 거치면서 대략 6%대로 성장률이 하락한다. 즉 최근 중국의 경제성장률 하락은 이런 복합적 요소들이 작용한 당연한 결과다.

참고로 한국은 1987년에 루이스 전환점에 따른 위기를 경고하는 분석들이 나왔었다.[10] 경제성장률의 변화뿐만 아니라 산업과 경제 측면에서도 생산가능인구의 감소와 65세 이상 노인 인구의 급격한 증가가 맞물리면 2가지 중요한 변화가 일어난다. 하나는, 산업현장의 인력 노쇠화 현상이 발생한다. 다른 하나는, 부동산 시장에서 일어난다. 부동산 시장에서 생산가능인구의 수는 매우 중요하다. 생산가능인구에 속하는 사람은 그 기간에 최소 집을 한두 차례 산다. 그리고 대체로 집의 규모를 늘려간다. 반면 나이가 들면 집의 규모를 줄인다.

일본의 경우, 1991년 부동산 버블 붕괴가 시작되었지만, 2000년 이후부터 생산가능인구가 빠르게 감소하면서 부동산 시장의 활기가 사라졌다. 중국의 경우, 시진핑의 3연임이 끝나고 그 이후부터 비슷한 상황이 올 수 있다. 중국의 2030년 생산가능인구가 2020년 대비 7,700만 명 정도가 추가로 줄어든다고 생각해보자. 그러면 매년 770만 명이 감소한다.

앞에서 중국의 빈집 규모를 설명한 바 있다. 2022년에 영국 캐피털이코노믹스가 분석한 중국의 미분양 아파트는 3천만 가구, 분양은 됐으나 잔금 미지급 등의 이유로 비어 있는 집은 1억 가구로, 총 1억 3천만 가구가 빈집이다. 5년 전보다 무려 5천만 채가 증가했다고 분석했다.[11] 매년 1천만 채의 빈집이 생긴 셈이다.

만약 2030년까지 8년 동안 매년 500만 채가 추가로 증가한다고 가정해보자. 빈집은 무려 1억 7천만 채가 된다. 반면 이 집들을 살 능력이 있는 생산가능인구는 매년 770만 명씩 줄어든다. 중국공산당 정부가 동원할 수 있는 모든 정책과 지원을 쏟아부어도 부동산 시장 대붕괴를 막기 어려울 것이다. 또한 산업현장의 인력 노쇠화 현상도 비슷한 시기에 나타날 것이다. 즉 '늙어가는 중국' 때문에 시진핑의 장기집권 혹은 종신집권 계획은 탄탄대로가 아니라 첩첩산중이 될 가능성이 더 높다.

만약 시진핑 주석이 이런 미래를 심각하게 인식하고 출산장려정책을 강하게 독려하면 위기를 피할 수 있을까? 필자의 예측으로는 가능성은 매우 낮다. 한국 정부가 저출산고령화정책에 150조 원 정도를 투자했지만, 출산율은 0.1%도 오르지 않았다. 심지어 한국의 출산율은 계속 하락하여 0.7%대까지 추락했다.

중국공산당은 다르다고 가정해보자. 시진핑 주석의 강력한 독려로 중국 젊은이들의 다자녀 출산 의지가 높아지면서 앞으로

10년 동안 출산율이 2.1명까지 올라가는 기적이 일어날 거라고 가정해보자. 출산율 2.1명은 현 인구 수준을 유지하는 데 필요한 수치다. 이런 기적이 일어나도, 2022년 현재 중국도 이미 가임 여성의 수가 현저히 줄어든 상태이고, 지금부터 신생아가 증가해도 이들이 생산가능인구에 편입되려면 최소 15년은 있어야 하기 때문에 미래는 밝지 않다. 결국 2030년의 생산가능인구 비율의 감소를 막을 수 없다. 2035년에 중국의 생산가능인구는 2010년에 비해 1억 8천만 명 감소한다.

참고로 2021년에 중국의 혼인율은 1986년 공식집계를 시작한 지 36년 만에 최저치를 기록했다. 중국 정부의 발표에 따르면, 2021년 중국인 763만 쌍이 결혼했다. 10년 전보다 40% 감소한 수치다. 도시별로 분석해보면, 소득수준이 높은 지역에서 결혼율이 더 낮았다. 중국 정부가 산아제한정책을 끝내고 출산장려정책으로 돌아섰지만 한국처럼 효과가 나지 않는다는 의미다.

넷째, 초고령사회 진입은 사회복지 시스템이 견고하게 준비되지 않은 나라에서는 부의 불균형 분배를 가속화하는 변수로 작용할 수 있다. 초고령사회로 진입해도 국가 전체의 경제성장률이 2~3%대를 유지할 수는 있다. 생산가능인구가 감소하고 노동인력의 노쇠화가 시작되면, 대기업들은 자동화와 진보된 첨단기술을 활용하여 생산성을 향상하는 쪽으로 성장 방식을 전환하기 때문이다. 하지만 국가산업의 경쟁력 차원에서는 값싼 노동력이라는 강점이 사라지고, 임금 상승이라는 부담스러운 요소가 생긴 것이다. 결국 대기업과 중소기업 간, 자본가들과 노동자 간 부의 불균형 분배가 심해진다.

2022년 현재 중국의 부의 불균형 분배 문제는 빠르게 악화되고 있다. 중국공산당은 빈부격차가 심해지는 상황을 숨기려고 2002년 이후로 소득분배의 불균형 정도를 나타내는 '지니계수'를 발표하지 않았다. 그러던 중국이 시진핑 정부가 들어서자 2013년 1월에 중국국가통계국이 과거 10년간의 지니계수 변화 추이를 발표했다. 이유가 무엇일까?

먼저 중국 정부의 발표를 들어보자. 2003년 중국의 지니계수는 0.479이었고, 2008년 0.491까지 나빠졌다(지니계수는 1에 가까울수록 불균형이 심하다). 그러나 2009년에 0.490으로 낮아지기 시작하고 2012년에는 0.474까지 낮아졌다. 2013년에 주석직에 오른 시진핑은 해안 지역과 내륙 지역 간 부의 불균형 분배가 심해지고 관료들의 부패가 극에 달해서 민심이 흉흉해지자, 낮아진 지니계수를 발표해서 국면 전환을 꾀하려는 속셈이었던 것이다. 2021년 11월 28일에 차이팡蔡昉 인민은행 통화정책위원은 중국 경제 매체 〈차이징財經〉과의 인터뷰에서 시진핑 주석의 3연임 구호인 '공동부유'를 언급하면서, 이를 달성하려면 중국의 지니계수를 0.4 밑으로 낮춰야 한다고 밝혔다.[12]

지니계수 0.4 이하는 선진국 수준이다. 예를 들어 2018년에 미국의 지니계수는 0.39이고, 한국은 0.34, 독일은 0.289, 북유럽 최고의 복지국가 중 하나인 스웨덴은 0.275이다. 은근히 시진핑 주석의 3연임을 중국 인민이 기대하게 만드는 여론전이었다.

2020년에 중국의 지니계수는 0.468까지 하락했었다. 지표로

만 보면, 시진핑 주석의 통치가 빈부격차 문제를 해결하고 있는 듯 보인다. 그리고 시진핑 주석에게 통치를 계속 맡겨서 지니계수를 0.4 밑으로 낮추면 중국도 선진국이 될 수 있다는 희망이 들게 한다.

하지만 일부 전문가들은 중국 정부의 지니계수 발표 자료를 신뢰하지 않는다. 2012년 말, 중국 시난차이징대학 중국가정금융 조사센터가 자체적으로 조사해서 발표한 중국의 지니계수는 태평천국 운동이 일어난 때와 비슷한 수준인 0.61에 이르렀다. 정부 발표치 0.474와 차이가 크다. 중국의 경제학자들도 정부가 발표한 지니계수가 중국의 경제 특성 중의 하나인, 부가 소수의 사람에 집중된 현상을 반영하지 않은 분석이라고 지적한다. 지니계수가 0.6을 넘으면 빈부격차가 매우 심각한 수준이다.

필자는 《한국, 위대한 반격의 시간》에서 미국이 정치적 내전 상태에 빠졌다고 진단했다. 그리고 그 원인 중 하나로 부의 불균형 분배를 들었다. 이런 상황에 빠진 미국의 지니계수도 코로나19 발생 직전인 2018년에 0.39였다. 중국은 한국, 일본보다 빠르게 초고령사회에 진입한다. 속도가 빠를수록 노인의 사회복지 시스템 준비는 취약해진다. 중국국제학술원의 조사에 따르면 중국 노인의 20%는 월평균 516위안(약 4만 8천 원) 이하의 돈으로 생활한다. 38.1%는 일상적인 생활이 어려운 질병을 앓고 있으며, 40%는 심한 우울증을 겪고 있다.[13]

중국도 2036년이 되면 평균 수명이 100세에 이를 것으로 예측된다. 중국 베이비붐 세대(1978~1985년에 태어난 인구)의 은퇴는 2023년부터 시작된다. 중국에서 노동자 대비 퇴직자의 인구 비율이 현재는 6:1이지만 2040년이 되면 2:1로 하락할 것이다. 미국이나 한국도 베이비붐 세대의 은퇴가 완료되면 젊은이 2명이 노인 1명을 부양하는 구조를 피하지 못한다.

중국도 마찬가지다. 그 결과 사회보장제도와 의료보험제도의 적자가 곧 40조 달러에 이를 것으로 예측된다. 이 규모는 세계 최고의 부자 나라인 미국조차도 감당할 수 없다. 중국이 20년 후 가난한 노인에 대한 대책을 마련하지 않으면 국가적 소요에 빠질 위험이 크다. 중국 정부가 이 문제를 미연에 방지하기 위한 비용을 마련하려면 그만큼 재정 적자, 경제성장률 위축과 청년 일자리 감소를 감수해야 한다. 문제는 경제성장률과 청년 일자리를 희생해도 위험하고, 노인을 위한 사회복지 시스템이 부족해도 위험하다. 진퇴양난이다.

시진핑 주석은 부의 불균형 해결, 경제성장률 유지와 일자리 창출이라는 세 마리 토끼를 동시에 잡기 위해 내륙지방 개발로 정책 방향을 전환했다. 3연임 기간에도 이 정책 추진을 가속화할 것이다. 하지만 의도대로 될까? 역사적으로 볼 때, 중국의 경제 발전은 수도와 해안지역을 따라 이루어졌다. 중국의 유명한 4대 상방인 진상晉商, 절상浙商, 월상粤商, 휘상徽商의 활동 지역도 수도권과 해안지역이었다. 그만큼 옛날부터 중국의 내륙지방은 지형적 특성 때문에 경제 발전에 한계가 있었다. 자칫하면 중국 내륙지방에 유령도시만 추가로 만들어낼 수 있다.

다섯째, 초고령사회 진입은 도시화에도 영향을 미친다. 2012년에 중국의 도시 인구는 총 7억 1,200만 명에 달했다. 2012년 한 해에만 도시 인구가 2,100만 명 증가했다. 〈중국유동인구발전보고서〉(2016)에서는 중서부 인근지역의 도시화 정책이 완료되면 추가로 시골에서 도시로 올라오는 인구수가 1억 명에 달할 것이라고 전망했다.[14] 2020년 중국국가통계국이 발표한 〈2019년 국민경제통계〉에 따르면 도시 상주인구는 8억 4,843만 명이다. 전년보다 1,706만 명이 늘었다. 반면 농촌 상주인구는 5억 5,162만 명으로 1,239만 명이 줄었다. 도시화율은 60.6%로 2018년보다 1.02%p 상승했다.[15] 분명히 속도가 줄고 있다.

참고로 선진국의 도시화율은 중국의 목표보다 높다. 우리나라는 2011년에 도시화율이 90%를 넘어섰다. 독일은 88.5%, 미국은 81%, 일본은 66%이고, 영국은 90.1%에 다다랐다. 이와 비교할 때 중국의 도시화 촉진 정책은 큰 문제가 없는 상식적인 조치로 볼 수 있다. 하지만 속도는 분명 느려지고 있다. 전문가들은 도시화율이 60%를 넘어서고 저축률이 15%대 밑으로 떨어지면 고도성장이 끝난다고 평가한다.

이 외에도 시진핑의 장기집권 가도에서 발목을 잡을 수 있는 추가 이슈가 있다. 시진핑은 서구 시민사회, 자유시장, 민주주의, 독립된 미디어, 언론 자유, 인권, 사법부 독립 요구 등 서양의 7가지 도전적 가치와 싸워 이겨야 한다는 말을 종종했다. 시진핑이 열거한 중국공산당 체제를 위협하는 7가지 서구의 가치는 천안문 민주화운동 당시 중국 인민이 요구한 가치와 같다. 중국의 근대 역사를 되짚어보자. 중국은 지난 100년 동안 2개의 정부가 무너졌다. 1911년에 청 왕조, 1949년에 국민당 정부다. 중국의 고령화 문제는 경제위기가 반복될 때마다 잠재된 수많은 사회혼란이 분출되는 기폭제 역할을 할 수 있다. 소련의 사례를 볼 때, 독재를 기반으로 한 사회주의 국가는 통치체제가 무너지면 곧바로 정부 붕괴혹은 국가 붕괴로 이어진다.

유럽의 스페인, 아시아의 대만과 한국, 아프리카의 이집트, 시리아 등의 사례를 보면, 1인당 GDP가 2천 달러에서 4천 달러정도가 되면 민주화 요구가 커지는 것을 알 수 있다. 1936년부터40년 동안 독재정부였던 스페인은 1970년 1인당 GDP가 2천 달러를 넘어서자 민주화 물결이 거세게 일어났다. 한국과 대만도2천 달러, 이집트와 시리아는 4천 달러가 넘어가자 같은 일이 일어났다. 물론 민주정부가 수립되기까지는 그 이후로도 상당한 시간이 필요하다. 천안문 광장에서 학생과 시민들의 봉기가 일어난 1989년 당시 중국의 1인당 GDP는 883달러였다. 중국의 1인당 GDP가 2천 달러를 넘은 해는 1999년, 4천 달러를 넘은 해는2007년이었다.

한국 정부가 민주화선언을 한 때는 1987년 6월 29일이었다. 민주정의당 노태우 대통령 후보가 국민의 직선제 요구를 받아들이는 6·29민주화선언을 했다. 당시 한국의 1인당 GDP는 7,321달러였다. 한국에서 군인 출신 통치자 시대를 끝내고 진정한 민주정부가 들어선 때는 1993년 2월 25일 김영삼 대통령이 취임하면서부터다. 당시 한국의 1인당 GDP는 물가 기준으로 8,195달러였고, 구매력PPP 기준으로는 1만 361달러였다.[16]

2021년 중국의 1인당 GDP는 1만 1,188달러다. 현재의 경제

수준이라면 중국 국민 사이에서도 민주화 욕구가 상당한 수준에 올라와 있을 것이다. 이런 상황에서 시진핑 주석은 3연임을 시작했고 장기집권 혹은 종신집권의 발걸음을 준비한다.

경제성장과 민주화 요구의 관계가 깊은 데에는 이유가 있다. 시장경제가 발전할수록, 국민들은 전보다 더 많은 기회, 다양성에 대한 포용성의 확장, 사회적 지위의 유동성 증가, 공정성의 확대, 민주적 선택권에 대한 확장, 더 높은 가치체계로의 성장 등을 기대한다.[17]

절대빈곤의 시대에는 자유, 공정, 민주보다는 가난탈출이 먼저다. 하지만 1인당 GDP가 1만 달러를 넘어서면 절대빈곤에서 벗어나서 '풍요롭고 가치 있는 인간 존재'에 대한 자각이 높아진다. 코로나19 발생 이후 시진핑의 3연임이 시작됐는데, 이 기간 동안 아마 중국 인민 대다수가 자기 손에 돈을 한 푼 더 쥐여 주는 정부를 넘어 좀 더 개방적이고 관대하며 자유로운 선택과 권리가 허용되는 '향상의 시대 age of improvement'를 원하게 될 것이다.

3연임을 시작한 시진핑 정부가 중국 인민에게 이런 시대를 만들어줄 수 있다는 '확신'을 줄 수 있을까? 성공하지 못한다면, 2가지 미래가 펼쳐진다. 하나는, 천안문 민주화시위를 능가하는 국민봉기다. 다른 하나는, 더 편협하고 비민주적인 국가로 후퇴하는 것이다. 벤저민 프리드먼은 《경제성장의 미래》라는 책을 통해 "(도덕에 기반을 둔) 민주적 자유의 '부재'는 경제성장을 '방해하며' 그에 따른 장기침체는 다시 사회를 훨씬 더 편협하고 비민주적으로 만든다"라고 지적했다.[18]

버티는 힘이
강한 미국

필자는 《2030 대담한 미래》(2013)에서 "2030년 이후에도 미국은 G1이다"라고 예측했다. 2030년 이후에도 미국의 군사력, 산업 및 기술 능력은 여전히 세계 최고일 것이고, 금융 및 경제 위상이 안정적이어서 글로벌 경제위기가 반복될 때마다 가장 먼저 회복할 것이기 때문이다. 또한 미·중 패권전쟁에서 우위를 지킬 것이고, 제4차 산업혁명을 이끄는 미래산업(인공지능, 자율주행자동차, 로봇, 바이오, 나노기술, 우주 산업 등)에서 선두 자리를 차지할 가능성이 높기 때문이다.

필자는 세계가 장기적인 초저금리 시대를 끝내고 3고 시대(고유가, 고금리, 고물가)로 진입과 탈출을 반복할 것이며, 그때마다 상대적으로 금리 인상과 인플레이션에 취약한 나라들이 반복적으로 경제위기를 겪을 것이고, 그럴 때마다 미국의 위상은 더욱 공고해질 것이라고 예측했다. 물론 미국의 내수시장도 3고 현상에 시달리겠지만, 달러가 시중에 많이 풀리는데도 상대적으로 달러가 강세를 보이는 기축통화 효과가 재가동되면서 미국이 위기를 극복하고 반등하는 능력을 보여줄 것이라고 예측했다. 한마디로 '버티는 힘이 강한 미국'의 모습을 보게 될 것이라는 의미였다.

필자의 시나리오가 발표된 지 10년이 지난 2022년 현재, 우리는 40년 만에 최고치에 오른 고물가, 이를 잡기 위해 빠르게 올라가는 고금리, 지속되고 있는 고유가 등 3가지를 지칭하는 이 3고 시대에 '버티는 힘이 확실히 강한 미국'의 진면목을 목도하고 있다. 필자는 《2030 대담한 미래》에서 "미국의 제조업 능력을 과소평가하지 말라"고 언급했다. 2013년 당시 제조업이 가장 강력한 나라는 중국이라고 여기는 분위기였다. 미국의 쇠퇴는 제조업의 쇠퇴라는 평가도 지배적이었다. G7 국가(미국, 영국, 프랑스, 독일, 이탈리아, 캐나다, 일본) 중에서 일본과 독일 두 나라만 제조업 강국이라고 여긴 것이다.

하지만 필자의 분석은 달랐다. G7 국가 중에서 제조업에 강한 나라는 독일이나 일본이 아니라 바로 미국이라고 진단했다. 필자의 눈에 미국은 여전히 제조업 강국이었다. 〈그림49〉~〈그림52〉는 미국, 중국, 일본, 독일의 제조업 수준을 나타낸 것이다.

미국 제조업의 역사는 아크라이트가 뉴잉글랜드에 미국 역사상 최고의 방직공장을 세우면서 시작된다. 1812~1814년에 미영전쟁이 끝난 뒤 영국이 공업제품의 대미수출을 제한하자 미국 내에서 공업제품을 본격적으로 생산하기 시작했다. 1861~1865년 남북전쟁이 북부 산업자본의 승리로 끝나면서 미국의 공업화가 가속화되었다. 이후 헨리 포드의 대량생산체제를 거쳐, 제2차 세계대전 동안 군수, 항공, 선박, 자동차 등의 분야가 급격하게 성장하면서 미국은 세계 최대의 공업국가가 되었다. 미국 제조업은 1968년에 GDP 대비 35%를 기록하면서 최고 정점을 찍었다. 그

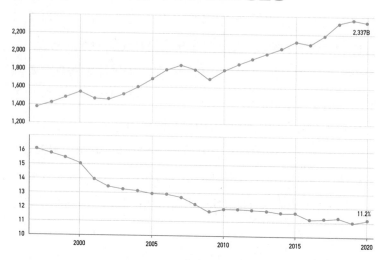

그림49 | 1991~2020년 미국의 제조업 생산량

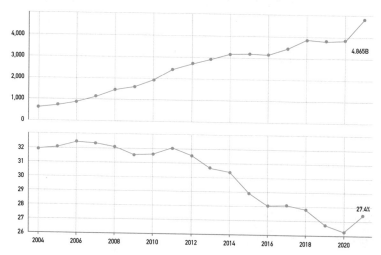

그림50 | 1991~2021년 중국의 제조업 생산량

그림51 | 1991~2020년 일본의 제조업 생산량

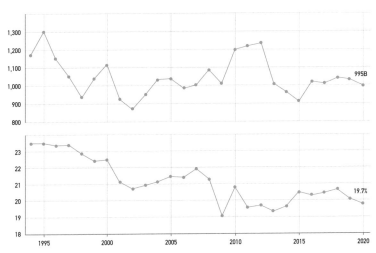

그림52 | 1991~2020년 독일의 제조업 생산량

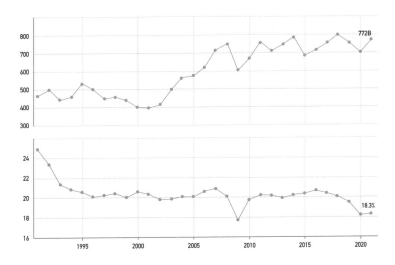

후 제조업의 비율이 점차 줄기 시작했다.

2020년에 미국의 전체 GDP에서 제조업이 차지하는 비율은 11.2%로 독일과 일본보다 낮아졌다. 하지만 총규모는 독일과 일본을 압도한다. 독일과는 3배 차이가 난다. 2020년 기준으로는 중국이 미국보다 총규모가 1.7배 높다. 미국이 중국에 제조업 총생산 1위 자리를 내주었지만, 아직도 2조 3천억 달러를 넘는다. 2020년 한국 전체 GDP(1억 6천억 달러)의 1.43배다. 한국 제조업 총규모(406억 달러)보다 5.8배 크다.

총규모만으로 미국의 제조업을 위기를 제조업이 위기라고 말하는 것은 반은 맞고 반은 틀린 분석이다. 중국이 미국 제조업의 생산 규모를 추월했지만, 제조업의 질과 미래 성장 가능성 면에서 미국을 따라가려면 수십 년이 걸릴 것이다.

미국의 제조업 비율이 계속 하락하지만, 항공, 군수, 우주, IT 융복합, BT, 로봇, 사이보그, 나노 등의 첨단 및 미래형 산업의 경쟁력은 최고 수준이다. 미국 기업의 수준도 높다. GM, 포드, 크라이슬러 등 빅3 자동차 회사를 필두로, 전기전자업계에서 부동의 글로벌 강자인 1위인 GE, 혁신의 대명사 IBM, 애플, 아마존, 구글, 페이스북 등 세계적 기업이 즐비하다. 석유업계에서는 엑손모빌이 1~2위를 치열하게 다투고 있고, US스틸은 철강산업에서, 듀폰은 화학산업에서, 보잉은 항공기산업에서 세계 1위다. 전체 제조업에서 중화학 공업이 차지하는 비율도 51%로 일본보다 높다. 이외에도 혁신적 제품을 지속적으로 생산하는 실리콘밸리 기업이 많다. 제조업의 생산성도 세계 최고 수준이다.

참고로 미국의 산업별 경쟁력을 단순히 수치로만 평가하면 착각하기 쉽다. 예를 들어 미국의 농업은 전체 GDP의 1.2%에 불과하다. 하지만 밀, 대두, 옥수수 등 곡물 생산량은 전 세계 시장의 40~50%에 이른다. 옥수수, 콩, 석유, 천연가스, 철광석 등 주요 자원에 대한 가격을 미국과 미국의 우방들이 결정한다.

천연자원이 풍부한 것도 미국의 강력한 힘의 원천이다. 전통 원유시장에서 미국의 생산량은 세계 3위다. 하지만 타이트오일과 셰일오일의 규모를 합치면 세계 최대 석유 생산국이다. 미국의 셰일오일 매장량은 사우디아라비아 원유 매장량보다 최소 3배가 많다. 미국의 셰일가스 매장량은 19조m^3로 세계 4위다. 전기, 핵에너지, 천연가스, 황, 인지질, 소금 등의 생산도 세계 1위다.

미국은 선진화된 경영 능력, 세계 최고 수준의 노동 생산성, 지속적인 기술 혁신 능력을 갖추고 있다. 인적·물적 자원과 금융 자본도 세계 최고 수준이다. 미국 제조업은 이런 튼튼한 기반 위에서 이루어진다.

2008년 글로벌 금융위기 이후 오바마 행정부, 트럼프 행정부, 바이든 행정부를 거치면서 미국 제조업 기업들이 자국으로 돌아가고 있다. 일명 리쇼어링Reshoring 현상이다. 미국 정부도 국내로 돌아오는 기업을 위해 세제 혜택과 규제 완화 등 지원 정책을 펼치고 있다. GE, 애플, 페이스북, 구글, GM, 포드, 오티스엘리베이터 등 100여 개가 넘는 미국 기업이 중국과 인도 등에서 자국으로 돌아왔다. 바이든 행정부는 미국 제조업의 회복과 성장, 미국을 주축으로 한 공급망 재편을 부르짖으면서 세계적 제조업 회사들의 미국 투자를 독려하는 동시에 압박하고 있다. 이런 추세는 당분간 계속 이어질 것으로 전망한다.

미국의 최대 자산, 정신문명

많은 사람들이 한 국가의 역량을 평가할 때 물질적 요소를 크게 고려한다. 하지만 필자는 조금 다르다. 물질적 요소도 중요하지만, 더 중요한 것은 정신적 요소다. 한국의 역사를 되돌아보라. 수많은 외침과 전쟁이 있을 때마다 나라가 초토화되었다. 일제강점기에는 거의 모든 것을 빼앗겼다. 한국전쟁도 마찬가지였다. 한국전쟁에 참전했던 동맹국들은 한국 경제와 산업의 발전을 보고 '기적'이라는 단어를 사용하면서 찬사를 보낸다.

한국은 지하자원도 거의 없다. 그렇지만 2021년 IMF 자료 기준으로 한국의 경제는 세계 10위다. 한국은 자동차, 철강, 조선, 석유화학, IT, 통신, 스마트폰, 케이팝 등의 분야에서 세계적 위상이 높다. 반도체, 백색 가전은 세계 1위다. 군사력은 세계 6위다. 이런 힘이 어디서 나왔을까? 한국인의 정신문명 때문이라고 본다.

미국의 정신문명은 문화, 종교 등 여러 면에서 객관적으로 상당히 수준이 높다. 특히 미국 문화는 다양한 것을 흡수하여 하나의 새로운 것으로 재탄생시키는 용광로의 특성이 있다. 이것은 미국이 중국을 앞서는 강력한 무기다.

제국이나 문명의 성장과 몰락에는 다양한 원인이 있다. 투키

디데스는 아테네의 몰락이 민주주의의 오작동 때문이라고 했고, 에드워드 기번은 로마의 쇠퇴 이유로 기독교를 꼽았다. 폴 케네디는 초강대국들의 몰락 이유를 제국주의적 팽창을 멈추지 않았기 때문이라고 했고, 재러드 다이아몬드는 환경 파괴가 문명 붕괴의 원인이었다고 주장했다.[19]

전문가들 대부분이 제국 몰락의 핵심 요소 중 하나로 정신적 요소의 붕괴를 꼽았다. 《제국의 미래》라는 저서로 유명한 미국 예일대학교 법학대 교수 에이미 추아도 정신의 중요성을 강조했다. 에이미 추아는 인류 역사상 최초의 패권국가인 페르시아, 세계 제국을 건설한 로마, 중국 최고의 황금기를 만든 당나라, 칭기즈칸의 힘으로 유럽을 정복했던 원나라, 자본주의 경제를 제패한 최초의 제국인 네덜란드, 세계 최대의 해상제국을 이루었던 영국, 최첨단 과학 기술의 제국인 미국 등 강한 나라들의 공통적인 성공 요인으로 '(전략적) 관용'을 꼽았다. 이들의 몰락은 관용을 잃어버린 순간부터 시작되었다고 평가했다. 에이미 추아는 관용이라는 정신적 요소가 성장과 몰락의 핵심 요인인 이유를 다음과 같이 설명했다.

한 사회가 세계적인 차원에서 경쟁자들을 물리치려면 인종, 종교, 배경을 따지지 않고 세계에서 손꼽는 능력과 지혜를 갖춘 인재를 끌어들이고 그들에게 동기를 부여해야 한다. 이것은 아케메니스 왕조의 페르시아제국으로부터 대몽골제국, 그리고 대영제국에 이르기까지 역사에 존재했던 모든 초강대국이 해온 일들이다. 그들이 이런 일을 하는 과정에서 의지해온 것이 바로 관용이었다. (…)

내가 말하는 관용은 인권과 관련된 현대적인 의미의 관용이 아니다. 내가 이야기하는 관용은 정치적으로, 혹은 문화적으로 동등한 대우를 의미한다. (…) 아주 이질적인 사람들이 특정한 사회에서 생활하고 일을 하고 번영할 수 있도록 허용하는 것을 의미한다. (…) 인종, 종교, 민족, 언어 등 여러 면에서 이질적인 개인이나 집단이 그 사회에 참여하고 공존하면서 번영할 수 있도록 허용하는 자유를 일컫는다.[20]

에이미 추아가 언급한 '관용'은 벤저민 프리드먼의 '권리와 자유'와 일맥상통한다. 이 기준을 적용한다면, 중국이 미국을 넘어서기 위해서는 '관용'이라는 정신에서 미국을 앞서야 한다. 현대 중국의 역사를 보자.

중국의 최고지도자 마오쩌둥은 1966~1976년까지 10년 동안 홍위병을 앞세워 문화대혁명이라는 극좌 사회주의운동을 펼쳤다. 지식인과 자본가 등 1천만 명을 숙청하고 진시황의 분서갱유를 떠올리게 할 정도로 정신문명 말살정책을 실시하자 중국의 사회와 경제는 암흑기에 빠졌다. 반대로 1978년 12월에 덩샤오핑이 개혁개방정책을 시작하여 이전보다 더 관용적인 사회의 모습을 제시하자 중국의 사회와 경제는 발전기에 진입했다.

현재 중국은 어떤가? 시진핑의 3연임을 확정하고 독재체제의 길을 걷기 시작했다. 중국 최고 지도그룹을 자신의 측근으로 전부 채웠다. 중화인민공화국 수립 이후, 가장 강한 수준으로 주민감시 시스템을 가동하고 있다. 중국 내 종교와 언론에 대한 탄압과 감시를 강화했다. 혁신을 이끌어야 할 기업가들에게 정치로 재갈을

물렀다. 분명 현재 중국은 경제적으로는 덩치가 몇십 배 커졌지만, 미국을 넘어서는 초강대국의 지위에 올라서기에는 관용이 현저히 부족하다.

에이미 추아는 부의 창출도 약탈과 몰수가 아닌 전략적 관용을 기반으로 한 교역과 혁신에 있다고 주장했다. 분명 경제 발전은 자본의 투여도 중요하지만, 정신문명 발전과도 밀접한 관계가 있다. 절대빈곤을 벗어나는 데는 자본의 투여가 중요하지만 최고의 자리에 오르기 위해서는 관용, 자유, 공정 등의 정신적 요소가 핵심이다. 미국의 교역과 혁신의 능력은 중국보다 몇 배 더 우위에 있다.[21]

《코드 그린》《렉서스와 올리브나무》의 저자로 유명한 뉴욕타임스 칼럼니스트 토머스 프리드먼은 미국의 숨은 강점을 이렇게 표현했다.

미국은 자유롭고 창의적인 정신과 사고력, 다양한 생각과 재능, 상대적으로 전 세계에서 가장 유연한 경제 시스템과 직업윤리, 혁신과 기업가 정신 등이 뛰어나다. 그래서 아직도 전 세계 사람들이 미국을 도전의 기회가 있는 나라로 생각한다.

미국은 더 많은 미국인에게 공교육을 제공하고, 사회기반시설을 지속적으로 현대화하고, 이민자들에게 개방의 문을 계속해서 열고, 기초 연구와 개발에 대한 정부의 지원을 강화하고, 민간 경제활동을 더욱더 활성화시킬 제도들을 추가로 정비하면 세계화의 부작용, 막대한 부채 위기, 미래의 기후위기를 충분히 극복할 수 있다.[22]

중국이 미국을 추월하는 시기는 2050년이다

필자는 미국의 이런 모든 역량을 종합적으로 판단하여 《2030 대담한 미래》에서 이렇게 예측했다. "중국은 40년 안에 미국을 추월할 수 없다." 10여 년이 지난 지금도 필자의 예측 은 변함이 없다. 오히려 이 예측이 더욱 공고해졌다. 10년 전에 필 자가 예측한 내용을 간단하게 살펴보자.

1992년 중국의 경제성장률은 14.3%를 기록했다. 그러자 영국 의 경제주간지 〈이코노미스트〉는 중국이 상당 기간 연평균 9~10% 대의 성장률을 유지할 것이라고 전제하면서 2012년이면 중국 이 세계 최대 경제 대국으로 올라설 것이라고 예측했다.[23] 하지만 2012년에 중국 경제는 미국을 넘어서지 못했다. 2008~2012년까 지 중국의 경제성장률이 9.62%, 9.23%, 10.63%, 9.48%, 7.75%를 기록했음에도 말이다.

그 이유는 무엇일까? 1992~2012년까지 미국의 경제성장률 이 예상보다 좋았기 때문이다. 미국의 경제성장률은 1990년에 1.9%, 1991년에 −0.1%를 기록했지만, 1992년에 3.5%로 오른 것 을 시작으로 1997~2000년까지는 연속으로 4%대를 기록했다. 2003~2006년에도 2.9%, 3.8%, 3.5%, 2.9%의 성장률을 보이며 괜

찮은 성적을 기록했다. 그리고 1992~2012년 사이에 세계 경제의 위기가 반복되었고, 중국 경제 시스템의 성장 한계도 드러나면서 2012년에 중국이 미국을 추월할 것이라는 예측은 완전히 빗나갔다.

하지만 〈이코노미스트〉의 예측 실패 이후에도 중국이 짧은 시간에 미국 경제를 추월할 것이라는 전망은 계속 나왔다. 2011년에 IMF는 기존 예측 시점인 2020년보다 빠른 2016년경이면 전 세계 GDP 점유율에서 중국이 미국을 추월할 것이라고 예측했다.[24] 크레디트 스위스는 2019년에, 도이체방크는 2020년에 JP모건은 2020~2025년에, 골드만삭스는 2027년에 중국의 GDP가 미국을 추월할 것이라고 전망했다.

이런 주장에 힘을 실어주는 지표도 나왔다. 2013년 1월에 중국의 무역 규모(상품 수출입액 기준)가 미국(3조 8,200억 달러)보다 500억 달러 많았다. 중국의 무역 규모가 미국을 제치고 세계 1위에 처음으로 올라선 것이다. 이런 지표들이 아래에 열거한 중국 경제의 위상을 보여준 다른 지표나 업적들과 맞물려서 "중국은 역사에서 예외적으로 한계가 없는 성장을 할 것이다" "중국은 영원히 성장하는 나라가 될 것이다" "중국 자본주의는 영미식 자본주의의 대안이다" 따위의 환상을 만들어냈다.

- 상하이나 베이징의 국제 중심지로의 부상
- 연안 지방의 역동적인 인프라 구축
- 세계 최대 규모의 외환 보유고

- 2010년 4분기 기준으로 미국 재무부 채권의 24.3% 보유
- 세계 10대 은행 중 4개를 보유할 정도의 자본 역량
- 미국에서 가장 비싼 사무용 빌딩인 GM빌딩의 지분 40%를 인수하는 등 미국의 부동산을 마구 사들이는 막강한 재력
- 2010년 〈포춘〉 500대 기업에 46개 진입
- 세계 최대 수준의 고속도로 및 철도와 항만 건설을 진행하는 나라
- 세계 최대의 자동차 시장
- 2010년에 23%를 넘어선 중산층(2억 4,300만 명) 비율, 그리고 중산층이 매년 1%씩 늘어나면 2020년에 40%에 이르러 세계 최대의 중산층 시장이 될 것이라는 미래
- 세계 최대의 대학생 규모

하지만 필자는 이런 지표와 각종 전망이 나오는데도 중국 경제가 미국 경제를 추월하려면 오랜 시간이 필요하다는 결론을 내렸다. 물론 미국과 중국의 GDP를 구매력평가PPP 기준으로 한다면 이야기는 다를 수 있다. 구매력 기준으로 중국의 GDP가 미국을 추월한 시점은 2016년이다. 그러나 구매력 기준은 말 그대로 구매력 기준일 뿐이다.

구매력지수 기준은 물가와 환율을 고려하여 상품을 구매할 수 있는 능력으로 한 국가의 국민이 국내에서 영위하는 현실적 삶의 수준을 예측할 때 사용한다. 마치 각국의 맥도날드 햄버거 가격을 비교하여 해당 국가 국민의 생활수준을 평가하는 보조지표인 빅맥지수와 비슷한 원리다. 구매력지수 기준으로 GDP를 계산

하면, 선진국에 비해서 상대적으로 물가수준이 낮고 환율관리를 잘하는 국가, 강제로 물가를 낮게 유지할 수 있는 국가에서 명목 GDP보다 높게 나타나는 경향이 있다.[25]

국가 대 국가의 총체적 경제력을 비교할 때는 가장 먼저 명목 GDP를 가지고 비교해야 한다. 예를 들어 2018년 한국의 1인당 명목 GDP는 3만 1,053달러였지만, PPP 기준 GDP는 4만 1,965달러였다. 동일 기간에 일본의 1인당 명목 GDP는 3만 6,117달러였는데, 구매력 기준 GDP는 4만 1,739달러로 한국보다 낮았다. 그렇다고 "한국 경제가 2018년에 일본 경제를 추월했다" "이제는 한국이 일본보다 잘산다" "한국이 일본보다 경제력이 강한 나라다"라고 말하기는 어렵다. 그래서 필자는 당시에 명목 GDP를 기준으로 중국이 미국을 추월하는 시점을 예측해보았다. 그리고 다음과 같이 3가지 시나리오를 시뮬레이션했다.

시나리오 1

중국이 계속해서 8% 성장률을 지속하고, 미국이 2.9%의 성장률을 지속한다는 가정하에 중국이 미국을 추월하는 시점은 2030년이 된다. 2044년이면 중국의 GDP가 미국의 2배가 된다.

시나리오 2

중국이 계속해서 8%의 성장률을 지속하고, 미국이 1.5%의 성장률을 지속한다는 가정하에 중국이 미국을 추월하는 시점은 2026년이 된다. 2037년이면 중국의 GDP가 미국의 2배가 된다.

시나리오 3

중국이 계속해서 10%의 성장률을 지속하고 미국이 1%의 성장률 지속한다는 가정하에 중국이 미국을 추월하는 시점은 2022년이 된다. 2030년이면 중국의 GDP가 미국의 2배가 된다. 참고로 미국이 앞으로 수십 년 동안 1%대의 경제성장률에 머문다는 것은 1995년부터 현재까지 일본이 그런 것처럼 미국 경제가 잃어버린 20년이라는 장기불황에 빠진다는 의미다. 1995~2007년 일본의 연평균 경제성장률은 1.26%였다.

1~3번의 시나리오는 중국이 2030년 이전에 미국의 경제를 추월하려면, 연평균 경제성장률 8~10%를 상당 기간 지속하고, 그동안 미국은 1~2% 사이의 저성장 위기에 오랫동안 빠져 있을 때만 가능하다. 하지만 필자는 이런 계산은 현실성이 전혀 없다고

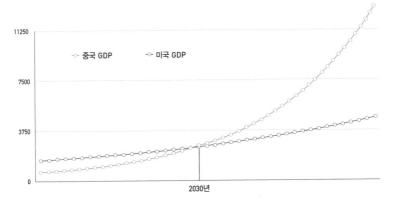

그림53 ㅣ 중국의 미국 추월 시점 시나리오 1 (100억 달러)

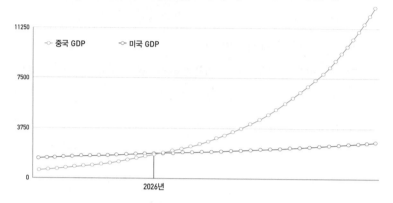

그림54 | 중국의 미국 추월 시점 시나리오 2 (100억 달러)

그림55 | 중국의 미국 추월 시점 시나리오 3 (100억 달러)

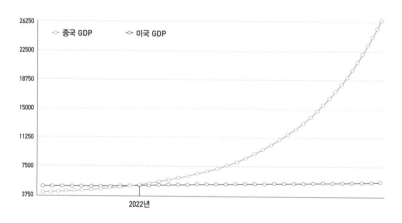

판단했다. 한 나라의 경제 총규모가 커지면, 연평균 성장률은 낮아
지는 것이 이치다. 그리고 반복적인 경제위기가 발생하는 이치를
반영하면 특정한 시기에는 경제성장률이 평균치를 크게 밑돈다.

중국도 이런 이치를 벗어날 수 없다.

세상의 '이치'는 중력과 같아서 거스를 수 없다. 땅바닥에서 점프를 하면, 중력을 이길 수 있다는 착각에 잠시 빠진다. 중력을 거슬러서 하늘 위로 날아오르는 듯하지만, 뛰어오른 높이가 클수록 내려올 때 충격이 커진다.

필자는 당시에 중국의 경제성장률이 비정상적이라는 것에 주목했고, 비정상적이기 때문에 하락을 시작하면 시장이 생각하는 것보다 빠르게 하락할 가능성이 있다고 예측했다. 예를 들어 중국의 급성장에 가장 크게 이바지한 것은 수출이다. 연평균 18%씩 증가한 수출경쟁력은 3%의 추가적인 경제성장률 증가를 이끌었다. 그러나 수출증가율이 10%로 하락하면 경제성장률 기여도는 1.5%로 하락한다. 인구구조의 변화와 수출증가율의 감소만으로도 대략 3%의 경제성장률 하락을 초래할 수 있다. 여기에 중국 중앙정부와 지방정부의 부채가 증가해서 부채를 축소해야 할 국면으로 전환되면 역시 최소 1% 이상의 경제성장률 하락을 초래할 수 있다.

중국공산당은 이런 요소들이 자국 경제성장률에 반영되는 시기를 인위적으로 늦췄다. 무리하게 부동산 버블을 계속 키우고, 과잉생산을 부추기고, 자국 기업에 대한 보조기간을 늘리고, 환율에 개입하고, 정부 적자를 늘려서 떨어지는 경제성장률을 희석시키는 눈가림을 했다. 중국의 고도성장률 중 3~4%p는 도시화 효과에 의해서 발생한 것으로 추정한다. 도시화율이 1% 늘어날수록 1조 2천 위안의 고정자산 투자가 일어나고, 농촌 인구의 도시 유입률도 커진다. 이 모든 것들이 GDP 성장에 이바지한다. 현재 중국은 도시화율 속도가 현저하게 둔화되고 있다. 내일이라도 도시화가 멈추면 중국의 경제성장률은 곧바로 3~5%p 하락한다.

심지어 중국 정부는 경제통계도 조작했다. 예를 들어 2013년 6월에 중국에 들어간 핫머니의 통계 조작을 단속하고 나서자 곧바로 중국의 수출증가율이 전년 동기보다 전문가들의 전망치인 5.6%보다 훨씬 낮은 1.0%에 그쳤다는 분석이 나왔다. 지금까지 중국의 수출 규모를 부풀리는 데 핫머니가 비정상적인 현금 흐름을 통해 깊숙이 개입했다는 뜻이다. 핫머니는 중국과 홍콩의 무역거래선을 주로 사용했는데, 중국 기업이 홍콩으로의 수출 규모를 부풀리면 그만큼 금융회사를 통해 중국 내 자산에 투자할 수 있는 달러를 추가로 들여올 수 있다.

〈월스트리트저널〉은 이런 방식으로 2012년 12월부터 2013년 2월까지 단 3개월 동안 중국으로 흘러 들어간 자금이 362억 달러에 이를 것으로 추정했다.[26] 중국 당국이 발표하는 경제지표를 그대로 믿을 수 없는 근거가 더 있었다. GDP는 충분히 조작할 수 있지만, 전력발전량은 통계상의 오류가 상대적으로 적다. 중국의 GDP와 전력발전량 증가율과의 관계를 분석한 결과를 근거로 2010년경에 중국의 경제성장률은 이미 4~6%대로 하락했을 수 있다는 평가도 있었다.[27]

2000년 이후로 중국의 GDP가 1% 성장할 때마다 전력발전량은 1.11~1.67% 정도 증가했다. 2008년과 2009년 글로벌 금융위기 기간에 이 수치는 0.74%, 0.79%로 하락했다. 하지만 2008년과 2009년의 중국 경제성장률은 9.62%, 9.23%라는 놀라운 성적표를 받았다. 이를 보고 일부 전문가들은 2008년과 2009년의 실제 GDP 성장률을 4.3~6.4%, 4.1~6.2% 정도로 추정했다. 중국 정부는 이에 대해 글로벌 금융위기 때문에 쌓인 재고 소진이 많았기 때문에 전력사용량이 일시적으로 줄어든 것이라고 해명했다.

필자는 이런 노력이 곧 한계에 부딪힐 것이라고 예측했다. 반면 2008년 이후 미국의 경제는 시장의 비관적 전망보다 더 나은 모습을 보일 가능성에 주목했다. 이런 필자의 분석을 반영하여 또 다른 시나리오 3개(4~6번)를 시뮬레이션했다. 그 결과 당시의 일반적인 전망들과는 전혀 다른 미래가 펼쳐졌다. 중국이 미국을 추월하는 것이 빨라야 2045년 이후에나 가능했다. 중국의 입장에서는 최악의 시나리오인 "미국을 절대로 추월할 수 없다"는 '경악할' 미래가 펼쳐질 수도 있었다.

시나리오 4

중국의 성장률이 2020년까지 8%를 기록하고, 2021~2030년에 6%로 하락하고, 2031년부터는 4%대를 지속한다는 가정하에 미국이 2.9%의 성장률을 지속하면 중국이 미국을 추월하는 시점은 2047년에나 가능하다.

시나리오 5

중국의 성장률이 2015년까지 8%를 기록하고, 2016~2020년에 6%로 하락하고, 2021~2030년에는 4%로 급락하고, 2031년부터는 2.9%대 성장을 지속한다는 가정하에 미국이 2.9%의 성장률을 지속하면 2045년이 되어도 중국의 GDP는 미국의 절반에 불과하다. 이 시나리오에서는 중국이 미국을 추월하는 것은 절대로 불가능하다.

시나리오 6

중국의 성장률이 2015년까지 8%를 기록하고, 2016~2020년에 6%로 하락하고, 2021~2030년에는 4%로 급락하고, 2031년부터는 2.9%대 성장을 지속한다는 가정하에 미국이 2020년까지 2.9%의 성장률을 지속하다가 2021~2030년에 1.5%로 하락하고, 2031년부터는 1% 성장률을 지속하면 중국이 미국을 추월하는 시점은 2048년에나 가능하다.

그림56 | 중국의 미국 추월 시점 시나리오 4 (100억 달러)

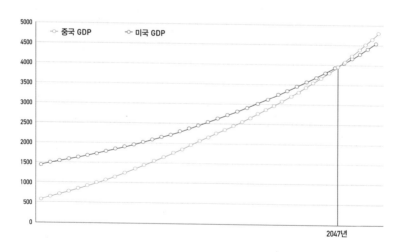

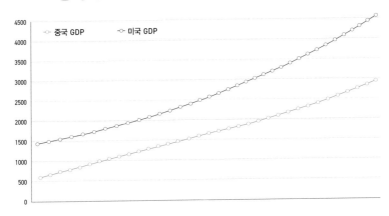

그림57 | 중국의 미국 추월 시점 시나리오 5 (100억 달러)

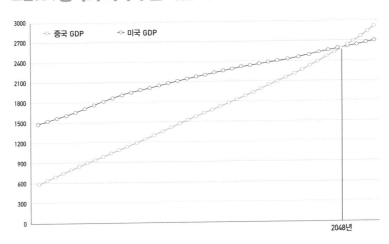

그림58 | 중국의 미국 추월 시점 시나리오 6 (100억 달러)

중국에 대한 환상을 지워야
미래가 보인다

급성장하는 국가를 향한 환상과 희망이 처참하게 무너진 경우는 과거에도 종종 있었다. 특히 공산주의 국가에서 자주 발생했다. 1928~1960년대 소련의 경제성장률도 평균 5~6%를 기록했다.[28] 그러자 미국 재무성의 최고위관리조차도 소련이 이런 성장률을 그대로 유지한다면 1980년에 미국을 추월할 것이라고 전망했다.[29]

때마침 1957년에 소련은 세계 최초로 스푸트니크 인공위성을 발사해서 미국보다 앞선 기술발전 성과도 자랑했다. 미국을 기술적으로 앞설 수 있다는 생각과 공산주의 국가의 높은 경제성장률이 마치 소련이 미국을 추월하는 것이 시간문제처럼 보이게 했다. 하지만 현실은 달랐다.

필자가 "중국은 40년 안에 미국을 추월할 수 없다"라는 예측을 발표한 후 현실은 어떻게 전개되었을까? 〈그림59〉는 필자가 1962~2019년까지 중국 경제성장률 변화 추이를 그래프화한 것이다. 중화인민공화국 설립 이래 가장 높은 경제성장률은 마오쩌둥이 대약진운동(1961)을 시작하고 4년이 지난 1964년에 기록한 18.3%다. 1979년 덩샤오핑이 미국을 방문하여 지미 카터 대통령

그림59 | 1962~2019년까지 중국 경제성장률 변화 추이

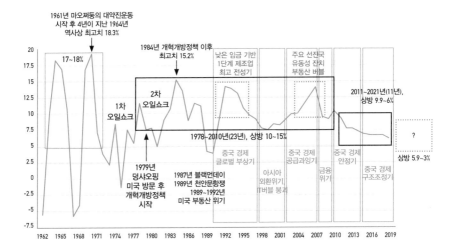

과 역사적인 미·중 정상회담을 하고 중국 경제가 개혁개방정책으로 전환한 이후로는 1984년에 달성한 15.2%가 최고치다.

그다음 높은 기록은 '중국 경제 (글로벌) 부상기'였던 1992년에 14.3%, '중국 경제 공급과잉기'인 2007년에 14.19%였다. 〈그림59〉에서 보듯이, 1990~2019년까지 연평균 성장률이 10%를 넘는 위력을 연속 4~5년 동안 발휘했던 기간은 1992~1995년(4년)과 2003~2007년(5년)까지 두 차례였다.

1992~1995년은 필자가 '중국 경제 (글로벌) 부상기'라고 지칭한 시기다. 낮은 임금을 기반으로 중간재를 수입해서 완제품으로 조립해서 전 세계로 내다 팔았던 시기다. 필자는 이 시기를 '중국 제조업 1단계 최전성기'라고 부른다.

2003~2007년은 필자가 '중국 경제 공급과잉기'라고 지칭한 시기다. 전 세계 중앙은행이 유동성 잔치를 펼치면서 부동산 버블이 치솟던 시절이다. 1992~1995년은 제조업의 힘으로 10% 이상의 경제성장률을 만들지만, 2003~2007년은 넘치는 유동성과 부동산 버블 힘으로 10% 이상의 경제성장률을 만들었다. 두 시기 모두 높은 경제성장률 덕택에 정부의 재정 적자는 줄었다.

　　이 그래프에서 눈여겨보아야 할 시점은 2008~2009년 글로벌 금융위기 이후다. 필자가 '중국 경제 안정기'로 분류한 시기다. 이때 중국의 경제성장률은 2010년에 10.6%를 찍고 난 뒤 2011년에 9.5%, 2012년에 7.9%, 2013년에 7.8%을 기록하면서 뚜렷한 하향 곡선을 그리기 시작했다. 그것도 가파른 하락 추세다. 필자가 중국의 경제성장률이 비정상적이기 때문에 하락이 시작되면 시장이 생각하는 것보다 빠르게 하락할 가능성이 있다고 예측했던 것이 그대로 현실이 되었다.

　　특히 필자가 '중국 경제 구조조정기'라고 분류한 2014년부터 코로나19 발생 직전인 2019년까지 중국의 경제성장률을 눈여겨보라. 2014년에는 7.3%를 기록했다. 24년 만에 최저치였다. 2015년에는 6.9%, 2016년에는 6.7%를 기록했다. 미·중 무역전쟁이 시작된 2018년에는 6.6%를 기록했다. 28년 만에 최저치였다. 코로나19 발생 직전인 2019년에는 6.0%를 기록했다.

　　무엇이 보이는가? 매년 하락하고, 하락 속도도 심상치 않다. 〈그림60〉은 필자가 2002~2019년까지 중국 명목 경제성장률과 그것을 로그 추세선으로 전환한 선을 겹쳐서 그린 것이다.

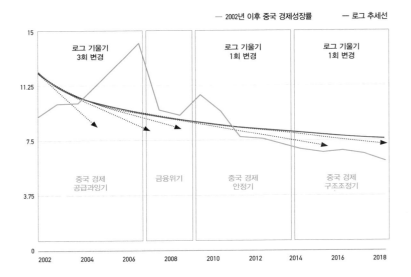

그림60 | 2002~2019년 중국 명목 경제성장률과 로그 추세선

— 2002년 이후 중국 경제성장률 — 로그 추세선

로그 기울기
3회 변경

로그 기울기
1회 변경

로그 기울기
1회 변경

중국 경제
공급과잉기

금융위기

중국 경제
안정기

중국 경제
구조조정기

이 그래프에서 발견할 수 있는 중요한 사실은 2가지다.

첫째, 중국 경제 공급 과잉기의 로그 기울기 각도 변화는 3회였다. 로그 기울기 각도가 변한다는 것은 성장 속도에 변화가 있다는 말이다. 중국 경제 안정기와 중국 경제 구조조정기는 로그 기울기가 각 1회씩이었다. "시간이 갈수록 성장률 변화는 완만하게 움직이면서 안정되었지만, 하향 추세가 고착화되고 있다"는 의미다.

둘째, 2012년 이후부터 중국 명목 경제성장률이 로그 추세선 밑으로 떨어지고, 그 격차도 점점 커진다. 지난 60년(1962~2021년)간 중국의 경제성장률은 하락 추세(직전 전 고점에서 반등 직전까지)

가 최장 7년 이상 지속하지 않았다. 하지만 2007년 14.19% 최고점을 찍은 후부터 2020년까지 14년 동안 계속 하향 추세가 지속된다. 그리고 갈수록 속도가 빨라진다.

이것이 의미하는 바는 2가지다. 하나는 현재 중국 경제는 추세를 반전시킬 만한 뚜렷한 추가 성장동력을 만들지 못하고 있다는 의미다. 다른 하나는 더 이상 중국 정부가 인위적으로 경제성장률을 획기적으로 끌어올리는 데 한계에 도달했다는 말이다.

〈그림61〉에서 2012~2019년까지 미국과 중국의 경제성장률의 실제를 비교해보자. 2012~2019년 중국의 경제성장률은 8% 밑으로 계속 그리고 빠르게 하락했다. 반면 같은 기간 미국의 경제성장률은 8년 평균 2.3%를 기록했고, 2015년과 2018년에는 2.9%를 기록했다. 그리고 1962~2019년까지 전체를 보아도 미국이 훨

그림61 | 2012~2019년 미국과 중국의 경제성장률

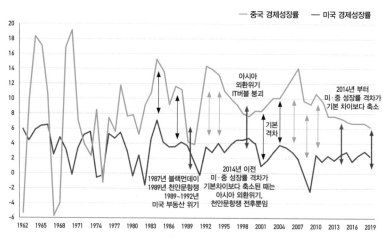

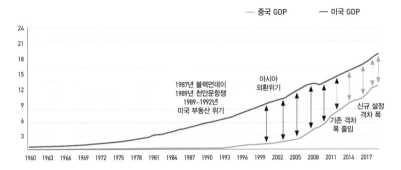

그림62 | 미국과 중국의 GDP 격차 변화 추이 (10조 달러)

— 중국 GDP ⸻ 미국 GDP

1987년 블랙먼데이
1989년 천안문항쟁
1989~1992년
미국 부동산 위기

아시아
외환위기

신규 설정
격차 폭

기존 격차
폭 줄임

씬 안정적이다.

〈그림62〉를 보자. 필자가 미국과 중국의 GDP 격차 변화 추이를 직관적으로 파악하기 쉽도록 임의의 기준폭을 설정했다. 필자가 선택한 기준점은 2개다. 검정 화살표는 2000년 미국과 중국의 GDP 격차를 기준값으로 정한 것이다. 다른 화살표는 2014년 미국과 중국의 GDP 격차를 표시한 것이다.

검정 화살표를 보자. 2000년을 기점으로 미국과 중국의 GDP 격차가 계속 벌어지다가 2009년부터 줄어들기 시작했다. 2010년에는 2000년 격차와 같은 수준으로 좁혀졌고, 2012년을 기점으로 기존 격차폭보다 더 줄어들었다. 이 시기는 중국이 미국을 쫓아가는 속도가 빨랐다는 의미다.

반면 다른 화살표를 보자. 필자가 두 번째로 선택한 2014년 신규 기준값이다. 2014~2019년까지 격차가 거의 좁혀지지 않는다. 2018년에 '약간' 격차를 좁혔다가, 2019년에 다시 같은 격차

그림63 | 중국과 미국의 GDP 로그 변환

— 중국 GDP 로그 변환   — 미국 GDP 로그 변환

1960 1963 1966 1969 1972 1975 1978 1981 1984 1987 1990 1993 1996 1999 2002 2005 2008 2011 2014 2017

유지로 복귀했다. 이 시기에 중국이 미국을 쫓아가는 속도가 거의 제로였다는 의미다.

두 기간의 차이는 〈그림63〉을 통해 보면 명확해진다. GDP 격차 선형 그래프를 로그값으로 변환시켜 기울기 추세를 비교한 그림이다. 2000년 이후부터 기울기 값이 서서히 좁혀졌지만, 2014년부터는 거의 같은 기울기 값으로 평행을 유지하며 나간다.

그러면 필자가 《2030 대담한 미래》에서 내놓은 6개의 시나리오 중에서 현재 미·중의 경제성장률 변화 추세를 가장 잘 반영했던 모델은 무엇이었을까? 〈그림64〉처럼 6번째 시나리오였다.

다행히 중국의 입장에서는 최악의 시나리오인 "영원히 추월할 수 없다"는 피했다. 코로나19 팬데믹 기간에 필자는 중국이 미국 경제를 언제 추월할 수 있을 것인가에 대한 시나리오를 한 번 더 업데이트했다. 새로운 시뮬레이션 버전에서는 코로나19 팬데믹 기간에 양국의 경제성장률과 필자가 이 책에서 언급한 몇 가지

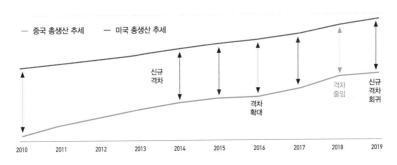

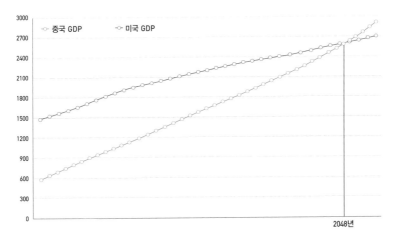

중장기적 요소들을 더 추가했다.

예를 들면 2019년 중국의 인구증가율은 0.4%이고, 미국
은 0.5%다. 2018년 중국의 출산율은 1.69이고, 미국은 1.73이다.
2040년까지 중국의 경제인구(20~64세)는 감소하지만, 미국은 굳
건하게 유지한다. 중국의 총인구는 2030년에 정점을 찍고 2100년

까지 계속 하락한다. 미국은 2100년까지 총인구가 계속 증가한다. 중국의 생산가능인구의 감소가 가팔라진다 등이다. 필자가 새롭게 미·중 간의 GDP 격차를 시뮬레이션한 결과는 아래와 같다. 이번에도 6가지 시나리오를 시뮬레이션했다.

시나리오 1. 미국과 중국의 현실적인 최고 성장률 유지 시나리오

중국이 2060년까지 연간 6% 성장률(코로나19 발생 직전 수준)을 지속하고, 미국이 2021년 6%, 2022년 4%, 2023년부터 2.5%의 성장률을 지속한다는 가정하에 중국이 미국을 추월하는 시점은 2033년이 된다. 중국의 GDP가 미국의 2배가 되는 시점은 2053년이다. 참고로 이 시나리오는 미 상무부 산하 경제분석국BEA에서 발표한 2020년 미국의 GDP 20조 933억 달러, 중국국가통계국에서 발표한 2020년 중국의 GDP 14조 7천억 달러를 기준으로 작성했다. 참고: 필자의 2012년 시나리오 1은 중국이 연간 8% 성장률을 지속하고, 미국이 2.9%의 성장률을 지속한다는 가정하에 중국이 미국을 추월하는 시점은 2030년이었다. 중국의 GDP가 미국의 2배가 되는 시점도 2044년이었다.

시나리오 2. 중국은 현실적 최고 성장률을 유지하고, 미국은 현실적 최저치를 반영한 시나리오(미국이 매우 약한 시나리오)

중국이 2060년까지 연간 6% 성장률을 지속하고, 미국이 2021년 6%, 2022년 4%, 2023년부터 1.5%의 성장률(경제위기 때를 제외하고, 2016년 1.6%가 역사상 최저치)을 지속한다는 가정하에 중국이 미국을 추월하는 시점은 2030년이 된다. 중국의 GDP가 미국의 2배가 되는 시점은 2046년이다. 참고: 필자의 2012년 시나리오 2는 중국이 연간 8% 성장률을 지속하고, 미국은 1.5%의 성장률을 지속한다는 가정하에 중국이 미국을 추월하는 시점은 2026년이었다. 중국의 GDP가 미국의 2배가 되는 시점도 2037년이었다.

시나리오 3. 중국은 이상적 성장률로 복귀하고, 미국은 일본식 잃어버린 30년을 겪는 시나리오

사실, 둘 다 비현실적인 가정이다. 중국이 2060년까지 연간 8% 성장률(2012년 이전 저점 회복)을 지속하고, 미국이 2021년 6%, 2022년 4%, 2023년부터 1%의 성장률을 지속한다는 가정하에 중국이 미국을 추월하는 시점은 2027년이 된다. 중국의 GDP가 미국의 2배가 되는 시점은 2037년이다. 참고: 필자의 2012년 시나리오 3은 중국이 연간 10% 성장률을 지속하고, 미국이 1%의 성장률을 지속한다는 가정하에 중국이 미국을 추월하는 시점은 2022년이었다. 중국의 GDP가 미국의 2배가 되는 시점도 2030년이었다.

시나리오 4. 중국은 현실적 성장률을 반영하고, 미국은 이상적 성장률로 복귀하는 시나리오(미국이 매우 강한 시나리오)

중국이 2030년까지 6%, 2031년부터 4% 성장률을 기록하고, 미국이 2021년 6%, 2022년 4%, 2023년부터 2.9%의 성장률을 지속한다는 가정하에 중국이 미국을 추월하는 시점은 2040년이 된다. 중국의 GDP가 미국의 2배가 되는 시점은 2060년 이후이다. 참고: 필자의 2012년 시나리오 4는 중국이 2020년까지 8% 성장률을 기록하고,

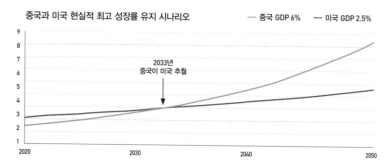

그림65 | 중국 vs. 미국 GDP 미래 시나리오 1 (10조 달러)

중국과 미국 현실적 최고 성장률 유지 시나리오 ── 중국 GDP 6% ── 미국 GDP 2.5%

2033년
중국이 미국 추월

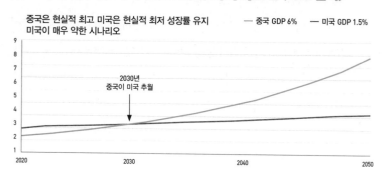

그림66 | 중국 vs. 미국 GDP 미래 시나리오 2 (10조 달러)

중국은 현실적 최고 미국은 현실적 최저 성장률 유지 ── 중국 GDP 6% ── 미국 GDP 1.5%
미국이 매우 약한 시나리오

2030년
중국이 미국 추월

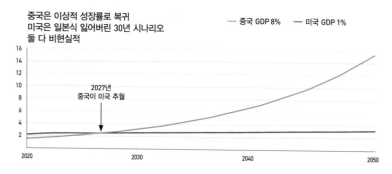

그림67 | 중국 vs. 미국 GDP 미래 시나리오 3 (10조 달러)

중국은 이상적 성장률로 복귀 ── 중국 GDP 8% ── 미국 GDP 1%
미국은 일본식 잃어버린 30년 시나리오
둘 다 비현실적

2027년
중국이 미국 추월

2021~2030년까지 6% 성장률로 하락하고, 2031년부터 4%대 성장을 지속하고, 미국이 2.9%의 성장률을 지속한다는 가정하에 중국이 미국을 추월하는 것은 2047년에 가능하다.

시나리오 5. 중국은 매우 실제적인 성장률(통계조작 반영), 미국은 현실적인 성장률을 반영하는 시나리오(미국이 선전하는 시나리오)

중국이 2030년까지 4%, 2031년부터 2.9%의 성장률을 기록하고, 미국이 2021년 6%, 2022년 4%, 2023년부터 2.2%의 성장률을 지속한다는 가정하에 중국이 미국을 추월하는 것은 2060년까지 불가능하다. 참고: 필자의 2012년 시나리오 5는 중국이 2015년까지 8% 성장률을 기록하고, 2016~2020년까지 6% 성장률로 하락하고, 2021~2030년까지 4% 성장률로 급락하고, 2031년부터 2.9%대 성장을 지속하고, 미국이 2.9%의 성장률을 지속한다는 가정하에 중국이 미국을 추월하는 것은 완전히 불가능하다.

시나리오 6. 중국과 미국 모두 실제 성장 가능성을 반영하고, 앞으로 2번의 글로벌 경제위기 가능성을 추가한 시나리오

중국이 2021년 7%, 2022~2025년 5.5%와 −2%(경제위기), 2026년 2%, 2027~2030년 4.5%, 2031~2040년 4%, 2041년부터 2.9% 성장률을 기록하고, 미국이 2021년 7%, 2022년 4%, 2023년 2.9%, 2024년 2.5%(바이든 경제호황기), 2025년 0%(경제위기), 2026년 3%, 2027~2030년 2.3%(코로나19 발생 직전 평균 성장률 적용), 2031년부터 2% 성장률을 지속한다는 가정하에 중국이 미국을 추월하는 시점은 2050년

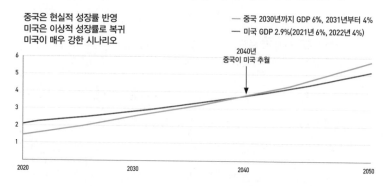

그림68 | 중국 vs. 미국 GDP 미래 시나리오 4 (10조 달러)

중국은 현실적 성장률 반영
미국은 이상적 성장률로 복귀
미국이 매우 강한 시나리오

— 중국 2030년까지 GDP 6%, 2031년부터 4%
— 미국 GDP 2.9%(2021년 6%, 2022년 4%)

2040년
중국이 미국 추월

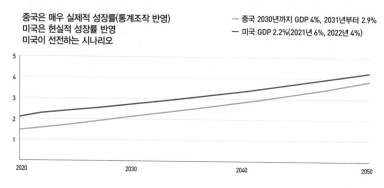

그림69 | 중국 vs. 미국 GDP 미래 시나리오 5 (10조 달러)

중국은 매우 실제적 성장률(통계조작 반영)
미국은 현실적 성장률 반영
미국이 선전하는 시나리오

— 중국 2030년까지 GDP 4%, 2031년부터 2.9%
— 미국 GDP 2.2%(2021년 6%, 2022년 4%)

그림70 | 중국 vs. 미국 GDP 미래 시나리오 6 (10조 달러)

중국과 미국 실제 성장 가능성을 반영하고
2025년, 2040년 경제위기 가능성을 추가한 시나리오

— 중국 선진국 패턴을 따라가고, 2번의 경제위기
— 미국 선진국 패턴 유지, 2번의 경제위기
　(2021~2024년 바이든 경제호황기)

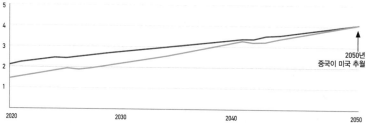

2050년
중국이 미국 추월

이다. 참고: 필자의 2012년 시나리오 6은 중국이 2015년까지 8%, 2016~2020년 6%, 2021~2030년 4%, 2031년부터 2.9%대 성장을 지속하고, 미국이 2020년까지 2.9%, 2021~2030년 1.5%, 2031년부터 1% 성장률을 지속한다는 가정하에 중국이 미국을 추월하는 것은 2048년에 가능하다.

위에 새롭게 시뮬레이션한 6가지 시나리오 중에서 필자가 확률적으로 가장 실현 가능성을 높게 보는 모델은 6번이다. 10여 년 전에 필자가 가장 늦은 시점으로 예측했던 2048년보다 2년이 더 늘어났다.

중국에 더 이상 환상은 없다. "중국은 다르다" "중국이 자본주의의 새로운 모델이다" "중국은 영원히 성장한다" 따위의 말은 신화다. 앞으로 중국의 경제성장은 다른 선진국과 같은 패턴을 따를 것이다. 중국의 자본주의는 우리가 본받아야 할 새로운 대안도 아니다. 우리와 다른 모델(공산당이 운영하는 자본주의)일 뿐이다. 그리고 앞으로 위기가 닥칠 때마다 세계에 공포와 우려를 가져다줄 것이다. 다시 말한다. 중국에 대한 환상을 지워야 미래가 보인다.

진화게임,
미국도 중국과 러시아를
격침시킬 수 없다

미국, 중국, 러시아 간의 패권경쟁을 예측할 때, 하나 더 버려야 할 환상이 있다. "미국이 중국과 러시아를 완전히 격침시킬 수 있다"라는 환상이다. 먼저 미국과 러시아의 패권경쟁을 살펴보자.

우크라이나 전쟁 이후, 미국과 서방의 러시아 경제제재는 효과가 있었다. 경제제재를 시작한 지 1개월 만에 러시아 시민들이 설탕을 사려고 서로 싸우는 모습이 전 세계에 방송되었다. 러시아에 진출했던 외국 기업들이 속속 철수하면서 실업자도 늘어났다. 러시아 금융 시스템도 충격을 받았다. 경제성장률이 급락하고, 환율과 주식시장이 대폭락했다. 인플레이션율도 20%대로 치솟았다. 달러 부채를 갚지 못해 국익에 심대한 훼손이 일어났다. 일부에서는 '포스트 소비에트 러시아'는 종말을 맞고, 러시아는 더 가난해지고 고립될 것이라는 전망이 나온다.[30] 상황이 이렇게 전개되면, 질문이 하나 생긴다. "(과거 소련의 사례처럼) 미국이 이번에도 러시아를 괴멸할 수 있을까?"

하지만 이 질문에 대한 답을 말하는 것은 쉽지 않다. 제3차 석유 전쟁에서 미국이 소련을 무너뜨릴 때는 저유가 전략을 구사했다. 미국이 사우디아라비아와 손을 잡고 유가를 폭락시키는 전략에 성공한다면, 러시아에 결정적 타격을 줄 수 있다. 하지만 러시아에 경제위기를 발생시키는 것과 소련처럼 괴멸하는 것은 별개다.

일단 미국이 사우디아라비아와 극적 화해를 하고 러시아를 겨냥해서 국제 유가를 폭락시키려면 시간이 필요하다. 양국 간의 화해 무드도 2024년 대선 이후에나 가능하다. 2~3년은 러시아가 유럽과 세계를 에너지로 협박하면서(블러드 오일) 단일대오를 흩 뜨릴 수 있다. 그 과정에서 친러시아 혹은 러시아를 과도하게 압 박하는 것에 부정적인 국가들이 늘어날 것이다. 유럽이 대러시 아 정책에서 둘로 균열되면, 1982년 11월 29일 미국의 전략 문서 'NSDD-66'에 따라 미국, 유럽, 사우디아라비아, 캐나다 등이 똘 똘 뭉쳐 구소련에서 천연가스 매입 계약을 중단하고 첨단기술 및 장비 수출을 금지 및 제한하는 공격의 강도가 약해진다.

빈틈이나 뒷문도 열린다. 우크라이나 전쟁에서 미국과 유럽 이 러시아산 에너지 수입 금수조치를 취했지만, 뒷문은 활짝 열려 있었다. 2022년 5월 30일에 EU가 해상으로 운송되는 러시아산 석 유 금수조치에 합의했다. 하지만 육로 송유관 수입 제재에는 실패 했다. 유럽이 러시아에서 수입하는 전체 에너지의 35%가 육로를 통한다. 헝가리를 비롯한 동유럽 국가들이 전면 수입 금수조치에 반대하기 때문이다. 헝가리는 전체 석유의 86%를 러시아 육로 송 유관으로 수입한다. 체코(97%)와 슬로바키아(100%)는 헝가리보다 수입 비율이 더 높다. 이들은 러시아산 에너지 수입을 중단할 경 우 발생하는 경제적 손실을 EU가 보전해주기를 요구한다. 독일이 쉽게 그 요구를 들어줄 리 만무하다. 미래에도 마찬가지다.

러시아 편을 은근히 드는 중국과 인도는 러시아산 에너지 수입을 늘렸다. 앞으로 지속적인 경제성장을 위해 안정적인 에너지 수급이 절실한 중국과 인도는 러시아와 손을 잡는 것이 국익이 크다. 중국은 중국 전체 원유 수입량의 15.5%를 러시아에서 들여온다. 사우디아라비아에 이은 두 번째 수입처. 중국은 베이징동계올림픽 개막을 앞두고 러시아와 매년 100억㎥ 규모 천연가스 공급 계약도 맺었다. 2014년에 맺은 매년 380억㎥ 30년 장기 공급 계약과 합하면 연간 480억㎥이다. 이런 상황에서 서구 국가들이 러시아산 원유 금수조치 때문에 고군분투하고 있을 때, 중국이 마음껏 좋은 조건으로 러시아산 원유를 안정적으로 수입할 수 있다면 일거양득이다.[31]

러시아 루블화 가치는 미국이 러시아를 SWIFT에서 퇴출시키자 급락했다. 하지만 러시아산 에너지 가격이 급등하고 수입대금을 루블화로 받기 시작하자, 2022년 중반에는 루블화 가치가 35%나 상승했다. 현재 러시아 루블화의 가치는 우크라이나 침공이전보다 더 높아졌다. 통화 가치가 폭등하자 20%p까지 올렸던 기준금리도 9.5%까지 인하했다. 경제제재가 길어지면 러시아의 내수경제도 어느 정도 적응을 할 것이다.

반면 제재를 가하는 미국, 유럽 등 서구 국가들의 경제 충격도 길어진다. 러시아는 북한과 다르다. 러시아는 북한이 보유하고 있지 않은 에너지, 곡물, 원자재, 희귀금속이라는 강력한 무기가 있다. 시간이 지날수록 대러시아 경제제재 동맹에 균열이 갈 가능성이 높아진다. 사우디아라비아도 미국과 손을 잡고 국제 유가를 폭락시키는 전략에 동참하더라도 오랫동안 지속할 수는 없다. 중동 국가들은 석유의 힘이 약화된 미래 위기를 대비하기 위해 새로운 먹거리를 찾는 데 혈안이다. 막대한 투자를 진행 중이다. 저유가를 오래 지속할 수 없다.

모든 경쟁과 전쟁은 '진화게임' 방식을 따라 움직인다. 국가 간의 경쟁은 게임의 연속이다. 사람도 태어나면서부터 주변 상황이나 타인과 경쟁이나 협력 게임을 한다는 것을 본능적으로 안다. 심지어 쌍둥이는 엄마의 배 속에서부터 게임을 한다. 자신이나 전체의 이익과 목적을 달성하기 위해 주어진 상황 속에서 상대방과 벌이는 경쟁이나 협력 게임은 죽는 순간까지 멈출 수 없다. 그리고 '상호의존적 관계'에서 매번 진화한다. 과거의 게임에서 배운 내용을 기반으로 좀 더 합리적이고 새로운 전략을 구사하기 때문이다.

과거에 미국이 소련을 상대로 벌였던 석유전쟁은 서로 제로섬 게임이었다. 참여자들이 얻는 이득의 총합이 항상 0인 게임이다. 총합이 항상 0인 이유는 한 참여자가 얻는 만큼 똑같은 규모를 잃는 게임이기 때문이다. 이런 게임을 '일정합 게임constant-sum game'이라고도 한다. 참여자들이 어떤 전략을 선택하더라도 모든 참여자가 얻는 이득의 총합이 일정한 상수인 게임이다.[32]

과거에는 미국과 소련 양국 간의 이해가 정면으로 대립하여 플레이어 간에 공통 이익이 존재하지 않아서 협력관계의 발생 가능성이 낮았다. 그래서 한쪽이 이득을 보면, 다른 쪽이 손실을 보게 되었다. 제로섬 게임에서 패한 소련은 결국 모든 것을 잃고 해체되었다.

현재 러시아는 소련의 실패를 학습했다. 중국도 마찬가지다. 과거 미국이 소련과 일본을 공격했던 사례를 학습했다. "미국이 이번에도 러시아를 격침시킬 수 있을까?"라는 질문에 대한 미래를 예측하려면, 이런 게임의 변화를 알고 있어야 한다.

'게임이론'은 다양한 게임의 방식을 이해하는 데 도움이 되는 이론이다. 1944년에 수학자이며 현대적 계산학을 창시한 존 폰노이만과 경제학자인 로이드 섀플리와 수리경제학자인 오스카 모겐스턴이 게임이론을 공동으로 창시했다. 게임이론은 사회관계 측면에서 인간의 내면적 동기와 경쟁자의 반응을 함께 고려하면서 나타나는 합리적 선택과 행동 결과를 연구 대상으로 한다.[33] 게임이론은 자신과 게임환경에 상호작용을 하는 타인(경쟁자)을 반드시 고려한 최선반응best response을 찾아야 하기 때문에 인간이 '절대적으로' 합리적이라고 가정하지는 않는다.[34] 게임에 참여한 주체들이 게임 환경 속에서 서로 상호작용을 한다는 것에 방점을 두기 때문에 독불장군식의 합리성을 발휘할 수 없다는 것이 전제다. 다양한 게임이론 모델 중에서 필자가 미·중·러 패권전쟁에서 주목하는 모델은 '진화게임 모델'이다.

1950년 중반에 진화유전학자인 메이너드 스미스와 조지 프라이스는 전통적인 게임이론을 생존을 위한 유전자 사이의 경쟁을 다루는 생물학적 진화의 맥락에 적용했다. 이후 진화게임 이론은 사회문화적인 진화 맥락에도 적용되어 시간의 흐름에 따라 협력하기도 하고 변화하는 집단의 규범, 믿음, 전략 등을 연구하는 데 사용되었다. 특히 게임이론에서 진화론적 게임 모델은 '생존'을 위해 변하는 전략의 역학적 측면에 초점을 맞췄다.

메이너드 스미스에 따르면 진화게임에서는 게임의 참여자들이 합리적인 행위를 해야만 한다는 전제가 없다. 그 대신 자신의 생존전략이 얼마나 효과적인지가 더 중요하다. 필자의 분석과 예측으로는, 이번에는 미·중·러 3국이 서로 제로섬 게임을 할 가능성은 낮다.

현재 주요국들은 인류 전체의 이익을 위한 합리적 행위보다는 자국의 생존을 가장 우선에 둔 전략을 구사하고 있다. 러시아, 유럽, 미국, 사우디아라비아, 중국, 한국, 일본 모두 비슷한 상황이다. 국가의 이익과 생존이 일류 전체의 공존과 총합의 극대화보다 우선한다. 심지어 자신들의 이념이나 가치보다 더 중요하다. 이런 경우에는 절대선과 악의 구분이 모호하다. 수시로 변한다. 동맹과 배신의 관계도 수시로 바뀐다. 이런 상황을 이해하고, 그 결과를 예측하는 데는 진화게임 모델이 유용하다.

진화적
안정전략

진화게임 이론의 가장 단순한 모델은 매-비둘기 게임이다. 공격적인 매의 집단과 평화로운 비둘기 집단이 '제한된 먹이'를 놓고 치열하게 싸우는 게임에 참여한다고 가정하자. 매와 비둘기가 서로 같은 먹이를 두고 싸울 때는 비둘기는 평화롭게 후퇴하기 때문에 매가 모든 먹이를 차지한다. 반면 매와 매가 싸울 때는 둘 사이에 싸움이 일어나 먹이 확보는 고사하고 서로 상처만 입는다. 비둘기와 비둘기가 만나면 평화롭게 먹이를 반씩 나누어 가진다. 이런 상황에서 "어떤 집단의 전략을 사용해야 더 오래 생존할까?"라는 질문에 대한 답은 무엇일까?

그 답은 주변에 매와 비둘기가 얼마나 많은지에 따라 달라진다. 서로 치고받으며 극렬하게 싸우는 매가 많으면, 비둘기가 생존에 더 유리하다. 반면 비둘기가 많으면 (먹이가 제한되어 있기 때문에) 매가 유리하다. 매와 비둘기가 둘 다 살아남으려면, 두 개체가 적절한 비율로 혼재되어 있어야 유리하다. 이렇게 문제적 상황에서 생물이 적절하게 안정적으로 대응하는 전략을 '진화적 안정전략 evolutionarily stable strategy'이라고 한다.[35]

미·중·러 패권전쟁에서 '진화적 안정전략'은 무엇이 될까?

매-비둘기 모델로 본다면, 매와 비둘기라는 두 개체가 적절한 비율로 혼재된 상태가 진화적 안정 상태다. 러시아가 매가 되어 나타났기 때문에 모두 비둘기가 되어 평화롭게 이익을 나누며 살 가능성은 낮다. 그렇다고 모든 국가가 매가 되어 서로 극렬한 싸움을 해서는 안 된다. 참여자 모두가 매와 매 간의 싸움 국면에 빠지면, 양쪽이 모두 포기하지 않을 경우에는 모두 죽는 가장 나쁜 결과가 벌어진다.

결국 큰 그림은 서로 치열하게 싸우는 매 집단과 싸우지 않고 평화를 모색하는 비둘기 집단이 적절한 비율로 혼재되어 안정 상태를 유지하게 될 것이다. 즉 이번 미·중·러 패권전쟁에서는 모든 국가가 미국을 중심으로 하나의 집단이 되어 소련을 공격했던 것과 다를 가능성이 높다.

상당수의 국가들이 싸움에 직접 뛰어들지 않는 비둘기 집단이 되어 한발 뒤로 물러서서 눈치를 보고만 있을 가능성이 다분하다. 우크라이나 전쟁 기간에 미국은 우방이라고 평가받는 인도, 브라질, 남아프리카공화국 등 상당수 국가를 설득하는 데 확실한 성공을 거두지 못했다. 사우디아라비아를 비롯한 산유국들도 미국과 긴밀하게 협조하지 않았다.

2022년 6월 8일에 UN이 발표한 〈우크라이나 전쟁의 세계적 영향〉 보고서를 보면, 러시아-우크라이나 전쟁 이후 전 세계에서 식량 부족에 시달리는 인구는 3억 2,300만 명까지 증가할 것이라고 전망했다. 이는 코로나19 팬데믹이 지속된 2년 동안과 비교하면 2.5배 늘어난 수치다. 에너지, 높은 생활비, 사회·경제 혼란, 고통

등까지로 확대하면, 전 세계 94개국 16억 명으로 피해 범위가 늘어난다.[36]

실제로 '글로벌 사우스'라고 불리는 아프리카를 비롯한 저개발 국가들은 식량란, 통화 가치 하락, 수입 물가 상승 등으로 경제, 금융, 사회 시스템 전체가 흔들리면서 정치체제가 위험해지자 미국과 유럽의 러시아 제재 요구에 동참하지 않았다. 미·중·러 3국이 치열하게 싸울수록 이들의 위기는 커진다. 고래 싸움에 새우 등이 터지는 꼴이 된다. 이들 외에도 중국과 러시아의 눈치를 보면서 중립적 태도를 취한 나라도 적지 않았다. 예를 들어 인도네시아는 2022년 G20 회의에 러시아를 참석시키지 말자는 미국과 EU의 주장에 화답하지 않았다.[37]

금융위기가 개발도상국과 저소득 국가들을 휩쓸면서 파키스탄, 레바논, 페루, 스리랑카 등은 우크라이나 사태를 인도주의적 시각으로만 보지 않는다. 우크라이나 전쟁과 전후 복귀 기간이 길어질수록 자국이 IMF 구제금융을 받는 데 불이익을 볼 것이라고 판단하기 때문이다. 2022년 3월에 실시된 UN 총회에서 러시아의 전쟁을 규탄하고 우크라이나 철군을 촉구하는 결의안 투표에서 아프리카 54개 회원국 중 25개국이 기권표를 행사했다.[38]

매끼리의 싸움도 극단까지 가지 않을 것이다. 미·중·러 패권 전쟁에서 매는 미국, 중국, 러시아다. 이들도 생존이 중요한 목표다. 누군가 한쪽이 포기를 하거나, 최악의 상황 직전에 싸움을 멈출 가능성이 높다. 겁쟁이 소리는 듣고 먼저 물러선 쪽이 상대방에 비해 손해를 보겠지만, 생존은 보장받는다. 과거 사례에서의 학습효과 덕분이다. 즉 이번 패권전쟁에서는 어느 한 나라(중국이나 러시아)가 완전히 무너지는 일은 일어날 가능성이 적다. 그렇기 때문에 "소련의 사례처럼 미국이 이번 패권전쟁에도 러시아와 중국을 완전히 괴멸할 수 있을까?"라는 질문에 대한 필자의 대답은 "어렵다!"다.

미국의 대러시아 공격전략이 소련 해체에 성공한 과거의 경험을 토대로 하지만 21세기에 들어서면서 오바마, 트럼프, 바이든 행정부 기간에 미국의 국제적 위상과 영향력이 그때보다 못하다. 반면 러시아와 푸틴은 소련의 실패를 교훈으로 삼았고, 21세기에 들어서면서 조지아와의 크림반도 전쟁에서 승리한 경험이 있으며, 또한 우크라이나 전쟁에서 보여준 서구 세력의 대응수준을 학습하며 진화했다. 중국도 일본의 사례를 학습했기 때문에 비슷한 공격에는 만반의 준비를 했을 것이다. 일방적인 힘의 우위를 보이는 쪽이 없기 때문에 어느 한쪽이 쉽게 무너지지 않는다. 적절한 진화적 안정전략을 찾아서 적절한 균형점을 찾아갈 가능성이 다분하다.

미·중·러 전쟁, 극적 반전

필자는 미·중·러 3국이 진화적 안정전략으로 찾은 '적절한 균형점'을 다음과 같이 예측한다.

2024년 미국 대선에서 정권 교체가 이루어지면, 러시아와 유럽에서 군사적 긴장감 축소를 위한 전략적 대화를 시작한다. 만약 트럼프가 재선에 성공하면, 그 속도는 빨라진다. 푸틴을 폭력배라고 강력하게 공격하는 바이든 행정부가 물러나면, 러시아도 유럽에 대한 군사적 위협과 에너지공격에서 한발 뒤로 물러서면서 전략적 대화 분위기를 만들 것이다.

미국이 유럽에서 NATO의 확장을 중단하지는 않지만, 러시아와 일부 유럽 국가들이 에너지 동맹을 만들게 해서 유럽에 경제적 완충지를 만들어줄 수 있다. 미국은 푸틴의 강제적 축출에 적극적이지 않다는 신호도 보낼 것이다. 미국의 입장에서는 푸틴을 강제적으로 축출하려면 러시아 군부를 움직여야 하는데, 그러면 제2의 푸틴, 좀 더 젊고 교활한 푸틴을 탄생시킬 수 있다. 미국의 입장에서 가장 좋은 전략은 푸틴을 선거를 통해 자연스럽게 퇴장시키거나, 인내심을 가지고 기다려서 건강 문제로 퇴진하게 만들어야 한다. 그래야 최소한 강경 군부의 재집권을 막을 수 있다.

미국은 현재도 미래에도 러시아와 중국을 한꺼번에 상대할 수 없다. 중·러 양국이 손을 잡고 미국에 대항하는 것도 감당하기 어렵다. 두 나라가 손을 잡고 몸집을 키우면 힘의 균형추가 미국에서 러시아와 중국의 동맹 쪽으로 기운다. 과거처럼, 중·러 양국을 완전히 괴멸하기도 어렵다. 미국도 현실적 판단을 해야 한다. 만약 미국이 현실적 선택을 한다면, 미·중·러 간의 군사적 긴장감을 낮추고, 러시아와 중국의 경제적 힘을 적당히 빼고, 중·러 양국 한 나라와 손을 잡고 나머지 한 나라를 모든 분야에서 압도하는 식의 3단계가 '적절한 균형점'일 수 있다.

그렇다면 미국은 중국과 러시아 중 누구와 손을 잡을까? 바로 중국이다. 그 이유는 분명하다. 미국의 입장에서는 러시아보다 중국과 손을 잡는 것이 얻을 것이 많기 때문이다. 중국이 러시아보다 동맹국이 더 많다. 중국과 손을 잡으면 친중국 국가들과 경제적 관계가 개선된다. 중국 시장은 러시아 시장보다 크고 부유하다.

지금까지 미국에게 중국은 거대한 시장보다는 미국 제품을 대신 생산하는 거대한 공장 역할이나 싼 제품을 만들어 미국에 수출해서 미국 내 인플레이션율을 낮추는 수단으로서 중요했다. 하지만 앞으로는 달라질 것이다. 필자의 예측으로는 앞으로 미국에게 중국은 거대한 공장보다는 미국산 제품 혹은 미국 기업이 만든 제품과 서비스를 구매해주는 거대한 시장으로 인식 전환이 일어나게 될 것이다. 중국 내 초고령화가 빠르게 진행되고 중국 중산층도 계속 커진다. 자율주행자동차, 인공지능로봇, 바이오 서비스, 우주여행 서비스 등 4차 산업혁명 시기에 만들어지는 제품과 서비스는 중년과 노년층이 최대 고객이다. 중국이 미국산 제품을 팔아야 하는 세계에서 가장 큰 시장으로 전환되면 미국 정부도 대중국 친화정책으로 극적 전환을 할 수밖에 없다.

미국이 제4차 산업혁명의 핵심기술과 경쟁력 우위를 유지하려는 이유는 국제시장 점유 때문이다. 중국은 국제 소비시장에서 절대적 위치를 차지한다. 모든 미국 기업이 중국 시장을 탐낸다. 미국 정부가 미국 기업들의 중국 시장 공략과 진출을 계속 막으면, 그 시장은 고스란히 유럽의 손에 넘어갈 수 있다. 시장의 영향력이 한번 넘어가면 회복하기 힘들다. 중국 시장을 넘겨주면, 중국 화교가 장악하고 있는 동아시아 시장과 미래의 거대 시장 인도에서의 영향력도 장담할 수 없다. 코로나19 팬데믹 이후에도 미국은 부채를 획기적으로 줄이기 힘들다. 이미 팔린 미국채의 롤오버를 유지하고, 신규 미국채를 지속적으로 사줄 나라가 필요하다. 현재 중국은 미국채 최대 보유국이다. 미국이 중국의 금융시장을 불구로 만들면, 장기적으로 달러 위상에 치명적인 영향을 줄 수 있다.

우크라이나 전쟁으로 러시아에 대해서 금융제재를 시작했을 때 미국의 재무장관 옐런은 한 언론사와의 인터뷰에서 이런 말을 했다. "러시아를 금융시장의 불구로 만드는 것이 장기적으로 달러의 위상에 영향을 줄 수 있다." 러시아가 달러에 접근하지 못하는 상황은 러시아의 금융시스템에 고통을 주는 일이기는 하다. 하지만 달러 시장의 규모 축소를 불러온다.[39] 중국의 달러 소비는 러시아와 비교되지 않을 정도로 크다. 〈그림71〉을 보자. 미국 연준의 대차대조표(부채) 추세 변화다. 필자가 표시를 해놓은 것처럼, 연

그림71 | 연준이 보유한 연방채무(10억 달러)

1982년경부터
양적 완화 패턴 변화

1985년
플라자합의

준의 양적 완화 패턴은 1982년경부터 큰 변화가 일어났다. 그 이유가 무엇일까?

1970년대에 미국 경제는 스태그플레이션과 달러 가치 폭락으로 위기에 직면했다. 한 시대를 풍미했던 경제학자 케인스가 주장한 '수요 창출을 위한 정부의 적극적 개입'(큰 정부, 재정중시책, 불황의 원인은 투자의 부족)으로 이 문제를 해결할 수 없다는 주장이 제기되었다. 미국 정부와 경제학자들은 새로운 대안 찾기에 열을 올렸다. 해성처럼 등장한 새로운 대안은 '통화주의monetarism'였다. 통화주의자들은 1970년대에 발발한 격심한 인플레이션 등 심각한 경제 교란은 대부분 통화 교란 때문이라고 진단했다.

통화 교란이란 정부의 방만한 재정정책이 만든 급격한 통화량의 팽창이나 수축을 가리킨다. 그들은 1930년대 대공황도 주가 폭락 때문이 아니라 미국의 통화 당국에서 잘못된 통화량 억제정책을 편 탓에 통화량이 3분의 1가량 급감한 것이 직접적인 원인이었다고 평가했다. 정부의 잘못된 통화정책은 통화 교란을 낳고, 이는 경제 교란을 초래한다는 논리였다. 통화주의자들이 내세운 대안은 이렇다.

통화량을 적절하게 조절(신화폐수량설新貨幣數量說)하면 물가(스태그플레이션)를 안정시킬 수 있다. 물가를 안정시키는 수준에서 통화량을 조절하면 자연스럽게 화폐 가치도 안정된다. 그러려면 정부의 시장 개입을 최소화해야 한다. 예를 들어 작은 정부, 규제 완화, 감세 등의 정책을 쓰고 자유방임주의와 시장제도를 통한 자유로운 경제활동을 장려해야 한다. 시장이야말로 민주적 표현의 진정한 영역이기 때문이다.

여기서 잠깐! 일부에서는 통화주의를 돈을 마구 풀어서 경제를 견인하는 정책이라는 오해가 있다. 그건 사실이 아니다. 통화주의가 주장하는 중앙은행과 정부의 화폐정책의 핵심은 정부가 일정한 통화증가율을 공시하고 이를 장기에 걸쳐 매년 철저히 준수하는 준칙이다. 다만 적정 통화증가율은 평균 실질경제성장률보다 약간 높은 수치로 고시할 것을 권고했다. (현재는 통화량 목표제 대신 이자율 목표제가 일반적이다.) 정부는 이 준칙만 지키고 나머지는 민간에 맡기면 통화 교란(통화량의 급격한 변동)으로 인한 경제 혼란(심한 인플레이션이나 대불황) 발생을 예방하고, 미래의 불확실성을 축소하여 경제주체들이 계획에 입각한 합리적인 경제활동을 행할 수 있게 된다.

이 진영의 대표 학자는 시카고학파의 밀턴 프리드먼이다. 대표 저서는《자본주의와 자유》(1962),《미국 100년간의 통화 역사A Monetary History of the United States, 1867-1960》(1963),《미국과 영국의 통화추세 Monetary Trends of United States and the United Kingdom》(1981)
등이다. 1976년에 밀턴 프리드먼은 '소비분석, 통화의 이론과 역사 그리고 안정화 정책의 복잡성에 관한 논증' 등의 업적으로 노벨 경제학상을 받았다.

통화주의자들이 작은 정부와 시장의 자유를 주장하는 철학적 이유가 있다. 밀턴 프리드먼은 시장이야말로 민주적 표현의 진정한 영역이라고 주장했다. 사람은 자신의 지갑으로 사회질서를 유지하는 방식에 대한 선호를 표명하고 기업은 수익성 있는 것을 제공함으로써 반응한다. 반면 정치체제는 본질적으로 사람이 시장에서 요구할 수 있는 선호의 종류를 제한함으로써 개인의 자유를 제한한다.

정부가 시행해야 할 시장정책은 시장기구의 경쟁체제를 유지하거나, 시장기구가 제공할 수 없는 것을 대신 제공하는 선에서 그쳐야 하고, 나머지 문제들은 자유경쟁의 원리에 맡기면 시장 기구가 자체적으로 조절하는 힘이 생겨서 순차적으로 해결된다는 철학이다. 이와 관련하여 밀턴 프리드먼은 다음과 같이 언급했다.

인플레이션은 알코올중독과 같습니다. 술을 많이 마시거나 화폐를 너무 많이 발행할 때 둘 다 좋은 효과가 먼저 나타납니다. 나쁜 효과는 나중에 나타날 뿐이죠. 그것이 두 경우 모두 과도하게 하려는 강한 유혹이 있는 이유입니다. 술을 너무 많이 마시는 것 그리고 너무 많은 화폐를 발행하는 것이죠. 치유는 그 반대입니다. 금주를 하거나 통화 팽창을 멈출 때 악영향이 먼저 오고 좋은 효과는 나중에야 나타납니다. 그

것이 치유를 지속하기 어려운 이유입니다.

참고로 프리드먼이 지적한 것 중 현대 거시경제학에 가장 큰 영향을 미친 개념은 '인플레 기대심리inflation expectation'다. 인플레 기대심리란 인플레의 변동을 예상하고 경제주체들이 자신의 경제 행위를 스스로 조정하는 것이다. 프리드먼은 고전적 자유주의 부활을 주장했다. 하지만 과거의 자유주의와 혼동을 피하기 위해 '신자유주의neoliberalism' '자유지상주의자libertarian'라고 명명했다.

과연 새로운 대안은 어떤 결과를 만들었을까? 초기에는 안정적인 통화증가율을 유지하면서 시장이 안정을 되찾고 경제가 정상궤도로 되돌아왔다. 하지만 모든 이론은 완벽하지 않다. 상황이 변하면 기존 이론의 효과도 떨어진다. 시간이 지나면서 부작용이 하나둘 발생했다. 무역수지 적자가 늘어나고 미국의 경제성장률이 4~5%대로 한 단계 하락하자, 통화량을 적절하게 조절하자는 본래 취지에서 벗어나 통화량을 크게 늘려 위기를 탈출하고 경제성장률을 견인하고자 하는 유혹에 빠졌다. 일정한 수준으로 통화증가율을 공시했지만, 이런 정책을 장기간 유지하자 시장 유동성도 계속 늘었다. 미국의 경제성장률은 하락하고 기업 이윤은 줄어드는데 돈이 넘쳐나자, 기업과 개인들은 남는 돈을 부동산에 투자하기 시작했다.

1989~1992년에 미국에서 부동산 버블 붕괴가 발생했다. 경제위기가 발발하자 안정적인 돈 풀기 준칙을 지키기 어려워졌다. 급한 불을 끄기 위해 비상적인 통화량 확대 정책을 폈다. 엄청난

그림72 | 연준이 보유한 연방채무 (10억 달러)

돈 풀어 경제성장 전략 '중독'
하지만 경기대침체 재현

통화주의 주목 초기에는
안정적인 통화증가율 유지

1989~1992년
미국 부동산 위기
1990년 8년~1991년
1월 걸프전쟁

돈을 푼 덕택에 미국의 리세션 탈출 기간은 다른 나라들보다 짧았다. 악명 높은 폴 볼커 연준의장이 1979~1980년에 급격한 기준금리 인상을 실시하고, 1985년에 플라자합의 효과로 달러 가치는 일시적으로 안정되었다. 하지만 돈을 계속 풀자 달러 가치가 재하락했다. 1990년 8월부터 1991년 1월까지 걸프전쟁이 벌어졌다. 미국 정부는 더 많은 돈이 필요했다. 결국 돈을 풀어 경제를 성장시키는 전략에 대한 '중독'이 시작되었다. 연준의 통화량 증가 수준도 높아졌다.

중독에 일단 빠지면 헤어 나오기 어렵다. 위기 극복을 위해 연준이 기준금리 평균선을 조금씩 내리면서 돈을 풀면, 다시 자산 시장 버블이 커졌다. 좀비기업도 늘어났다. 버블이 붕괴되고 채권 시장에 정크본드의 파산이 일어나면서, 경제위기가 반복되었다. 위기가 반복될 때마다 연준과 정부는 더 많은 돈을 퍼부어야 했다. 막대한 돈을 푼 덕택에 미국의 리세션 탈출 기간은 다른 나라들보다 짧았다. 달콤한 유혹이었다.

그림73 | 연준의 통화량 변화 (10억 달러)

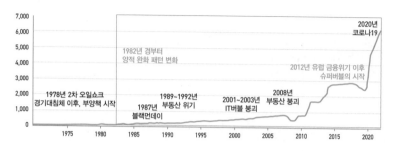

하지만 영원한 것은 없다. 폴 볼커 이후 높아진 기준금리에서 40년 동안 조금씩 평균선을 내리고, 대차대조표를 늘려가면서 마법의 봉처럼 사용했던 돈 풀기 정책도 점점 한계에 달했다. 연준의 대차대조표는 폭등했고, 기준금리는 제로까지 떨어졌다.

앞으로 미국은 새로운 대안 이론을 찾기 전까지는 '중독'에서 빠져나오기 어렵다. 이번 위기도 마찬가지다. 연준이 기준금리를 올리고, 경기 대침체가 발생하면 달러 가치는 상승한다. 하지만 위기가 끝나면 또다시 달러 통화량을 늘릴 것이다. 미국이 달러를 마음껏 발행하려면 미국 수출로 돈을 번 나라가 미국채를 다시 사주는 순환이 유지되어야 한다. 중국, 일본, 유럽 등이 그 역할을 해주어야 한다.

중국은 미·중 패권전쟁의 당사자이지만, 미국 달러를 받쳐주는 숨은 공신이다. 미국은 중국이 달러 지배력이 미치는 영향권 내에 계속 머물게 해야 한다. 그러려면 채찍만으로 안 된다. 당근도 주어야 한다. 채찍도 적당히 휘둘러야 한다. 중국을 금융시장의 불구로 만들고 중국 시장을 완전히 망칠 정도로 채찍을 휘두르면, 장기적으로 달러의 위상과 미국 경제에도 실이 많다. 쥐도 궁지에 몰리면 고양이를 문다. 중국의 퇴로를 완전히 막고 몰아붙이면, 중국이 러시아와 잡은 손만 굳건해진다. 그리고 미국이 두 나라와 싸우는 동안 유럽이 중국, 동아시아, 인도 시장을 어부지리로 얻을 수 있다. 2024년 대선 이후의 새로운 미국 정부는 정치와 경제를 분리해서 대응할 것이다.

먼저 중국과 손을 잡고 러시아를 견제하기 위해 바이든과 민주당식의 대만정책에서 전략적 대선회를 시도할 것이다. 중국이 주장하는 '하나의 중국' 대만정책을 재인정하고, 한발 물러서 주면 된다. 그렇다고 미국이 대만을 완전히 포기할 필요는 없다. 1979년에 미국과 중국의 수교 이후 만들어진 대만관계법 안에 대만의 자위력 강화를 위해 방어적 성격의 무기를 계속해서 제공하고, 대만 고위인사의 방미 허용도 유지하고, 중국이 대만을 상대로 무력 통일을 시도하지 못하도록 군사적 개입 여부를 명확하게 밝히지 않는 '전략적 모호성 정책'을 다시 유지하면 된다.[40]

중국도 미국이 '하나의 중국'을 재인정해주는 대가로 미국의 이런 조치와 태도를 비공식적으로 인정할 가능성이 높다. 물론 일부 국제여론과 대만의 민심은 미국이 대만을 중국에 넘겨주는 거래를 했다고 비난할 수도 있다. 하지만 국제여론의 절반 이상은 미국의 전략적 대선회를 지지할 것이다. 동아시아의 군사적 긴장감을 낮추고, 공급망의 불안정성을 없애고, 유럽에서 러시아의 호전적 행동 가능성을 낮추고, 국제질서의 힘의 균형을 회복할 수 있다는 기대감 때문이다.

미·중 무역전쟁, 기술전쟁, 산업전쟁은 당분간 이어질 것이다. 하지만 이 전쟁들도 중국이 제4차 산업혁명기 핵심기술에 대한 '지식재산권'을 인정하고 정당한 가격을 지불하면 끝난다. 그리고 미국 정부는 뒤로 물러설 것이다. 미국 정부가 조금만 뒤로 물러서면, 월가와 중국공산당이 '차이메리카 어겐Chimerica Again'을 만들 수 있다. 미국과 중국 중 하나가 완전히 무너지는 끝장 대결까지 가지 않는 시나리오다. 오히려 미국과 중국의 새로운 밀월시대가 열릴 수 있는 시나리오다.

만약 중국 내에서 부동산 버블 붕괴가 일어나서 중산층과 서민의 재산에 큰 손실이 발생하고, 인도와 인도네시아, 베트남 등 동남아시아 국가들이 빠르게 추격해오면서 중국이 무역수지에 심각한 위협을 느끼면, 중국 정부가 미국 정부과 극적 관계개선을 선택하는 이 시나리오의 가능성은 더욱 높아진다.

뜻밖의 미래처럼 보이지만 불가능한 미래는 아니다. 2008년 이전까지 차이메리카를 만든 것은 월가와 중국공산당이었다. '차이메리카 어겐 시대'도 이들이 만들 것이다. 시진핑 주석이 권좌에서 물러나면 그 속도가 빨라질 수 있다.

역사적으로 중국과 러시아는 서로 믿지 못하는 사이였다.[41] 사회주의국가 종주국을 두고 서로 경쟁하는 관계다. 그래서 중국이 러시아를 손절할 여지가 많다. 러시아가 유럽과 동아시아에서 영향력을 높이면, 중국의 일대일로 정책에 차질이 생길 수 있다. 예를 들어 우크라이나는 중국이 야심차게 밀어붙이고 있는 '일대일로' 프로젝트에서 유라시아로 뻗어나가는 데 필요한 중요 거점 국이다. 중국 기업 50여 개가 진출해 있다. 중국 정부 입장에서는 우크라이나가 NATO나 EU에 가입하지 않고, 러시아의 완전한 지배를 받지 않는 것이 가장 좋은 시나리오다.

미국이 중국을 궁지로만 몰지 않으면, 중국도 러시아를 적당히 지원하는 수준에 머물 것이다. 미·중 패권전쟁 갈등이 갈수록 커지는 상황에서 군이 EU와 맞서는 위험을 감수할 이유가 없다. 러시아와 너무 가까이 가면, 미국과 서방 국가들이 러시아에 실시하는 각종 경제, 무역, 금융, 기술 제재가 중국에도 동일하게 가해질 수 있다.

러시아는 경제로 미국과 자웅을 겨루기 어렵다. 그래서 체제 유지를 위해 군사적 냉전을 선택한다. 반면 중국은 체제 유지에 경제발전이 더 중요하게 작용한다. 필자가 앞에서 예측했듯, 현재의 경제성장률 하락 추세만으로도 미국을 추월하려면 2050년에나 가능하다. 만약 미국과 패권전쟁이 길어져서 지속적인 국력 소모와 반복적인 경제 및 금융 공격을 받으면, 영원히 미국을 추월하는 것이 불가능해질 수도 있다. 이 지점 때문에 미국과 극적 타협도 가능하다. 러시아는 유럽에서 영토전쟁의 여지가 많다. 중국은 유럽이든 동아시아에서든 미국과 전쟁을 하고 싶어 하지 않는다. 미국도 대중 압박의 한계효용의 법칙에 도달하면 타협점을 찾는다. 중국도 미국과 저작권 및 기술보호만 합의해주고, 미·중 간의 무역수지만 적절하게 양보하면 타협 가능성이 다분하다는 것을 안다.

필자가 제시한 '차이메리카 어겐 시대' 시나리오는 절대 불가능한 미래가 아니다. 어둠이 깊으면, 새벽이 가까웠다는 신호다. 미·중·러 패권전쟁이 한창인 지금, 미국과 중국이 전쟁 직전까지 가는 시점이 '차이메리카 어겐 시대'라는 새롭고 극적인 반전 시나리오를 손에 쥐어볼 때다.

그림 출처

별도 출처 표기가 없는 그림은 저자 제공

1~3, 10~11, 15~17, 19~23, 26~27, 30, 45: tradingeconomics.com

4: ObservationAndNotes.blogspot.com

7: UN, World Population Prospect; 알베르토 알리시나 외,《유럽의 미래》재인용

8: International Monetary Fund; Word Bank

9: https://seekingalpha.com

25: www.oec.world

31: 일본 국토교통성

32: The Observatory of Economic Complexity; https://oec.world

36: bj.house.sina.com.cn

46~47: https://www.populationpyramid.net

48: United Nations, World Population Prospects: The 2010

52: https://www.macrotrends.net

73: U.S. Department of the Treasury; Fiscal Service

제1장

1. NYT(2022.8.6), "How this economic moment rewrites the rules"

2. 헤럴드경제(2022.8.9), 신동윤, "中 대만 통일까지 봉쇄 훈련 중단 없다"

3. SBS(2022.8.10), 김기태, "타이완 다녀온 펠로시, 시진핑 직격탄, 겁먹은 불량배처럼 행동"

4. 매일경제(2022.8.15), 강계만·이유진, "美 의원들 또 대만行, 中은 실탄훈련 맞대응"

5. 뉴시스(2022.8.8), 권성근·유자비, "美상원 인플레 감축법 통과, 바이든의 정치적 승리"

6. 데일리안(2022.8.9), 조인영, "中 OUT! 美 중심 공급망 재편 본격화, 車·배터리 발등의 불"

7. 한국경제(2022.8.8), 박한신·김형규, "전기차 밸류체인서 중국 배제 美 야심에 완성차업계는 초비상"

8. MBC(2022.9.13), 왕종명, "바이오 산업도 미국으로 바이든, 행정명령 서명"

9. 디지털타임즈(2022.9.13), 김진수, "美 보호무역 횡포 3탄, 삼바·셀트리 온·SK바사 수출 타격"

10. 주간조선(2022.8.21), 김상철, "미국과 중국 사이, 칩4와 한국의 선택"

11. 매일경제(2022.8.16), 송광섭, "對中 중간재 수입 10%P 늘 때 韓 중간재 수출 5%P 줄었다"

12. 매일경제(2022.8.16), 손일선, "中서 잊혀지는 한국산, 삼성 갤럭시는 점유율 0%대 굴욕"

13. 주간조선(2022.8.21), 김상철, "미국과 중국 사이, 칩4와 한국의 선택"

14. 아이뉴스24(2022.8.9), 고종민, "美 바이든 반도체 지원법 서명, 삼성·하이닉스 등 국내 영향은?"

15. 주간조선(2022.8.21), 김상철, "미국과 중국 사이, 칩4와 한국의 선택"

16. 경향신문(2022.8.22), 이종섭, "탈중국 미국만 쫓다간 경제 리스크, 딜레마에 빠진 한국"

17. 경향신문(2022.8.9), 김서영, "우크라 공격 러시아 무기에 한국·미국 등 외국산 부품 450개 사용"

18. 경향신문(2022.8.22), 이종섭, "탈중국 미국만 쫓다간 경제 리스크, 딜레마에 빠진 한국"

19. 아시아경제(2022.8.20), 김봉수, "中, 美와 기술패권 경쟁? 실제론 기술 구매 혈안"

20. 매일경제(2022.9.12), 황순민, "커지는 미중 갈등, 한국 세계 로봇 제조기지 절호의 기회"

21. 네이버 지식백과, "죄수의 딜레마"

22. 시사기획 창 368회(2022.4.12), "안전지대는 없다, 푸틴의 전쟁"

23. 중앙일보(2015.12.17), 채병건·고정애, "석유 수출금지 풀리는 미국, 저유가 치킨게임 뛰어들까"

24. 문화일보(2015.12.11), 박준희, "美, 셰일원유 역대최대 생산"

25. 중앙일보(2014.12.24), 하현옥, "유가 20달러 돼도 감산 없다, 무자비한 사우디"

26. 하이케 부흐터, 박영화 역, 《석유전쟁》(율리시즈, 2020)

27. 프레시안(2021.9.9), 박인규, "아프간, 美CIA 역사상 최대 비밀공작으로 시작해 역풍'으로 끝나다"

28. 주간조선(2021.9.7), 김회권, "아프간 손절 바이든식 미국 우선주의 대차대조표"

29. 뉴스1(2020.9.1), 김현, "20년 아프간 전쟁 마침표 찍은 미국, 아프간 철수 찬성 38% 불과"

30. 서울경제(2022.8.23), 김연하, "브렉시트 충격파에 에너지값 급등, 英 내년 물가 18%까지 치솟을 것"

31. 조선비즈(2021.12.27), 이슬기, "유럽 에너지값 고공행진에 산업체들 줄줄이 폐쇄, 비용 감당 불가"

32. 연합뉴스(2022.5.31), 김계환, "유럽, 러시아 가스 끊고 재생에너지 늘리려 해도 곳곳에 걸림돌"; 한국일보(2022.5.19), 김진욱, "EU, 러시아 에너지 축출 위해 3000억 유로 쏟아붓는다"

33. 조선비즈(2022.6.23), 유병훈, "脫원전 독일, 러시아 가스공급 축소에 경보 비상단계로 상향"

34. 한국경제(2022.5.31), 김리안, "EU 탈원전 외치더니, 프랑스 발전소 노후화에 전전긍긍"

35. 국민일보(2022.6.23), 한명오, "웬 떡이냐 중국·인도, 러 원유 대폭 할인 쓸어담아"

36. 연합뉴스(2022.6.21), 인교준, "EU, 러시아산 원유 수입금지 맞나, 수입량 은근 슬쩍 늘어"

37. 중앙일보(2022.8.15), 김영주, "올겨울 유럽 최악 전력난 온다, 가뭄에 佛원전 절반 스톱"

38. 조선일보(2021.9.28), 방현철, "금리가 오르자 미국 증시에서 벌어진 상황"

39. 한국경제(2022.8.16), 박주연, "러시아 가스프롬 유럽 가스 가격 겨울 되면 60% 오를 것"

40. 한국경제(2022.8.31), 박주연, "하루 만에 말 바꾼 푸틴, 유럽 전역 공포 휩싸였다"

41. 서울경제(2022.8.15), 조양준, "에너지 요금 급등에 英 식당·술집 겨울 영업 접을 판"

42. 아시아경제(2022.8.14), 황수미, "샤워 5분 이내로, 난방은 18도까지, 가장 추운 겨울이 온다"

43. 연합뉴스(2022.6.4), 김상훈, "러시아 가스 대안 찾는 유럽 이스라엘·이집트와 곧 계약"

44. 아시아경제(2022.8.16), 박병희, "러 대신 알제리 가스 쓰자, 20년 표류 미드캣 프로젝트 빛본다"

45. 서울경제(2022.5.31), 장형임, "EU·러 가스 대체 싸움에 등 터진 호주, 2년 뒤 LNG 부족 위기"; 아시아경제(2022.5.26), 나예은, "돈 더 줄게 아시아 가던

LNG 물량 유럽으로, 최악의 천연가스 대란 오나"

46. 한국경제(2022.8.7), 이지훈, "LNG 재고 바닥, 전력대란 닥치나"

47. 머니투데이(2022.9.2), 오문영, "유럽 천연가스 대란 나비효과, 삼성 반도체 성수기 빼앗나"

48. CCTV경제30분팀, 류방승 역, 《화폐전쟁 진실과 미래》(랜덤하우스, 2011), p.223

49. 대니얼 앨트먼, 고영태 역, 《10년 후 미래》(청림, 2011), p. 52

50. 아시아경제(2022.8.2), 김현정, "가스·인플레 악재에 흩어지는 유럽, 제2 브렉시트 발생하나"

51. 재레드 다이아몬드, 김진준 역, 《총, 균, 쇠》(문학사상사, 1998), pp. 16, 35

52. 재레드 다이아몬드, 김진준 역, 《총, 균, 쇠》(문학사상사, 1998), pp. 92~113

53. 알베르토 알리시나·프란체스코 지아바치, 이영석·옥성수 역, 《유럽의 미래》(21세기북스, 2007), pp. 11~12, 37~43,

54. 토니 주트, 조행복 역, 《포스트 워 1945~2005》(플래닛, 2005)

55. 찰스 킨들버거, 주경철 역, 《경제강대국 흥망사 1500~1990》(까치글방, 2004), p. 283

56. 알베르토 알리시나·프란체스코 지아바치, 이영석·옥성수 역, 《유럽의 미래》(21세기북스, 2007), pp. 15~16),

57. 송길호 외, 《세계 경제권력 지도》(어바웃어북, 2012), pp. 48~49

58. 조선일보(2022.7.25), 이승재, "에너지 퍼펙트 스톰 맞은 유럽, 푸틴은 겨울을 기다리고 있다"

59. 아시아경제(2022.8.16), 박병희, "러 대신 알제리 가스 쓰자, 20년 표류 미드캣 프로젝트 빛본다"

60. YTN(2022.8.24), "러시아 유럽 가스 중단 예고, 대비책은?"

61. KOTRA & KOTRA 해외시장뉴스 재인용.

62. 국민일보(2022.8.28), 한명오, "전기료 폭탄 터진다, 독·프 내년 10배 인상 예고"

63. 매일경제(2022.8.21), 김덕식, "러, 유럽行 가스관 또 잠근다, 에너지 대란에 전 세계 각자도생"

64. 조선일보(2022.7.25), 이재승, "에너지 퍼펙트 스톰 맞은 유럽, 푸틴은 겨울을

기다리고 있다"

65. 노컷뉴스(2022.6.3), 장성주, "에너지·식량 이어 반도체 소재까지, 러시아 또 무기화"

66. 한국경제(2022.8.12), 신현보, "미소 짓는 푸틴, 러, 1경6000조 우크라 자원 매장지 장악"

67. 서울신문(2022.7.25), 김소라, "가스 사용 못 줄여 전쟁 승리 못 해, 사분오열하는 유럽"

68. 연합뉴스(2022.8.17), 송병승, "전쟁 속 목소리 커진 폴란드, 독·프, EU 지배 정면 비판"

69. 연합뉴스(2022.8.12), 신창용, "美 외교 전문가 이탈리아 총선 수혜자는 푸틴 될 것"

70. 문화일보(2022.9.7), 박세영, "샤워는 직장에서, 식사는 한끼만, 550% 슈퍼 에너지 인플레에 허리 졸라매는 유럽인들"

71. 중앙일보(2022.9.7), 박형수, "푸틴 감싸되 극우 색채 뺐다, 스웨덴 제2당 노리는 43세 당수"

72. 동아일보(2022.4.5), 김윤종, "EU멤버 헝가리·세르비아 선거 친러 승리, 대러 제재 균열 올 수도, EU 골치 아파져"

73. 연합뉴스(2022.9.19), 신재우, "EU, 친러 트로이목마 논란 속 헝가리 제재 추진"

74. 한국일보(2022.9.26), 박세인, "전쟁은 젤렌스키 탓, 핑크플로이드 워터스, 설화로 콘서트 취소"

75. 한국일보(2022.6.30), 김호빈, "러시아가 끊으면 영국도 잠근다고? EU, 영국 가스공급 중단 가능성에 긴장"

76. 세계일보(2022.8.27), 김태훈, "영국·프랑스 갈등 심화에 푸틴이 가장 기뻐할 일 우려"

77. 한국일보(2022.8.29), 신은별, "푸틴발 인플레가 불붙였나, 유럽 전역에 파업 확산"

78. 조선비즈(2022.8.18), 민서연, "EU, 中과 관계악화에도 대중국 투자는 오히려 증가"

79. 뉴시스(2022.7.20), 권성근, "中·EU 경제대화 글로벌 공급망 안전 위해 협력"

80. 발터 비트만, 류동수 역, 《국가부채》(비전코리아, 2010), p. 233

81. 조지 프리드먼, 김홍래 역, 《넥스트 디케이드》(쌤앤파커스, 2011), p. 208

82. 송길호 외, 《세계 경제권력 지도》(어바웃어북, 2012), p. 280

83. 조지 프리드먼, 김홍래 역, 《넥스트 디케이드》(쌤앤파커스, 2011), p. 19

84. 조선일보(2021.1.22), 신수지, "주요 12국만 14조달러, 더 풀린 돈이 부른 묻지마 랠리"

85. 조선일보(2021.1.22), 신수지, "주요 12국만 14조달러, 더 풀린 돈이 부른 묻지마 랠리"

86. 네이버 지식백과, "스탠딩웨이브 현상"

87. 서울신문(2022.8.28), 류지영, "中 경제 첩첩산중, 올해 3%도 힘들다."

88. 매일경제(2022.8.12), 이유진, "中 짓다 만 집 속출, 부동산 불패 마침표"

89. 한겨레(2022.8.22), 최현준, "경기 침체 중국, 석달 만에 또 기준금리 인하, 부동산 시장 부양 의지"

90. 한국경제(2022.8.14), 강현우, "中 유동성 함정'에 빠졌나, 통화량 느는데 대출은 감소"

91. 한국경제(2022.8.15), 홍성진, "JP모건 CEO 경기 연착륙 가능성 10% 불과, 폭풍우 다가오고 있어"

제2장

1. 네이버 지식백과, "진먼섬"

2. 매일경제(2022.9.15), 곽이현, "전운이 고조되는 대만해협, 과연 중국은 대만을 공격할 것인가?"

3. 네이버 지식백과, "대만에 대한 미국의 전략적 모호성"

4. 조영남, 《덩샤오핑 시대의 중국 3: 톈안먼 사건》(민음사, 2016), pp. 243~244; 조영남, 《중국의 꿈》(민음사, 2013), p. 99

5. 조영남, 《덩샤오핑 시대의 중국 2: 파벌과 투쟁》(민음사, 2016), p. 66

6. 조영남, 《중국의 꿈》(민음사, 2013), p. 84; 조영남, 《덩샤오핑 시대의 중국 1: 개혁과 개방》(민음사, 2016), p. 30

7. 중앙일보(2018.03.09), 유상철, "국가주석 임기 없앤 시진핑 최소 2035년까지 집권 생각"

8. 매일경제(2022.9.15), 곽이현, "전운이 고조되는 대만해협, 과연 중국은 대만을 공격할 것인가?"

9. 세계일보(2022.9.19), 박영준, 이귀전, "바이든 中, 대만 침공 땐 미군 직접 군사 개입"

10. 네이버 지식백과, "일국양제"

11. 헤드경제(2022.9.16), 홍성원, "G7, 강경한 대중 무역정책 예고, 순진 대응 끝났다"

12. 매일경제(2022.6.18), 신윤재, "도주 땐 사살 전쟁 불사 그들이 신장·대만을 절대 포기 못하는 이유"

13. 한국경제(2022.9.18), 강현우, "돌려막기도 안 통했다, 中 숨겨진 빚 시한폭탄"

14. 네이버 지식백과, "중진국 함정"

15. 동아일보(2022.9.28), 김현수, "中 올해 2.8% 성장 32년만에 동남아보다 뒤처져"

16. 문화일보(2022.9.28), 박준우, "중국 경제 뇌관은 부동산 버블, 폰지사기식 부실 대출 우려도"

17. 매일신문(2022.9.1), 김기원, "중국인 67% 세상이 중국 더 존중해야, 54% 미국이 정기적으로 괴롭혀"

18. 한국경제(2022.9.20), 조시형, "전문가 63% 중국, 10년 내 대만 침공한다"; 동아일보(2021.5.29), 김기용, "中, 대만통일 시간표 짰다, 2027년 중국군 건군 100돌 맞춰 끝낼 것"

19. https://namu.wiki/w/도련선

20. 세계일보(2021.9.2), 이귀전, "중국군, 전자기파·위성·항공모함 동원 대만 대응 시스템 무력화"

21. 조선일보(2021.7.30), 박수찬, "탄도미사일로 대만 공항 무력화 中 군사잡지, 3단계 시나리오"

22. 아시아경제(2022.5.13), 조영신, "中, 대만 무력 통일 작전시 타이완섬 북쪽과 남쪽에 상륙"

23. 아시아경제(2021.4.24), 김수환, "대만이 위험하다, 中 침공 방어역량 있는지 의문"

24. 매일경제(2021.10.30), 신윤재, "중국발 최악의 상황 온다? 지금 이곳에 주목해야 하는 이유"; 조선일보(2022.7.31), 유용원, "중국의 대만 침공 전개 시나리오"; https://twitter.com/IndoPac_Info/status/ 1553245503629889537

25. 동아일보(2021.5.29), 김기용, "中, 대만통일 시간표 짰다, 2027년 중국군 건군 100돌 맞춰 끝낼 것"

26. 뉴시스(2022.8.7), 박대로, "美中, 대만해협서 전쟁시 누가 이길까, 美, 전 분야서 우위"

27. 중앙일보(2019.11.2), 권용수, "레이더 피한 뒤 타격, 美도 막을 방법 없다 겁낸 中 신무기"

28. 주간동아(2021.12.21), 이장훈, "中 보복에 대만 위안둥그룹 휘청"

29. 헤럴드경제(2022.8.17), 한지숙, "대만인 50% 독립 지지, 53% 중국과 전쟁 날 것 같지 않다"

30. 매일경제(2021.10.30), 신윤재, "중국발 최악의 상황 온다? 지금 이곳에 주목해야 하는 이유"

31. 뉴시스(2022.8.29), 유세진, "러, 9월 1~7일 中 참가 속 러 동부·동해에서 대대적 군사훈련 실시"

32. 뉴스1(2022.8.17), 김예슬, "푸틴의 입 솔로비요프 러, 나토 막기 위해 예방적 핵 공격 가능"

33. 뉴시스(2022.8.16), 박준호, "러, 2차대전 후 한반도 북부·제주·부산 점령 검토, 日 홋카이도 등도 포함"

34. 주간조선(2022.9.30), 우태영, "푸틴이 핵 버튼 누를 두 가지 경우"

35. 프랑스 다큐시리즈(2020), 플로리안 데디오, "Navires De Guerre(군함의 시대), Episode 3, La Traque(사냥감 몰기)"

36. 프랑스 다큐시리즈(2020), 플로리안 데디오, "Navires De Guerre(군함의 시대), Episode 3, La Traque(사냥감 몰기)"

37. 네이버 지식백과, "맘루크 왕조"

38. KBS1 2015 특별기획, "바다의 제국(1부): 욕망의 바다, 대항해 시대의 시작을 알린 향신료"

39. 위키피디아, "스페인 제국"

40. Serpil Atamaz Hazar, "Review of Confrontation at Lepanto: Christendom vs Islam," The Historian 70.1 (Spring 2008), p. 163; 위키피디아, "레판토 해전"에서 재인용

41. 네이버 지식백과, "태양이 지는 나라 무적함대의 패배"

42. EBS1 다큐프라임(2015.10.13), "강대국의 비밀(2부): 대영제국의 탄생"

43. EBS1 다큐프라임(2015.10.13), "강대국의 비밀(2부): 대영제국의 탄생"

44. EBS1 다큐프라임(2015.10.13), "강대국의 비밀(2부): 대영제국의 탄생"

45. EBS1 다큐프라임(2015.10.13), "강대국의 비밀(2부): 대영제국의 탄생"

46. 네이버 지식백과, "스페인의 무적함대 아르마다 패배, 영국해군, 프로테스탄트 바람을 등지고 싸워 이기다"

47. 프랑스 다큐시리즈(2020), 플로리안 데디오, "Navires De Guerre(군함의 시대), Episode 1, L'Eveil Des Genants(불쾌한 각성)"

48. 프랑스 다큐시리즈(2020), 플로리안 데디오, "Navires De Guerre(군함의 시대), Episode 1, L'Eveil Des Genants(불쾌한 각성)"

49. 프랑스 다큐시리즈(2020), 플로리안 데디오, "Navires De Guerre(군함의 시대), Episode 2, Un Monde En Flammes(불꽃의 세상)"

50. 프랑스 다큐시리즈(2020), 플로리안 데디오, "Navires De Guerre(군함의 시대), Episode 4 Nouvelles Menaces(새로운 위협)"; 조선일보(2017.7.31), 양욱, "제럴드, 포드급 항공모함"

51. 뉴스1(2022.9.26), 최서윤, "푸틴 동원령, 전세 쉽사리 못 바꿔, 장기전으로 끌고 갈 수도"

52. 조선일보(2022.2.17), 정철환, "글로벌 수퍼파워 추구하는 러의 우크라이나 모델, 中도 따라하나"

53. 동아일보(2022.10.14), 이은택, "핵어뢰 포세이돈 장착한 러 잠수함 사라져, 나

토, 만일의 사태 경고"

54. 동아일보(2022.10.14), 이은택, "핵어뢰 포세이돈 장착한 러 잠수함 사라져, 나토, 만일의 사태 경고"

55. 파이낸셜뉴스(2022.9.9), 심형준, "김정은 핵을 놓고 흥정할 수 없어, 핵무력 법제화"

56. 한국일보(2022.5.4), 이태규, "위협무기에서 사용무기로, 제3의 핵시대 도래"

57. 뉴스1(2022.9.26), 김정률, "블링컨 대만, 각국 반도체 대부분 생산, 유사시 세계 경제에 파괴적 영향"

58. 동아일보(2022.8.9), 이은택, "美中, 대만 둘러싸고 전쟁하면, 中 GDP 25% 날아갈 것"

59. 서울경제(2022.8.15), 김태영, "신흥국은 트리플 약세 빠져, IMF 지원액도 사상 최대"

60. 연합뉴스(2022.8.16), 박진형, "'미·러 핵전쟁 시 기아로 53억명 사망', 미 연구팀 분석"

61. 머니투데이(2022.7.4), 조철희, "美 바이든 정부, 사우디 정책에 다중적 딜레마 빠져"

제3장

1. 조선일보(2022.9.18), 연선옥, "세계 시장서 5대 중 1대는 중국차, 상반기 韓 점유율은 소폭 하락"

2. 조선일보(2022.9.27), 황민규, "질주하는 中 전기차 시장, 美보다 4년 앞섰다"

3. 조선일보(2022.9.27), 김남희, "中, 전기차 구매세 면제 1년 더 연장, 작정하고 시장 키운다"

4. 아시아경제(2020.9.7), 이현우, "中 일부 우주기술, 美 압도, 미·중版 스타워즈"

5. 동아일보(2020.7.4), 김기용, "과학 굴기 中, 인재 1만명에 손짓, 美 기술 도둑 잡아라 제동"

6. 연합뉴스(2022.10.9), 윤고은, "중국 2016~2020년 조달 무기 92% 자체 생산"

7. 조선일보(2022.9.16), 박진우, "10달러짜리 저가 반도체 없어 836兆 산업 흔들,

EUV 장비 생산도 차질"

8. 네이버 지식백과, "미일반도체협정"

9. 매일경제(2022.10.15), 신윤재, "만에 하나 TSMC가 중국에 넘어간다면, 그것은 재앙 왜?"

10. 헤럴드경제(2022.8.31), 홍성원, "車·스마트폰·위안화까지, 중국 브랜드, 러시아 장악"

11. 매일경제(2022.10.15), 신윤재, "만에 하나 TSMC가 중국에 넘어간다면, 그것은 재앙 왜?"

12. 헤럴드경제(2021.4.26), 신동윤, "美, 中의 대만 침공 막아내려면 전력 80% 쏟아야"

13. 머니투데이(2022.1.9), 김재현, "대만에서 미·중 충돌시 中이 이긴다는 美 보고서"

14. 헤럴드경제(2021.4.26), 신동윤, "美, 中의 대만 침공 막아내려면 전력 80% 쏟아야"

15. 서울경제(2022.10.16), 김광수, "침체 늪 빠진 中 부동산, 미분양 등 빈집 1억 가구, 세계경제 부실 뇌관 부상"

16. 매일경제(2019.9.9), 문재용, "위기 두번 예견한 크루그먼 중국發 경제위기 우려"

17. 연합뉴스(2021.5.2), 차대운, "빚 관리 고삐 중국, 총부채비율 276.8%로 소폭 하락"

18. 중앙일보(2022.10.20), 이승호, "부동산 버블에 성장률 급락까지, 시진핑 최악 악몽 올 수도"

19. 한국경제(2022.10.13), 강현우, "중국 지방 정부 숨겨진 채무 돌려막기, 악화된 재정 건전성"

20. 해리 덴트, 안종희 역, 《2019 부의 대절벽》(청림출판, 2017), p. 287

21. 충청매일(2020.11.30), 김치영, "위위구조, 우회전술이 상책이다"

22. 국민뉴스(2021.12.9), 이정랑, "위위구조, 위나라를 포위하여 조나라를 구하다"

23. 문재현, 《지금 당장 환율공부 시작하라》(한빛비즈, 2008), p. 51

24. CCTV경제30분팀, 류방승 역, 《화폐전쟁 진실과 미래》(랜덤하우스, 2011), p. 120

25. 조명진, 《우리만 모르는 5년 후 한국경제》(한국경제신문, 2010), p. 256

26. https://www.ceicdata.com

27. 서울신문(2022.10.27), 류지영, "시진핑 핵심 강조하고 대만 독립저지 공식화, 영수 칭호는 안 들어가"

28. 세계일보(2022.10.13), 이귀전, "시진핑 인민영수로 마오쩌둥 반열 올라 장기집권 완성"

29. 한국경제(2022.9.14), 오현우, 정인설, "中이 대만 침공 못하게, 美 초강력 제재 검토"

30. 연합뉴스(2022.9.15), 윤고은, "홍콩평론가 중국 향후 2년이 중요, 경제·군부 주시해야"

31. https://m.blog.naver.com/PostView.nhn?blogId=myg2323&logNo=221297840597&categoryNo=16&proxyReferer=

32. 중앙일보(2011.6.16), "1년에 시위 12만 건, 중국 통제력 한계"

33. 연합뉴스(2022.9.15), 윤고은, "홍콩평론가 중국 향후 2년이 중요, 경제·군부 주시해야"

34. 김기수, 《중국경제 추락에 대비하라》(살림, 2012), p. 104

35. 한국민족문화대백과사전, "오호담당제"

36. 네이버 지식백과, "중진국 함정"

37. 조영남, 《중국의 꿈》(민음사, 2013), p. 48

38. 조영남, 《중국의 꿈》(민음사, 2013), p. 55

39. 홍익희, 《달러이야기》(한스미디어, 2014), p. 502

40. 조영남, 《중국의 꿈》(민음사, 2013), p. 56

41. 멘슈어 올슨, 최광 역, 《지배권력과 경제번영》(나남출판사, 2000), p. 198

42. 조영남, 《덩샤오핑 시대의 중국 3: 톈안먼 사건》(민음사, 2016), pp. 353~356; 조영남, 《용과 춤을 추자》(민음사, 2012), pp. 141, 164, 154~172

43. 김기수, 《중국경제 추락에 대비하라》(살림, 2012), p. 241

44. 조영남, 《중국의 꿈》(민음사, 2013), p. 63, pp. 71~75

45. 김기수, 《중국경제 추락에 대비하라》(살림, 2012), p. 229

46. 조영남, 《덩샤오핑 시대의 중국 2: 파벌과 투쟁》(민음사, 2016), p. 20

47. 네이버 지식백과, "시진핑"

48. 미래한국(2015.9.17), 전경웅, "중국 경제 붕괴 시작되다"

49. 세계일보(2022.10.23), 강구열, "후진타오 전 주석, 당대회 폐막식 중 돌연 퇴장, 항의? 건강 이상?"

50. SBS(2022.10.23), 김지성, "시진핑 집권 3기 출범, 7명 모두 시진핑계"

51. 쑹훙빙, 차혜정 역, 《화폐전쟁1》(랜덤하우스, 2008), p. 324

52. 쑹훙빙, 차혜정 역, 《화폐전쟁1》(랜덤하우스, 2008), p. 325

53. 쑹훙빙, 차혜정 역, 《화폐전쟁1》(랜덤하우스, 2008), p. 326

54. CCTV경제30분팀, 홍순도 역, 《무역전쟁》(랜덤하우스, 2011), p. 249

55. 네이버지식백과, "러시아의 국방 조직 및 군사력"

56. 중앙일보(2022.5.22), 이철재, "무기강국인 줄 알았는데 허당, 러시아 핵심무기 구매취소 사태"

57. 노엄 촘스키, 이종인 역, 《촘스키 세상의 물음에 답하다 1》(시대의창, 2005), p. 99: 참고로 전략 문서 NSDD-66는 최근에 비밀 해제되면서 1980년대 초반에 시행된 소련에 대한 미국의 총성 없는 전쟁의 실체가 드러났다. 이에 관한 논문들은 미국 헤리티지 재단 사이트 등에서 확인할 수 있다. 이 문서 외에도 NSC 68(국가안전보장회의 메모 68) 등에도 소련을 해체하기 위해 군비경쟁이 왜 필요한지가 잘 나타나 있다.

58. CCTV경제30분팀, 홍순도 역, 《무역전쟁》(랜덤하우스, 2011), p. 167

59. 에릭 스피겔·닐 맥아더·롭 노턴, 최준 역, 《2030 미래 에너지 보고서》(이스퀘어, 2011), p. 75

제4장

1. 이종헌, 《에너지 빅뱅》(프리이코노미북스, 2017), pp. 56~57

2. 네이버지식백과, "일대일로"

3. 이종헌, 《에너지 빅뱅》(프리이코노미북스, 2017), pp. 217~229

4. 한국경제(2018.3.7), 강동균, "중국몽에 말려든 저개발국"

5. 네이버지식백과, "인플레이션 택스, 숨겨진 세금"

6. 서울경제(2022.5.5), 김광수, "패권 위협받는 美 달러화, 中 위안화 결제 늘리고 대안화폐 수요까지"

7. EBR 비즈니스 리뷰 114회(2020.12.8), 윤재웅, "미국 사과를 무릎 꿇린 중국의 이것"

8. 한국경제(2022.10.20), "中 65세 이상 인구 무려 2억명, 시진핑 3기 가시밭길"

9. 후안강, 이은주 역, 《2020년 중국》(21세기북스, 2011), p. 143

10. 매일경제, 1987.9.1), 정창영, "앞으로 5년이 선택의 갈림길 루이스 고비와 한국경제"

11. 중앙일보(2022.10.20), 이승호, "부동산 버블에 성장률 급락까지, 시진핑 최악 악몽 올 수도"

12. 연합뉴스(2022.11.29), 김윤구, "중국 공동부유 실현하려면 지니계수 0.4 밑으로 낮춰야"

13. 머니투데이(2013.6.7), "늙어가는 팬더, 중국 고령화 폭탄이 온다"

14. https://dream.kotra.or.kr/kotranews/cms/news/actionKotraBoardDetail. do?MENU_ID=410&pNttSn=155937

15. https://blog.naver.com/linjunxie/221776845870

16. 빌 에모트, 《2020 세계경제 라이벌》(랜덤하우스, 2010), p. 131

17. 벤저민 프리드먼, 안진환 역, 《경제성장의 미래》(현대경제연구원books, 2009), pp. 15, 27

18. 벤저민 프리드먼, 안진환 역, 《경제성장의 미래》(현대경제연구원books, 2009), p. 34

19. 에이미 추아, 이순희 역, 《제국의 미래》(비아북, 2008), p. 6

20. 에이미 추아, 이순희 역, 《제국의 미래》(비아북, 2008), pp. 9~10

21. Z. 브레진스키, 김명섭 역, 《거대한 체스판》(삼인, 2000), p. 43

22. 토마스 프리드먼·마이클 만델바움, 강정임·이은경 역, 《미국 쇠망론》(21세기북스, 2011), pp. 64~65

23. 경향신문(1992.11.29), "중국 경제 초강국 된다"

24. http://www.marketwatch.com/story/imf-bombshell-age-of-america-about-

to-end-2011-04-25?pagenumber=1

25. 네이버지식백과, "구매력지수기준국민소득"

26. 한국경제(2013.6.10), "부풀려진 중국 수출 뒤엔 핫머니 있었다"

27. 전병서,《금융대국 중국의 탄생》(밸류앤북스, 2010), p. 214

28. 폴 케네디, 변도은 역,《21세기 준비》(한국경제신문사, 1993), p. 298

29. 경향신문(1962.2.10), "소련의 경제성장률 80년대엔 미국과 비슷"

30. 파이낸셜뉴스(2022.3.25), 윤재준, "우크라 전쟁으로 포스트 소비에트 러시아 종말 가능성"

31. 한국일보(2022.3.9), 김표향, "베네수엘라 희색, 사우디 냉담, 중국 눈치보기 러시아 원유 금수 엇갈린 희비"

32. 로저 맥케인, 이규억 역,《쉽게 이해할 수 있는 전략 분석 게임이론》(시그마프레스, 2008), p. 67

33. 로저 맥케인, 이규억 역,《쉽게 이해할 수 있는 전략 분석 게임이론》(시그마프레스, 2008), pp. 5~6; 네이버지식백과, "상식으로 보는 세상의 법칙(경제편), 게임이론"

34. 로저 맥케인, 이규억 역,《쉽게 이해할 수 있는 전략 분석 게임이론》(시그마프레스, 2008), pp. 6~7

35. 네이버 지식백과, "진화게임이론"

36. 서울신문(2022.6.10), 김소라, "빈곤·에너지·물가 퍼펙트 스톰', 12억명 덮친 W공포"

37. KBS(2022.6.7), 서영민, "이기지 못하는 러시아가 자신감 넘치는 경제적 이유"

38. 한국경제(2022.4.18), 정인설, "하늘이 무너져도 러시아 응원하겠다는 나라들의 속사정은"

39. 서울경제(2022.6.22), 윤홍우, "바이든 정부 왕따 된 옐런? 인플레가 불지핀 불화설"

40. 네이버지식백과, "대만에 대한 미국의 전략적 모호성"

41. 조선일보(2022.3.5), 송재윤, "서로 못 믿는 중국과 러시아, 두 나라는 결코 동맹국이 될 수 없다"